聖地のポリティクス
――ユーラシア地域大国の比較から

杉本良男・松尾瑞穂 編

風響社

目次

序………………………………………………… 杉本良男・松尾瑞穂　*11*

Ⅰ　物語性と歴史性

第1章　聖山は遠くにありて
19世紀の修道士パルフェーニーのアトス ………… 望月哲男　*25*

1　はじめに——聖山アトスと19世紀のロシア人修道士　*25*

2　ピョートル・アゲーエフ（修道士パルフェーニー）とその遍歴記　*28*

3　アゲーエフ（パルフェーニー）の見た聖山アトス　*31*

4　修道生活の頂点と失楽園の周辺　*40*

5　結び——聖なる空間の記憶　*45*

第2章　歴史のなかの聖地と記憶のなかの〈聖地〉
福建客家社会における寧化石壁、李氏大宗祠、保生大帝廟
……………………………………………… 小林宏至　*51*

1　はじめに　*51*

2　客家社会と調査地における複数の聖地　*53*

3　エスニックグループの聖地とクランの聖地　*56*

4　記録としての祖先と記憶としての祖先　*61*

5　調査地における〈聖地〉保生大帝廟　*63*

6　D村の廟を中心とする保生大帝の「信仰圏」と信仰体験　*67*

7　保生大帝を「信じる」ことと「知る」こと　*72*

目次　3

　　8　保生大帝の神秘性と不確かさ　*75*

　　9　おわりに　*78*

第3章　聖地と物語

　　　　マハーヌバーヴ教団の事例から …………………… 井田克征　*87*

　　1　はじめに　*87*

　　2　インド的文脈における聖地という概念　*87*

　　3　マハーヌバーヴ教団とは　*92*

　　4　リッダプルにおける聖地の再構築　*98*

　　5　なぜ聖地が求められるか　*103*

　　6　おわりに　*106*

Ⅱ　観光化と再整備

第4章　北ロシアにおける聖地と文化遺産

　　　　社会主義の経験と景観表象の変容 ……………… 高橋沙奈美　*115*

　　1　はじめに　*115*

　　2　「ロシアの北」　*118*

　　3　「驚嘆すべきナロードの芸術」　*120*

　　　　──キジにおける木造建築と民俗文化の博物館　*120*

　　4　語られぬ過去と懐古する語り

　　　　──ヴァラーム島博物館・自然公園　*129*

　　5　結びに代えて　*138*

　　　　──聖地はいつも満員御礼（свято место пусто не бывает）　*138*

第5章　近代中国の指導者ゆかりの聖地構築 ……………… 韓　敏 147

　　1　はじめに　147

　　2　中国社会の聖地とその意味　148

　　3　中華民国建国の父である孫文の生誕の地とその聖地化　150

　　4　毛沢東の生誕地である韶山の聖地構築　154

　　5　聖地作りにおける地域の関わり方　158

　　6　結び　162

第6章　グローバル化を生きるインド「仏教聖地」…… 前島訓子 167

　　1　はじめに　167

　　2　インドにおける「仏教聖地」　168

　　3　遺跡及びその周辺の「仏教化」　169

　　4　ブッダガヤにおける「観光地化」　173

　　5　遺跡およびその周囲空間の変貌　175

　　6　ブッダガヤにおける「仏教聖地」の固有性　178

　　7　おわりに　180

Ⅲ　再聖地化の諸相

第7章　新仏教聖地建設の夢
　　　　　カルムィク人の仏教復興と民族文化復興のあいだ… 井上岳彦 187

　　1　はじめに　187

　　2　ロシアの仏教信仰の歴史　188

　　3　カルムィク人仏教教団の「仏教復興」　193

目次　5

　　4　仏教聖地と民族文化のあいだ　*198*

　　5　おわりに　*209*

第8章　聖地言説と信仰実践
　　　　中国梅州市の呂帝廟をめぐる「聖地」の複雑性 … 河合洋尚　*213*

　　1　はじめに　*213*

　　2　新呂帝廟の建設と活動　*214*

　　3　旧呂帝廟をめぐる記憶と信仰　*220*

　　4　おわりに──誰にとっての「聖地」なのか？　*225*

第9章　洪水を超えて
　　　　南インド、タミル農村における廃墟の聖地化 …… 杉本良男　*231*

　　1　はじめに　*231*

　　2　カーヴェーリ・デルタ──地方都市の聖地　*232*

　　3　生きている洪水神話──クンバコーナムのマハーマハン　*237*

　　4　洪水の先へ──ティルップランビヤム村　*246*

　　結論　洪水を超えて──外部者の介在　*255*

Ⅳ　イデオロギーの介入

第10章　ロシアの「メッカ」の創造
　　　　ロシア連邦ボルガル遺跡の開発とイスラーム …… 櫻間　瑛　*263*

　　1　はじめに　*263*

　　2　ボルガルの盛衰と遺跡化　*266*

3　ボルガルの再生と世界遺産化　*269*

　　4　ロシア／タタールの「メッカ」としてのボルガル　*271*

　　5　「あるべきイスラーム」を求めて　*277*

　　6　おわりに　*282*

第11章　「中華聖地」と「我々の聖地」に見る
　　　　　　現代中国の政治、宗教、親族
　　　　　　　炎帝黄帝陵から祖先墓まで …………………… 川口幸大 *291*

　　1　はじめに　*291*

　　2　「中華聖地」としての炎帝黄帝陵　*293*

　　3　我々の聖地──直近の祖先の墓と祖先祭祀　*301*

　　4　一族の聖地──宗族の祖先墓と祭祀　*302*

　　5　一族の祖先の聖地──上位宗族の墓と祖先祭祀　*304*

　　6　宗族の聖地──南雄珠璣巷と宗親会（クラン）レベルの祠堂　*304*

　　7　私の祖先から民族の始祖まで　*306*

　　8　おわりに　*308*

第12章　インド・ヒンドゥー聖地の
　　　　　　複数化する宗教資源とその正当性 ………… 松尾瑞穂 *311*

　　1　はじめに　*311*

　　2　聖地の宗教資源　*313*

　　3　聖地をめぐる競合──バラモン集団と在地社会　*316*

　　4　儀礼の正当性をめぐる競合──イデオロギーの対立　*323*

　　5　おわりに　*326*

あとがき ……………………………………………… 杉本良男 *331*

目次　7

索引　……………………………………………………………………　*337*

写真図表一覧　……………………………………………………………　*345*

装丁＝オーダードライブ・浜岡弘臣

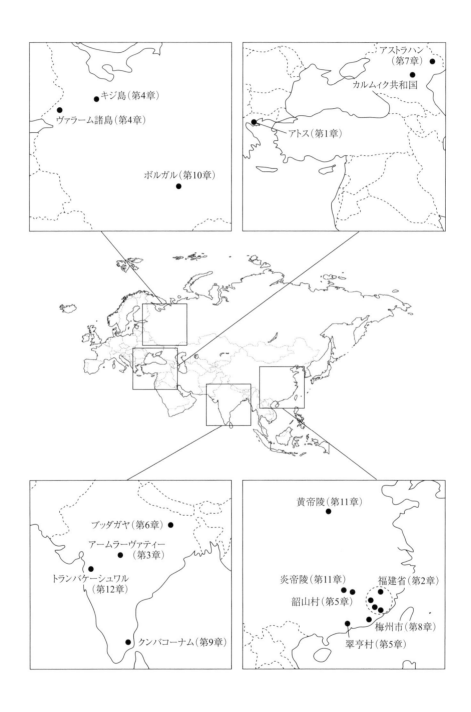

聖地のポリティクス

ユーラシア地域大国の比較から

序論

杉本良男・松尾瑞穂

　本書は、国立民族学博物館共同研究「聖地の政治経済学──ユーラシア地域大国における比較研究」（2013～16年度）、および北海道大学スラブ・ユーラシア研究センター共同研究（プロジェクト型）「ユーラシア地域大国における聖地の比較研究」（2016年度）の研究成果である。本研究は、聖地をめぐるポリティクスに関するイデオロギー論的研究であり、すなわちそれをユーラシア地域大国、ロシア、中国、インドにおいて比較しようとするものである。前提となる聖性の定義に関しては基本的に社会学・人類学的視点に立ち、比較の対象をユーラシア地域大国に限定し、当該地域における聖地の現代的意義を、その歴史性を考慮しながら検討する。

　西欧近代世界において、宗教伝統は再定義され、それが自己意識化、実体化され、輓近のポスト・モダン状況のもとでさらに再々定義され、イデオロギーとして固定化、原理主義化される事態となっている。こうした現代的状況のなかで聖地は、実体化・イデオロギー化された「伝統宗教」の金城湯池であり、また遺産化・商品化された「消費宗教」の花園である。

　聖地の研究は、「聖」地の研究であるだけに、宗教の核心をなす聖性のそのまた中心におかれるべき位置にある。この聖性に関する議論は、ルドルフ・オットーやG・ファン・デル・レーウ、ミルチャ・エリアーデに代表される宗教学的立場と、エミール・デュルケームに代表される社会学的立場とに大別される。すなわち、聖性を人間や俗世界を超越した力の現れ（ヒエロファニー）とみなす立場と、聖性の根底に社会的なるものを置き、あくまでも社会構造の内部に位置づけられるものとみなす立場である[1]。エリアーデは、「周囲の俗的な空間からそれを隔絶させることによって聖別した、原初のヒエロファニーをくりかえす」聖なる空間は、人間が選び取るのではなく、何らかの仕方で人間に「発見」あるいは「啓示」されるものである、とする［エリアーデ 1974: 58］。そこでは聖地は人間に先だって存在する「世界の中心」であり、動かしがたい実存性を持つ。それに対して、社会学的立場は、聖地を人間が作り上げた世界の象

徴的秩序化であるとみなし、あくまでも社会的に構築されたものとみなす［リーチ 1981］。

　これは一見視点のおき方の違いとして矮小化されがちであるが、実際は互いの存立基盤そのものに関わる重大なズレを秘めている。聖性をめぐる立場の違いは、出発点の違いであり、また何よりも到達点の違いでもある。それは、最終的に聖性の復興を目指すのか、社会・政治的な批判を目指すのかの違いとなってあらわれる。そのため、両者の懸隔はなかなかに埋めがたく、共同の研究も成功しがたい面がある。

　宗教を人間による文化的な意味生成の様式だとみなす構築主義的立場からは、エリアーデらの聖性の捉え方はあまりに本質主義的で、かつ西洋キリスト教神学を前提としていると批判されてきた［Smith 1998, McAlister 2005］。これを受けて、本書は、あくまでも社会学的視点に立った聖地論である。それは、20世紀末以降の宗教、聖地がおかれた新しい状況を理解するためには、こうした視点が有効だと考えるからである。世紀をまたいで現在に至るまで、宗教、聖性は社会・政治的な対立を強化する役割を果たしており、そのさい宗教、聖性の持つイデオロギー効果が、もっとも強力な装置として機能してきた。そこでは宗教が引き起こす「神がみの闘争」状況により、互いの生き死にをかけた対立となり、しばしば陰惨たる悲劇を生み出す要因になっている。それはいわゆる「世俗化論」とは対照的に、むしろ「再呪術化」の様相を示している。編者の杉本良男はそれをして、ポスト冷戦構造の中での宗教の復権からさらに先へと進んだ「ポスト・ポスト」状況であると指摘した［杉本 2014］。

　こうした時代に、聖地を取り上げる意義は、それが宗教、聖性の消費化・観光化と有形化・モノ化の進行が顕著に見られる「場」だからである。ここでも聖地は、観想的な聖性に支えられた場ではない。そこで人びとは、その身体性を賭して、ときに巡礼におもむき、ときに観光に遊ぶのである。そして、聖地の特異性は、その両者が渾然一体となっているところにある。さらにそこには、場所性・空間性、歴史性・物語性、真正性・正統性、政治性・宗教性など一見対立するような概念、現象がおりかさなっている。多くの巡礼者・観光客にとって、聖地がもつ聖性こそが訪れるに値する魅力的な商品なのであり、聖地は資本経済と分かちがたく結びついている。宗教とツーリズムに関する研究の第一人者といえる山中弘も、聖性の真正性を担保する場ともいえる聖地を起点として、宗教とツーリズムとが相互の文脈を利用しあいながら結果として聖地の聖性を高めあっているとする［山中 2012］。そこでは宗教が消費の対象でもあり、

侵しがたくありがたい神がみもお土産品となって人びとの消費意欲をかきたてている。それによって、「聖なるものは、制度化された宗教の外部の消費文化において、生きながらえることができる」[Featherstone 1991] のである。ようするにアガンベンなどが言うように、いまや資本主義そのものが宗教と化しているのである[2]。ただ、それを近代社会に特有の現象とみるのはプロテスタント的偏向を含んでいることについてもすでに指摘したところである [杉本 2014]。

このように、聖地をめぐっては、宗教組織のみならず、外部の力や多様なアクターの競い合いが見られ、聖性という一元的なイデオロギーで覆われているわけではない。例えば、キリスト教カトリック世界の代表的な聖地であるスペインのサンティアゴ巡礼を研究する岡本亮輔は、現代西欧の聖地巡礼を、教会を頂点とする制度的宗教性と、ポスト世俗化以後の私事化された宗教性である私秘的霊性（「自分探し」やスピリチュアリティ）とが競合、相克する「アリーナ」として捉えている。そして、それは「聖性の分化」として理解することができるとする [岡本 2012]。つまり、聖性そのものも多様化しているのである。一方、同じキリスト教の聖地として世界的に有名な聖母をまつるフランスのルルドでは、贖罪とのかかわりを強調したい教会に対して、奇蹟言説にこだわる病者、傷病者とボランティアが繰り広げる「傷病者のスペクタクル」こそがルルドらしさを作り出す聖なる体験だとみなす巡礼者・観光客、商売熱心な地元など、多様な言説が繰り広げられている [山中 2012, Eade 2000, 寺戸 2012]。また、ルルドには世界各国から軍隊巡礼団が訪れるが、ルルド教会によるその軍隊巡礼団の受入をめぐっては、時にヴァティカンの政治的意向やイデオロギー政策が反映されており、聖地はグローバルな政治的、軍事的紛争に間接的にせよ関与せざるを得ない状況にある [Eade 2017]。

このように、西欧のキリスト教聖地をめぐる先行研究の多くは、宗教学的視点に基づいており、どうしても関心が聖性をめぐる議論へと向いていることは否めない。さらに、非西欧社会における聖地に関する社会学的研究は、依然として限定的であると言わざるを得ない。だが、国家や国際社会、グローバル資本主義という政治経済的実体とそのイデオロギーは、非西欧社会においてより先鋭化するのであり、これらは近年の聖地をめぐる変容にも大きく関与している。

本書は、西欧世界でもなく、また人類学が伝統的に対象にしてきた「未開社会」でもなく、インド、中国、ロシアという非西欧の比較的規模の大きな社会を対象としている。この三地域については、すでに北海道大学スラブ・ユーラシア

研究センターが行った研究プロジェクトにおいて、「ユーラシア地域大国」として概念化され、またその成果も公刊されている（『シリーズ・ユーラシア地域大国論』ほか）。本書でこれらの地域に注目したのは、濃淡はあるものの、それぞれ社会主義体制を経験した社会を取り上げることによって、聖地、ひいては宗教そのものの持つ現代的意義をあらためて考え直そうとする意図があってのことである。そのうえでこれら三地域の積極的な「比較」研究を意図するが、その意義は19世紀的な共通性を通じた「本質」への接近なのではなく、互いの相違を強調する「差異化」としての比較にほかならない［杉本2014]。

　ユーラシア地域大国が経験した社会主義体制は、マルクスのいう「宗教は民衆の阿片である」を宗教の全否定ととって、こと宗教に関して厳しい立場をとることもあるが、そこには先述したように濃淡の差がある。とくにインドの社会主義は比較的穏健で、イデオロギーよりは経済面での主要産業の国有化にほぼ限られ、宗教に関して否定的な態度はとっていない。それに対して、ロシアも中国もかなり徹底した批判と規制が敷かれ、宗教施設の破壊や儀礼、教義、宗教職能者の継承の断絶などを経験した。そして、1990年代以降はともに宗教の「復興」が大きな焦点となっている。いずれにしても、これらの国は、西欧キリスト教世界をモデルにした一般的な宗教論では十分に論じきれない面を含んでいるのが共通の特徴である。その意味で、ユーラシア地域大国における宗教を論ずることは、既存の宗教論への根本的な批判になる可能性を秘めている。これが、これら三地域を取り上げる学問的意義である。

　本書は、三地域の比較研究であるが、編集にあたって地域ごとに章立てを行うのではなく、相互の「比較」を意識して各地域を通貫する4つのテーマを設定した。いずれも、聖地の持つ現代的特徴を反映したもので、少なくとも三地域の比較研究としては重要な問題を含んでいると言うことができる。そうはいっても、それぞれの論考が当該テーマに収斂するのではなく、むしろ複数のテーマを含んでいるわけで、ここでの分類はその論考の持つそれぞれの特徴を反映したものにすぎない。つまり、章立て、章分けは暫定的なもので、章をまたいだ「比較」も十分可能であることをお断りしておきたい。以下に各論考の意義について、簡単に概括することにしたい。

　第1部は聖地の「歴史性と物語性」についての考察である。聖地、聖性の研究においてはつねに文献、テクストと現実との兼ね合いが問題になる。とくに文献研究畑の研究者には、文献に書かれたことが現実にどのように反映されて

いるのかを確かめることが主眼になる傾向がある。当初に述べた宗教学的視点と社会学的視点の違いがもっとも明確にあらわれる部分でもある。ここでは、井田論文で示されているように、文献至上主義をいったん棚上げにして、むしろそれを物語性ととらえて歴史性との架橋を図っているのが特徴である。

望月論文は、19世紀のロシア人修道士パルフェーニー（ピョートル・アゲーエフ）による、聖山アトス（ギリシア）での修道生活と、ロシア、モルダヴィア、トルコ、聖地エルサレムへの旅の記録を読み解きながら、個人史の風景の中に組み込まれた聖山アトスの「歴史」の一断面を再現しようとする。修道士にとってアトスは至福の喜びを与える聖なる楽園であり、その後の旅はいわば失楽園である。ただ、望月が読むのは、歴史的変動の中で世俗の価値や論理を超越したところにある、聖なる空間の実在を証言しようとする修道士の姿である。

小林論文は、中国福建省、広東省に分布する客家のいくつかの聖地をとりあげて、公的に意義を認められた複数の聖地と、ローカルな意義づけが行われている一つの〈聖地〉とを、歴史のなかの聖地と記憶のなかの〈聖地〉とを対比させるかたちで考察する。取り上げられているのは保生大帝という民間信仰であり、そこでは巷間いわれるような、近代システムのもとでテクスト化された歴史が記憶を圧倒するのではなく、経験的に語られる記憶が歴史を包摂するメカニズムが指摘されている。

井田論文は、まずインドにおける「聖地」概念について、テクストに遡って検討している。そして、特別な力が宿るとされる聖地（ティルタ）と、神のいる聖地（ピータ）との2つの位相があると整理する。さらに重要なのは、両者を動態的にとらえる視点で、ティールタは縁起を語ることで、小林流に言えば歴史となって、ピータ化するとともに多様な意味を付与される。ピータは霊験を語ることで記憶となり、ティールタ化して力を得る。歴史的にこの両位相は循環を繰り返してきたが、本論文では、そうしたメカニズムが、マハーラーシュトラ州のマハーヌバーブ教団の事例を通じて実証的に検討されている。

第2部はポスト社会主義時代における聖地の「観光化」による再整備の実情について取り上げている。ここでは、それぞれの地域の特質を反映して、観光化の進み方に大きな差があることが鮮明に現れている。ロシア、中国においては政治的意図によって宗教の文化的側面が強調され、教育的効果を意図しながらの観光化が進んでいる状況が報告されており、急速な経済発展を背景にしたインドにおいては消費の対象となった宗教、聖地の現状についても考察される。

とくにロシア、中国の例は、いったん途絶した宗教的伝統の復興という性格が強く、その意味ではインドとは対照的である。

高橋論文は、北ロシアにおいて観光地／聖地がどのように再構築されてきたのかについて、革命以前の景観の記憶、社会主義時代の景観破壊と保護、社会主義時代のツーリズム拠点としての規模と形態、それに1960年代以降の保護運動の展開と文化遺産としての博物館化という4つの要因からその展開について跡付け、さらにその意義について考察している。とくに、順調に文化遺産化が進んだキジと、いったんは忘却の彼方におかれながら北ロシアのアトスとして復活したヴァラームという2つの土地の対照を通じて、いつも「満員御礼」となるロシアの「聖地」の特質を見事に摘出している。

韓論文は、まず漢語と儒教文化の文脈における聖性、聖地の意味について整理しているが、意外にも「聖地」という漢語の熟語は見当たらないという。さらに、「聖」そのものが宗教性を持たず、最高の理性・知性・徳性を備えた人の意味を持っていたという。その上で、中華民国の創始者である孫文と、中華人民共和国の創始者である毛沢東をめぐる聖地構築について考察されるが、ここで、もともと「聖」としての性格を持っていた偉人が、現代的な文脈で人びとの信仰の対象になっているという一種のねじれが起こっていることが指摘されている。さらにそれが、現代的な状況のなかで、ますます観光化、商品化の対照となり、逆に宗教性を備えていた聖地が不振となるという逆説も起こっている。その意味で本論文は、非西欧世界における聖地のねじれを余すところなく、実証している。

前島論文は、インド、ブッダガヤ（ボード・ガヤー）の仏教聖地の現代的状況について考察している。前島はすでに19世紀以降の仏教聖地ブッダガヤの復興、インド独立以後のヒンドゥー僧院との関係などについて論じてきているが、本論文では遺跡を中心にした「仏教化」と「観光化」の進展について、調査資料をもとにその現代的意義について論じている。とりわけ、2013年に起きたブッダガヤでのテロをめぐって、モディ首相までも巻き込んださまざまな力が交錯する中で、あくまでもその独自性、固有性を保持しようとするローカルな人びとの努力をとりこんだ再整備の必要性を説いている。

第3部はとくにポスト冷戦時代における「再聖地化」の諸相をとりあげる。いずれも、すでに何らかのかたちで聖地として認識されていた場所・空間が、歴史的、社会的条件によって、かたちをかえながら、あくまでも聖地としての

意義が再構築されている状況について考察したものである。それは最近の例にとどまらず、歴史を通じて繰り返されてきたことでもある。ここではとくに、再聖地化における政治的、経済的イデオロギーの介入と、それを支える「外部性」に注目する視点が焦点となる。

井上論文は、ロシアにあってチベット仏教を保持してきたという意味でまことに異色な存在であるカルムィク社会において、ソ連邦崩壊後の仏教聖地復興の動きを取り上げている。とくに仏教徒とロシア国家の歴史が織りなす複雑な関係性や、そうした状況の下で聖地を新たに創り出そうする人々の動向の諸相に注目するという意味で、独自性の強い考察になっている。シベリア、中央アジアへの移住という苦難の歴史を経たカルムィクは、言語、民族文化の再興においては、言語や文化教育であまり成果を上げていないのに対して、仏教の復興が大きな力になっているというのが結論である。

河合論文は、広東省梅州市における新旧二つあいならぶ呂帝廟を取り上げて、その政治経済的な意義について考察している。ここでは、おもにタイの華僑によって 1985 年に建設され、「道教聖地」として広く外部に開かれている新廟と、「聖地」とは銘打たず地元の宗族の人びとに支持されているが対外的にはあまり知られていない旧廟とを比較している。ここで、信仰上の「真正性」を持つ旧廟と、道教聖地として政治的な「正統性」を与えられた新廟との対比が明らかにされる。さらに強調されているのは、「聖地」の真正性、正統性をめぐる「外部性」の関りである。こうした政治・経済的イデオロギーの介入や、外部性の問題は、本書の目指す比較研究にとっても重要な視点を示唆している。

杉本論文は、南インド、タミルナードゥ州中央部タンジャーウール県内のタンジャーウール市、クンバコーナム市と、近郊の農村における聖地の動向について考察している。ここでは古い都が置かれたタンジャーウールの大寺院、市域全体が集合的に聖地として巡礼を集めるクンバコーナム市、そして近郊農村において長らく廃墟となっていた聖者の埋葬地の聖地化、観光化の事例が、連続性の相のもとに取り上げられる。とくに、インドの急速な経済発展を背景に聖地の観光資源としての価値が高まり、それが村落社会にも及んでいるだけでなく、そこに「外部」者の視線が強く働いていることが大きな特徴である。

第 4 部は国家、社会、宗教の介入による「聖地イデオロギー」の諸相についての考察である。松尾論文で指摘されている聖地の真正性と正当性をめぐる視座の違いは、本書全体をつらぬく宗教学的視座と社会学的視座との違いにほか

ならないが、どちらにしても、イデオロギー的介入という前提に立つことによって、真正性についても広く比較検討に値することになる。いずれも身近な家庭レベルから地方、国家レベルまでに広がる聖地イデオロギーの展開について考察されている。

　櫻間論文は、ロシア、タタルスタン共和国のボルガル遺跡の再開発を通じて、「あるべきイスラーム」像が前面に出た、いわばロシアの「メッカ」として整備されてきたプロセスとその現代的意義についての考察である。ボルガルは、テュルク系遊牧民によって成立され、北コーカサスのテュルク系王国の中心都市であったが、モスクワ勢力とモンゴル勢力の争いの中で廃墟化していった。その後ロシア帝国時代に復活したが、ソ連邦時代に再びその宗教的価値を剥奪され、考古学的価値のみが強調された。さらにペレストロイカ以降は再びその宗教性を取り戻す結果になっている。まさに聖地はいつも「満員御礼」の様相を呈するわけであるが、とくに近年は、タタルスタン・イデオロギーの介入によってむしろその宗教性が強調されているのが実情である。

　川口論文は、中国の「中華民族の始祖」とされる炎帝、黄帝をめぐる施設が、国家的イデオロギーの介入によって「中華聖地」として整備され、「聖地化」されてきたプロセスについて述べるとともに、村の人びとによる身近な祖先祭祀が、民族の始祖への信仰を通じて、中華聖地信仰にまで接合されるメカニズムを、中国社会の親族概念、理念によって連続的の相として捉えている。このような視点は伊藤幹治の日本における天皇制イデオロギーの分析を思わせるところがあり、いずれも親族イデオロギーによって接合される意味で東アジア的特徴を浮き彫りにしているものだといえる。

　松尾論文は、インド中部マハーラーシュトラ州の聖地トランバケーシュワルにおける、その土地を聖地として成立させている複数の宗教資源と、これら資源の正当性をめぐって近年の社会変化のなかで生じているせめぎあいについて論じている。松尾はまず、宗教学、宗教社会学における聖地研究が、巡礼との関わりでとりわけその聖体験の真正性を問題としてきたが、むしろそのような「本物らしさ」の次元ではなく、聖地の資源に対して何を正当なものと認めるのかという社会的決定の問題という観点から論じている。そこには当然、その時々の政治的、社会的イデオロギーが介入し、聖地をめぐるポリティクスが繰り広げられるわけであるが、この視点は本論文だけでなく、本書全体を貫く基本的視点を言い表している。

各論考を通じて、われわれは各地域におけるそれぞれの特徴を見いだすことができた。とくに現代的状況における聖地の整備、復興、再構築の過程をつぶさに検討することを通じて、各地域の特質が明らかになり、また同じ社会主義体制を標榜しながらとくにロシア、中国とインドとの大きな差異までが浮き彫りになった。そして、本研究の到達点と言うべき西欧的聖地概念の批判的検討という意味では、いずれも非西欧的特徴を示しながらも、西欧的概念の影響を決定的に受けながら、新たな局面を迎えているというのが現状である。こうしたグローバル化とローカル化とのせめぎ合いは、高度情報化時代に特有の現象と評価できる一方で、規模は異なっているものの、歴史的にはつねに繰り返されてきた現象でもある。そこには、地球規模に拡大したグローバル世界の影響とまでは行かないにしても、強力な外部のイデオロギーとのせめぎ合いの中で、整備、復興、再構築のプロセスが展開してきている。それが望月論文から松尾論文までの全体を通じて、明確に示されている。

　高橋が引用しているある老女の言葉、聖地はいつも「満員御礼」というたとえは、いったん聖地として成立した場所、空間が、その後も付与された聖性を失うことなく、社会・政治的、宗教・文化的状況によってつねに復活する潜在力を持っていることをよく言い当てている。このように、いったん与えられた聖性が、容易には失われないところに、聖地の不可思議がある。つまり、社会学的なプロセスで獲得された聖地の聖性は、宗教学的な聖なる天蓋となり、状況に応じて人びとの前に顕現する可能性を持つ聖性を帯びるのである。聖地イデオロギーを政治経済学的に問うていく視点は、宗教の現代的意義への問いかけであるとともに、それをぎりぎりまで追い込むことによって、ついには宗教的、神秘的な力の領域に達することになる。その意味で、冒頭に掲げた宗教学的視点と社会学的視点は、高次の補完関係をなすべき位置にある。

　要するに、聖地は連続性と不連続を内包し、社会学的宗教研究と宗教学的宗教研究とを補完的関係におく極めて優良なコンテンツである、という点をあらためて指摘しつつ、さらなる研究の展開を期待したい。

注
1)　先行研究では、両者の立場はそれぞれ「聖性の詩学的アプローチ」と「聖性の政治学的アプローチ」とも位置付けられている［Alon-Mozes et al. 2009］。
2)　例えば、土地利用に関して、国家による厳しい規制が敷かれているシンガポールでは、宗教組織は宗教空間の獲得に際して、世俗組織や他の宗教組織と激しい競合関係にある。

ウッズは、教団による世俗空間の流用や、組織形態の変更（宗教組織から NGO 法人や企業へ）といった、国家の規制をかいくぐる戦略を論じている［Woods 2018］。

引用文献

Alon-Mozes, Tal., Shadar, Hadas. and Vardi, Liat
 2009 "The Poetics and the Politics of the Contemporary Sacred Place: Baba Sali's Grave Estate in Netivot, Israel", *Buildings & Landscapes: Journal of the Vernacular Architecture Forum,* vol.16, no.2, pp.73-85.

Eade, John
 2000 "Order and Power at Lourdes: Lay helpers and the organisation of pilgrim shrine" in John Eade and Michael Sallow (eds.) *Contesting the sacred: The Anthropology of Christian Pilgrimage,* pp.51-76, Urbana & Chicago: University of Illinois Press.

Eade, John
 2017 "Healing Social and Physical Bodies: Lourdes and Military Pilgrimage", in John Eade and Mario Katić (eds.) *Military Pilgrimage and Battlefield Tourism: Commemorating the Dead,* pp.15-34, London: Routledge.

Featherstone, Mike
 1991 *Consumer Culture and Postmodernism.* London: Sage.

McAlister, Elizabeth
 2005 "Globalization and the Religious Production of Space" *Journal for the Scientific Study of Religion* 44(3), pp.249-255.

Smith, J. Z.
 1998 "Religion, religions,religious" in Taylor, M.C. (ed.) *Critical terms for religious studies,* pp.269-284, Chicago & London: University of Chicago Press.

Woods, Orlando
 2018 "Spaces of the Religious Economy: Negotiating the Regulation of Religious Space in Singapore", *Journal for the Scientific Study of Religion* 57(3), pp.531-546.

エリアーデ、ミルチャ
 1974 『エリアーデ著作集 3　聖なる空間と時間』久米博訳、せりか書房。
岡本亮輔
 2012 『聖地と祈りの宗教社会学——巡礼ツーリズムが生み出す共同性』春風社。
杉本良男
 2014 「奇蹟譚のポリティカル・エコノミー——南インド、ウェーラーンガンニ聖堂のメディア戦略」杉本良男編『キリスト教文明とナショナリズム——人類学的比較研究』、pp.153-184、風響社。

寺戸淳子

　　2012　「惜しみない旅——「傷病者の聖地」の魅力の在処」山中弘編『宗教とツーリ
　　　　　　ズム——聖なるものの変容と持続』、pp.106-125、世界思想社。

山中　弘

　　2012　「「宗教とツーリズム」研究に向けて」山中弘編『宗教とツーリズム——聖なる
　　　　　　ものの変容と持続』、pp.3-30、世界思想社。

リーチ、エドマンド

　　1981　『文化とコミュニケーション——構造人類学入門』青木保・宮坂敬造訳、紀伊
　　　　　　国屋書店。

I　物語性と歴史性

第1章　聖山は遠くにありて
19世紀の修道士パルフェーニーのアトス

望月哲男

1　はじめに——聖山アトスと19世紀のロシア人修道士

　アトスはギリシャの北東部、エーゲ海に臨むハルキディキ半島から突き出した3つの小半島のひとつで、軽く曲げられた指のような形をしている。標高2033メートルのアトス山に連なる稜線が中央を貫く全長約40キロメートルほどのこの半島は、古くから東方正教会の修道士たちが修行のために共住する聖地と見なされてきた。地形そのものが作る外界からの孤絶性と景観の美しさ、聖母（生神女）が使徒ヨハネとともにキプロスに義人ラザロを訪れた時、嵐のため避難し、偶像崇拝者だったこの地の人々を改宗させて永遠の庇護を約束したという開基伝説、長期にわたりオスマン帝国の勢力下にありながら、コンスタンチノープル総主教の保護管理のもとで東方キリスト教の牙城たり続けてきたという経緯——そうしたものがすべてアトスの聖性を形作っている。

　修道生活の中心は、海岸線や山中に点在する20の修道院と、数多くの別院（skete）、僧房（kellion）、簡易僧房（kalyva）、隠修所（荒野修道院）などと呼ばれる大小の施設である。代々居住してきた者の多くはギリシャ、セルビア、ブルガリア、ルーマニアを故国とする修道士たちで、ロシア帝国からの者たちもそこに混じっていた。

　アトスにおけるロシア人修道士の歴史は、ロシア人とギリシャ人、あるいは大ロシア人（ロシア人）と小ロシア人（ウクライナ人）[1]といった民族間の複雑な関係を含むので、語る者の立場によって微妙に異なっている。比較的客観的な立場から整理されていると思われるフェンネルの記述［Fennell 2001: 51-235］によれば、それは概ね以下のようである。

　11世紀からアトスにかかわりを持っていたといわれるロシア人は、12世紀後半までには、今日も20の大修道院のひとつとして残っている聖パンテレイモン修道院に修道生活の足場を得ていた。ロシア修道院の別名でも呼ばれるようになる同修道院は、実際には常にロシア人を擁していたわけではなく、モン

26　I　物語性と歴史性

ゴル・タタールの支配下でキエフ国家（キエフ・ルーシ）が滅びた 14 世紀以降は、ロシア人修道士はアトスから姿を消して同修道院はセルビア人の管理下に置かれ、後には主としてギリシャ人修道士の世界となる。しかしモスクワ公国の成長とともにアトスにはまたロシア人修道士が姿を現し、16・17 世紀には同じ聖パンテレイモン修道院に 100 人を超すロシア人が居住していたとみられる。ところが 18 世紀のピョートル大帝による国家の世俗化の影響でロシアからの人や金の流れが途絶えると、ロシア人修道士の存在はまた急速に希薄になり、1735 年以降、同修道院からロシア人の姿は消えて、再びギリシャ人のみの住み家となった。

　以降もっぱら別院等に身を寄せてきたわずかな数のロシア人修道士たちは、1 世紀後の 1839 年に改めて聖パンテレイモン修道院に拠点を得ることになるのだが、その復帰には複数の理由があった。ひとつの遠因は、18 世紀の 1746 年から 63 年までアトスに滞在したロシア帝国（ウクライナ）出身の聖パイーシー・ヴェリチコフスキー（1722-1794）の事績である。彼はひたむきな熱意と卓抜な語学力・学識を発揮して、埋もれていたギリシャ語聖典を発掘・翻訳し、『フィロカリア』の名で呼ばれる東方聖師父の思想の集成と中世的な修道精神を近代によみがえらせた。彼のそうした業績はアトスの修道世界全体に影響を及ぼすと同時に、「ロシア人修道士」集団への評価を高める役割を果たした。すなわち民族間の不信と反目が広まっていた時代に、民族を超えた修道共同体のアイデンティティを作ることに貢献したのである。

　ロシア人修道士集団の運命に影響を与えたもうひとつの要因は経済的なものだった。この地を政治的に支配してきたオスマン帝国による課税、1820 年代のギリシャ独立戦争期の荒廃、修道院相互間での土地をめぐる争いなどで疲弊しきっていた 19 世紀アトスの修道院は、存続のために経済的な庇護者を必要としていた。ロシア修道院の別名を持つ聖パンテレイモン修道院にとって、久しくオスマン帝国と対抗してきた強大な正教帝国ロシアは、魅力的な庇護者だったのである。

　聖パンテレイモン修道院のギリシャ人たちは 1835 年にロシア人修道士アニキータ（シフマトフ公爵）と 25 人のロシア帝国出身の修道士（大半が小ロシア＝ウクライナ人）の集団を誘致して、結果的に共住に失敗していたが、1839 年に再度ロシア人スヒマ修道士パーヴェルを指導者とする集団を誘致、修道院の立て直しに取り組んだ。パーヴェルと次の指導者イエロニム、さらに次世代のマカーリーのイニシアティヴによってこの試みは奏功し、聖パンテレイモン修道

院はロシアからの寄付金で負債を返却するばかりか新築事業も進め、ロシアからの修道士志願者や巡礼も数多く受け入れるようになった。1874年には同修道院のロシア人修道士が400名を超え、ギリシャ人修道士の2倍以上になったと伝えられる。この傾向はロシア・トルコ戦争（1877-78）の時期を越えて継続した。マカーリーが掌院を務め始めた1875年から第一次世界大戦前夜まで、アトスのロシア人世界は聖パンテレイモン修道院を中核として隆盛を極めた。フェンネルは20世紀初めの時期にオデッサから蒸気船でパレスチナに向かった年に2万から2万5千のロシア人巡礼のうち、男性の大半がアトスにも滞在したと書いている［Fennell 2001: 156］。またシカロフスキーによれば、大戦前夜の1913年にアトスにいた7650人の修道士のうち、ロシア人は4100人で53.5％を占めていた（うち聖パンテレイモン修道院は2000人強）［Шкаровский 2016: 122-123］。これはすでに「全能なる神の名前は神自身である」と主張するいわゆるアトス讃名派修道士たちへの弾圧が始まっていた時期なので[2]、驚くべき数字だと言える。

　大きく広がった聖山アトスのロシア人世界は、第1次世界大戦からロシア革命（1917）という国際状況の中で再び急速に縮小し、とりわけ革命後に本国との人的・経済的な紐帯が切れると、極度の荒廃に追い込まれた。川又一英はソ連期の1973年にわずか7名のロシア人修道士がひっそりと暮らす聖パンテレイモン修道院の姿を伝えている［川又 1989: 91-92］。1979年から2016年まで掌院を務めたイエレミア（アリョーヒン）は1965年にソ連から訪れた者である。新生ロシアの時代になって修道院はプーチン大統領の来訪なども得て復興をうたっており、修道士の数も70名まで増えているという［Свято-Пантелеимонов монастырь: http://agionoros.ru/docs/21.html］。

　修道の本義はおそらく祈りを通じた神とのコミュニケーションにあり、聖地の価値はその神への近さによって測られるべきであって、そこに住む修道士の民族単位・修道院単位の人数や僧院の豪華さなどで測られるべきものではない。しかし修道もまた一つの社会の中で営まれる業であり、祈りと並んで労働や指導者への服従といった務めと、食事や睡眠を含む生活のすべてを前提としている以上、修道のコミュニティのあり方や規模は現実的に大きな意味をもつ。そのコミュニティの強固さや分厚さこそが、外部からの隔絶性を担保してくれると言えるかもしれない。そしてそのコミュニティは、聖地の内部とさらにその外部に広がる世界における国際的・族際的な諸関係から、直接・間接の影響をうけざるを得ない。つまり単に宗教的・文化的なものばかりでなく政治的・

28　Ⅰ　物語性と歴史性

経済的な要素も含んだ外部世界との関係の処理の巧みさ＝俗世との近さが、逆に俗世からの距離＝神への近さを保証してくれるといった仕組みが想定される。上述のようなロシア的アトスの消長史は、まさに聖地の政治・経済学こそがそこで大きな意味を持つ場合があることの証明のようにも見える。実際 19 世紀アトスのロシア人修道士世界が、俗世界に開くことでますます聖性を帯びるという皮肉な一面を持っていたことは否定しがたい。

　いずれにせよ 19 世紀中期はロシア人修道士集団にとってのアトス史の分岐点となり、その後の経緯は指導者も弟子も含めた個々の修道士の生き方に大きな影響を与えた。本章が扱う修道士は、ちょうどこの 19 世紀半ばの時期に憧れの聖山を訪れて、聖パンテレイモン修道院を基盤とするロシア人修道士集団の発展史の 1 ページに遭遇しながら、まさにその発展のとば口で、骨をうずめるつもりで来た聖山を追われて再び誘惑の多い俗界に戻るという、皮肉な経験を強いられた。本人に多大な衝撃と落胆を味わわせたこの「失楽園」物語は、指導者への絶対服従を前提とした長老制度という、アトス＝東方正教修道世界本来のルールによって生じたものである。しかし見方によっては、「ロシア修道院」の急速な発展のエネルギーがアトスと外部世界のダイレクトな結びつきを強めた結果、このひたむきな修道僧の楽園喪失を招来したと見えなくもない。本章はこの修道士の経験を彼の手記からたどり、個人史の風景の中に組み込まれた聖山アトスの歴史の一断面を再現しようとするものである。

2　ピョートル・アゲーエフ（修道士パルフェーニー）とその遍歴記

1　アゲーエフ略伝

　本章の主人公の名はピョートル・アゲーエフ（Петр Агеев: 1806-1878）。自ら書いた遍歴記の記述によれば、彼はモルダヴィアのロシア人（フェンネルの定義では小ロシア人 [Fennell 2001: 78]）の家に生まれ、幼くして孤児となって、古儀式派[3]のロシア人商人に育てられた。成人後、正しい信仰生活を求めてロシア、モルダヴィア、カルパチアの古儀式派修道院を遍歴し、当時オーストリア治下にあったブコヴィナ（現ウクライナ領）のベロクリニツキー（Белокриницкий）古儀式派修道院で剃髪して、修道士パイーシーを名乗るようになった。モルダヴィアのマヌイロフ別院に暮らすうち古儀式派の聖職者や教義の正統性に疑問を覚えて離脱を決意。1837 年、盟友イオアンとロシアに移り、ニジニ・ノヴゴロドのヴィソーコフ帰一派[4]（единоверческий）修道院に身を置いた。この後モル

ダヴィアに戻り、1839 年ヴォロナ修道院で最終的に正教会に改宗（帰正）した。

　同じ 1839 年、アゲーエフは徒歩でカルパチアからバルカンに至る険しい道を越え、あこがれの聖山アトスに赴いた。当時アトスのロシア人修道士の尊敬を集めていたスヒマ修道司祭・長老アルセーニーを師（духовник, старец）と仰ぎ、師の命ずるまま隠修所で独居生活を開始する。ちょうどこのとき、スヒマ修道士パーヴェルを頭としたアトスのロシア人修道士たちの一団が、1 世紀の空白期間の後に再度パンテレイモン修道院へ入院するという出来事が起こったのである。この後アゲーエフはアルセーニーの弟子イオアニキーを第 2 の師として予言者エリヤ別院に入り、剃髪して修道士パムヴァとなる。1840 年、スヒマ修道士パーヴェルが没して、第 2 の師イオアニキーがパンテレイモン修道院のロシア人院長（掌院の次席）に選ばれたため、師とともに同院に居を移し、翌 1841 年スヒマ修道士パルフェーニーとなった。

　同じ 1841 年、新たにイエロニムを名乗るようになった師イオアニキーの命で、アゲーエフ（パルフェーニー）は寄付集めのためロシアに派遣される。2 年余りの困難な旅のあげく 1843 年、成果を上げぬままアトスに帰還したパルフェーニーは、やがて師の許しを得てパンテレイモン修道院から隠修所に居を移し、沈黙の行に入った。

　1845 年 9 月、アゲーエフ（パルフェーニー）は第 1 の師である長老アルセーニーから、突然アトスを離れシベリアに行くことを命じられる。聖山で終生修行生活をすることを夢見ていた彼は激しくこれに抵抗したが、師＝長老の命令は神の命令であるという絶対の論理に勝てず、最終的にアトスを離れざるを得なかった。

　翌 1847 年 9 月、長い旅路の果てにシベリアのトムスクに到着した彼は、その地の大主教アファナーシーの補佐として働き、古儀式派時代からアトスの修道士時代を経て現在に至るまでの克明な遍歴記を書き綴った。

　後の 1854 年、モスクワ府主教フィラレートの指示でモスクワのトロイツェ・セルギー修道院ゲッセマネ別院に配属され、1855 年、修道輔祭、修道司祭となる。この年に『遍歴記』初版を出版し、宗教界と知識人・文壇に反響を呼んだ [5]。1856-60 年、モスクワ県のニコライ・ベルリュコフ荒野修道院（Николаевская Берлюковая пустынь）の院長を務めるうちに、活動の中心を古儀式派の改宗（帰正）運動に移していき、1858 年には古儀式派の改宗促進を目的としたグスリツキー救世主変容修道院（Гуслицкий Спасо-Преображенский монастырь）を建立、主任司祭（настоятель、のち院長）となる。

30 I 物語性と歴史性

1870 から 71 年にかけて、2 度目のエルサレム、アトス訪問を敢行、戻った後修道院長の任を解かれて、トロイツェ・セルギー修道院ゲッセマネ別院で晩年を過ごした。1878 年 5 月 17 日、同修道院で没している。

2 アゲーエフ (パルフェーニー) の遍歴記

『聖山アトスの修道士パルフェーニーのロシア、モルダヴィア、トルコ、聖地エルサレム遍歴と旅の物語』と題されたアゲーエフの遍歴記は、4 部からなっている。

第 1 部は幼少期から 1839 年にアトスに発つまでの経緯と、1841 年から 2 年間の、寄付集めのためのロシアの旅をテーマとしている。本章が注目するアトス体験以前の経験としては、ウクライナのスタロドゥビエ分離派[6]集落群をはじめ各地の古儀式派修道院の観察と批判、カルパチア山中のチャトルィ別院で同志となる修道士イオアンと出会い古儀式派宗派離脱を決意する経緯と、仲間からの批判・迫害の様子、ニジニ・ノヴゴロド (ロシア) のヴィソーコフ帰一派修道院での生活、モルダヴィアのヴォロナ正教修道院で再度洗礼を受けロシア正教会へ入るまでの経緯、といった内容が特筆される。

第 2 部はアトスへの旅から 1841 年にロシアへ派遣されるまでを描いている。主な話題は、1839 年 9 月 28 日にモルダヴィアのヴォロナを発ってからワラキア公国、オスマン帝国、ブルガリア、トラキア、マケドニア、ギリシャを経て、同年 11 月 8 日にアトスに着くまでの徒歩による陸路の旅、アトスの修道院群の印象、ロシア人長老アルセーニーの人柄と生活、アトスのロシア人修道士たちの状況、彼らがパンテレイモン修道院に再度入居した経緯、ロシア修道院の歴史的盛衰、アルセーニー、イオアニキーの両師を得て修道士パムヴァとして修業に入り、スヒマ修道士となるまでの経緯、パンテレイモン修道院の教会建立費用集めにロシア行きを命じられる顛末である。

第 3 部は 1841 年から 43 年のロシア旅行断章とその後の再度のアトス生活、1845 年にシベリア行きを命じられ 1847 年に到着するまでを描き、付録にロシア人長老ダニイル伝と著者が行った古儀式派への説諭などの資料を収めている。主な話題は、コンスタンチノープル周遊の模様、モルダヴィアで古儀式派の両親を改宗させた経緯、再度のアトス滞在中のパンテレイモン修道院での暮らしや独居・沈黙の行、1845 年、ロシア大公コンスタンチン・ニコラエヴィチがアトスを訪問した時の様子、長老アルセーニーからロシア行きを命じられた顛末、復活祭期のエルサレム訪問の様子、最後のロシア (シベリア) 行きの

次第である。

第4部は著者のエルサレム、パレスチナ旅行記に加えてアトス山の歴史や各修道院等の施設に関する記述、アトスの苦行者列伝、さらに補足として各種の伝承等が含まれている。『カラマーゾフの兄弟』のゾシマ長老のモデルとなった第1の師である長老アルセーニーの伝記も、ここに収められている。

本章が参照するのは上記のうち主として第1部の古儀式派からの離脱とアトス行きの決意を描いた部分、第2部と第3部のアトス体験、および第4部の苦行者列伝の一部である。

3　アゲーエフ（パルフェーニー）の見た聖山アトス

1　アゲーエフがアトスに求めたもの

遍歴記に現れたアゲーエフの信仰者としての意志は、まず自らの置かれた宗教的環境の「不浄さ」を逃れ、正統的な信仰集団に参入しようとするところに基礎をおいていた。その自覚は、第1部冒頭に次のような形で書かれている。

> 罪深い私は30歳を超える年まで分離派信徒であり、聖キリスト東方教会の子を名乗る資格を持たなかった（Азъ окаянный находился в расколе более тридцати лет моего возраста, и несмь достоинъ нарещися сынъ Святыя Христовы Восточныя Церкви）。なぜなら罪深い私は、時として無知のために、神の教会を避けていたからである。しかしわが主であり神であるイエス・キリストは、その人知を超えた計らいと人間への愛によって、私を迷妄から救い出し、自らの聖なる教会の真の光明を示し、私をそこに招き入れ、迷い滅びかけていた羊のような私を、自らの選ばれた群れに加えてくださった。主御自らが清澄なる御口でおっしゃった通り「私をお遣わしになった父が引き寄せてくださらなければ、だれも私のもとへ来ることはできない」（ヨハネ福音書6-44）からである ［Парфений 1856 I: 1］。

少年期から宗教文献に親しんできたこの人物の古儀式派への疑念は、次のようなきわめて原則論的でかつ具体的な、厳しい自己批判として現れる。

> チェルノブィリ古儀式派修道院に暮らすうちに、何かが胸に引っかかり、自分の信仰、もしくはセクトへの疑いが浮かぶようになって、いつも同じ

ひとつのことを考えていた。つまりいくらロシアを旅し、遍歴して、仲間の修道院や別院を回っても、自分は何も良きものを見もしなければ、何の精神の益も享受せず、ただ誘惑と心の害を得たのみだった。(…)

(…) われわれには総主教も主教もおらず、霊的牧夫 (духовный пастырь) や教師もおらず、偉大なる長老や教師もおらず、ただ主なる神から取り残されたように生きている。神の恩恵も慈悲もない。聖骸もなければ、未来を予言する先見の明を持つ人もいない。

キリスト教会の敵である様々なセクトや無僧派については言うまでもない。彼らは聖なる教会の機密 (таинство) [7] を否定した古代異端派に等しい。無僧派は敬神の建前で第1の最大の機密である「神品」を否定し、他のすべての機密を否定しているからだ [Парфений 1856 I: 8-9]。

われわれは総主教たちの書を読んでも、彼らの信仰を守ってはいない。その証拠に、われわれの間にいくつものセクトがあり、教派がある。われわれは皆同じ書物を読むが、信仰は別々である。(…) われわれの信仰は、ヴェトカで作られた新しい信仰で、それゆえヴェトカ派および容僧派 (ветковская и поповщинская) と呼ばれるのだ [Парфений 1856 I: 101]。

われわれに主たる神が悔い改めのために下さった時間が過ぎぬうちに、恐るべき、苦き死の終わりがわれわれをとらえぬうちに、皆でそろって分離派たることを捨て、様々な教派や反目を捨てて、愛する母親のもとに、聖東方公堂使徒キリスト教会に合流しよう [Парфений 1856 I: 127]。

このような「正しき信仰」への熱望は、様々な迫害や差別を経験したのち、ヴォロナ修道院で新たな洗礼を施され、ヴォロナの堂務者 (пономарь) になることで、第1段階の実現を見る。アトスでの修業は、そのうえでの、第2段階の願いであった。

アトス行きの願いは若年期からのものであったようだが、表面化した契機のひとつは、アゲーエフがまだ公教会への正式な改宗の前からヴォロナ近郊で指導を受けていた小ロシア人スヒマ修道士で隠修士のイオアン神父にあったと思われる。イオアンは18世紀のアトス修道界で広く尊敬と名声をあつめた前出の聖パイーシー・ヴェリチコフスキーの弟子のひとりであり、2度アトスに赴いて計5年ほど修行しながら、戦時の状況不安のために戻っている。行住坐臥

ひたすらイエスに語り掛け慈悲を請うという、「イエスの祈り」を体得した熱心な苦行僧で、アゲーエフにも忍耐、服従、精進、謙虚、愛、禁欲の精神とともにその祈りの精神を手ほどきしている［Парфений 1856II: 18-36］。この人物からアゲーエフがアトス行きの意志を喚起された可能性は大いにある。実際彼はアトス行きを決意した時に、このイオアン神父にまず打ち明け、忠告と祝福を得ている。イオアンのメッセージは、信仰、愛、希望という3つの善をもとに神のご意志に従ってアトスに赴き、かの地に着いたらまず優れた長老を選んで自分の体と心を委ね、死ぬまでその命に従って、長老の命ずるところに生きろ、というものであった［Парфений 1856 II: 5-9, Fennell 2001: 68］。

　アゲーエフ自身はアトス行きの目的を次のような言葉で表現していた。

　（…）正教共住ヴォロナ修道院の至聖生神女生誕教会の堂務者を務めていた時に、私はかの名だたる聖山アトスへ旅をしたいという切実な願望を抱き始めた。世俗の雑事や誘惑から隔絶した、生神女の統べる静かな入り江、隠遁修道と無言の生活の教場に赴いて、生神女の庇護のもとにアトスの修道院、聖堂、修道館、無言の共住僧房、隠者の庵、簡易僧房をめぐり、かの地の地上の天使たち、天上の人間たち、天使の暮らしにまねぶアトスの聖師父たちの暮らしを拝見し、中の一人を自分の牧夫かつ師として、無言の修道生活、永遠の幸を学び、その師とともに生涯の最後の歳月を生きて、生を終えるのだ［Парфений 1856 II: 3-4］。

　この願望が現実味を帯びたのには、個人的な状況のほかに時代状況の変化も影響していた。

　　この願いを私はごく若いころから持っていたが、様々な事情に妨げられていた。第1にほぼ10年も続いたギリシャ独立戦争（1818-28）下の困難な状況、第2にペストの頻繁な流行、そして第3の最も大きな障害となったのは、私の生来の分離派としての立場だった。しかしとうとう絶好の機会が訪れた。戦は収まり、悪疫は止み、分離派からは神がその計り知れぬ慈悲によって解放し、清めてくれたのである［Парфений 1856 II: 4］。

　ただしアトス行きには物理的な困難が伴っていた。国境の通過には首都（モルダヴィアではヤッシー）で発行されるパスポートが必須であり、修道士は所属

34　Ⅰ　物語性と歴史性

修道院の掌院の許可（благословение）が前提だった。

　モルダヴィアからアトスへの経路は海路と陸路の2つがあり、経費と安全度に差があった。アトス行きの意図を打ち明けた時、掌院ラファイルは次のように警告する。

　　「聖山アトスには金がなくては行けない。三つの海（黒海、マルモラ海、多島海）を越える運賃に1人100ルーブリは要る。アトスに着いても住居費・食費に多大な金が要るし、トルコ人にも上納金を納めなくてはいけない。陸路は無料だが、峻厳な山道で盗賊がうじゃうじゃいる。武装したキャラバンを組む者もいるが、行き着けぬことが多い。着いても、生活費を稼ぐのに日夜土木工事をすることになる。（…）アトスに行ける者は金か鉄、すなわち金持ちか屈強な者のみだ。せっかく行ったのに帰ってきてしまった者も多い。（…）みすみす不幸になるというのに許可は出せない」 [Парфений 1856 II: 9-10]。

　アゲーエフはこうした掌院の制止を押し切って、同じく古儀式派から改宗したイコン画家の僧ニキータを連れて、わずか20ルーブリを持って出発し、険しい陸路を約40日で踏破してアトスに着いたのだった。

　アトス行きは青年期からの願望とイオアン神父からの示唆、および状況の変化の産物だが、最終的にそれを実現したのは、やはり本人の努力と信念の力だったのである。

2　美しきアトス

　大きな困難を乗り越えてアトスに着いた旅人がまず味わったのは、聖山のたたずまい自体への感動だった。彼はまずその自然美に感動し、幾分紋切り型の表現ながらこの「楽園」を称賛している。

　　道の両側に緑の草が茂り、花でおおわれている。樫や月桂樹の森も、まるでわざと植えたように美しく、ブドウ、オリーブ、イチジクの果樹園も密に茂って、空気はひんやりしている。私たちは楽園を歩む者たちのように喜び、楽しみ、この地の美しさに驚いていた。聖山アトスの何という美しさ！ [Парфений 1856 II: 82]。

1 聖山は遠くにありて　35

　アトスの美は、それがオスマン帝国の勢力圏のただ中にあって、正教会の砦となっているという立地によっても増幅される。

　　聖山アトスはトルコにあってただ一つ太古からの完璧な美を損なわぬまま、あたかも茨の中の百合のごとくに残り、暗い聖堂の中の燈明のごとくに、皆を照らしている。天上に輝く太陽がその光で全世界を照らし温めるように、聖山アトスも、トルコの支配下に閉じ込められ、重い桎梏の中にありながら、太古からの敬神の光に輝き、全世界をその美で照らし、彩っている［Парфений 1856 II: 86］。

　感動に震える来訪者は、アトスの守護神である生神女（＝聖母）にも、きわめてシンボリックな挨拶をしている。

　　「生神女様、あなたはその運命のままに南の地からこの北の地にいらっしゃいました。私どもはあなたのお定めに従い、あなたの庇護と保護をいただこうと、北の地から南の地へとやってまいりました。あなたのもとに参ずる者は、これを拒まず皆温かく受け入れ、救いの道を教え、分け隔てなく面倒を見るというのが、あなたご自身のお約束です。どうかこの私もその聖なる運命にあずかり、あなたの庇護下において、救いの道をお教えくださりますよう」［Парфений 1856 II: 94］。

　アゲーエフはまさに憧れの「生神女の住み家」、「エデンの園」［Парфений 1856 II: 164］を見出したのだった。
　先述の通り、アゲーエフがアトスを訪れた1839年はギリシャ独立戦争下で荒廃したアトスの復興期に当たり、一時は1000名ほどに減っていたといわれる修道士の数も急速に増え始めていたが、ロシア帝国の修道士は相変わらず相対的に少数で、本拠とする修道院も持たなかった。来山したアゲーエフが身を寄せた予言者エリヤ別院の小ロシア人（ウクライナ人）修道士は、以下のような状況を彼に伝えている。

　　「この聖山にはロシアの同胞は結構います。大ロシア人が50人強、小ロシア人が100人強、ブルガリア人、セルビア人が1000人強、全アトスの修道士は5000人強。偉大な長老も結構いますが、多くはギリシャ人かブ

ルガリア人で、ロシア人もいるが多くはありません。霊的神父（聴悔司祭）ならロシア人は結構います。ただしロシア人はここではきちんとした身の置き場も持たず、たいていは僧房（ケリヤ）だの簡易僧房（コリバ）だの隠修所（プストィニ）だのに暮らしています。われわれ小ロシア人はまがりなりにもこの別院（スキート）を持っていますが、大ロシア人にはそれもないのです」[Парфений 1856 II: 110]。

　現在のロシア・ウクライナ関係をほうふつさせるような大ロシア人と小ロシア人の対立は、この小世界では大きな不安定要因であった。予言者エリヤ別院にもかつては両者が一緒に住んでいたのだが、「悪魔のせいで」反目が起こり、数の多い小ロシア人が大ロシア人を追放し、院長格だった大ロシア人のパーヴェル司祭は同胞とともにカレヤの街に寄宿しているという。「世俗の雑事や誘惑から隔絶した、生神女の統べる静かな入り江」を見出した直後、アゲーエフは、その聖山における民族間反目の現実をも突き付けられたのである。ただしフェンネルが指摘するように、アゲーエフ自身はこの民族間対立から距離を置いているようで、国籍や民族性にかかわらず、正しき信仰者としての修道士に敬意を払っている。事実、ベッサラビアの小ロシア人の出自を持ちながら、むしろギリシャ人修道士も敬意を払う大ロシア人の長老たちに接近していくことになる [Fennell 2001: 77-78]。モルダヴィアの古儀式派社会でセクト間の対立に辟易してきた彼は、おそらくそうした党派性が修道にもたらす弊害に警戒的だったのであり、そうした距離感覚が、彼の聖山描写のバランスの良さや公正さを生み出しているように思われる。

3　長老アルセーニー

　まさにそんな状況の中で、彼は自らの長老となるアルセーニーに巡り合ったのだった。同じ先輩修道士は、小ロシア人でありながら大きな敬意をこめてアルセーニーを紹介している。

　　「あなたが仲間に尋ねていた霊的神父の件なら、神の前に出たつもりで言いますが、大ロシア人の中に一人アルセーニーというスヒマ修道司祭がいて、これが偉大で驚嘆すべき長老で、ギリシャ人もブルガリア人もみな尊敬しています。もう20年以上も一人の弟子とともにこの聖山に暮らし、人里離れた何の慰みもないところに隠棲しています。イヴィロン修道

院に属するヨハネス・クリュソストモス隠修所です。これこそ従う価値のある本物の長老です。この方の言うことに従っていれば間違いはありません。大ロシア人は全員この方を霊的神父としており、小ロシア人やブルガリア人の多くも同様です。なによりも、修道司祭や霊的神父たちが軒並みこの方を霊的神父としているのですから。仲間の小ロシア人がこの方のことを黙っていたのは大ロシア人への不満があるからですが、ブルガリア人やギリシャ人に尋ねてみれば、みんな私と同じことを言うでしょう」[Парфений 1856 II: 111]。

　この後自らの長老となったこの人物のことを、アゲーエフは遍歴記の第4部でほぼ以下のように紹介している。

　長老・修道司祭アルセーニー（1775-1846）はロシアのニジェゴロド県バラフナの正教徒町人の子で、本名はアレクセイ。20歳で家を出て巡礼となり、モスクワ県のペスノシスカヤ修道院で3年間修行する。その後モルダヴィアの修道院を目指し、キエフで生涯の道連れとなる友ニキータと邂逅した。モルダヴィアのブタシャン郊外のバラシェフ別院で修道士となり、アヴェリと改名。友はニカンドルと改名する。後に長老により神品を受け、修道輔祭、修道司祭となる。18年間の修行後、師である長老が没すると、アヴェリとニカンドルは終生の同行を誓った。

　その後両名は神の啓示を得てアトス行きを決意し、ギリシャ独立戦争下の不穏な状況をおして出発、盗賊に襲われながら全行程を徒歩で踏破した。荒廃した聖山でイヴィロン修道院附属の別院の一部（教会と菜園付き）を借り、4年窮乏生活をする。この苦難の時期に、アヴェリは洞察力を、ニカンドルは涙を流す能力を身に着けた。状況が好転した後、作りためた匙が売れて400ルーブリを得るが、そのすべてを、家族を人質に取られた俗人に与えた。

　やがて二人は大スヒマ修道士に叙され、アルセーニーとニコライを名乗る。これを機に両者の関係は同僚から長老と弟子の関係に変わり、そのまま先駆受洗ヨハネ僧房に10年暮らす。生活の気がかりを離れ、沈黙の行に徹するため、さらにヨハネス・クリュソストモス隠修所に移り、アゲーエフが来山した時も両者はそこに暮らしていた。

　先に触れた18世紀の聖パイーシー・ヴェリチコフスキーの名声が、深い学識や卓抜な語学力とともにつつましい修道生活のあり方そのものに発していたのと同じく、長老アルセーニーへの修道士たちの敬意も、そのひたむきで厳格

38　I　物語性と歴史性

な修行の姿勢から来ていたようだ。

　アゲーエフはアルセーニーとニコライが24年間誰をも交えず、余人にまね
のできない暮らしを貫徹したと書いている。その食事は質素で、1日1食の内
容は乾パン、赤トウガラシ、ナスなど。魚、チーズ、葡萄酒、油は食さず、聖
体礼儀も葡萄酒と聖パンのある時のみ行う。夜も不眠で祈り、寝るのは座し
たまま1時間ほど。労役をしながらも沈黙の祈り（умная молитва）を唱え続け、
一瞬も主と別れようとしなかった。横になって眠るのを見た者はなく、死後に
体を調べた時、常に立っていたせいで膝から下はほぼ骨しか残っておらず、肉
は曲がっていた。いったいどのようにして立ち続け、速足で歩いていたのか、
皆が驚いた。弟子たちも彼の足が痛んでいたことに気付かなかった。

　アルセーニーは中背で中程度に伸ばした髭に白髪交じりの髪。頭が右肩の方
に傾き、顔はきれいで明るい。目にはたえず涙があふれている。痩身だが、顔
には赤みがさし、平素は無口で、少ない言葉で相手を泣かすが、聖体礼儀の際
には熱気がこもる。周囲が認めるその能力の一つは深い洞察力と慈愛の力で、
告解を受ける相手の罪や穢れを無言で察し、自らの涙でその罪を洗い流すとい
う。聖書や教父文献に精通している。穏やかな外見にかかわらず戦闘的な指導
者としての面を持ち、かつて大ロシア人は分離派だという中傷を受けた時には、
コンスタンチノープルまで徒歩で赴き、総主教に弁明したというエピソードが
ある。アトスのロシア人修道士社会の求心力となり、苦しい時期にも霊的神父
として離脱の承認（благословение）を与えず、離散をとどめた。様々な者をア
トスから各地へ派遣し、後にアゲーエフもシベリアへ送られた。その健脚な活
動ぶりを語る数々のエピソードがある。

　アゲーエフによればアルセーニーの教えの根本は古代の聖教父たちと同じで
あり、自我の桎梏を逃れて、自らの判断や希望に沿ってではなく、神の意志と
長老たちの助言に従って生きるべしということに尽きる。1841年、終生の友
であり弟子であったニコライが没した後、アルセーニーはさらに弟子8人を育
てて1846年に没した［Парфений 1856 IV: 197-231 から要約］。

4　修道の夢の成就

　アゲーエフは早速ヨハネス・クリュソストモス隠修所にアルセーニーを訪
れ、弟子として受け入れてくれと請う。自分はこの地で終生を過ごすために来
た者で、心と体を委ねる長老を求めているが、キリストと生神女からあなたを
師と仰げという示唆を受けた。ついては自分の長老になっていただきたい（…）。

1 聖山は遠くにありて 39

　これに対するアルセーニーの対応は好意的でありながら様々な留保を伴うものだった。「私について来たい者は自分を捨て、日々自分の十字架を背負って私に従いなさい」（ルカ福音書9: 23）というイエスの言葉を引きながら、彼は修道の道が悲哀と困難に満ちた厳しい道で、貫徹が難しいことを説いた。さらに自分を師に委ねることは、師の告げる神の意志に服従することであり、それを裏切れば大きな報いを受けることになるが、神の意志は当人の意志を裏切ることがある、と警告した。お前は終生をこの聖山で過ごそうとしているが、神の意志はお前を思いがけないところに派遣するかもしれない。早まった決心は慎んで、考え直すべきではないか。長老は他にもいるのだから、と［Парфений 1856 II: 126]。

　こうした長老の「留保」は、深読みすれば、アゲーエフが後々アトスの外に派遣される運命を予見し、先取りしたものと受け取ることもできる。同じく興味深いのは、アルセーニーの次の発言である。

　　　「もう一つ言っておく。お前がこの聖山アトスに来たことは、ロシア人
　　　たちにとって大いに喜ばしいことだ。生神女様はわれわれ大ロシア人に良
　　　き、堅固な場所を与えようとなさっている。それは多くの者たちの羨望を
　　　誘い、別の者たちはこれを喜ぶだろう」［Парфений 1856 II: 128]

　長老は「堅固な場所」の具体的な名を明かさないが、これは明らかに、直後に起こるロシア人修道士たちの聖パンテレイモン修道院への招致を意味している。長老アルセーニーはロシア人修道士集団の霊的神父として、ギリシャ人たちの陰謀を警戒する指導者のパーヴェル神父にゴーサインを出した人物なので、この出来事を予見していたのは不思議ではない。ただ興味深いのは、長老アルセーニーがアゲーエフの来山を、最初からこの出来事と結びつけて受け止めていたようにも見えることだ。

　上記2つのことを重ねると、アゲーエフの聖地での運命は単なる個人の運命ではなく、はじめから、ロシア人修道士集団の共同の運命というコンテクストで考えられていたフシがある。ただしアゲーエフの記述はそうしたニュアンスを強調するものではなく、あくまでも突然聖山を訪れた自分を寛大に受け入れてくれた長老への感謝と賛美にあふれたものだった。

　実際、上記のような当初の留保を別にすれば、アルセーニーは極めて好意的にアゲーエフを受け入れた。彼はこの新来者の世話を引き受けたうえで、金や

40 I　物語性と歴史性

食事や宿のことを心配し、1週間後に具体的指示を与えると告げる。そしてその1週間の間の聖母昇天祭（1839年11月21日）に、ロシア人修道士集団の聖パンテレイモン修道院への入居の儀式が行われたのだった。アゲーエフはこの歴史的な出来事と、晴れがましいその入居儀式の模様を10章20頁を費やして詳しく描写しているが、それは彼個人のアトス史にとってはいまだエピソードにすぎない。

　1週間後に訪れたアゲーエフに、長老はまず心の医者として過去の全ての行動と思考を打ち明けさせ、傷と病を癒したうえで、足なえのパウロという僧が管理する簡易僧房に1人で住んで、最初の修行に入るよう促す。そして最初の生活費と手仕事の匙つくりの道具購入費として、自らのなけなしの金約10ルーブリを与えた。長老の庇護下でのこの僧坊における独居生活こそ、アゲーエフの大願成就の第1段階であった。俗界から離れること、正統キリスト教会に入ること、聖山アトスに赴くこと、良き師・長老を得ること、他人の世話にならずに暮らすことという彼の願いが、次々にかなえられたのである［Парфений 1856 II: 161］。

　残る願いはこの地で剃髪し、完全な修道士の身分になることであるが、これもやがてかなえられる。翌年の大祭期前に剃髪の願望を申し出た彼に、長老は直接の師となるべき第2の長老に付くことを条件にそれを許可する。アゲーエフは長老アルセーニーの弟子たるイオアニキーを第2の長老に選び、独居僧坊を捨ててこの長老が2名の弟子たちと暮らす予言者エリヤ僧房に居を移す。そしてその後、第1の長老アルセーニーの手で剃髪されて修道士パムヴァとなり、師への絶対服従の命令をはじめ、数々の修道の心得を伝授されたのだった。アトスの地で生神女に仕える戦士のごとき修道士の一員となれた時、彼の大願は成就したのである［Парфений 1856 II: 178］。

4　修道生活の頂点と失楽園の周辺

1　修道院への移動とロシア版勧進帳

　予言者エリヤ僧房での生活は、イオアニキーの先輩弟子の2名がロシアへ去ったためますます小ぶりのものとなったが、この親密な暮らしは聖パンテレイモン修道院の状況変化によって一変する。ロシア人集団を率いて同修道院に入ったスヒマ修道士パーヴェルが1840年8月2日に病死して、新しいロシア人修道士のリーダー候補にアゲーエフの師イオアニキーの名が挙がったのだ。

1　聖山は遠くにありて　41

本来司祭職への叙聖を頑なに避けてきた謙虚な修道士イオアニキーは、病弱な身であること、ギリシャ風の食事が体に合わないことを理由に加えながら、大集団の指導者たる修道司祭となることを拒絶する。しかし同じく絶対の指導者候補にあげられた彼の師である長老アルセーニーが、隠修所での修業よりも修道院での修業こそが自我の欲望を断ち他者を救う本道であるという論理で説得し、イオアニキーはアゲーエフたち2人の弟子を連れて聖パンテレイモン修道院に入ることとなった。

　これは弟子の修道士にとっても大きな変化で、アゲーエフは小僧房から大修道院への生活の変化を生き生きと綴っている。

　　こうして我々もすべてにおいて共住修道院の規則に従って暮らし、僧房での習慣は捨てて顧みなくなった。生活そのものが僧房式から修道院式に変わったのだ。その結果心も落ち着いて安らかになり、そのことを絶えず神に感謝していた。食事、衣服、健康管理といった僧房生活の雑事から解放されたからだ。食事は厨房で用意され、衣服はすべて院長が与えてくれ、病気になれば病院があって肉親よりも親身に面倒を見てくれるからだ。それでわれわれは絶えずうれしく楽しい気持ちで、安らかな良心でイエスの祈りを唱えながら、それぞれの労務を果たしていた。教会の勤行はギリシャ式の長いものになり、歌と読誦に天国のごとき、あるいは春の燕のごとき喜びを覚え、労役の少なさにも感謝していた。時間がどんどん経ち、1週間が気付かぬうちにすぎるほどだった。毎週聖体機密を受け、ときには週2回受けた［Парфений 1856 II: 189］。

　この至福感は遍歴記自体の記述にも反映しており、アゲーエフはこの後ギリシャ風を基調とした修道院の生活習慣を弾むような口調で語ってみせている。そこには、死んだ修道士の骨を掘り起こし、その状態によって徳の度合いを測るという南東欧に共通の風習から、修道院の日課やイエスの祈り、さらに修道院の附属施設の詳細などまで、数々の興味深い情報が含まれる[8]［Парфений 1856 II: 189-208］。また続いて彼は、聖パンテレイモン修道院とアトスのロシア人修道士の歴史を11世紀から1840年のイオアニキー師の入院まで一気に描いているが［Парфений1856 II: 208-228）、その記述は、彼自身のこの修道院への、そしてアトスのロシア人修道士社会自体へのアイデンティティの深まりを物語っているように見える。

42   I   物語性と歴史性

　この多幸感の絶頂をなすのが、ギリシャ人の修道院長ゲラーシムと自らの師イエロニム（元のイオアニキー）、そして第1の長老アルセーニーの合意のもとで、翌1841年に彼が晴れてスキーマ修道士パルフェーニーとなったことであった。

　「喜びの後には必ず悲しみが廻って来る」［Парфений 1856 II: 230］と本人が書いている通り、聖山の修道院という理想的な場との別れは意外に早くやって来た。しかもそれは2段階の物語となっていた。
　最初の聖山離脱はスキーマ修道士となった直後の1841年に生じた。師のイエロニムが彼にロシア行きを命じたもので、聖パンテレイモン修道院内に作られる聖ミトロファン・ロシア教会の建立資金を集めてくるというのが目的だった。さらに、彼がモルダヴィアに残してきた古儀式派の養父・養母を、正教会に入信（帰正）させるという目的も付与された。ようやく逃れてきた誘惑の多い俗世に戻ることに抵抗を覚えたアゲーエフ（パルフェーニー）は必死に抗ったが容れられず、結局は2年間をロシア各地への旅に費やすことになった。
　しかもこれは、ロシアに着いた途端同伴の修道士が心変わりして、寄付集め用の「勧進帳」を持ってアトスに帰ってしまうというアクシデントにたたられたため、募金という意味では全く成果のない旅となり、大半は中部ロシア、ウクライナ、ブルガリア、モルダヴィア等の修道院の訪問や古儀式派たちとの論争に費やされた。あいまいな身分のために監獄に入れられたり、大病をしたりという経験も味わった。唯一の成果は、帰途に立ち寄ったモルダヴィアの故郷で、両親の改宗（帰正）に成功したことだけだった。
　無成果のまま暗い気持ちで1843年明けにアトスに戻った彼は、しかし温かく迎えられた。そして彼の留守中に修道院自体も改装され、住居も改善されれば、修道士の数も倍に増えていた。彼はまるで死からよみがえったような気がして、悲しみや病を乗り越え、様々な誘惑を味わったこの歳月が夢だったような気がするのだった［Парфений 1856 III: 61］。
　ちなみにこの種の募金旅行が初めて成果を上げるのは1849年で、シルヴェストル他2名の修道士が現金と金で4000ループリを集めたという［Fennell 2001: 91］。アゲーエフのケースは時期尚早だったと言えそうだが、いずれにせよ彼を巻き込みながら、しかも彼個人の試行や努力の成否とはかかわりないところで、聖パンテレイモン・ロシア修道院の運命は急速に動き出していたのである。
　そうしたアゲーエフの、周囲との時間のずれの意識を汲んでか、院長ゲラー

シムと師イエロニムは、彼に隠修所での沈黙の修行生活を提案する。「チモフェイという長老が管理する隠修所に行き、暮らせ。ゆくゆくはチモフェイを修道院に引き取るから、お前はひとりでそこに死ぬまで暮らしてもよい。衣食はじめ必要なものは修道院が保障するし、労働の代わりに毎週修道院に来て徹夜祷に参加し、また大祭日の勤行に参加するだけでよい。あとはひたすら黙して神に祈れ（…）」［Парфений 1856 III: 64］。ひとたび大修道院での生活に慣れ、そこに安らぎを見出していたアゲーエフは、今度はこの小さな隠修所での沈黙の修行生活の提案に飛びつき、俗世から隔絶したアトス山での、さらなる「世間」からの隔絶にしみじみと喜びを覚えるのだった。

2　聖山との別れ

　1845 年の聖パンテレイモンの祝日（8 月 9 日）に、遠い草庵に住む 70 才の長老アルセーニーが珍しく聖パンテレイモン修道院を訪れ、アゲーエフ（パルフェーニー）を永久にロシアに派遣することを告げる――これが第 2 の、最後の聖山離脱の物語の始まりとなった。

　思えば長老アルセーニーは、すでに何度かアゲーエフのアトス離脱を予告していた。最初の出会いの際にも、長老はこの弟子志願者に、「お前は終生をこの聖山で過ごそうとしているが、神の意志はお前を思いがけないところに派遣するかもしれない」［Парфений 1856 II: 126］と予告していた。また後にアゲーエフを訪ねてきたモルダヴィアからの修道僧をロシアに送り返した際にも、アゲーエフに向かって「お前もロシアに行くことになるが、それはまだ先のことだ」［Парфений 1856 II: 176］と告げていた。その意味でこれは寝耳に水ではないが、アゲーエフの困難なロシア旅行から間がないことを思えば、きわめて意外で無慈悲にも聞こえる提案だった。長老の命令は、はじめ誰にも納得されず、院長のゲラーシムも第 2 の師・長老のイエロニムもその真意を測りかねて、長く苦しい旅をしたあの男を今はそっとしておいてアトスの片隅で神に祈らせておくようにと反論したほどだったが、長老アルセーニーの意志は覆らなかった。

　アゲーエフ（パルフェーニー）は直接長老のもとへ赴いて談判に及ぶ。

　　　「聖師よ、私をどうされたいというのですか？　私があなたに何か罪を働いて、そのために私を聖山アトスから追放されたいのですか？　それともあなたはご自身から私を遠ざけたいのですか？　どうしてそんなにも残酷な仕打ちをなさるのですか？　（…）私がこのアトスの修道士の中で最

44 I　物語性と歴史性

も罪深いとおっしゃるのでしょうか？　（…）どうしてあなたは私を愛す
る母親のような聖なる修道の場から切り離そうとするのですか？　私の遍
歴がまだ足りないというのでしょうか？　それとも海洋で、また陸上で、
私の味わった悲しみがまだ不足だというのでしょうか？　火の中水の中を
くぐったあげく再び平安を手にし、静かな波止場に、聖山アトスに帰って
きた私です。そうして再び生神女様は私を受け入れ、師父たちも私を慰め
てくれました。なのにあなたはまたもや私を聖山アトスから、それも永遠
に切り離し、またもや私をあだ仕事と誘惑に満ちた俗世に送り返そうとな
さるのですか？　（…）」[Парфений 1856 III: 88-89]。

　長老の命令が不合理で納得できないように思えるのは、動機も理由も目的も
特定できないからである。これがアゲーエフへの何かの処罰としての聖山追放
なのか、修行としてのさらなる試練なのか、俗世に身を置くことに何らかの積
極的な意味を読み込んだ「よりよき生活」の勧めなのか、一切不明である。例
えば世俗的な類推で言えば、長老アルセーニーからのロシア行きの命令は、そ
れに先立つ師イエロニムからの、ロシアへの勧進旅行の命令と何らかの因果関
係があるようにも感じられる。すなわちここにはロシア正教会とアトスの聖パ
ンテレイモン修道院との関係強化を枠組みとした、人材派遣プロジェクトのよ
うなものを推測することさえ可能である。しかしそのような要素について、長
老の側からは何の説明も与えられない。彼が語るのは、これが彼個人の判断で
はなく、神の意志だということだけである。したがって長老の答えは、次のよ
うな、反論のしようがないものとなる。

　　「待て、私がお前を神から切り離そうとしているなどと言うな。私がお
　前を何処に遣わそうとしているのか、お前はわかっていない。私自身、誰
　よりお前を惜しんでいる。しかしこれは神ご自身がお前を遣わそうとして
　いるのであり、お前はロシアに赴くべきだという神の尊いご意志があるの
　だ。したがって神ご自身がお前とともにあるのであり、その聖なる恵みが
　お前を見捨てることはない。聖山アトスからは離れることになるが、聖山
　アトスの祝福と生神女の加護は永遠にお前とともにあり、私の父としての
　祝福もお前とともにある」[Парфений 1856 III: 89]。

こうした論理で長老はアゲーエフにシベリアのトムスク行きを命じる。1604

年にロシアのシベリア拡大の拠点のひとつとして開基されたトムスクの町には、17世紀中ごろまでに教会などの宗教施設が増えるとともに、主教座を置くことが公会議で決定されていたが、それが実現したのはほぼ2世紀後の1834年、すなわちこの物語の10年ほど前にすぎなかった。アゲーエフのトムスク派遣は、そうしたこのシベリアの町の教会史的な「遅れ」やそれゆえの「ポテンシャルの高さ」と関係するのかもしれない。ただしその点についても、遍歴記の長老からは何の説明もない。単に、その地へ行きさえすれば、神がお前の魂と他の者たちの益になる仕事を示してくださる、と告げるばかりである。

　結局アゲーエフは、他の長老たちの反対にもかかわらず、また旅費やパスポートなどにまつわる物質的な困難にもかかわらず、1845年9月にアトスを去ることになる。ちなみに具体的な旅の条件に関する長老の忠告は極めて楽天的なもので、金やパスポートの心配は神に任せて、シベリアのトムスクへ行け。まずエルサレムを訪れ、次にロシアに行け。困ったら神が奇跡を起こして助け、12ルーブリで1万2千キロの旅をさせてくれるだろう。海も山も国境も悪人も敵も、誰もお前を止められない。気持ちさえ失わなければ大丈夫だ、というものであった [Парфений 1856 III: 94-95]。

　なおこの2度目の追放には長い後日談があって、アゲーエフはすぐにはロシアに向かわず、ひとまず長期のエルサレム旅行を敢行し、1846年5月に再びアトスに戻ってくる。そして再度長老に、ロシア行きの命令の解除を請おうとするのだが、長老アルセーニーはこの間に没しており、死せる長老の残した命令は、たとえ総主教の権威をもってしたところで、解除できないのだった[9]。彼はさらに半年をアトスで過ごし、同年11月に再びロシアに向けて出発する。そして翌1847年9月、オデッサの港からの陸路だけでもおよそ5000キロを踏破して、長老の予言通り無事シベリアのトムスクに到着する。そしてその地でひたすら、聖山体験を頂点とした自らの半生の記録を綴ったのだった。

5　結び——聖なる空間の記憶

　以上われわれが瞥見した『聖山アトスの修道士パルフェーニーのロシア、モルダヴィア、トルコ、聖地エルサレム遍歴と旅の物語』は、聖なる楽園に受け入れられることの至福の喜びと、不条理にも見える失楽園の悲哀を経験した人物がシベリアの地で振り返った、はるかなる聖地の記録である。そうした目で見るとなおさら、そこに記されたアトスの自然、修道院のたたずまい、長老や

46　I　物語性と歴史性

修道司祭たちの様子が、奇跡のように美しく、また信じがたいほどの純粋さや
聖性を帯びているように感じられる。もちろんよく見るとそこには民族間・国
家間の力関係や修道院経営をめぐる経済事情が、出来事の流れを作るファク
ターとして垣間見えるし、上述のようなロシア＝アトス関係の消長を左右する
時代の流れも濃厚に感じられる。しかし前面に描かれるのはもっぱら、ひたむ
きに神に仕えることを願う修道士たちと、彼らの意志や自我の代理者となって
その生き方を指導する絶対の長老たちの姿である。個々人としての彼らの底知
れない謙虚さや慈愛の深さと、その行動の基底にある神・師・弟子の関係の論
理の測りがたさ、不条理さをともに含めて、アゲーエフはあくまでも世俗の価
値や論理を超越したところにある、聖なる空間の実在を証言したかったのだと
思える。

　なお、およそ4半世紀後の1871年に再度彼はアトスを訪れて1月間滞在し、
師のイエロニムや次代の掌院となったマカーリーと再会している。ただしその
際の記録は極めて簡潔で淡白であり、山も谷も果樹園も僧たちの位階も規律も
変わらないが、建物群は大きく変化し、修道士の数も増えたこと、丘の上にあ
る聖パンテレイモン修道院の旧館が再建されたことが、わずか数行の文章に、
特に感慨を交えずに告げられているのみである。

　ただ面白いのは補足部分で、彼は大量化するロシアからの巡礼が聖山に一種
の観光被害を与えていることを警告している。

　　　「毎年数々のロシア人の参拝者たちがアトスやエルサレムを訪れる。中
　　には千にも上る女性参拝者も含まれている。しかしそうしたロシア人参拝
　　者の大半は、他人の金で暮らす巡礼たちである。彼らは聖地に迷惑をかけ、
　　栄えあるロシア国家の名を汚している。目撃者として書いておくが、そう
　　した巡礼はアトスのロシア修道院（＝聖パンテレイモン修道院）に何ヶ月か
　　滞在し、修道院がその生活と食事を賄い、その後パレスチナに行く者には
　　携帯食や汽船の切符代を与えてやるし、同じく修道院が自腹を切ってロシ
　　アまで送り返してやる者たちもいるのだ。これは主にロシア修道院が負担
　　しているが、アンドレイやイリヤの別院も同じ被害をこうむっている。ア
　　トスの修道院はそもそも参拝者によって支えられているのだが、ロシア人
　　巡礼は修道院に何の寄進もしないばかりか、かえって訪れることで迷惑を
　　かけている。そしてこれがロシアの名を貶めているのだ」（パルフェーニー
　『1870-1871年の聖都エルサレムと聖山アトスへの第2の旅』）［Парфений 2008: 183］

アゲーエフはここで、志半ばでアトスを去り、聖山に骨をうずめることのできなかった者の立場から、超俗の聖なる空間であるべきロシア的アトスが繁栄の代償としてこうむった、世俗化という堕落を嘆いているのである。

アゲーエフが味わった2度のアトスからの離脱の経験は、相互にどう関連していたのか？　そしてそれらは、聖パンテレイモン修道院の急速なロシア化および拡大発展の経緯とどのような因果関係にあったのか？　そうしたことはもはや推測するしかない。当事者であり記録者であるアゲーエフ自身が、長老と弟子の数奇な因縁話の背後に、そうした半世俗的な因果論や背景論を封じ込めてしまっているからだ。だがおそらくそれ故にこそ、彼の描いた楽園への到達と楽園からの追放の物語は、感動的な美しさと悲劇性を得ている。それは彼の前後に様々な者たちが書いたアトス巡礼記やロシア的アトスの歴史[10]に拮抗する、完結した小世界である。

注

1)　ロシア人という呼称はかつて広義にはロシア帝国の住民、あるいは東スラブ人全体に対して用いられ、その下位分類として大ロシア人（ロシア人）、小ロシア人（ウクライナ人）、白ロシア人（ベラルーシ人）の呼称が用いられた。

2)　この問題については渡辺［2010］を参照。

3)　17世紀のロシア正教会における典礼改革に反対して公教会とたもとを分かつた勢力で、迫害の対象となり、ロシアの諸地域や国外に移住、様々な教派集団を作って生き延びた。

4)　Единоверие。古儀式派が古い典礼を護りながらロシア正教会に復帰するための枠組みで、19世紀初めに制度化された。

5)　アゲーエフの遍歴記は作者の古儀式派としての背景の新奇性、聖地の描写の気取らない率直さや教訓性、古風な表現を含んだ「民衆的」文体への興味などが相まって、М・Р・ポゴージン、S・M・ソロヴィヨーフ、A・A・グリゴーリエフ、N・G・チェルヌィシェフスキーなど当時の文壇で話題を呼んだ。作家ドストエフスキーも大きな関心を覚え、後の創作にもそれが反映している。本作の受容については、Бузько, Е. А. 2014に詳述されている。

6)　正統教会の側からの古儀式派に対する蔑称。

7)　奉神礼の七つの儀式（洗礼、傅膏、聖体、痛悔、婚配、神品、聖傅）。神品は聖職者の位も意味する。

8)　アゲーエフが描く修道院生活の心得・規則・慣習は、以下のような内容からなっている。

信仰（Вера）を支える三つの善：精進（пост）、労役（послушание）、祈り（молитва）

48　I　物語性と歴史性

を基本とする。要諦は受難（мученичество）の精神で自分の意志を絶ち切り、枷（иго）を負うこと。人が望まないことを行うこと。

日々の告解：毎日自分の長老、指導者、修道院長に自分の考えや目論見を告解する。

自我放棄：修道士は自分の意志と計算を放棄し、身体は労役に従事し、指導者の、また互いの重荷を担い、頭と心は神と対話し、愛してやまぬ主イエスキリストを胸に抱き、それによって慰んでいる。頭の中ではイエスと対話し、主イエスの祈りを唱え続ける。労役により謙抑なる知を得、無言により高度な愛と平静に達する。

修道院の食べ物：共通平等の配分による。内容は煮物と野菜もしくはオリーブ、時にワイン、祝日には2品のことも。月水金は1回だけの食事。火木は木油付き。土日は時にチーズ。牛乳と牛油はなし。大祭の時のみ魚。クワスはなし。葡萄酒がなければ水。

私物：衣服、シーツ、イコン1、書物1。読書は教会で行い、部屋では専ら祈りと跪拝。

日課：晩課（вечерня）、食事（трапеза）、6時過ぎ晩堂課（повечерие）、12時夜半課（полунощница）、3時ころ早課（утреня）（4時間？）、聖体礼儀（литургия）。労役（послушание）。毎日曜前には徹夜祷（5〜6時間）。

病者と死者：修道院には病院が付属。死者は40日まで毎日供養、永遠に過去帳に書き留める。

骨調べの慣習：死んだ修道士の骨を3年後に掘り返し、その様態で徳を測る。骨が蝋や聖膏のように黄色で透明で悪臭がなく、時に芳香を放っているのは神の御心にかなった者。骨が白くてもろく朽ちているのは神の慈悲を受けた者。骨が黒く、悪臭を放っているのは悪人。悪人は、同胞が供養して神の許しを請う祈りをささげる。死体が元のままの姿で、ただ黒ずんで悪臭を発している場合は、呪いが掛かっている。呪いを解く祈りをしたうえで遺体を埋め直し、40日後に再度掘り返す。呪いを解く祈りは通例聴悔司祭が行うが、主教や府主教、時には総主教も参与する。これは南東欧諸地域で行われるが、骨を掘り返す期限は必ずしも3年ではなく、例えばモルダヴィアでは7年後に行う。

女性の禁：あらゆる動物のメスは禁止、人間の女性も入山を許されない。

9)　このエピソードはドストエフスキーの『カラマーゾフの兄弟』第1部第1編5章に、弟子の魂と意志を自分に取り込んでしまう長老という存在の絶対性のたとえとして言及される［Достоевский 1976: 26-27］。同じ作品のゾシマ長老が見習い修道士のアレクセイ（アリョーシャ）に、修道院を出て俗界で暮らすことを命じるのも、長老アルセーニーがパルフェーニーをアトスの外に派遣するエピソードにヒントを得た設定と見られている。

10)　同時代のロシア人による代表的なアトス巡礼記、アトス歴史文献として以下のようなものがある。

Дашков Д. В. Афонская гора. Отрывок из путешествия по Греции в 1820 году // Северные цветы на 1825 год; Муравьев А. Н. Путешествие ко Святым местам в 1830 году. 1832; Ширинский-Шихматов, С. А. Путешествие иеромонаха Аникиты к Святым местам Востока в 1834–1836 годах; Иеросхим. Сергий Веснин. Афон 1844: Письма святогорца. (http://www.isihazm.ru/?id=836); Муравьев А.Н. Письма с востока. Санкт-Птербург, 1851; Святогорец

Серафим. Письма Святогорца о святой Афонской горе. Москва, 1895; Дмитриевский А.А. Русские на Афоне. Очерк жизни и деятельности игумена русского Пантелеймоновского монастыря священно-архимандрита Макария (Сушкина). Санкт-Птербург, 1895; Леонтьев К.Н. Восток, Россия и славянство. Собрание сочинений. Том 1. Москва, 1912.

引用文献

Бузько, Е.А.

    2014   «Сказание» инока Парфения в литературном контексте XIX века. Москва: Индрик.

Fennell, Nicholas

    2001   *The Russians on Athos,* Oxford, Peter Lang.

Достоевский, Федор

    1976   Братья Карамазовы. Полное собрание сочинений в 30-и тт. Том 14. Ленинград, Нука.

Парфений, инок (Агеев, Петр)

    1856   Сказание о странствии и путешествии по России, Молдавии, Турции и Святой Земле постриженника Святой Горы Афонской инока Парфения. Москва: Типография Александра Семена. (2-е изд.)

    2008   Странствия по Афону и святой земле. Москва: Индрик.

Свято-Пантелеимонов монастырь: http://agionoros.ru/docs/21.html

Шкаровский М. В.

    2016   Тысяча лет русского Афона. Санкт-Петербургская Духовная Академия.

川又一英

    1989   『聖山アトス――ビザンチンの誘惑』新潮選書。

渡辺　圭

    2010   『ロシア正教会の宗教思想史における讃名派問題 ──「イエスの祈り」の受容の歴史をめぐって』千葉大学博士論文。

第2章　歴史のなかの聖地と記憶のなかの〈聖地〉
福建客家社会における寧化石壁、李氏大宗祠、保生大帝廟

小林宏至

1　はじめに

本章は中国客家社会における聖地を、公的な説明が付与されている聖地と、民間の語りのみによって認識される〈聖地〉とに分けて考察するものである。聖地とは一般に、特定の宗教や信仰とともに語られることが多く、代表的なものとしてイスラームにおけるメッカ、サンティアゴ・デ・コンポステーラの巡礼、四国お遍路、熊野古道といった信仰実践を伴うものをあげることができよう。また近年、「従来型」の聖地崇拝、巡礼という枠組みでは説明しきれない、アニメ聖地巡礼といった自己探求型、スピリチュアル・マーケット・プレイスという消費社会型の聖地に関する議論も行われている［e.g. 今井 2010, Roof 1999］。

これらの報告が示すのは、聖地と呼ばれる場所と人々との関係は極めて状況依存的な要素が強く、聖地と呼ばれうる場所と個々人が感じうる（と語る）聖性は分けて考える必要があるという点であろう。もちろん両者は多くの場合で一致するであろうが、必ずしもその同一性が担保されているわけではない。聖地の宗教性、神秘性、聖性をめぐる議論から距離をおくならば、聖地と呼ばれる場所は実に政治的であり、また経済活動や消費行為とも密接に関係している社会的な場所であるといえる。本章で取り上げる複数の聖地（あるいは〈聖地〉）もまた政治的、経済的な要素と無関係ではない。政治的な面でいえば、聖地はあくまでも中国共産党の管理下に置かれており、経済的な面でいえば、地域の再開発、観光化政策のなかで聖地は新たに価値が再創出される場でもある。

本書が刊行される 2019 年現在、中国社会において宗教的、あるいはスピリチュアルな意味で聖地を議論することは容易ではない。なぜなら第一に、中国社会で聖地と呼ばれる場所は一般的に「革命聖地」を指し、中華人民共和国建国に関する共産党の歴史を学ぶための場所だからである。第二に、改革開放政策以降、徐々に宗教活動への制限が緩和しているとはいえ、社会主義体制は基

52　I　物語性と歴史性

本的に維持されており、宗教活動もまた共産党の厳格な管理下にあるためである。つまり 20 世紀半ばに始まる中国共産党体制以降、聖地と呼ばれる場所は、宗教性、神秘性とは異なった次元でとらえられてきたといえる。

　しかし 1978 年に改革開放政策が打ち出されて以降、政府は革命聖地だけではない特定の地域や場所に対しても、積極的に歴史的、文化的な価値を見出し、特別な意味を与えるようになっていった。たとえば、かつては「社会主義的でない」という理由で観光政策にはあまり力が注がれてこなかったが、外貨獲得も視野に 1985 年に世界遺産条約へ加盟すると、1987 年には一気に 6 つの世界遺産が誕生する。また中国社会が経済的に豊かになり始め、中間層が比較的自由に国内を移動できるようになる 1990 年代頃から、国内旅行者向けにさまざまな観光資源が提供されるようになった[1]。こうした流れのなかで、国家レベル、省レベル、県レベルで文化的景観の創出や文物保護単位が次々に定められ、さまざまな地域のモノ、場所、景観に文化的意義や価値が与えられるようになったのである。これらのなかには、道教寺院、仏教寺院、民間信仰の廟といった宗教施設、また祠堂や墓といった祖先崇拝を伴うものもあり、時として特定の社会集団にとっての聖地という説明がなされている。

　本章では客家というエスニックグループを対象とし、とりわけ福建省永定県 L 村一帯の人々にとって重要かつ宗教的行為を伴う場所と認められているものを、聖地（あるいは〈聖地〉）として考察していく。ここでいう聖地とは中国社会において公的に意義あるものとして認められた場所であり、〈聖地〉とは L 村一帯の人々のみがその地に重要性、宗教性、神秘性を見出している場所である。本論は複数の聖地と 1 つの〈聖地〉の事例を対比的に描き出し、それを「歴史のなかの聖地」と「記憶のなかの〈聖地〉」として整理することを試みる。ここでいう歴史と記憶の対比は、歴史学者ピエール・ノラが「記憶と歴史のはざまに」で示した対比と重なる。すなわち歴史のなかの聖地とは、しかるべき権威（ここでは国家）によって認められた「正しい」物語と接することが可能な場所であり、記憶のなかの〈聖地〉とは、その来歴に関して公的な記録が存在せず、人々の昔語りによってのみ確認される場所である。

　ノラが指摘するように近代的な国家システムにおいて「圧倒的ともいえる歴史の勢いが記憶を置き去りにしている」[ノラ 2002: 31] 状況は中国社会においてもみられる。つまり宗教活動が政府の管理下にある現代中国において、記憶の領域に在った〈聖地〉は、歴史の領域に在る聖地へと強力な力で押し動かされているのである。しかしこの流れは、ノラが指摘するほど不可逆的なもので

はない。記憶は歴史化もされるが、それを再び記憶化しうることもある。本論では保生大帝という民間信仰の〈聖地〉を主たる対象とし、人々が宗教体験や神秘体験を語る背景として、記憶に基づく曖昧さの重要性を指摘する。そしてその曖昧さこそが人々に〈聖地〉としての神秘性を提供している状況を描き出す。

2 客家社会と調査地における複数の聖地

　本章で議論の対象とする客家は、中国東南部に広く分布するエスニックグループである。彼らは少数民族ではなく、あくまでも漢民族の一支系（サブ・エスニックグループ）だとされている。つまり漢民族のなかでも特色がある下位集団として認識されており、客家もまた自身が漢民族（の正統な末裔）であることを誇示している。客家という名称は、他称から自称へと変化したものとされるが、ここで表記される「客」は文字通り、「客（guest）」であり、「よそ者」であることを意味している。

　客家はかつて中国の政治的文化的中心であった「中原」という地域の民であったが、黄巣の乱の時代に戦火を逃れて南下し、現在客家の多くが居住する中国東南部に移住してきた人々として語られている。現在でこそ、客家の居住地は江西省、福建省、広東省にまたがる山岳地帯とされているが、彼らはもともとこの地域の先住民ではなく「客（guest）」としてやってきた人々であるとの認識から、「本地」に対する「客」として表象され、また客家自身も漢族の（正統な）支系であるという自負から客家という名称に誇りをもっている。

　客家の人々は自身の移住伝説を裏付ける史料として一族の歴史が記された族譜を重視している。これは「客家中原起源説」を提唱した歴史家、羅香林の時代から変わらず、同氏が1933年に発表した『客家研究導論』のなかでも族譜は、客家の来歴を示す有用な史料として肯定的に評価されている［羅 1933］。しかし、社会学者である牧野巽がかつて指摘したように、客家に限らず中国東南部のさまざまな民系、少数民族において、中原からの移住を示す史資料は少なくない。牧野は客家以外のエスニックグループとの比較研究から、客家の移住伝説を「客家中原起源説」としてではなく「祖先同郷伝説」としてとらえ、客家を特別視することなく中国社会に特有の祖先の故郷を共有するという価値観として分析した［牧野 1985: 161-163］。つまり客家の移住伝承を史実（あるいは虚実）として議論するのではなく、客家というエスニックグループが過去と現在、両方において同郷である（であった）ということ、二重の同郷意識として論じたのである。

54 Ⅰ　物語性と歴史性

族譜という史料は、この二重の同郷意識を共有するための重要な「道具」となってきたのである。

1990年代以降、客家の歴史はさまざまな分野から再び議論されるようになり、移住伝承の史実性は決して蓋然性が高いものではないことが示されてきた。たとえば嘉応大学客家研究所の房学嘉による「客家土着起源説」［房1994］、あるいは前述した牧野による「二重同郷論」などをあげられよう。しかし依然として「客家中原起源説」は観光開発、メディア報道、公的文書のなかで「客家の歴史」として語られ続けている。そして客家社会において聖地とされる場所もまた、客家や一族にとって来歴を示す経由地、つまり古代中原からの南遷を示す場所として認識されている。

本章では福建客家、とりわけ調査地となるL村一帯において信仰や祭祀という意味で重要な場所を、聖地、そして〈聖地〉という2つの枠組みで整理し分析する。聖地として議論するのは国内外を含むすべての客家の聖地とされる①寧化石壁、そして調査地に居住する李氏にとっての聖地である上杭の②李氏大宗祠である。一方、〈聖地〉として議論するのは福建省永定県湖坑L村近郊の③保生大帝廟となる。

①寧化石壁は福建省三明市に位置し、1995年に客家華僑と寧化県人民政府の支援によって創建された。同地は客家の南遷史においてもっとも重要な経由地として認識されている。2つ目の場所である②李氏大宗祠は福建省龍岩市上杭に位置し、1996年に省級の文物保護単位（日本の指定文化財に相当）として認定された。客家社会の李氏のほとんどが、ここで祀られている李火徳の子孫であるとされ、客家李氏にとって象徴的な祠堂が建つクランとしての聖地となっている。③L村近郊の保生大帝廟は本論で調査地とする福建省永定県L村近くに在る医神を祀る廟である。怪我や病気を治す神様として、厚く信仰されているが、元来は客家地域の神ではなく沿海部の閩南地域の神として（客家の人々にも）認識されている。

本章では客家というエスニックグループを議論の対象とし、これら3つの場所を調査地の人々にとっての聖地（および〈聖地〉）として論じていく。繰り返しになるが前者2つは1990年代以降、公的に文化財としての価値が与えられた聖地である。他方、後者は公的な援助や保護を受けておらず地域住民による働きかけ、出資によって管理されている〈聖地〉である。結論を先に述べてしまえば、前者2つは客家社会、李氏共同体にとって重要な聖地であるにも関わ

2 歴史のなかの聖地と記憶のなかの〈聖地〉

聖地		〈聖地〉
①寧化石壁	②李氏大宗祠	③保生大帝廟
客家（エスニックグループ）にとっての聖地	李氏共同体（クラン）にとっての聖地	調査地L村一帯の人々にとっての〈聖地〉

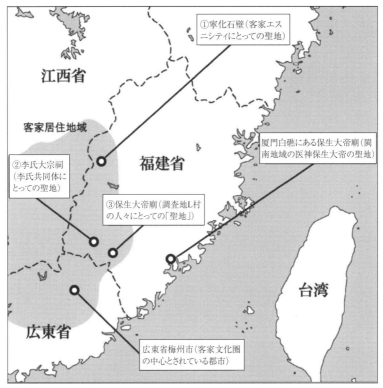

図1　客家社会における複数の聖地と調査地L村一帯の〈聖地〉（Google map をもとに筆者作成）

らず、聖性や神秘体験がほとんど語られないのに対し、村落社会における政府非公認の〈聖地〉では多くの奇跡譚が語られる。本章ではこの対比をより鮮明にするため、両者を社会的事実に基づくリアルな歴史と、目の前の現実から構成されるアクチュアルな記憶として整理し、歴史的な事実が現実的な記憶に転化する様を村落社会における可逆的な世界観として提示する。

56　I　物語性と歴史性

3　エスニックグループの聖地とクランの聖地

　客家が他のエスニックグループと異なると主張する特徴は多々あるが、なかでも客家アイデンティティの根幹にかかわる重要なものとして「経由地」の存在がある。先に述べたように、客家の祖先たちは「中原」から南方へと戦火を逃れて移動してきたとされるが、他のエスニックグループもまた南遷の歴史を有する。そのため他のグループと客家を差異化するために、客家だけが有する南遷の経由地が重要になってくる。就中、もっとも重要な経由地とされるのが寧化石壁であり、この地は近年客家社会のなかで聖地としての位置づけを確立するようになってきている。

　客家社会が寧化石壁をもっとも重要な経由地と位置付ける背景には、族譜のなかに寧化石壁を経由したと記してあること、そして客家社会で共有されている「葛藤坑」の物語の存在がある。客家の来歴にかかわる「葛藤坑」の物語では、客家の祖先たちが命からがら黄巣の乱の兵士から逃れる様が語られる。黄巣の乱の追手から逃れることができたのは、葛藤（ツヅラフジ）の葉を門や村の入口に掲げたためで、それによって村に被害が及ばなかったという伝承である [2]。今でも客家社会の一部地域では端午の節句の時に葛の葉、桃の葉などを門の上部に飾る風習があるが、この「葛藤坑」の物語に出てくる村の場所こそが、寧化石壁の地であるとされる。つまり客家社会にとって「葛藤坑」の物語は苦難の歴史を象徴するものであり、この物語を共有している者こそが客家であると説明される。そのため伝承のなかにおいてではあるが、寧化石壁は客家というエスニックグループが「誕生」した場所になるのである。

　現在、寧化石壁の地は「客家祖地」として整備されている。同地では客家の各氏族の祖先が祀られ、祭壇へと続く道には「客家魂」と書かれた石碑も建てられている。まさに「客家ナショナリズム」を高揚させ、客家アイデンティティを確認するための場所となっている。客家祖地は1990年代半ばから急速に整備が進み、徐々に聖地としての様相を帯びるようになった。福建省三明市の市政府と客家華僑との協力により1990年代初頭から客家祖地の建設が始まり、1995年に竣工を迎える。1995年11月28日、同地にて第1回「世界客家石壁祖先祭祀大祭」が行われた際、開会のあいさつにて、客家華僑である姚美良氏によって次のような言葉が述べられた。

2　歴史のなかの聖地と記憶のなかの〈聖地〉　57

写真 1　寧化石壁の客家祖地内に新たに創られた「葛藤村」（筆者撮影　2014 年 2 月 21 日）

「世界には様々な民族がいますが、その中でも世界的によく知られた 3 大宗教はどれも礼拝する聖地があります。客家人は古来より常に礼節を重んじ、祖先を敬ってきており、各氏族、家庭には自分たちの祖廟があります。石壁の地に『客家公祠』が完成したことによって、世界中のすべての客家のための家廟ができました。ここでは 120 以上におよぶ客家姓の祖先の英霊が一堂に会し、祀られております。これはまさに客家人が祖先を礼拝するための聖地と言えるでしょう」[3]

　客家社会において寧化石壁の地は、これまでも重要な場所ではあったが、聖地として位置づけられ整備が進むようになったのは 1990 年代以降であった。同地の整備は 2010 年代になっても続けられ、近年は同地にかつて存在していたとされる「葛藤村」が現実世界に造られるようになっている。つまり黄巣の乱から逃れるために葛を掲げたとされる葛藤坑の物語が、実世界において、葛藤村として客家祖地の敷地内に（新たに）創られるという状況が起きているのである。
　客家というエスニックグループにとってもっとも重要な経由地である寧化石壁の地は現在、現地政府や客家華僑に牽引される形で、文化表象がなされている。つまり実際の客家社会より客家的である語り、展示、景観が誕生しようとしているのである（写真 1）。まさに客家のテーマパークとでも称せるようになった同地は、毎年多くの客家、客家華僑が訪れ、客家の（正しい）歴史を感じ、学ぶ場、つまり聖地としての様相を帯びるようになってきている[4]。
　では続いてクランの聖地についてみていくことにしよう。客家に限らず漢族、とりわけ中国東南部の漢族のアイデンティティにおいて重要な指標となる

58　Ⅰ　物語性と歴史性

のは、自身がどのエスニックグループに属するかということ、そしてどのクラ
ンの一員なのかということであろう。それはたとえば東南アジア、あるいは欧
米圏の華僑社会に行くとよくわかる。明清時代より、中国東南部から華僑が世
界各地に輩出されてきたが、チャイナタウンと称される地域には必ず、地域（あ
るいはエスニシティ）の名を冠した会館（客家会館、厦門会館、潮州会館など）、そ
してクラン（氏族）ごとの宗親会（陳氏、呉氏、魏氏など）が存在する。本節で
は先に客家というエスニックグループにおける聖地を議論してきたが、以下で
は客家社会における、クランの聖地に焦点をあてていくことにする。

　ここで対象とするクランは李氏である（これは後述する調査地 L 村の大部分を
占める姓にあたる）。客家社会における李氏は、李火徳をその始祖とするグルー
プが客家李氏のなかで大部分を占めることは 19 世紀より報告されてきた [5]。
前節で客家社会において重要な経由地は寧化石壁であることを指摘したが、李
火徳を始祖とする族譜に基づけば、中原から続く父系のラインにおいて寧化石
壁の地を経由したのは李火徳のみであるとされる。そのため始祖である李火徳
という人物は、李氏共同体において客家南遷の歴史に唯一接続することができ
る祖先だということが指摘できる［小林 2011］。李火徳は寧化石壁の地を経由
した後、福建省西南部の上杭という場所に移住してきたとされるが、同地には
李火徳を中心にした李氏大宗祠、そして李火徳やその妻たちの墓地が存在して
いる。

　李氏大宗祠は 1836 年に、（L 村の上位区画にあたる）湖坑地域に住んでいた挙
人（省レベルの科挙試験合格者）李夢蘭が中心となり、宋代末に同地に移住して
きた開祖、李火徳を記念して建てられたと伝えられる（写真 2）。李氏大宗祠は、
祠堂の他、20 以上の客室、100 以上の個室があり、5,600㎡の広さを有している。
1910 年、1984 年に各地の李氏からの援助のもと修復が行われ、1990 年には県
レベルの文物保護単位に、1996 年には省レベルの文物保護単位に昇格された。
李氏大宗祠の 20 世紀後半の流れを見ると、本章冒頭で紹介した現代中国にお
ける社会状況と合致する様子がうかがえる。つまり中華人民共和国成立以降、
宗教活動や親族ネットワークに基づいた活動は制限されていたが、1978 年の
改革開放政策以降、徐々にそれが認められるようになる。そして 80 年代半ば
に修復が許されるようになり、90 年代から少しずつ文物保護単位としてその
価値が高まるということである。

　李火徳の生涯は主に 2 つの逸話とともに語られる。1 つは彼の妻に関するも
のである。1206 年に生まれた火徳は、寧化石壁の地に暮らしていたころ、鐘

2　歴史のなかの聖地と記憶のなかの〈聖地〉　59

写真2　福建省上杭県に位置する「李氏大宗祠」の外観（筆者撮影　2014年2月12日）

氏を娶り2人の子どもを授かった。しかし戦乱の世のため家族は散り散りになってしまい、火徳自身は上杭の地へ逃れたものの、子どもとは離散したままとなってしまった。上杭の地に移住してから火徳は伍氏を妻とするが子どもには恵まれず、63歳になってから伍氏の勧めでまだ10代の陳氏を娶ることになる。すると9年間のうちに3男2女が誕生した。このうち3人の男子が後に客家地域における各地の李氏の祖先となっていく。このように火徳は高齢であったにもかかわらず、前妻伍氏の勧めにより後妻陳氏を娶り、子孫が繁栄していったことが伝説的に語られている。

　もう1つの逸話は、李火徳の墓地に関するものである。一族の歴史を記した族譜には、始祖から現在の成員までの情報が記されているが、重要な祖先に関してはその墓地と墓地の風水の情報も記されている。漢族社会における民間信仰である風水は、祖先の墓地を重視し、墓地風水が良いと子孫が繁栄し、悪いと子孫に災厄を招くと説明される。一族のなかでも特に重要な人物、とりわけ始祖（李火徳）となると、風水にまつわる逸話は神秘的な様相を帯びる。李火徳が亡くなり埋葬地へと遺体を運ぶ際の話が族譜では次のように述べられている。

「その日、夜が明け雲間から光がさすと、よい晴天に恵まれた。（中略）しかし、しばらくすると雲行きがあやしくなり、雷が鳴り響き、突然の暴風雨に見舞われた。葬儀の参加者は隊列から離れ、それぞれ雨風がしのげる場所へと避難したが、火徳の棺はその場へそのまま放置された。（中略）大雨が通り過ぎた後、葬儀の参列者たちがもとの場所へともどってくると、そこで実に奇妙な事態に遭遇する。棺がもともと置いておいた場所にない

Ⅰ　物語性と歴史性

写真3　李火徳の生涯を絵解きのように展示してある壁（筆者撮影　2014年2月12日）

のである。（中略）そのとき皆が前方の方をよく見てみると、そこにはにわかには信じがたい光景が広がっていた。芝生の上にあったはずの棺は、凹型の池の上に蓑笠をかぶった状態でぷかぷかと浮いていたのである。（中略）この時、ちょうど地理先生（風水先生）がそこへ現れた。彼はゆっくり落ち着きはらった様子で羅盤を取り出し、池の周りを何周も歩き回り、あれこれと作業をし、最後に嬉々としてこのように叫んだ。『心配ない！いい場所だ！いい場所だ！天が授けてくださった吉兆の場所だ、彼自身が自分で造り上げた墳墓だ。墳墓の形状は〈螃蟹游湖〉の型だ。ここにお墓を造りなさい。祖先の言う通り、天の言う通りにしなさい』」

［広東省河源龍川県李氏族譜　2000］

　先に墓地風水が良いと子孫が栄えると説明した通り、李火徳の墓地に関する族譜の説明は、始祖の偉大さ、彼を始祖として子孫が繁栄したことのゆるぎない「確証」として風水を修辞的に用いている。李火徳および前妻の伍氏、後妻の陳氏の墓地もまた上杭の李氏大宗祠周辺にあり、祠堂とともに李氏共同体にとって重要な場所となっている。
　以上で紹介した2つの逸話、すなわち火徳が高齢であったにもかかわらず子宝に恵まれたこと、そして図らずして素晴らしい墓地風水の場所に埋葬されたということは、現在の李氏の繁栄を説明するに足る物語として人々の間で共有されている。また李氏大宗祠内においてはそれが、絵解きやパネルとなって展示されている（写真3）。つまり客家李氏にとって同地は自身のルーツを感じ学ぶための重要な場所として位置づけられているのである。もちろんこれを無批判的に聖地と見做すことは難しいかもしれない。しかし同地は、特定の社会集

団にとって唯一無二の場所であり、かつその社会集団から「参拝すべき」対象
として認められており、同地にまつわる神秘的な物語も広く共有されていると
いう点において、本論を議論するにあたっては聖地と見做すことが可能であろ
う。

4 記録としての祖先と記憶としての祖先

　以上でみてきたように、寧化石壁の客家祖地、そして上杭の李氏大宗祠は、
ともに客家（というエスニックグループ）の一員として、あるいは李氏（というク
ラン）の一員として、自身の帰属を確認するために重要な場所であった。そし
て両者はともに、祖先—子孫という関係によって結ばれ、説明可能ということ
であった。つまり寧化石壁であれば、祖先がかつてその地を経由したとされ、
その祖先の子孫が現在の客家である、というエスニックグループの歴史語りが
なされる。また上杭の李氏大宗祠であれば、祖先が後妻との間に奇跡的に3男
2女をもうけ、風水の良い場所に埋葬されたために現在に至るまで李氏が繁栄
してきたという現状の説明する歴史語りがなされる。
　しかし注意しなければならないのが、ここで語られる祖先が彼らにとってど
のような存在であるかということである。かつてフリードマンが指摘したよう
に、自身が所属する世代から数世代以上遡る祖先は、時として子孫にとって「傀
儡」としての側面を有する可能性が高い［フリードマン 1994］。つまり祖先は、
それぞれの時代の社会状況にあわせて、子孫によって政治的に選択されうる、
という見解を否定することができないわけである。これを客家李氏に置き換え
て考えてみるならば、李火徳という始祖は、寧化石壁を経由したということで
「客家」[6]というエスニックグループと接続し、李氏の繁栄を説明する伝承を
備えた人物となる。そのため李火徳は 19 世紀前半当時の李氏共同体の社会状
況から生み出された「傀儡」であるという可能性を否定することはできない。
　だがもちろん、すべての祖先が子孫によって政治的に利用される「傀儡」の
可能性をもつわけではない。政治的に利用されやすい祖先と、そうでない祖先
とは明確に世代深度によって異なってくる。誤解を恐れずに議論を単純化すれ
ば、近しい祖先ほど政治的に利用されにくく、遠い祖先ほど政治的に利用され
やすい。そしてそれは祖先祭祀活動への参加形態の違いにも表れている。たと
えばこれを村落レベルの祖先祭祀でみると、世代深度が低い（現在の村の居住者
の祖父、曾祖父ぐらいの）祖先に対しては、房（祀られる祖先の直近の下位世代）を

62　Ⅰ　物語性と歴史性

写真 4　L村の集会所の壁に張り出された祖先祭祀の役割分担一覧表(筆者撮影　2004 年 8 月 31 日)

単位として祖先祭祀が行われるのに対し、世代深度が浅い（現在の村の居住者からみて十数世代遡る）祖先に対しては、一族全体のなかの代表者が抽選によって選ばれ、祖先祭祀が行われている（写真4）。つまり自身の記憶に基づく祖先と族譜の記録のみでしか知りえない祖先とで祖先祭祀の参加形態が異なってくるわけである。筆者はこれを「記憶としての祖先」と「記録としての祖先」としてまとめている［小林 2011］。

　寧化石壁および李氏大宗祠は、客家というエスニックグループ、そして李氏というクランにとって間違いなく聖地であると認められよう。ただそこで祀られている祖先は、「記憶としての祖先」ではなく「記録としての祖先」であり、祭祀に対する参加形態も異なる。神秘体験や聖性を求めて多くの人がどうしても参加したいと希望するというよりは、一族の代表者が抽選で選ばれ、当番だからということで形式的に参加するといった方が実情に近い。そのため「記録としての祖先」への関与のあり方は、いわば客家や李氏の調和を図るために形式的に代表者を送り出す、ビジネスライクなものであるといえる。

　実際、本章で主たる調査地としているL村社会においても、客家聖地としての寧化石壁、李火徳が祀られている上杭の李氏大宗祠を訪れたことがある者は少なく、また積極的に訪問の意を示す者もいない。そのため 2 つの場所に関して霊性や奇跡が語られることも筆者の知る限り存在しない（だが、だからと言ってそれらの場所で霊性や奇跡がまったく語られないということは否定する）。彼らが霊性や奇跡を感じる祖先は、やはり「記録としての祖先」ではなく、「記憶としての祖先」であることが多く、自身の記憶と照らし合わせて、身の回りに起こる幸不幸の原因を、近しい祖先の墓地風水に求めることが多い［小林 2016］。世代深度が深すぎる祖先の埋葬地は、たとえ一般に聖地と呼ばれ、行政機関か

ら文物保護単位に認定されていたとしても、あるいは共同体によって行き届いた整備が行われたとしても、そこで聖性を感じる（または聖性を語る）ことは「ない」のである。

5　調査地における〈聖地〉保生大帝廟

　客家は江西省、福建省、広東省にまたがって分布しているが、図1で示したように本章で主たる調査地としているL村一帯は、客家居住地域のなかでも周辺部に位置づけられている。L村は一般に「純」客家地域であるとされ、日常的に客家語を使用し、客家としてのアイデンティティも強く保持している。しかしL村の人々は自身が客家地域のなかでも周縁部にいることに関しては意識的であり、実際、十数キロ離れた東側の分水嶺を越えると、すぐに閩南地域となる。客家人を「山の民」と呼ぶならば、閩南人は「平地の民」であり、客家語とは異なる閩南語を話す。L村を含む周辺村落の人々は、自分たちが「正統な」客家であることは自認しつつも、客家社会の中心はあくまでも広東省の梅州であり（図1参照）、自分たちは閩南地域と接する客家地域の東端に位置していると考えている。

　このL村一帯において、もっとも人々からの信仰が篤いのが、保生大帝という病気治しの神である。興味深いのは、この保生大帝という神が、客家地域に由来する神ではなく、閩南地域に由来する神だということである[7]。保生大帝は元来、客家居住地域（山間部）に隣接する閩南地域（沿海部）の神であり、閩南文化の一部だとされてきた。しかしL村一帯は、いわゆる客家文化圏と閩南文化圏のちょうど境界に位置しており、（分水嶺を含む）地理的境界、（王朝時代および現在の）行政的境界を越えて、経済圏、信仰圏を確立してきたことが詳らかにされている［小林 2017］。L村に隣接するD村には保生大帝を祀る廟があるのだが、その場所はL村を含む周辺村落の人々と〈聖地〉と呼びうる関係を構築している。この〈聖地〉と呼びうる関係が日常生活にまで及ぶ範囲（具体的には神像の貸出範囲）を、本章では保生大帝の「信仰圏」と呼ぶことにしたい。

　保生大帝はL村一帯でもっとも厚く信仰されている神なのだが、この地域一帯において保生大帝が信仰の対象となったのは、実は20世紀に入ってからであり、非常に歴史が浅い。彼らが保生大帝を信仰するようになったきっかけは、ひとつの出来事による。それはL村のある人物が、保生大帝が祀られていた閩南の白礁という場所から、保生大帝像を盗んでL村に持ち帰ったとい

うことに由来する。管見の限り現在この物語に関して文字史料として残っているものはないが、村人たちにこの話は広く共有されており、L村の人々はその物語を語る時、嬉々とした表情になる。それは以下のような物語である。

> 約100年前（数世代前の祖先にあたる）、L村出身のある人物が、（閩南地域の）厦門へと出稼ぎに行き、木工として働いていた。木工として働いていた彼は、ある時、厦門（白礁）で地元の人たちに厚く信仰されている保生大帝を盗んで故郷（L村）に持ち帰ろうと企んだ。彼は木工だったため、保生大帝の人形を木箱に入れて、周囲から分からないようにしてこっそりと厦門（白礁）を去った。しかし地元の人たちは保生大帝がないことにすぐに気づき、「保生大帝がいない！盗まれた！今すぐ追いかけろ！」と言って、彼を追いかけた。盗人の木工は、平地から山地へ入る途中で、保生大帝が入っていた箱を捨てることにした。そしてそのまま保生大帝を抱えて山へ山へと入っていった。街の人々は、追いかける途中で保生大帝の入っていた箱を見つけた。「良かった！保生大帝が見つかった！」と一同は安堵したが、箱を開けてみるとそこには保生大帝が入っていなかった。「保生大帝はどこへ行ってしまったのだろうか？保生大帝は自分から箱を出て、自分の足で歩いて行ってしまったのではないか？」街の人々はそのように言い始めた。そして街の人々はそれ以上、木工を追いかけることはなかった。

　彼らが嬉々として語るのは、保生大帝の箱を捨て、木工が人形だけを携えて山へ山へと入っていった部分である。彼らにしてみれば、閩南人（平地の民）たちに対して「してやったり」という感覚があるのかもしれない[8]。L村の人々がとりわけ強調して話すのは、保生大帝が自分の足で歩いて行ってしまったのではないか？と街の人々が話す部分である。L村の人々は、保生大帝が木工に盗まれたという事実を隠すことはないが、それは保生大帝自身も望むところであった、ということを強調する。それはかつての祖先による「窃盗」を肯定的に再解釈することに繋がっている。

　L村の木工によって盗まれた保生大帝の像は、現在、L村に隣接するD村の廟に置かれているが、その場所もまた「保生大帝が自分の足で歩いて決めた場所だ」とされている。保生大帝が閩南地域から客家地域へと至る経路は、分水嶺の峠を越えるルートをたどる（図2参照）。すなわち閩南地域、南靖県の書洋という場所から曲江を経て、客家地域である永定県の高頭（GAOTOU）に入る

2　歴史のなかの聖地と記憶のなかの〈聖地〉　65

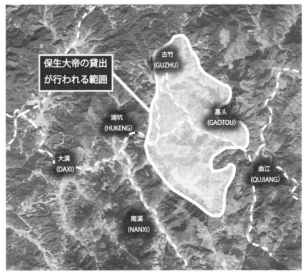

図2　分水嶺の街と保生大帝の貸出が行われる範囲（百度の地図をもとに筆者作成）

道を通る。図2における破線は道を示すが、曲江から高頭へと続く破線が、ちょうど峠であり、東側の閩南（平地）から西側の客家（山地）の領域に入る「入口」となっている。保生大帝を盗んだ木工は、この分水嶺を越えた後、まず客家地域の入口にあたる高頭の街に1泊し、次に自分の故郷であるL村に1泊した。そして最後に保生大帝が「自ら選んだ地」である、D村へと移動したとされている。この移動経路は現在でも村人たちに意識されており、3年に1度開催される保生大帝の大祭においてもそれは明確に示される（大祭のおおまかな内容に関しては下記の表1を参照のこと）。

　L村地域一帯（行政区分上は湖坑鎮の湖坑、古竹、高頭を含む一帯）では、3年に1度、保生大帝の大祭を開き、現在D村の保生大帝廟に置かれている保生大帝像の「里帰り」を行う。「里帰り」とは文字通り、木工に盗まれる以前まで安置されていた沿岸の都市部、厦門の白礁の地に保生大帝像が「帰る」ことを意味する[9]。保生大帝は、道教の道士らと共に厦門（白礁）の地に降り、着ている服をそこで交換する。この儀礼は、同地域一帯でもっとも盛大に行われる大祭ということもあり、周辺村落総出で行われる。数百台の車が隊列を組んでL村一帯から、保生大帝の「故郷」である厦門（白礁）まで移動し、数百人の村人が一斉に参拝を行う。数百台の車は自家用車だけではなく、大型バスや普段公共バスとし

66　Ⅰ　物語性と歴史性

表1　2011年10月28日から2011年10月31日まで（農暦10月3日から農暦10月6日まで）に行われた保生大帝大祭の記録[10]

農暦(旧暦)	時間帯	活動内容
10月3日	8時頃	頭家（今回の儀礼の主催者）たちが、保生大帝廟があるD村まで歩いて行き3体の保生大帝像を迎えに行く。その際、太鼓や銅鑼が打ち鳴らされる。
	11時頃	頭家たちが保生大帝の人形を担いでD村からL村へ戻ってくる。L村の特設会場に保生大帝が安置され、L村の多く人々（とりわけ高齢者）が保生大帝を拝みに来る。
	20時頃	映画が上映される。保生大帝と村人が共に鑑賞する。
10月4日	7時	L村の特設会場に村人たちが集合し、銅鑼を鳴らしながら保生大帝を車へ運び込む。
	7時半	車が隊列を組んで厦門の方へ向けて出発する。
	10時頃	厦門の白礁に到着。保生大帝が白礁の廟に置かれ、参加者たちが一斉に拝み始める。廟内は煙が充満し息苦しいほどの熱気に包まれる。
	12時頃	各自自由に近隣の食堂で昼ご飯を食べ始める。
	14時頃	L村一帯の道教の道士らが保生大帝の服を着替えさせる。
	14時半頃	村人らは各々車やバスに乗り込み隊列を組んで厦門の白礁からL村の方へ戻る。保生大帝も一緒に移動する。
	17時頃	高頭付近に到着。3体の保生大帝の像は高頭に置かれ、高頭の村人たちから歓待を受ける。L村周辺の人々は各村へと帰る。
	20時頃	L村の特設会場で演劇が行われる。保生大帝は高頭に居るためL村の特設会場には置かれていない。
10月5日	5時半頃	L村の人々は保生大帝が置いてある高頭へ向けて出発する。大旗を持って迎えに行く。
	6時頃	高頭と田螺坑（閩南の地名）の境あたりにある土楼へ集合する。（この場所は、閩南地域と客家地域との境界を意味する）。その場所で皆、準備された朝ご飯を食べる。
	6時半頃	高頭と田螺坑（閩南の地名）の境界にある土楼を出発、保生大帝の行列が始まる。
	11時半頃	高頭内にある村落で昼ご飯のため休憩をとる。
	14時頃	L村の前まで到着し、そこで待機する。隊列を整えたうえで、L村に入る。
	14時半頃	L村の特設会場に保生大帝が担ぎ込まれる。保生大帝の到着を待っていた村人たちが一斉に保生大帝への祭祀を始める。供え物が置かれたり、線香や紙銭が燃やされたり、爆竹が鳴らされたりする。
	22時頃	L村のいたるところで花火が打ち上げられる。各家々で宴席が設けられる。
10月6日	7時半頃	3体の保生大帝像を廟があるD村へ戻すため、L村から隊列が出発する。太鼓や銅鑼の音がL村内に鳴り響く。
	8時頃	保生大帝を運んだ一向は、直接D村へ向かうのではなく、周辺の村々を経由しながらD村へと移動する。
	10時頃	周辺の村々をまわってきた保生大帝がD村へ到着する。
	11時頃	D村内の各家を保生大帝を運ぶ隊列が回る。それぞれの場所で、爆竹が打ち鳴らされ保生大帝の帰還を歓待する。
	12時頃	保生大帝がD村の廟に到着する。同廟の内部で昼ご飯が振舞われる。
	13時頃	L村の人々は今回の祭祀で使用した荷物などを抱えてL村へと戻る。その際も太鼓や銅鑼を鳴らし、隊列を組んだ状態で行進しながらL村へと帰る。

て使用されているものまで含むため、参加人数は千人規模に膨れ上がる。

　保生大帝は「里帰り」を済ますと、まずは分水嶺を越えて「盗人」が一番初めに到達した村落である高頭の地に1日置かれる。そしてその翌日にL村に移動し1日滞在し、翌々日にD村の保生大帝廟に戻ることになる。このルートは、かつて木工の盗人がたどった経路を再現しており、高頭以降の移動は、人々が交代で保生大帝を担いで村から村へと回る。周辺村落の人々は、家の近くに保生大帝が現れると、家の前で爆竹を鳴らし保生大帝の帰還を歓待する。「山の民」の領域である高頭に到着してから、D村の保生大帝廟に移動するまでの2日間は、数百人が隊列を作り、車ではなく歩いて村々を回り、道路は銅鑼や太鼓、大旗をもつ人々であふれる。

　このように3年に1度の保生大帝の大祭は、かつて木工が保生大帝を盗んできたとされるルートを忠実に再現する形で行われるが、それは保生大帝が閩南からやってきたことをL村一帯の人々が強く意識していることの現れでもある。つまり「山の民」、客家であるL村一帯の人々が、保生大帝は「平地の民」の神であったことを強く認識していることになる。このように、保生大帝は、2つの地理的、行政的境界をまたいで信仰されているわけだが、その際重要なのは、L村一帯の人々は保生大帝がもともとL村に由来する神ではないということを意識した上で意図的にそれを演出している点であり、また「外部」に由来する「外部」に当たる部分が、地理的行政的な境界を越えた（「山の民である）客家地域以外に当たるということである。

6　D村の廟を中心とする保生大帝の「信仰圏」と信仰体験

　D村の廟に安置されている3体の保生大帝像は、もちろん言説レベルにおいて、閩南文化の一部であることは疑いようのない事実だが、保生大帝廟が位置するD村を中心とした地域一帯において、客家文化でも閩南文化でもない「信仰圏」とも呼びうるものを形成している。D村を中心とする「信仰圏」において保生大帝は、エスニシティや地域性を顕現させるものというよりも、人々の病を治す「医神」としてのみその意義を持ち、客家文化でも閩南文化でもない存在として位置づけられている。というのも保生大帝は、D村一帯に由来する神であるわけではなく、また「信仰圏」は地理的経済的な境界とその範囲を同一にしないためである。

　保生大帝はD村地域を中心とした複数村落において信仰の対象となってい

68　Ⅰ　物語性と歴史性

るが、その範囲は春節時における保生大帝の「貸出」システムからある程度、知りうることができる。調査地の保生大帝は、この地域一帯で信仰されるようになってから100年ほどの歴史しか有していないわけだが、多くの村落から「貸出」要請を受けたことにより、かつては1体だった保生大帝像は現在3体になっている。以下の会話はD村の保生大帝廟において筆者と古老（保生大帝廟の管理人）との間でなされたものであるが、D村の保生大帝像が3体になった経緯が語られている。例年、春節時には3体の像どれもが「貸出」されるのだが、会話は春節時の「貸出」の様子について筆者に古老が説明しているところから始まる。

　　（前略）
　　古老：いいか、正月2日目［保生大帝は］は古竹に在る。
　　筆者：でも、保生大帝は3体あるでしょう？
　　古老：そう、もし1体しかない場合、どうしようもないだろう。それは到底どうすることもできない。だから3体用意してあるわけだ。
　　筆者：以前は1体しかなかったわけですよね？
　　古老：いや、昔は2体で［貸出を］行っていた。うん2体で。［正月2日目は］古竹に1体、L村に1体、この2体があった。正月2日、3日、4日［までその場所に在り］、3日経ったらまた［D村の保生大帝廟の場所へ］戻ってくる。
　　筆者：［現在は3体あるけれど］3体目はどこに行くのでしょう？
　　古老：古竹、L村に1体ずつ…（長い沈黙）、3体目は、高頭、高頭だ。3日後に［保生大帝］は戻ってくる。でも4日目にはまた別の村に行くんだ。
　　筆者：正月2日は、L村、古竹、高頭に行く。そう、だから正月2日、3日、4日は（このD村の廟にはなくて）別の場所にある。では正月5日は？
　　古老：5日ね。5日はまた多くの場所に行く。［L村と南渓の中間に位置する］A村。
　　筆者：それから？
　　古老：［L村と南渓の中間に位置する］J村。それからもう1体は、高頭の［北に位置する］B村だ。
　　（中略）
　　古老：そう。初1［正月一日］はどこにも出さない。初2［2日目］になっ

てから巡回し始める。

筆者：昔からそうだったの？

古老：昔からそうだった。

筆者：30年前とか40年前とかもそうだったの？じゃあ本当に伝統的ですね。

古老：まぁこんな風にして巡回は始まったんだよ。昔は娯楽もそんなに多くなかった。夜ご飯を食べた後、皆この保生大帝が祀られているこの場所までやってきた、そこで「わたしも欲しい」「あなたも欲しい」「みんな欲しい」ということになって、巡回が始まったんだ。

筆者：今は3体あるけれども、昔は1体しかなかったの？

古老：そう。昔は1体しかなかった。

筆者：いつごろ保生大帝は2体、3体となっていったの？

古老：それはかなり前だね。

筆者：かなり前ね。

古老：とにかくみんな欲しがったんだが、どうにも方法がない。だから2体、3体と作っていったのだ。これでうまく回るようになった。

筆者：ケンカすることもなくなった。

古老：ある村は小さい保生大帝が欲しいといい、ある村は大きい保生大帝が欲しいという、どれも同じ保生大帝なわけだし、どれも人々の平安を願っていることに変わりはない。

（後略）

（2010年7月9日筆者聞き取り。会話内の［　］は筆者による補足）

　このように保生大帝は村々や山間の小さな集落へと巡回していくことになった。詳しい年代は定かではないが、改革開放以前の中断期間を経て、1980年代から再び保生大帝の祭祀活動は活発になった。春節の時期に3体の保生大帝像は、D村地域一帯を7巡する。そのため少なくとも20以上[11]の村落（集落）に対して、保生大帝の「貸出」が行われることになる。「貸出」の期限は3日間と決まっており、正月2日から22日にかけて、3体の保生大帝像はD村の廟から離れ、周辺村落を駆け回ることになる。表2は、農暦（旧暦）の1月2日〜22日にかけて3体の保生大帝像が移動した範囲を示すものである。この「貸

70 I 物語性と歴史性

表2 保生大帝が貸し出される日程と村落（図2の貸し出し範囲内に位置する）

正月（農暦）	保生大帝像①	保生大帝像②	保生大帝像③
1日	—	—	—
2日、3日、4日	L村	高頭	古竹
5日、6日、7日	A村	J村	B村
8日、9日、10日	J村	M村	高頭
11日、12日、13日	高頭	高頭	古竹
14日、15日、16日	A村	S村	高頭
17日、18日、19日	A村	A村	高頭
20日、21日、22日	K村	C村	—

出」が行われる範囲は行政的な境界や地理的な境界と必ずしも一致するわけで
はない。

　表2ではA村が何度も出てくるが、これはA村内の別の集落に貸し出され
たことを意味する。図2は保生大帝の貸出が行われる範囲を示したものだが、
A村〜S村は湖坑鎮の東側、閩南地域との分水嶺付近に分布している。つまり
高頭の地より東側は、峠を越えた閩南の領域、すなわち行政区画場は平地の文
化圏に入ることになるが、保生大帝の信仰という意味では両者の境界は不鮮明
になる。

　また表2で示されている村落A〜Sは、いずれも湖坑鎮という行政区画の
単位に含まれる。しかし湖坑鎮のすべての村落が保生大帝信仰を有しているわ
けではない。もちろん個別に参拝に来る場合もあるだろうが、湖坑鎮全体から
みれば、保生大帝よりも民主公王の方が、行政区画全体としては広く人々に親
しまれている。そのため、保生大帝の「信仰圏」は、行政的、地理的、エスニッ
クグループの境界とは無関係に、各村落や集落単位での活動、個々人の体験に
よって形成されてきたものといえる。

　D村の保生大帝廟を訪れるのは、基本的に「信仰圏」の者だが、そこでは保
生大帝の霊的な力を信じる人々から神秘的な出来事に関する多くの話を聞くこ
とができる。以下は、保生大帝にまつわるスピリチュアルな体験について語ら
れた物語である。それぞれ話の中心となる人物は、（閩南の）南靖、高頭、D村
と異なっている。

【保生大帝の話①】
　その昔、（閩南の）南靖県の養豚場の人間が、病気にかかり身体の具合が非常
に悪くなった。さまざまな施設で治療を試みたが一向に良くなる気配はなく、

日に日に弱っていった。彼の妻は食欲もまったくなくなり衰弱していく様子を嘆いていたが、そんな時、保生大帝の話をききつけた。彼女は毎週日曜日に欠かさずD村の保生大帝を拝みに来た。すると効果が顕れはじめた。彼は体調が良くなったと言いはじめたのだ。しかしなぜ回復したのか、本当に回復したのか分からない、そのため再度病院へ行き検査を行った。検査結果は驚くべきことに、悪い部分が消えたというものだった。彼は不思議に思ったが、これは保生大帝の霊力に違いないと思うようになった。

【保生大帝の話②】
　これは高頭に住む行政幹部の話である（2015年現在、60代の男性の話）。彼はある晩なかなか眠れなかったため、真夜中に暗い道を歩いていたのだが、あやまって谷底へ落ちてしまった。彼は大変な大けがを負い、話をすることもできない状況になった。少しすると話ができるようになったのだが、何を言っているのかまったく分からないような状態であった。彼に付き添っていた妻は、娘に電話し、保生大帝を拝みに行くように頼んだ。娘は保生大帝を前にして、ただ黙って熱心に祈り続けた。すると保生大帝は娘が父親の怪我について祈っていることを察し、男の回復を促した。ついに男は自分で歩けるまでになった。

【保生大帝の話③】
　D村に住む男性の話である。彼はD村に居住していたため、保生大帝は非常に身近な存在であった。しかし熱心に祭祀するようなことはなかったし、むしろ保生大帝を信じようとする気持ちもなかった。彼の妻は龍岩（D村から約50km北にある町）の出身であったが、ある日、彼は妻とともに妻の実家を訪れた帰り、体調を崩してしまった。移動中、人民旅社に泊まろうとしたが空き部屋がなかったため、悪質な環境で雑魚寝し、ほとんど眠ることも出来ず目も患ってしまった。当時は電話もなかったため、手紙を出し医者に来てもらったりしたが病状は一向に回復する気配がなかった。しかし保生大帝を拝むようになってから、彼の体調は回復の兆しを見せるようになった。体調が元通りになったころ、彼は保生大帝を篤く信仰するようになっていた。

　保生大帝に関するこのような話は、この地域一帯に暮らせば、少なくとも一度は耳にするようなものであり、また村人たちが熱心に参拝している姿を見る機会も多いだろう。しかし、当然のことだが保生大帝の神秘的な力を村人たち

72　I　物語性と歴史性

全員が全面的に支持しているわけではない。村人たちは、保生大帝の故郷が厦門近郊の白礁であること、かつてL村の祖先が保生大帝を「盗んで」来たことは社会的事実として語る。だが保生大帝を信じることに関しては、社会的事実として語ることを躊躇する。そして自身の経験に照らし合わせて「信じる」という言葉で語る。この点に関してさらに議論を深めていくことにしたい。

7　保生大帝を「信じる」ことと「知る」こと

浜本満は「他者の信念を記述すること：人類学における一つの疑似問題とその解消試案」［浜本 2006］と題する論文のなかで、「信じる」ことと「知る」ことを次のように整理している。すなわち「信じる」ことは、たとえば「わたしは神を信じる」「お金（の力）を信じる」「友人T（の人柄）を信じる」などと言ったとしても、その内面を推し量ることには限界があるため、研究者は壁に直面することになる。また目的語によって評価軸も異なってくるため統一的な評価を下すことはできない。しかし確実に言えるのは、その「信じる」という言葉が何に対して語られているか、という部分が明確に示される部分にあるという［浜本 2006: 58］。

つまり「信じる」という言葉と目的語との間には明確な関係が存在するわけであり、「保生大帝の霊的な力を信じる（信じない）」と言ったとき、その評価は別としても、また評価軸は「存在」「効力」「価値」と曖昧であったとしても、自身と保生大帝との間に間違いなく何らかの関係性をもって語るわけである。では逆に、「知る」と語ることは何を意味するであろうか。浜本は、「信じる」ということと「知る」ことの違いは、真偽の次元における違いではなく、コミュニケーション空間における相違であると指摘する［浜本 2006: 64］。つまり命題に対して異を唱える人がいるか否かの（想定の）違いによって「信じている」と「知っている」が状況依存的に現れるというものである。たとえば「北京は中国の首都であると知っている」とは言えても、「北京は中国の首都であると信じている」とは言えないのは、その命題がコミュニケーション空間において誰も疑いようのない事実として認められているためである。

ではここで調査地における保生大帝の事例を考えてみたい。「保生大帝は厦門から盗んできた神である」という命題があった場合、L村一帯の人々は「保生大帝は厦門から盗んできた神だと知っている」とは言えても、「保生大帝は厦門から盗んできた神だと信じている」とは言わない。また、「保生大帝は本

2　歴史のなかの聖地と記憶のなかの〈聖地〉　73

当に病気を治すと知っている」とは言い難いが、「保生大帝は本当に病気を治すと信じている」とは言える。というのも、人々は保生大帝が閩南の神であることに異を唱える者がいることを想定してはいないが、保生大帝の効力に異を唱える者がいることを想定しているためである。両者は必ずしも相克するものではなく、D村を囲む保生大帝の「信仰圏」に居住する人々は、時として保生大帝に関して「知っている」と語り、また「信じている」と語る。この2つの次元におけるコミュニケーション空間の相違、およびそのコミュニケーション空間が創り出す現象は異なったものとして整理する必要があるだろう。

　まず「知る」領域に関してだが、保生大帝の来歴に関して彼らは統一された見解を示すが、その際、彼らが依拠するのは他者（あるいは保生大帝像、廟、史料、噂話など）との相互行為によって生み出される記憶にあたる。つまりこれはかつて社会学者のアルヴァックスが指摘したような「集合的記憶」に近いものといえよう。つまり保生大帝に関する来歴は、集団の一員として各自が経験的に記憶しているものであり、現在でも村落社会に生きている人々によって、人やモノとの相互行為を通して創られる過去の再構築なのである。ここで注意したいのは、それが文字史料を持たず、また公的に保存された歴史でもないということである。保生大帝という医神の「正式な」聖地は、調査地一帯ではなく、もともと保生大帝が居た場所、すなわち沿岸部の厦門（白礁）という地であった。厦門（白礁）の保生大帝廟もまた「集合的記憶」として説明可能だが、そこには保護や管理の名目で明清時代から現在に至るまで、多分に政権の意向が反映されてきたということは看過することができない事実である。それとは対照的にD村の保生大帝廟は、「集合的記憶」を再構築するアクターのなかに政治権力が介在していない。

　次に「信じる」領域に関してだが、調査地すべての人々に保生大帝は信仰されているわけではない。だが彼らは保生大帝信仰について、自らの経験と照らし合わせて、（信じるにせよ信じないにせよ）明確な関係性でもって語られる状況下にある。つまり保生大帝と自身との関係を、直接的にであれ間接的にであれ、行為主体的に構築する環境にあるといえる[12]。L村を含む現地の人々は、病気や怪我の際には保生大帝を拝む（べきだ）という社会のなかに、自身の身体を介して存在していることとなり、彼らは保生大帝信仰を真剣に受け入れることも拒否することもできるわけだが、いずれを選択するにせよ、それらの行為を通して改めて保生大帝、周囲の人々、周辺環境との関係が再構築される状況に置かれているのである。

74　Ⅰ　物語性と歴史性

　L村を含む現地の人々、とりわけ保生大帝の年中行事や3年に1度の大祭に積極的に参与する「信仰圏」の人々にとって、保生大帝という神との関係は、行政主導によって生成される客家文化の一部でも閩南文化の一部でも、ましてや李氏共同体の儀礼でもない。彼らは保生大帝という神との直接的（間接的）なやり取りを通して、集合的な主体として宗教体験を獲得するのである。念のため補足的な説明を加えると、本論で取り上げる議論は、保生大帝に対して信仰心をもつと病後、それが説明体系として用いられるという単純な話ではなく、保生大帝と人々との交流によって生み出される「信仰圏」（ここでいう「信仰圏」は実際に信仰が行われることを意味するのではなく、保生大帝との直接的（間接的）な関係でもって個々人が説明されうる領域）でのやりとりが、村人各人を集合的な主体と結びつける状況にあるということである。

　以上の議論を経たうえで、改めて調査地における保生大帝廟を考えると、「知る」という意味でも「信じる」という意味でも、現代中国における聖地として定式化した説明が難しいことになる。つまり村の保生大帝廟に対して曖昧な説明を回避することができないことになる。これは偏に、現代中国社会において民間信仰が、「知る」ことに関しては学術的な検証に基づいた歴史が用意され、「信じる」ことに関しては、社会主義的な状況下のなかで、信仰が「文化」と位置付けられているためだといえよう。ただ本論で登場したいずれの聖地（そして〈聖地〉）も「信じる」領域においては、曖昧さや不確実性、あるいはそれを否定（肯定）する他者の存在を残していることも間違いない。寧化石壁の客家祖地であれ、上杭の李氏大宗祠であれ、厦門（白礁）の保生大帝廟であれ、熱心に信仰している人はいるであろうし、神秘体験が語られることもあるであろう。しかし「知る」領域においてはどうであろうか。「知る」領域においてD村の保生大帝廟は、他の聖地とは一線を画している。

　本論冒頭でも説明した通り、調査地L村一帯にはおよそ3つの聖地（と〈聖地〉）が存在する。それは客家としての聖地、李氏としての聖地、そして民間信仰である村の保生大帝の〈聖地〉である。前者2つはともに政府当局によって文物保護単位に認定されているが、後者は文物保護単位ではなく、また行政機関から資金援助を受けることもない。保生大帝の祭祀や修繕に関する費用は、基本的に村落内で各人が供出することで実施され、村落内の人の手によって管理・運営されている。D村にある廟で行われる祭祀、修繕活動などは、その都度、保生大帝像の貸出範囲を中心とした「信仰圏」の人々が、世帯収入に応じて適切な額を出資して行われている。そのため、集合的記憶のアクターとして政府

の関与が（決してないとは言わないが）非常に少ない。これは結果としてD村の保生大帝廟の神秘性を保証することとなっている。

8　保生大帝の神秘性と不確かさ

　浜本の論に従えば、保生大帝の神秘性、あるいはスピリチュアルな体験は「信じる」というコミュニケーション空間において語られうるものであり、それを否定する他者の存在を内包している。また「知っている」というコミュニケーション空間で語られうる、保生大帝の来歴も村落内の集合的記憶に依拠しているため、現代中国において正式な来歴や歴史検証が行われたわけでもない。すなわち保生大帝を巡る物語は、「信じる」「知る」両面において、曖昧さ、不確かさと切り離せない状態にあることになる。これを俗的な表現で言い換えれば「あやしい」神といってもよいかもしれない。だがしかし筆者はこの「あやしさ」や不確かさにこそ保生大帝の神秘性を保証しうるものがあると考える。

　中国研究の大家であるフリードマンが、かつて風水信仰（土地占い）を指して「風水の複雑さは、それ自体、信頼の持続を保障している」と述べたように、調査地の保生大帝への信仰もまた、その「あやしさ」に信仰の持続を後押しするものがあると筆者は考える。フリードマンは風水信仰の「信頼の持続」について次のように続ける。「うまく効果が現れれば、申し分ない。だが、もし効果が現れなくても、原則を守らなかったことや風水師が無能だったこと、あるいは気付かぬ間に景観を変えていたことなどに責任を転嫁することができる」［フリードマン　1966（1987）：160］。保生大帝をめぐる実践もまた同じことが指摘できよう。何が祈願成就への直接的な行為なのかは定かでない。自身が祈る場合も他者が祈る場合も、また誰も表立った接点を作らない場合でも、調査地の個々人は保生大帝との関係で語られうる状況下に置かれている。また調査地の保生大帝廟が公的な見解やオフィシャルな支援を受けていないということにも注意したい。なぜならば宗教活動が一定の制限におかれている中国社会において、直接的な保護や管理の対象となっていない調査地の保生大帝は、管理された保生大帝よりも、神秘性や「正しい信仰」を可能にすると考えられるからである[13]。

　また先の保生大帝にまつわる神秘体験①〜③でみられた祈願の事例は、呪術的行為とみることもできるだろう。その際、石井美保の呪術に関する以下の解説はフリードマンが風水信仰に対して行ったそれと同型の視点を提供してくれ

76 I 物語性と歴史性

る。

「他人とともに、あるいはモノや環境の一部を用いて呪術を行うということには、常に不確実性や偶然性がつきまとう。(中略) というよりもむしろ、ややこしい手順と面倒な禁忌、複数の人間やモノや環境といったさまざまな要素が絡み合う呪術という行為には、はじめから、特定の規約から外れてしまうという可能性が多分に含みこまれている。(中略) いいかえれば、呪術とは、規約に基づいた適切なふるまいを通して予想される事態を首尾よく成就するのみならず(こちらのほうが稀である)、不測の事態や偶然性、予測不可能性をきっかけとして、思いがけない事態を生み出し、さらには新たな「現実」の可能性をひらいていくものだと考えることができる」[石井 2010: 166]。

つまり誰もが否定を挟まない命題、疑問の余地を持たない事柄は、神秘性や呪術的行為の「信頼」をむしろ損じてしまう可能性があるのである。神秘性や呪術的行為から生み出される「現実」は、不確実性を必要とするばかりか、不確実性に裏打ちされてこその現象といってもよいだろう。

本論調査地では、誰もが「D村にある保生大帝像は、もともと福建沿岸部から盗んできたものである」ということを「知っている」。一般に「山の民」である客家社会における民間信仰は、「三山国王」や「義民爺」がその代表として取り上げられ [e.g. 周 2002; 2010]、福建省西南部である湖坑一帯 (調査地の西側。図2を参照) も民間信仰としては、「民主公安」、「伯公」、「公王」などが地域的特色としてあげられる [張・戴 2009]。だが本論の調査地ではこれらの神々ではなく、保生大帝がもっとも重要な神として位置づけられている[14]。現地社会の認識にせよ、学術論文にせよ「知る」という領域において保生大帝が議論される場合、それは宋代の医者「呉本」に由来する神であり、沿岸部の閩南地域で信仰されてきたという定式化された説明がなされる。ここで改めて注意したいのは、そこには少なからず政治権力側からの影響が加わるということである。

保生大帝に代表されるような漢族社会における民間信仰の研究は、これまで政治権力と民俗宗教のインタラクティブな関係によって形成されてきたという議論が行われてきた。たとえば保生大帝の研究であれば、王榮国の歴史学的研究をあげることができよう。王の研究によれば、保生大帝信仰は王朝国家が自身の権力基盤を安定させるために廟を整備、管理し、民衆側は保生大帝への信仰を介して王権と結びつくことで発展してきたとされる [王 1994]。また同様の議論は近年、川口によっても指摘されている。民間信仰に限らず、ひろく祖

先祭祀や文化活動に至るまで、王朝国家や共産党政権のヘゲモニーが村落社会の隅々にまで組み込まれており、これまでの文化人類学的研究はこれらの政治性を「見過ごしてきた」として川口は批判的な検討を加えている［川口 2013］。

　確かに、王や川口が指摘するように、文化人類学者が調査地においてさまざまな慣習や宗教活動と接した際、そこに多くの政治性が含まれていることを「見過ごしてきた」し、「見落としてきた」（あるいは敢えて見ないようにしてきた）部分はあるだろう。しかし本論で取り上げた保生大帝の事例が興味深いのは、それがこのような政権側と民衆側の相互行為の循環から逸脱する形で、生み出されているということである。王朝国家時代には官位（追封）が与えられることによって、信仰の正統性が確保され、改革開放以降は、省や県レベルの文物保護単位として認定されることで、文化的価値や意義が行政主導によって認められてきた。これは客家の聖地である寧化石壁、李氏の聖地である上杭の大宗祠も同様である。しかし、調査地にある保生大帝像、および廟は、「正統な」聖地から神像を盗んでくることで創られた、極めてあやしげな〈聖地〉であり、政権側と民衆側のインタラクティブな関係で構築されてきた安定的な循環から、盗むという逸脱行為を介して民衆側の手によって創られた不確かな〈聖地〉なのである。そのため調査地の保生大帝は、「信じる」のみならず「知る」という領域において、すなわち公的な来歴と行為の正統性をめぐる領域において極めて高い恣意性を有しており、神秘性の保障に耐えうるだけの不確かさを備えているのである。

　もちろん保生大帝信仰をよりマクロに、包括的に考えるのであれば、政権側（あるいは権威的な学術界の影響）と民衆側が双方向的な関係を築くなかで、調査地一帯の保生大帝信仰が創られているという説明を否定するつもりはない。しかし、調査地の人々は明らかに保生大帝の「故郷」である厦門（白礁）に在る政府公認の保生大帝の聖地ではなく、「保生大帝が自分の足で歩いて選んだ地」である調査地（D村）に在る保生大帝の〈聖地〉の方に霊的な力を感じており、彼らはその場所で神秘的な体験を獲得する。政府公認であれ、非公認であれどちらも保生大帝を信仰する者にとって重要な地であることに変わりはないが、「信頼を持続」させるだけの不確かさがより高いのは、政府非公認の村落レベルにおける〈聖地〉だといえよう。

9　おわりに

　本論は中国福建省客家社会の人々を対象とし、彼らにとって特別な意味が与えられている複数の重要な場所を聖地（そして〈聖地〉）として議論してきた。そのなかで2つの聖地と1つの〈聖地〉を紹介した。2つの聖地とは、客家というエスニックグループの聖地である寧化石壁、李氏共同体の聖地である上杭の地を指す。1つの〈聖地〉は筆者の調査地に在る保生大帝廟のことを指す。先に客家の聖地と李氏の聖地をとりあげたが、そこは調査地の人々にとって、何らかの神秘的な体験をする、あるいは語るような場所ではないことを指摘した[15]。この状況を理解するための重要な指標として「記憶」としての祖先と「記録」としての祖先の差異に関して説明を行った。

　ある一定の世代を超えた祖先は、子孫にとって「操作可能なもの」となる可能性が高く、客家共同体、李氏共同体にとって政治的に利用しうる存在となっている。聖地では「正しい」解釈が導かれるような仕掛けが隅々に施されており、たとえば客家の聖地である寧化石壁では伝説上の村落、葛藤村が実世界に出現しテーマパークのような様相を帯びるようになっている。また李氏の聖地である上杭では始祖である李火徳の生涯が絵解きやパネルで展示され、祖先に対してどのような神話を共有すべきかが提示される。だが筆者の知る限り、調査地の人々はこれらの聖地に熱心に足を運ぶこともなく、神秘的な体験を語る者もいない。これらの聖地はむしろ中国共産党の歴史を学ぶための愛国主義教育基地、すなわち革命聖地と同様に、客家や李氏の歴史に触れ、「正しい」歴史を学習するための場所であるといえよう。

　ここでいう歴史とは、ノラなどのアナール学派が「記憶」と対峙させることによって輪郭を浮かび上がらせた歴史のことを意味する。思想史研究者である安川の言葉を借りるならば、それは「普遍的で客観的な所与としての歴史、目的論的な進行のプロセスとしての歴史（啓蒙主義の進歩史観、観念論的歴史哲学、弁証法的唯物論）、あるいはナショナル・ヒストリーの構想」［安川 2008: 299］と方向を同じくするものだといえよう。このような歴史観に根差した聖地とはつまり、天安門広場であり、アーリントン墓地であり、靖国神社である。中華人民共和国にせよ、客家というエスニックグループにせよ、李氏という共同体にせよ、個々を統合するための「正しい」歴史が示される場所、それが現代中国社会における聖地だといえる。もちろん「正しい」歴史が示される場所におい

て、非公認の歴史観、神秘性、宗教性を感じることはまったくないとはいえない。しかし重要なのは、それらの聖地は、それが発露し、人々が極端な神秘体験をしないようにアーキテクトされているということであり、基本的に人々も特異な神秘性や宗教性を求めてそのような聖地を訪れないということである。

　ノラは歴史と記憶を明確に区別する。彼は「記憶とは永遠にアクチュアルな現象、恒久的現在と私たちを結びつけるものである。それに対して歴史は過去の再現である」[Nora 1989: 8]と述べる。またノラが歴史学、歴史学者の仕事を「聖性を奪う作業」[ノラ 2002: 32]と呼ぶこともまた実に示唆的といえよう。ノラがここで「聖なる（sacred）」記憶と呼ぶものが、必ずしも保生大帝廟における神秘的な宗教体験などを指したものだとはいえない。しかし不確かさに基づくアクチュアルな現実という意味で、「聖なる記憶」と「調査地における保生大帝廟の神秘体験」は共鳴しうる関係にあるといえよう。

　歴史化した聖地においては神秘体験、あるいは聖性は想起しにくいのではなく、想起しにくいようにアーキテクトされているといえる[16]。なぜならそこで想起される歴史は多様な解釈を望まず、また政治的、学術的、科学的な見地からも「客観性」を保障されなければならないからである。いうまでもなく、中国社会は共産党主導のもとに社会主義体制が維持されており、宗教活動が全面的に認められているわけではない。革命聖地は中国共産党が中華人民共和国を建国するプロセスを提示する「客観的」な場所であり、また寧化石壁は、客家というエスニックグループのナショナル・ヒストリーを「客観的」に示す場所であり、李氏大宗祠は李氏という共同体の歴史を始祖の偉大さとともに「客観的」な共通認識として展示する場所なのである。

　一般に歴史と記憶を対峙させたとき、それは「『科学的』な手法を採用する歴史」と「伝承に重きを置く記憶」とに分けられるわけだが、複数の語りによって支えられてきた記憶は、過去を「客観的」に再現することが可能な歴史へと、不可逆的に収束されうるものとして考察されることがほとんどであった。先のノラも記憶の歴史化について次のように論じている。

　「圧倒的ともいえる歴史の勢いが記憶を置き去りにしている。そこから、ある事実が白日の下にさらされる。すなわち、太古の昔からあるアイデンティティの絆が断ち切られ、歴史と記憶の一致という自明だった事柄がついに終わったという事実である」[ノラ 2002: 31]と述べる。つまりノラによれば批判主義に基づく近代的な歴史観が跋扈することによって、個々人の記憶の領域は侵されることになり、「自然の記憶はもう存在しない」[ノラ 2002: 37]という状況に

80　I　物語性と歴史性

まで追い込まれてしまったという。そして圧倒的ともいえる歴史に対し、敢えて意識的にでも「記憶の場」を作ることの意義を説く。

　だが本論の調査地でみられた保生大帝の〈聖地〉は、果たして記憶から歴史へという流れのなかでとらえることができるだろうか。筆者はむしろその逆の現象が起きていると考える。つまり調査地で示された保生大帝の事例は、歴史のなかの聖地から記憶のなかの〈聖地〉への移行である。元来、保生大帝は閩南地域の民間信仰であったが、明清時代を経て王朝政府から公的管理を受けるようになった。確かにここまでの経緯は、記憶のなかの〈聖地〉から歴史のなかの聖地への移行といえよう。だがそれはある日「盗む」という逸脱行為を介して、「山の民」によって再び記憶のなかの〈聖地〉へと置かれることになったのである。

　ただ、こうした議論に関して以下のような反論も予想されよう。すなわち保生大帝の〈聖地〉をめぐる議論は、「記憶から歴史へ、そして歴史から記憶へ」という循環の一部として考えるべきであって、歴史からの逸脱とは言えないだろうというものである。しかし筆者はそれこそが、これまでの研究者的視座が生み出してきた歴史観そのものなのではないかと考える。もちろん長期的な時間軸を想定すれば、村落社会における保生大帝の〈聖地〉もまた歴史のなかに取り込まれる可能性を否定できない。しかし、ここで問題としたいのはそのような歴史学的、社会学的分析的視座に立ったものではなく、現在語りを再生産しているL村一帯の人々にとっての「いまの過去（記憶）」についてなのである。D村の保生大帝廟は、たしかに中国共産党のヘゲモニー体制下にあり、そこから完全に離解することはないだろう。だが少なくともそれは彼らの「いまの過去（記憶）」からみて、確固とした歴史を有する厦門（白礁）の保生大帝とは異なり、不確かな記憶を頼りに語られ続ける保生大帝として、つまり歴史から逸脱したアクチュアルな記憶として、存在しているのである。

　D村の保生大帝廟は現在、県レベルでも、省レベルでも、ましてや国家レベルにおいても文物保護単位には指定されていない。そのため当然のことであるが、公的な見地からそれを聖地と呼ぶことはまずない。しかし、だからこそ調査地一帯では保生大帝の神秘性、霊的な力が保障され、不確かさが肯定的に作用しているといえる。調査地の保生大帝に関しては、儀礼にせよ大祭にせよ、明文化されたマニュアルがあるわけではなく、人々の語りや参拝や儀礼といった行為を通して続けられている。本論で対象とした村の保生大帝廟の事例でみられたのは、「手癖の悪い」祖先によって起きた、歴史から記憶へという可逆

的な場の再生であった。不確かで、あやしげな来歴をもつD村の保生大帝廟では、今日（2019年現在）もまた病気治しの神秘体験が語られ、人々に生き生きとした現実を与えている。

注
1)　たとえば国家旅游局は1992年の「友好観光年」から毎年、1993年は「中国山水風光游」、1994年は「文物古跡游」、1995年は「民俗休暇游」、1996年は「休閑度假游」、1997年は「中国旅游年」、1998年は「華夏城郷游」、1999年は「生態環境游」、2000年は「神州世紀游」と様々なキャンペーンを打ち出してきた。
2)　客家が中原から移住せざるを得なくなった唐王朝の黄巣の乱の時代、戦火は福建、江西の各地にも及んでいた。しかし唯一寧化石壁の地だけはその中にあって戦火を免れた安全な場所であったとされている。それには次のような言い伝えがある。
　　〈黄巣の乱の兵士が石壁の地についたころ、そこでちょうど2人の子供を連れた婦人が安全な地を求め逃げているところに出会った。黄巣の兵士はその婦人が、大きい男の子を背中に負い小さい男の子を歩かせているのを見て不思議に思い、なぜそのようなことをするのかと女性に尋ねた。すると女性は相手が黄巣の兵士であるとは知らず、「聞くところによると、黄巣の人たちは人殺しだといいます。この大きい子供は私の兄の子供です。父母が亡くなった今、もしこの子に危害が及べば私たちの血筋は途絶えてしまいます。そのため兄の子を守るために背負っています。小さい子は私自身の息子です」と答えた。黄巣の兵士はこの婦人の気概にいたく感動し、「あなたが村に帰ったら、家の門のところに葛藤を掲げなさい、黄巣の兵士は決してあなたたちに危害を加えないでしょう」と言った。婦人は村に戻るとこの話を村人全員に話し、村人たちは村の入り口、家々の門に葛藤を掲げた。そのためこの村は黄巣の乱の被害を受けることのない安全な場所になった。〉
　　これが「葛藤坑」の話であり、この話の舞台となったのが現在石壁の近くの南田村とされている。寧化石壁は安全な場所であり、そのため客家はこの地に移住してきたという説明はこの「葛藤坑」の物語を通しても語り継がれている。
3)　発言は『三明客家　客家楷模　紀念姚美良先生逝世十周年専輯』［福建省三明市客家聯誼会編2009］の21頁に記載された「客家人が祖先祭祀する聖地」より。
4)　たとえば2017年現在においても、福建省永定県では客家の歴史を体現する施設が次々に作られている。永定県の中心県城では、客家博物園という施設が建設中であり、そのなかには中原漢族南遷記念塔が建てられている。
5)　たとえば19世紀の宣教師ギャツラフの記録においても中国東南部の李氏において李火徳の存在が強調して描き出されている［Gutzlaff 1838］。
6)　当時はまだ客家というエスニックグループは確立していなかった。しかし社会情勢に合わせる形で李火徳が祖先として選ばれた可能性は否定できない。現在のような客家共

82 I 物語性と歴史性

同体は存在し得なかったとしても、それに準ずる中原志向が働いたとみるのが適当であろう。そのためここでは客家ではなく「客家」と表記することにする。

7) 保生大帝とは宋代の「呉本」（979年〜1036年）という医者に由来する神である。彼が生れたころ、閩南の漳州、泉州一帯では疫病が流行していたが、彼は同地一帯をまわって患者の病状を看たり、各家々に薬を送ったりするなどし、献身的に病気の治療に努めた。ある日、彼は薬草を取りに（厦門近郊の）白礁村に赴いたのだが、その際、山の上から転落し死んでしまった。人々は彼を悼み、同地に廟を建てたとされており、それが現在の白礁の保生大帝廟の前身になったという［蔡・劉1981］。彼が活躍していた場所、彼が亡くなった場所からも分かるように、保生大帝という神は閩南という地に根差した神である。そのため一般に、保生大帝は閩南文化圏の民間信仰と認識されているが、（閩西である）永定県の一部でも、人々から厚く信仰されている。それはとりわけ永定県のなかでも多くの土楼が点在する地域、湖坑、高頭、古竹などがそれにあたる。これらの地域は、ちょうど定期市の巡回行路で閩南地域と接している地域でもあり、実際、永定県湖坑鎮D村にある保生大帝廟には、閩南地域の南靖県から多くの村人が参拝に訪れる。

8) 彼らは現在では閩南の人たち、白礁の人たちと非常に良好な関係であることを、昔話の後に付け加えたりする。また語りの「保生大帝はどこへ行ってしまったのだろうか？ 保生大帝は自分から箱を出て、自分の足で歩いて行ってしまったのではないか？」という部分は間接話法的に情緒豊かに語る者が多い。

9) 当然、改革開放以前は保生大帝を迎えに行くことができなかったので、これらの行事は中断されていた。だが、1980年代以降、行事を開催できるような状況が続いている。現在のような形式になったのは、解放後ここ20年くらいのことになる。昔は車がなかったので、代表者2、3人が歩いて白礁に赴き、途中まで船で移動していたという（ここでの船の移動は韓江水系ではなく、漳泉水系の一部を指す）。保生大帝の儀礼の取り仕切り役は、占いで頭家（担当者）を決める。筊（jiao）と呼ばれる、木製でできた一対の三日月型の道具が用いられ、筊の表と裏は陰陽を表す。それを3回投げ、陰陽が3回ともきちんと出た人が、頭家になるとされる。頭家を経験した者の話として、「みんな頭家になりたいんだ。頭家になると、より御利益があるからね。という語りもなされる（2011年10月26日採録）。

10) 本論では2011年、2014年、2017年のデータをもとに議論を進めているが、表で示したものは2011年における儀礼の工程になる。GPSデータは2014年におけるデータを参照したもの。3年ごとに行われているため、すべてのデータを収録することができなかったため、3回分のデータを用いているが、工程や儀礼内容に大きな大差はない。

11) 7巡目は3体が使われるのではなく、2体が村々を回るため、少なくとも20以上の集落ということになる。

12) ここでいう行為主体性とは、人々の脳や「心」のなかに信仰があるというわけではなく、「信仰圏」におけるさまざまな道具や環境と個人の関係によって、保生大帝の信仰として顕現されるということである。保生大帝の「信仰圏」において各村人はまさに

はエージェンシーとしての役割を担うが、それはカロンが農夫が農夫としてあるために
さまざまな環境や道具から集合的自己を生成する議論に通ずるものがある［Callon 2004:
5］。つまり、人々が保生大帝を信仰することは、保生大帝の像、それを拝みはじめる近
親者、儀礼を取り仕切る人々という人的、非人的な交流のなかで起こるととらえる。

13）　これと似たような状況は、客家地域とは全く別の地域においても散見される。たと
えば現代中国の回族社会を研究している奈良によると、政府公認のアホン（宗教指導者）
ではなく、非公認のアホンの方が正当性や人々の支持をうることが少なくないと指摘す
る［奈良 2016: 167-231］。中国共産党体制下における宗教活動において同様な状況は、
客家、回族に限らず多くの地域で起こりうることは大いにありえる。

14）　L村地域一帯と保生大帝との関係を指摘する論文も決してないわけではない。だが
報告としては非常に少なく、またそれは台湾との経済交流を促進するための戦略的な道
具として議論されることがほとんどであった。たとえばL村一帯と保生大帝信仰をめ
ぐっては、80年代に福建省南部と台湾との文化交流を活発化させ、台湾との関係を円
滑化しようとする動きや［林・林 1988］、保生大帝を介して台湾との産業協力を推進し、
観光産業や土産物の開発などに関する近年の議論などがある［林・林・路 2007; 林・鄭・
黄 2014］。

15）　もちろん本当に神秘的な体験をするか否かということはここでは議論に含まない。
本論で重要だと見做すのは、彼らからその語りをうることが極めて少ないということで
あり、政府公認の聖地において獲得されるかもしれない信仰や神秘体験そのものを否定
することではない。

16）　例外的なものとして毛沢東の故居がある。同地は、革命聖地でありながら、風水の
神秘体験が語られることが韓によって報告されている［韓 2008］。しかしそれは同じ敷
地内に毛沢東の生家という革命聖地としての歴史、そして風水が良いとされる毛沢東の
祖父の墓という記憶（体験）、という両者があることに起因するためである。

引用文献

〈英語文献〉

Callon M.

　　2004　"The role of hybrid communities and socio-technical arrangements in the participatory
　　　　　design" *Journal of the Center for Information Studies,* 5(3). 3-10.

Freedman. M.

　　1966　*Chinese Lineage and Society: Fukien and Kwangtung.* Athlone Press.

Gutzlaff, Charles

　　1838　*China Opend; or Display of the Topography, history, Customs, Manners, Arrts,
　　　　　Manufactures, Commerce, Literature, Religion, Jurisprudences, etc. of the Chinese Empire*
　　　　　Revised by the Rev. Andrew Reed, D.D. London, Smith Elder and Co. 65, Cornhill.

84　Ⅰ　物語性と歴史性

Pierre Nora
　　1989　"Between Memory and History: Les Lieux de Memorie". Representations 26, pp.7-24.
Roof, W. C.
　　1999　*Spiritual Marketplace: Baby Boomers and the Remaking of American Religion,* Princeton
　　　　　Univ. Press.

〈中国語文献〉
蔡劉・劉根
　　1981　「白礁慈濟宮」『今日中国（中文版）』1981 年 08 期、62-63 頁。
房学嘉
　　1994（1996）『客家源流探奥』台北：武陵出版社。
林其泉・林陬覚
　　1988　「台湾的根在福建——談閩台関系」『福建論壇』1988 年 02 期。
林中燕・林友華・路琴
　　2007　「基于礼俗的海峡両岸旅游産品開発」《発展研究》2007 年 第 2 期。
林中燕・鄭大川・黄蕾
　　2014　「閩台文化創意産業聯動机制研究」『東南学術』2014 年第 6 期。
羅香林
　　1933（1992）『客家研究導論』台北：南天書局出版。
王栄国
　　1994　「呉本崇拝現象的文化学剖析」『厦門大学学報（哲学社会科学版）』1994 年 03 期、
　　　　　78-83 頁。
張佑周・戴騰栄
　　2009　「閩西与台湾客家民間信仰的伝承及変異」『竜岩学院学報』第 27 巻、第 3 期。
周建新
　　2002　「客家民間信仰的地域分野以許真君与三山国王為例」韶関学院学報（社会科学版）
　　　　　2002 年 01 期、76-82 頁。
　　2010　「地方性与族群性客家民間信仰的文化图像」広西民族大学学報（哲学社会科学版）
　　　　　2010 年 03 期、10-14 頁。

〈日本語文献〉
アルヴァックス、M
　　1999　『集合的記憶』行路社。
石井美保
　　2010　「呪物を作る、〈世界を作る〉——呪術の行為遂行性と創発性」吉田匡興ほか編
　　　　　『宗教の人類学』春風社。
今井信治

2010 「コンテンツがもたらす場所解釈の変容——埼玉県鷲宮神社奉納絵馬比較分析
を中心に」『コンテンツ文化史研究』3。

エヴァンズ＝プリチャード

1982 『ヌアー族の宗教』向井元子訳、岩波書店。

川口幸大

2013 『東南中国における伝統のポリティクス——珠江デルタ村落社会の死者儀礼・
神祇祭祀・宗族組織』風響社。

韓敏

2008 「韶山の聖地化と毛沢東表象」塚田誠之編『民族表象のポリティクス——中国
南部における人類学・歴史学的研究』pp. 225-261、風響社。

小林宏至

2011 「テクストとしての族譜——客家社会における記録メディアとしての族譜とそ
のリテラシー」『社会人類学年報』37：137-163。

2012 「福建土楼からみる客家文化の再創生——土楼内部における「祖堂」の記述を
めぐる学術表象の分析」瀬川昌久・飯島典子編『客家の創生と再創生』pp. 97-
127、風響社。

2016 「僑郷からの災因論——二一世紀における「古典的」な風水事例より」川口幸大・
稲澤努編『僑郷——華僑のふるさとをめぐる表象と実像』行路社、143-171 頁。

2017 「客家地域における閩南文化——分水嶺を越境する神様の「里帰り」」『やまぐち
地域社会研究』14：209-222。

奈良雅史

2016 『現代中国の〈イスラーム運動〉——生きにくさを生きる回族の民族誌』風響社。

ノラ、ピエール

2002 「序論　記憶と歴史のはざまに」長井伸仁訳、ピエール・ノラ編『記憶の場
——フランス国民意識の文化＝社会史　第 1 巻　対立』岩波書店。

浜本満

2006 「他者の信念を記述すること——人類学における一つの擬似問題とその解消試
案」『九州大学大学院教育学研究紀要』9：53-70。

フリードマン、M

1987 『中国の宗族と社会 (人類学ゼミナール)』弘文堂。

1994 「風水と祖先崇拝」瀬川昌久訳、渡邊欣雄・三浦國男編『環中国海の民俗と文
化 4　風水論集』凱風社。

牧野 巽

1985 『牧野巽著作集・第五巻——中国の移住伝説広東原住民族考』御茶の水書房。

安川晴基

2008 「「記憶」と「歴史」——集合的記憶論における一つのトポス」『藝文研究』(94)。

〈参考資料〉
広東省河源龍川県李氏族譜 2000（広東省河源市龍川県県資料館所蔵）
福建省三明市客家聯誼会編 2009 『三明客家　客家楷模　紀念姚美良先生逝世十周年専輯』

87

第3章　聖地と物語
マハーヌバーヴ教団の事例から

井田克征

1　はじめに

　本章はインドのマハーラーシュトラ州において、マハーヌバーヴとよばれる民衆的な信仰集団が、聖地を再構築する活動を報告し、彼らの聖地観について検討するものである。

　ある土地に聖性が見出されて信仰や崇拝を集めることは、どこにでも見られる普遍的な現象といえるだろう。インドにおいてもまた、聖地巡礼は中世以来盛んであり続けている。その一方、アヨーディヤー事件やボーダガヤの大菩薩寺の事例のように、聖地をめぐるコミュナルな争いも発生している。聖地は単に人々を引きつけるだけでなく、ある集団のアイデンティティを支えるシンボルとして社会的、政治的な意味を持つこともある。

2　インド的文脈における聖地という概念

　本章はインド世界における聖地を取り扱うが、この場合の「聖地」が、我々が理解する聖地という概念と本当に一致しているのかという点については、少しの留保が必要だろう。本論集において用いられているこの聖地という用語が、近代ヨーロッパ的な宗教観、空間論を念頭に置くものである以上、そこには聖－俗の対立や、聖性の表現不可能性、もしくは土地の固有性、記名性などといった観念が当然のごとく含意されている。そして現代のインド社会もまたヨーロッパ的近代の強い影響下に成立し、そうした観念を共有していることは言うまでもない。しかし一方で、インド的な「聖地」がヨーロッパと大きく異なる固有の歴史、文化の中で形成された概念でもあるということを忘れるべきではない。インド的な信仰世界における聖地の特質を検討することは、これまでの聖地論に新しい視座を提供することにつながるかもしれない。そうした期待を抱きつつ、本章ではマハーヌバーヴ教団の事例を検討することになるが、

88 I 物語性と歴史性

本論に入る前にまずインド的文脈における聖地概念を簡単に総括しておきたい。

聖地という概念を最大限に広くとるとすれば、それはまず「特別な (viśeṣa) [1]」土地であり、「他と同じ＝一般的な (sāmānya)」土地から区別される。しかもこの特別さは、徴標 (viśeṣa) によって明示される。つまりもしその土地がなにか他と違うならば、我々はそれを外面的特徴によって感じ取ることができるはずだということになる。

そしてこの聖地の特別さは、なんらかの超越性、宗教性と密接に関わるものとして理解される。ということは、異なった超越性を認め、信仰を持つ者たちないし集団の間では、その聖地の特別さに対する意識も異なることになるだろう。一つの聖地が、あらゆる人たちから同じように聖地として認められるとは限らない。場合によってはごくわずかな人たちにのみその特別さが認識され、他からは了解困難な、不可視的なものとなる聖地もあり得るだろう [2]。

現代インドにおいて、聖地に相当する語としては *tīrth*、*pīṭh*、*kṣetra* などが挙げられるだろう。これらの語はいずれもサンスクリット語からの借用語として、ヒンディー語やマラーティー語などインド北部の諸言語に取り入れられている。これらはしばしば聖地を意味する語として用いられるが、それぞれの語にはその来歴とも密接に関わる異なったニュアンスが含まれている。しかしそれらの語を一様に "聖地" もしくは "holy (sacred) place" に対応する現地語として理解するなら、そうした言葉の持つ微妙な差違は完全に隠蔽されてしまう。そこで以下ではこれらの語について少し検討をして、インドにおける聖地概念がいかなる広がりを持つものであるか確認する。

1　tīrtha, pīṭha, kṣetra

(1) *tīrtha*

現代インドにおいて、聖地を意味する最も一般的な語は *tīrth* である。*tīrth* は巡礼の対象となる聖なる土地であり、そこには川岸や水槽などの沐浴場がつきものである。*tīrth* を訪れた巡礼者は、そこで沐浴をして身を清める。たとえば昔から多くの巡礼者が訪れる聖地ワーラーナシーは、ガンガー（ガンジス川）の川岸に広がる典型的な *tīrth* である。

この現代語の由来となったサンスクリット語の *tīrtha* という名詞は、語根 /tṝ から形成される動詞 *tarati* "（川などを）渡る" の派生語である。BC 12ct. 頃に成立したとされる『リグ・ヴェーダ』（以下 RV）の中で、*tīrtha* という名詞は "（川の）渡し場、浅瀬、（家畜の）水飲み場" などを意味している [Grassmann 1873: 525,

Mayrhofer 1992: 629-632]。RV にはインド・アーリア人たちがインド亜大陸に定住する以前の移動生活が反映されているが、そこにはまだ固定化された聖地や寺院などの概念は存在していない。この時点で *tīrtha* は川を渡ること、川岸に降りていくことに関わる場所としてのみ理解されている。

　それから時代が下って古典期になると、*tīrtha* が聖地を意味する語として用いられるようになる。4-5ct. 頃にその主要部分が成立したとされる叙事詩『マハーバーラタ』(MBh) において、パーンダヴァ五王子の聖地巡礼 (*tīrtha-yātra*) が述べられている。ここではインド各地の聖地が言及され、それぞれに称揚されている[3]。*tīrtha* を訪れて祭式や沐浴などを行うなら、その者は特別な果報を得ることができる。こうした聖地観は現代インドにおいてもある程度は共有されており、人々が聖地巡礼を行う大きな原動力となっている。

　この時期にはすでに *tīrtha* と川との関係は二次的なものとなっていたようで、MBh が挙げる *tīrtha* の中には山や森などの名前も多く見出される。とはいえそれらの場所にも川が流れていたり、沐浴場などが設けられるのが普通であるから、*tīrtha* と水との観念的な結びつきが失われてしまったわけではないだろう。

　その後、中世になるとプラーナ（古譚）と呼ばれるヒンドゥー神話の集成が熱心に編纂されはじめる。そこでは諸々の *tīrtha* の神話的起源が語られ、それらの場所を訪れることの果報や、聖地の偉大さなどが称揚された。12 世紀を過ぎるとそうした聖地の起源神話とその称揚を主な内容とするマーハートミヤ（縁起譚）文献や、さまざまな聖地の縁起譚の集成などが編纂されるようになる [Bhardwaj 1973: 16-17]。この頃すでに聖地巡礼は、一般のヒンドゥー教徒にとっても重要な宗教実践として理解されるようになっていたようである。中世以降の民衆化が進んだヒンドゥー教では、祭式や苦行などといったエリート的な信仰実践よりは、巡礼と神への帰依の実践が重視されるようになる。

(2) *pīṭha*

　聖なる場所を指す語として *tīrth* と並んで広く用いられているのが、*pīṭh* である。この語の由来となったサンスクリット語の *pīṭha* はRVには見出されないが、その後のヴェーダ文献においては、"座席" や "椅子" を指す一般名詞として現れている。この時点では、*pīṭha* の語それ自体に宗教的な意味合いはあまり見出されない [Mayrhofer 1996: 136]。

　しかしその後のヒンドゥー教の発展の中で、この語には神格の座する場所としての聖地という意味合いが付与されることになる。インド国内にある 4 つ

90　I　物語性と歴史性

の *pīṭha*（オーディヤーナ、プールナギリ、ジャーランダラ、カーマーキャ）、51 の *pīṭha*、108 の *pīṭha* などが広く知られている［Singh and Singh 49］。ヒンドゥー神話では、シヴァ神の妃サティーが祭火に飛び込んで自らの身体を供儀に付すと、悲しんだシヴァ神は彼女の身体を担ぎ上げ、地上を彷徨う。この女神の身体の各部位が地上に落ちて、それぞれの場所が *pīṭha* になったとされている。*pīṭha* という語は、その聖地に神格や神的な存在が来訪し、場合によってはそのまま留まっている場所という意味合いを持っている。

　現代語でも *pīṭh* は座席や台座もしくは場所を意味する一般的な言葉としても用いられる一方で、神や聖者の座す聖地を意味しても用いられる。

(3) *kṣetra*

　kṣetra という語は、まず一般的な用法としては大地、土地、領域全般を指すものとして用いられる。そこからさらに、宗教的な文脈においては聖性を帯びた特定の場所を意味して用いられることがある。とはいえこの語が単独で聖地を意味する例はさほど多くはなく、たとえば *dev-kṣetra* "神域" などといった複合語で見出されることが多い。この言葉は、ある程度の広がりを持った土地を指して用いられる傾向がある。

　この語はサンスクリット語の動詞語根 /kṣi > kṣeti "定住する、滞在する" からの派生語で、そこに土地を示す接尾辞 -tra が付加されて形成されている。つまりこの語は、単にある程度の広がりを持った土地ではなくて、何者かがそこに留まっていることを含意している。*kṣetra* に留まるのは王や国家でもあり得るが、神や神的な存在が *kṣetra* に留まる場合、その土地はある種の聖域として、つまり侵犯されるべきではない場所として理解されることになる。

2　力を持つ聖地と神のいる聖地

　以上の検討から、インド的な文脈において聖地という概念には、二つの側面があることが明らかになる。まず *tīrtha* という語が含意するように、聖地には特別な力が宿っている。その力ゆえに、この土地を訪れる者には果報や清めなどがもたらされるかもしれない。つまりある聖地が *tīrtha* と呼ばれる時には、この土地がいかに我々に働きかけてくるのかという側面に力点が置かれていると言ってもいいだろう。

　これに対し *pīṭha* という語は、その聖地自体が持つ特質や力よりは、そこに神ないし神的な存在が来訪した、もしくは留まっているという点に注意が向け

られている。神が留まる聖なる土地には神の力が充溢しているから、この土地を訪れる者は神の力の影響を受けることになるだろう。このように聖地が *pīṭha* と呼ばれる時、力そのもののありようは二次的な問題であって、その力の源泉たる神がいかにしてこの地にやって来たのか、どのような経緯でこの地に神が留まることとなったのかという問題に注意が払われる。つまり *pīṭha* とは、聖地がなぜ聖地なのかを説明しようとする歴史的視点を含んだ語と言えるだろう。神的な領域としての *kṣetra* も、そこに留まる神こそがその土地を聖なるものとするという点において、*pīṭha* と一致する。

　こうした理解にもとづいて、インドの聖地概念を、ティールタ的な聖地とピータ（およびクシェートラ）的な聖地という二つに区分することができるかもしれない。とはいえこれを二つの静的なカテゴリーとして理解することは適切ではない。ティールタとピータは聖なる土地が持つ二つの側面であって、インドの多くの聖地には、この両方の側面が相補的にそなわっている。ある聖地がティールタと呼ばれる時、それは一義的には聖なる力を帯びた土地であり、その力ゆえにそこでは多種多様な奇跡が起こり得るし、人々が救済されることだろう。

　そしてこうしたティールタのあり方は、ピータ的な視点によって補強される。ティールタがもつ力が前景化する時、当然な疑問としてその力はどこから来たのかという問いが生じるだろう。これに対して神話的な答えが示される時、そのティールタはピータ化する。神の滞在が自明のものとされるピータ的な聖地においては、この神の土地を人々が訪れ、何らかの御利益を得ることで、ティールタ的な聖地としての側面が立ち現れる。このようにインド的な聖地とは、ティールタとピータという二つの位相の連環の中にある。

　この二つの位相は、人が聖地をいかに語るのかという問題に深く関わる。聖なる土地においていかなる奇跡が生じ得るのか、いかように人が救われるのかという記述的な物語は、その土地のティールタ性を指し示す。これに対し、そうした奇跡がなぜ起こるのかという観点から、その土地にどうして神的な力が宿ったのか、その力の来歴の物語が成立することで、その聖地はピータ化する。単純化して言えば、その土地のティールタ性を喧伝するのが奇跡譚であるとすれば、ピータ性を述べるのは縁起譚である。ゆえに多くの聖地は、この二つの種類の物語によって、その地の聖性を主張する。

　かつてこの土地において神が何をなしたか、そしていかにしてこの土地が聖地となったかを述べる縁起譚は、いわば記号としての聖地に意味を与える物語と言えるかもしれない。ピータ化というのは、その聖地を特定の意味につなぎ

図1　聖地と語り

止め、標準化する運動でもある。ゆえに既成の宗教教団は、しばしば特定の聖地を自派のドグマに適合する形でピータ化する。これに対してその土地自体の持つ力や、奇跡が前景に立ち現れた時に生じてティールタ化の語りは、日々そこを訪れる人々によって拡大され、更新される。多くの巡礼者達は自らの体験として、この地の霊験を語るが、それはその土地本来の持つピータ的な意味とは、しばしば矛盾する。ゆえにティールタ化とは聖地がその記号としてのあり方を拡散し、脱標準化していく運動とも言えるだろう。

聖地に関する語りがこうした二つの位相を持つのはインド固有の事情ではなく、ありふれたことかもしれない。しかし包摂主義的な傾向の強いインドの宗教文化の土壌において、この二つの位相の連環は、常にその聖地を多様化、多義化し続けている。

聖地において存在する聖なる力は、常に新しい奇跡を生み出し、人々を引きつける。そしてそうした奇蹟こそが、その力の来歴たる聖なる物語を要請する。この新しい物語は、それまで流通したものを単に繰り返すのではなく、そこに新しい要素を付け加える。

以下ではそうした聖地と物語との関係を、現代のマハーヌバーヴ教団の事例を通じて検討する。

3　マハーヌバーヴ教団とは

本章ではインドのマハーラーシュトラ州北部を中心に活動するマハーヌバーヴ教団（*Mahānubhāv-panth*）に注目し、この教団が近年熱心に取り組んでいる聖地の再発見と整備の動向を考察する。マハーヌバーヴ教団は、この地域において13世紀にチャクラダル・スヴァーミーを開祖として成立し、一時期の衰退を経て現在まで存続する信仰集団である。この派の教義の中心は、唯一なる最

写真1　五つの化身　左上：クリシュナ神、右上：ダッタートレーヤ神、中央：チャクラダル・スワーミン、左下：チャーングデーヴ・ラーウル、右下：グンダム・ラーウル

高神に対し熱情的な帰依（bhakti）を捧げることで個人は神の恩寵により救われるという救済論である。

　中世以降のヒンドゥー教の伝統の中で、個人が熱情的に神に帰依して、神に自らのすべてを捧げることをバクティと呼ぶ。このバクティを中核とする民衆的な宗教運動は、古くは南インドのタミル語の宗教詩に見出され、やがて北インドにおいてスーフィーの影響なども受けつつ発展したと言われている。マハーラーシュトラでは13世紀にチャクラダル・スワーミーとジュニャーンデーヴという二人の人物が登場する。前者は本章の主題となるマハーヌバーヴ教団の開祖となり、後者はワールカリー派と呼ばれる集団の最も古い世代の宗教詩人として、現代に至るまで大きな影響力を持ち続けている。

1　マハーヌバーヴの帰依思想と五つの化身

　マハーヌバーヴの救済論の中心をなす、最高神に対する帰依という観念は[4]、この時期以降に北インドでさまざまに展開したバクティ的な宗教潮流に共通する基本的な特徴といえるだろう。しかしマハーヌバーヴ教団では、世界の根源としての唯一なる最高神を想定しつつも、この神を直接に帰依の対象とするわけではない。彼らの教理において、この最高神は人間の認識を超えたところにあり、直接的に地上に関与することはないとされている。それゆえに最高神は、衆生を救済するために五つの化身（pañca-avatār）という具体的な相をとって、この地上に降臨したと考えられている。マハーヌバーヴの信徒たちは、姿形を

94　Ⅰ　物語性と歴史性

そなえた、人格的なこの五つの化身それぞれに対して熱情的な帰依の念を持ち、彼らを思い浮かべ、彼らに祈る。そうすることによってのみ、個人は救済を得ることができる[5]。

　マハーヌバーヴの初期聖典では、最高神が地上に降臨する際にはいかなる姿をとることもあり得ると主張している。つまり理論上、神の化身は無数に存在し得ることになる[6]。しかしその中でも特に重要なのが、五つの化身である。まず太古のドゥヴァーパラ・ユガ期に降臨した牛飼いクリシュナ神が第一の化身とされる。そしてクリシュナ神から教えを受け取ったのが第二の化身ダッタートレーヤ神であり[7]、この化身もまた後に第三の化身であるチャーングデーヴ・ラーウル師に教えを伝えたとされる。そしてチャーングデーヴの次には、第四のグンダム・ラーウルが、そして最後の化身としてこの教団の開祖チャクラダル・スワーミンがそれぞれ教えを継承したとされる。この五つの化身のうちで、第一のクリシュナ神と第二のダッタートレーヤ神が一般的なヒンドゥー神話にも姿を現す有名な神格であるのに対して、チャーングデーヴ以降の三化身は、現代の我々が生きるカリ・ユガ期に降臨した人間であるとされる。

　第三の化身とされるチャーングデーヴは、この地方の民間伝承にしばしば登場する有名なナータ派のヨーガ行者であり[8]、半ば神話的な存在と思われる [Rigopoulos 2005: 46]。しかし彼の後継者とされるグンダム・ラーウルと、その弟子とされる開祖チャクラダル・スワーミーに関しては、実際に彼らに付き従って初期のマハーヌバーヴ教団を形成した弟子たちが、詳細な行状記を残している。そうしたテキストは、化身たちが地上を去った後に、信徒達が彼らを想起し帰依するために必要な聖典としてこの教団の中できわめて重要なものとして位置付けられることになった。

2　初期聖典にみられる二人の化身

　マハーヌバーヴ教団は五つの化身すべてを帰依の対象としているが、中でも特に最後の二人の化身、つまりグンダム・ラーウルとチャクラダル・スワーミーに対して、特に熱心な帰依が見られる。この二人の化身が地上に降臨している間の奇蹟に満ちたエピソードが、行状記として二人の化身の死後まもなく編纂され、それ以降この教団の根本聖典とみなされるようになった。二人の行状記及びマハーヌバーヴ教団の主な初期聖典の概要は以下の通りである。

　　『リーラーチャリトラ』(LC)：チャクラダル・スワーミーが地上を去ると、

彼の弟子たちはチャクラダルの残した教説やエピソードを収集した。これをマーイーバットが一つのテキストとして1278年に完成させたとされている[9]。これは現在に至るまで、マハーヌバーヴ教団において最も権威ある聖典とみなされている。

『ゴーヴィンダプラブ・チャリトラ』（GC）：リッダプル村を主要な舞台として、グンダム・ラーウル（別名ゴーヴィンダ・プラブ）の誕生から死までの行状をまとめた。1288年成立とされる。

『スムルティ・スタル』（SS）：二人の化身の死後、チャクラダルの後継者となったナーグデーヴ（別名バットーバース）が信徒たちをまとめて初期のマハーヌバーヴ教団を形成する様子をまとめた。主要な部分は14世紀後半に成立したと思われる。

『スートラ・パート』（SP）：チャクラダルの教説だけを抜粋し、主題ごとに再編集したもの。上記のLCとの並行句をかなり多く含んでいる。マハーヌバーヴの教理書として位置付けられる。

　聖典によれば、第五の化身である開祖チャクラダル・スワーミーは、現在のグジャラートにおいて1194年に宮廷の大臣の息子として生まれた。彼は若い頃に突然の死を迎えるが、彼の死体にたまたま第三の化身チャーングデーヴの魂が宿ったため、すぐに息を吹き返すことになった。生き返った彼はやがて世俗の生活を捨てて、マハーラーシュトラへ向けて遊行の旅に出る。その途上でグンダム・ラーウルに出会い、終生彼を自らの師とする。その後もチャクラダル・スワーミーは教えを説いたり、不思議な力で人々を助けながら旅を続け、次第に信奉者を増やしていった。1274年にヤーダヴ朝のラームデーヴ王に呼び出され、斬首されることになるのだが、すると彼は切り落とされた自分の首を小脇に抱えて北のヒマラヤに向けて出奔し、二度と戻って来なかったと聖典は伝えている。

　チャクラダルの師とされるグンダム・ラーウルは、生まれてから死ぬまでのほとんどをリッダプル村で過ごしたと伝えられている。チャクラダル・スワーミーが1274年に人々の前から姿を消した後、彼の弟子達は遺言に従ってグンダム・ラーウルのもとに身を寄せた。しかし人々に教えを説き、弟子を導いた

チャクラダルとは異なって、グンダムは常に奇矯で幼児的な言動によって周囲の人々をふりまわした。彼は決して筋の通った教理を説くことはせず、しばしば暴力や暴言を吐いて、宗教規範を侵犯した。気まぐれに行われる彼の奇跡や予言は、時には人々を救うこともあったが、多くの場合は人々に困惑と混乱を引き起した。聖典は彼のことを聖なる狂人として、「グンダムは狂っている、グンダムはいかれている」という決まり文句で彼を称える。

3 マハーヌバーヴ教団の現状とそのアンチ・ヒンドゥイズム的性格

マハーヌバーヴは主に現在のマハーラーシュトラ州北部のゴーダーワリー川流域およびヴィダルバ地方を中心に、マラーティー語圏に広く展開している。デリーなどの遠隔地を含めると現在では全部で百を超える寺院や僧院が存在し、その信徒数はおそらく数十万人程度と見積もられている[10]。この数はインドのヒンドゥー教徒たちの中では決して目立ったものとは言えず、むしろアームラーヴァティーなどごく一部の街を除けば、彼らの存在は一般のヒンドゥー達にはあまり知られていない。

マハーヌバーヴは、世俗を離れて僧院や修行場で集団生活を行う出家者達（サンニャーシー、ビークシャー）と、社会生活を営みながら信仰を持つ一般の信徒達（ヴァースティカ）とに分けられる。出家者達は通常、黒かピンク色の衣を身にまとうが、これはこの教団に特有のものであり、他では見られない。そしてマハーヌバーヴたちは五体投地を意味する「ダンダヴァト」という言葉を挨拶に用いている[11]。出家者は伝統的には遊行を重視し、一所に留まるべきでないとされるが、現代でも一部の出家者はあちこちの僧院を渡り歩きながら生活している。僧院では近隣への乞食や、信徒達からの布施、施食も熱心に行われている。

そしてマハーヌバーヴの大きな特徴としては、彼らが一般的なヒンドゥー教徒たちが共有する価値観をかなりの程度否定しているという点も挙げられるだろう。そもそもマハーヌバーヴは、ヒンドゥー社会における宗教的権威者すなわちバラモン祭官の権威を認めず、彼らが占有するヴェーダ聖典や諸々のサンスクリット語の聖典類をも否定する。そしてバラモンが執り行うヴェーダ祭式や、中世以降に発達したヒンドゥー儀礼を無意味なものとみなしている。そもそもマハーヌバーヴにとっては、シヴァ神やヴィシュヌ神などといったヒンドゥーの神々は人々を惑わす低位の神格に過ぎない[12]。ただしクリシュナ神とダッタートレーヤ神は例外で、この両神格が最高神の化身とされていること

は既に見たとおりである。むろんこの五つの化身という観念も、マハーヌバーヴ以外には見られない。

このように正統的なヒンドゥー教の価値観を共有しないマハーヌバーヴは、ヒンドゥー社会が前提としているカーストの区別や、宗教上の男女差別なども認めない。こうした平等性、アンチ・カースト的性質は、民衆的なバクティ（帰依）の宗教が先鋭化する時にしばしば見られるもので、あらゆる者が神の前で平等に救われる機会を持つのであれば、世俗的な差違はすべて無意味となる。ゆえにマハーヌバーヴの教団はあらゆるカーストから、男女の別なく信徒を受け入れるし、現代でも女性の僧院長が男性出家者を指導するような事例は決して珍しくない。マハーヌバーヴの出家者が男女同じ僧院で生活することはこの教団の初期の頃からよく見られたようであるが、それが正統的なバラモンたちからの非難やヒンドゥー社会からの弾圧の一つの理由となったとも言われている。

4　帰依の実践

マハーヌバーヴの信徒達は、他のヒンドゥー教徒のような供養や儀礼を行わない。また寺院などで神像を礼拝することも重視しない。その代わりにヴィシェーシュやオーターなどと呼ばれる石の礼拝が行われる。

まずヴィシェーシュ（viṣeṣ）とは、かつて化身達が触れたとされる石である。ある程度の大きさを持った石の塊がそのままヴィシェーシュとされる場合もあるが、多くの場合は小さな小石が樹脂の中に埋め込まれ、直方体や神像の形に整形されている。これらのヴィシェーシュは通常、寺院や信徒個人の祭壇に祀られており、人々はこの石に手や額を触れたり、石を持ち上げて額に当てるなどしながら化身の名前を呼び、化身の姿を思い描く。

オーター（oṭā）は、化身がかつて奇跡などを起こしたとされる場所に置かれる、やや大きめの直方体などの形をした石壇である[13]。詳しくは後に述べるが、マハーヌバーヴの寺院や聖地にはこうしたオーターがいくつも置かれており、信徒達はこのオーターに額ずいて化身の名を呼び、化身を想起する。マハーヌバーヴの信徒達の実践において最も重視されるのはこうしたヴィシェーシュやオーターを通じて、かつて地上に降臨していた化身達との接触を取り戻すことにある。

5　近代のマハーヌバーヴ教団

正統的なヒンドゥーと対立する価値観、慣習を持つマハーヌバーヴ教団が、

98　Ⅰ　物語性と歴史性

当時の社会において敵視され、しばしば迫害されたであろうことは想像に難くない。実際、教団が形成された 13 世紀にデーヴギリを首都としてこの地域を支配していたヤーダヴァ朝は、マハーヌバーヴ教団を激しく弾圧したと伝えられている。そうした中で、マハーヌバーヴたちは自分たちの信仰を表立って外に出すことを控え、聖典を暗号を用いて記すことで外部の目を避けた。こうした状況に加えて、14 世紀の終わり以降は多くの分派へと分裂したことなどもあってマハーヌバーヴは弱体化し、社会の中で存在感を失っていった[14]。

　伝統は勢いを失い、いつしか自分たちの聖典を解読することも困難となって、本来の教えや宗教規範も曖昧なものとなっていった。19 世紀頃になると、彼らは外部からは、少し風変わりなクリシュナ信仰をもつ低カースト集団であるとか、アウトカーストの集団とみなされるようになっていく。1901 年のCENSUS のカースト調査ではマハーヌバーヴという項目が立てられ、22,716 名が登録されている[15]。

　このようにヒンドゥー社会の片隅でひっそりと生きながらえてきたマハーヌバーヴの伝統は、1920 年頃から次第に注目を浴びるようになる。彼らの初期の聖典群は、マハーラーシュトラ州の公用語でもあるマラーティー語の文学作品として最初期のものであったため、文学史的な観点から研究者たちの興味を引いたのである。それはイギリス統治下のこの地域における民族意識の高揚とも連動した。こうした中で一部のマハーヌバーヴ達は、外部の研究者の支援を受けながら自分たちの保持していた聖典類を解読し、伝統を再構築しはじめた[16]。1953 年には全インドマハーヌバーヴ協会が設立され、教団としてのマハーヌバーヴは少しずつ活力を取り戻していった。そして 90 年代以降のインドの急速な経済発展の中で、この教団もまた新しい成長の時代へと歩みを進めている。

4　リッダプルにおける聖地の再構築

　マハーラーシュトラ州北部アームラーヴァティー県にリッダプルという村がある。この村はアームラーヴァティーの北 30km ほどのところを東西に走る州道 240 号の沿線に位置しており、すぐ横にはペーディ川が流れている。統計によれば人口は 7,244 人、そのうち指定カースト／トライブの比率は約 32 パーセントとなっている[17]。住人の多くは農業に従事しており、ごくありふれたこの地方の農村と言っていいだろう。

　しかしこの村はマハーヌバーヴにとって重要な聖地と理解されており、「聖

なる町」とか「マハーヌバーヴのカーシー[18]」などと呼ばれている。それは
かつてこの村に第四の化身グンダム・ラーウルが住んでいたことが理由となっ
ている。現在でもこの村にはラージマート寺院やゴーピーラージ僧院など、重
要な寺院がいくつも存在する。それらの寺院、僧院には常時百人を超えるほど
の出家者が滞在しており、村人の中にもマハーヌバーヴの信徒は多い。そして
他の地域から巡礼に訪れる者もいる。多くの巡礼者たちは、グンダム・ラーウ
ルが祀られるラージマート寺院に参拝した後、この村のいたるところに設置さ
れたオーター（石壇）を礼拝してまわる。そして村の僧院などに滞在し、布施
や施食を行う。

1　ラージマート寺院の拡充とオーターの設置

　この村の西南に位置するラージマート寺院は、かつて13世紀にグンダム・
ラーウルが住んでいたとされる同名の僧院に由来し、その僧院の跡地に再建さ
れたものとされている。マハーヌバーヴの伝承では、グンダム・ラーウルのた
めに弟子たちが購入した僧院は[19] 17世紀にアウラングゼーブ帝によって破壊
され、その跡地にマスジドが建立されたとされている[20]。この伝承の真偽も、
実際の経緯も明らかではないが、遅くとも19世紀後半の時点ではこの場所に
ラージマートと呼ばれる寺院が存在し、マハーヌバーヴにとって重要な場所と
なっていたことが確認される[21]。やがて1940年代に現在の本堂が建立され、
90年代後半には大幅に増築された。この寺院の本堂の背後に、数多くのオー
ターが密集して設置されている。この空間は90年代頃までは寺院の裏庭だっ
たが、現在では床が張られて屋根で覆われて、寺院の一部となっている。
　そしてそれ以外にも、寺院の周囲だけでなくリッダプル村のいたるところに
オーターが設置されている。それらは教団が所有する土地だけでなく、畑の脇
道や個人宅の敷地内などにも散見され、すべて合わせれば150以上のオーター
が礼拝可能な形で祀られているという。しかもマハーヌバーヴの出家者によれ
ば、まだ整備されていないものを含めれば最終的には250ほどのオーターがこ
の村に設置されることになるという。
　現在のリッダプルで見ることのできるこれらのオーターは、すべてグンダ
ム・ラーウル（もしくはチャクラダル・スワーミー）がかつて好んで訪れた場所
や、奇跡あるいは奇行をなした場所などに設置されている。たとえばグンダム・
ラーウルがよく遊んだヴィナーヤク寺院、彼が水を飲んだ井戸、彼がチャクラ
ダル・スワーミーと視線を交わして力を与えた場所などといった具合に、この

写真 2　ラージマート寺院のオーター群

聖なる化身に関して残されているエピソードのほとんどすべてに対して、オーターが整備されようとしている。彼は終生この村界隈で生活したとされ、彼の奇蹟に満ちた一生は詳細にその行状記において詳細に語られているため、オーターの数は先のように膨大なものとなっている。しかし問題なのは、いかにしてオーターの設置場所が発見されたのかという点である。

　これらオーターの場所は、教団においてずっと「口伝で伝えられていた」と主張される[22]。少し前まで、リッダプルを訪れた巡礼者たちはこの地の出家者たちのアドバイスにしたがって村の中の聖なる場所をめぐり、それぞれの場所で礼拝を行った。オーターが分かるように設置されている場所はさほど多くはなかったため、出家者たちの助けがなければそうした礼拝は困難だったと言われている。しかしおそらく1940年代頃から、マハーヌバーヴの復興運動が進められるにつれて、そうした聖なる事跡の場所も整備されてオーターが設置されるようになっていったようである。90年代頃からはそれぞれのオーターに屋根や囲いが設けられ、小さなお堂としての形式をとるようになっている。

　化身のエピソードの舞台となった聖なる場所の再発見とオーターの設置の動きは、今も進行している。近年新しく設置されたオーターに関しては、一部の有識なマハント（僧院長）が伝承にもとづいてその設置場所を判断している。あるマハントによれば、オーターの場所は複数の有識者によって実際に見地され、そして聖典の記述とも付き合わされて確認されるという[23]。リッダプルの巡礼者の中には「すぐれたバーバー（宗教者に対する尊称）には、グンダム・ラーウルの力が感知できる」と説明する者もあった[24]。

　現在このように公開されているオーターには、聖者伝の見出しタイトルや番号、もしくは聖典の一節などが書き添えられている。例えば彼がよく遊びに行っ

たヴィナーヤク寺院があったとされる場所には、オーターが置かれた小さなお堂が建てられているが、そのお堂の柱にはかつての事跡を示す石版がはめ込まれている[25]。こうして聖なる場所とかつての奇蹟との直接的な関係が、一目瞭然な形で公開されている。リッダプルを訪れる信徒たちの多くは、出家者たちから聞いたり、宗教パンフレットで読んだりして、化身のなした奇蹟や日々の奇行について、ある程度の知識を持っている。彼らはオーターを巡りながら、それぞれの場所で在りし日の化身の生き生きとした姿を思い描いて、祈りを捧げる。

2 マートゥルグラーム寺院の建立

化身にまつわる聖なる場所の探索と整備の動きは、オーターの設置として行われるだけではない。2003年、リッダプルから南へ15kmほどの場所にあるパルワトプル村の外れにマートゥルグラーム寺院が建立された。この場所は教団の区分において「大聖地（mahāsthān）」に分類される重要な場所であり、寺院を開山するに際しては盛大な式典も開催された。しかしその後は最低限の管理が行われるのみで、祭日などを除けばここに滞在する者も訪れる者もけっして多くはない。近隣の住民はこの寺院をマハーヌバーヴの寺院として認識しており、日常的に礼拝に訪れることはない。

この寺院の名前は、グンダム・ラーウルの生誕地として聖典に述べられる「母方のおじの村（mātul-grām）」に由来する。13世紀の聖典は、グンダム・ラーウルが幼い頃に両親と死別し、母方のおじによって育てられたと伝えている。

それからゴーサーヴィーは母方のおじの村（mātul-grām）に行った。（中略）そしてゴーサーヴィーは言った。「これは母の兄弟の家だ。母の姉妹の家だ。ここで私が育った。聖紐式をした。それからリッダプルへ連れて行かれた」[GC 231]。

現在のマートゥルグラーム寺院は、この聖典に出てくる「母方のおじの村」がかつてあったとされる場所に建立された。しかしながらこの場所の選定に関しては、いささか難しい問題がある。まずこの母方のおじの村に関して、同じ聖典は以下のように説明している。

［グンダム・ラーウルは］、リッダプルから1と半ガーウ[26]のところにあ

102 Ⅰ　物語性と歴史性

　るカーントサレー村で。ある者の見解ではヴァーサナー村で。ある者の見
　解ではマーウレー村で[生まれた]。カーンヴァ派のバラモンの家において、
　母胎に化身として顕現した[GC 1]。

　さらにこの「母方のおじの村」の場所に関して、LC は「リッダプル村からナー
ンディガーウ村への間の、1.5 ガーウにあるケードという名の村」[LC P15]と
説明している。このようにマハーヌバーヴの聖典は、伝統の中で伝えられる異
聞や異なる解釈をすべて併記する傾向がある。それは可能な限り事実を歪めず、
化身の行状を正確に思い出すことが重要だからと説明されている。
　マートゥル・グラーム寺院の場所の選定に関しては、先に見たような初期の
聖典の記述と、そこから派生した後代のテキスト群が根拠となっている。リッ
ダプルやアームラーヴァティーの出家者たちは、この場所が聖典にもとづいて
発見されたもので、最終的には霊力のあるマハントが判断したと主張する。し
かしながら引用を見れば分かるように、聖典はこの村に関してごく簡単にしか
述べておらず、しかも当時の村の名前すら錯綜している。この情報が、現実の
聖地探しにおいてどれほど役に立つのか、きわめて心許ない。
　このように近年のマハーヌバーヴ教団では、新しい寺院や修行場（アーシュ
ラム）を創立する動きが顕著である。それはマートゥルグラームのように聖典
や伝承にある場所の再発見という形をとる場合もあれば、全く新しい土地が選
ばれることもある。
　アームラーヴァティーのラージャペート僧院は、21 世紀に入ってからアー
ムラーヴァティー近郊のバンカーディー村近くの山中に 15 エーカーの土地を
取得した。そして近年、ここに新しい僧院を創立する計画が持ち上がっている。
この土地に関する記述は、今のところ教団の出す聖地案内などには出てこない。
出家者たちはこの土地の取得を、広めの土地を教団が探していたことや、信徒
による寄進などの経済的要因から説明した。出家者や信徒たちからは、この土
地が明確に化身達の特定のエピソードと結びついているというような主張は聞
かれなかった。しかし一方で、アームラーヴァティーの高名なマハントは「チャ
クラダルがアームラーヴァティーの街を出て南へ向かって旅をした時に、この
道を通り、この場所で休憩したのだ」と説明した。

5 なぜ聖地が求められるか

1 マハーヌバーヴ教団の現在

　以上のように近年リッダプルおよびアームラーヴァティーのマハーヌバーヴ教団はさまざまなやり方で聖なる場所の再発見／再構築を進めている。こうした動きはこの地域だけではなく、程度の差はあれナーグプールやマフールなど他の地域においても見出される。マハーヌバーヴ教団全体での取り組みと考えていいだろう。

　それではなぜ、そうした聖地の再発見が進められているのか。この問いに対して、まず現代インド社会における宗教の復権という文脈から説明が可能かもしれない。1991 年の改革以降急速に経済発展を遂げたインドにおいて、一方では中間層が増大し、そしてその少し前から生じていたヒンドゥー原理主義の台頭がさらに顕著なものとなった。コミュナリズムが前景化する時代の中で、マハーヌバーヴたちもまた自分たちの宗教的アイデンティティを確立する必要を感じており、そしてそのための経済的な余裕も生まれてきたのだと思われる。アームラーヴァティーはマハーラーシュトラの中では経済発展が遅れている地域ではあるが、教団は信徒たちから十分な資金を集めることに成功しているようだ。特にニューデリーやムンバイなど遠隔地の大都市、もしくは海外に居住する信徒たちからの寄付が、この教団活動の活性化において非常に大きなものとなっている。

　これまでのマハーヌバーヴは、ヒンドゥー社会における周縁的存在として差別の対象とされることが多かった。しかしマハーヌバーヴが自分たちの伝統的な教理に対する理解を進めるにつれて、彼らのアンチ・カースト的な帰依の宗教は、信徒間の平等性や博愛主義といった近代的美徳と結びつくものと理解されるようになった。彼らの宗教パンフレットには、自分たちの宗教がいかにカースト差別や女性差別と無縁で、自然や動物への愛に満ちたものであるのか、そして儀礼主義や旧弊な慣習を否定する合理的思想を保持しているかという主張が繰り返し述べられる。近代的な倫理性に合致する教えとして、マハーヌバーヴは積極的に自らの存在を外に向けて発信している。

　今ではアームラーヴァティーやナーグプールなどの都市において、マハーヌバーヴ達は熱心に講演会や出版、ホームページ制作などとの啓蒙活動を行い、その存在感を増しつつある。あらたな信徒や出家者も増加しているとの

104 Ⅰ　物語性と歴史性

ことで[27]、それに応じて新しい修行場なども増えている。そうした近年の教団の発展が、そのまま寺院や僧院の建立、巡礼地のオーターの整備などの動きにつながっていることは、間違いないだろう。

2　ピータを求めるマハーヌバーヴ

　しかしここで、新たな疑問が生じる。マハーヌバーヴ教団の発展や、人々の信仰の活発化がそうした聖地の整備や寺院建立などに向かうのは理解できるにしても、新しい聖なる場所がなぜ化身の行状と結びつけられなければならないのかという問題である。単に神像や聖なるイコンを設置し、寺院や信徒のための修行場を建立するのではなく、化身がいた聖なる場所が希求されるのはなぜなのか。こうした傾向は、他のヒンドゥーにおいてさほど目立たない。

　しかも興味深いことに、彼らの教理は本来そうした聖地への執着を戒めていた。チャクラダルは次のように述べている。

　　　聖地、神格、人間。これら三つに近づいてはならない [SP X. 39]。

　厳格な出家主義を説いたチャクラダルは、聖地（$t\bar{\imath}rth$）には多くの人が集まるため、出家者にとって望ましい場所ではないとし、そうした場所には近づかないようにと教えている。しかしチャクラダルの後継者バットーバース（＝ナーグデーヴ）には、一見これに矛盾するようにも見える次のような発言がある。

　　　聖地に行きなさい。そこで[化身達の]事跡（$l\bar{\imath}l\bar{a}$）を、思い出しなさい。その時、　　　それが想起（$smaran$）なのです [SS 39]。

　マハーヌバーヴの伝統の中で、この言葉はチャクラダルの教えと矛盾するとは考えられていない。なぜなら先にチャクラダルが聖地と呼んでいるのは、一般的なヒンドゥー教徒にとっての聖地であるのに対して、バットーバースが聖地と呼んでいるのは、チャクラダルやグンダム・ラーウルのような化身がかつてそこで何かをなした場所のことだからである。つまり世間一般の聖地ではなく、化身とのつながりを持っている聖地は、その化身のことを思い描くのにちょうどいい場所であり、救済論的な意味を持つ。現代のマハーヌバーヴ教団が、寺院であれオーターであれ、聖なる化身とのつながりを持つ場所に強い執着を見せるのは、このバットーバースの教えと同じ考え方にもとづいている。彼ら

は、実際に化身達がそこに立って、何らかの事跡をなした場所を求めているのであって、寺院やオーターはそうした化身の存在を示す徴証に過ぎないと言えるかもしれない。

3 聖地にて神に触れる

　ではなぜマハーヌバーヴたちは、化身のいた場所を求めるのか。それはマハーヌバーヴの救済論が、まさに化身達との直接的な関係を前提としているからである。チャクラダルの言葉をまとめた教理書SPは、人は神の現前（*sannidhān*）によってその業が洗い流されると説く［SP VIII. 36］。これを五つの化身理論の文脈で理解すると、信徒たちは降臨した化身の前に立ち、この化身に帰依したことで救済されるということになる。実際、チャクラダルの後継者バットーバースは、兄弟弟子のマーイーバットが死ぬ時に、次のように言って救済を保証する。

> マーイーバットよ。君は2人の神（＝グンダム・ラーウルとチャクラダル・スワーミー）の現前に仕えたのだ。いったい君は、何を言うのか。（中略）もし君が神のもとに達することができないなら、だれも神のもとに達することなんてできないよ［SS 198］。

　このように最初期の教団では、地上の化身に出会って直接的に帰依したという事実が救済の根拠となり得た。しかしその後化身は地上を去り、新しい化身も降臨しないとなれば、もはやそうした直接性を得ることはできない。チャクラダルやグンダム・ラーウルの現前に立ち会うことのできなかった後代の信徒たちは、いかにして救済を得るのか。

　この問題に対し、マハーヌバーヴは化身との間接的なつながり（*sambandha*）を見出すことで、化身不在の時代にも救済が可能になると考えた。つまりそれは化身がかつて手に取った品や座った場所を見出し、それに触れることである。そしてさらにその場所にいたかつての化身を頭の中で想起（*smaraṇ*）することである[28]。

　こうして化身とのつながりを確かなものとすることで、神の恩寵はその人を救う。であるからマハーヌバーヴが探し求めるのは、単に宗教行為を行うのに便利な土地でもなければ、そこに行けば何か御利益があるような霊験ある土地でもない。彼らの帰依する化身との実体的なつながりを、彼らは探し求めているのだ。

6　おわりに

　このようにマハーヌバーヴ教団は、もはや地上に現前することのない化身とのつながりをとりもどすために、聖地を必要としているように見える。彼らにとって、かつての化身とむすびつかない土地には、何の意味もないのである。
　さてここで本章の冒頭で検討した聖地を語る二つの運動という観点からマハーヌバーヴの聖地について考えてみよう。彼らの聖地再発見運動は、ある場所をそこにかつて化身がいたのだと語ることでその土地の聖性を保証する、ピータ化の語りを伴う運動のように見える。その場所がピータであることは、彼らの救済論において決定的な重要性を持っている。実際には、化身に関わる諸々の歴史的事実を確認することは困難であるし、また様々な世俗的要因から、教団はある場所を聖なる場所と認定することもある。こうした場合であっても、必ずかつての化身たちの物語が参照され、その聖地のピータ性が強調される。ひとたび化身とのつながりが認められれば、そのピータは人々を救う力を発揮しはじめる。正統性を認められたその聖地は、特別な力を持つティールタとして人々の前に現れる。
　アームラーヴァティーの町外れに住むマハーヌバーヴの信徒の一家では、数年前まで一人息子が深刻な心臓病を患っていたという。しかしマハントたちの勧めにしたがって息子を連れてオーターでの礼拝を行ったところ、程なく息子の病状は改善し、今ではほとんど問題がなくなった[29]。この奇蹟は一部のマハーヌバーヴ達の間ではよく知られており、その子を見るために他の地域のマハーヌバーヴが尋ねてくることもあったらしい。
　オーターは教団の主導のもとに設置され、化身の物語というピータ的な語りによって、救済論の中につなぎとめられる。しかしその聖なる場所に人々が訪れる中で、その聖なる場所の持つ力に関する多種多様な語りが生み出されていく。このティールタ的な語りは、拡散する傾向を持っている。信徒達は、教団が用意した聖性の起源に関する物語を受け入れながら、そこに自らの目を通した語りを付け加える。たとえば先の奇蹟に関しては、そのオーターの由来とは別に、そうしたオーターには「神の力が宿っている」と説明する。マハントたちの理解する本来の教理から言えば、オーターが置かれる場所の固有性こそが信徒と化身とのつながりをもたらすのであって、オーター自体は単なる目印以上の意味はないはずであるが、実際には多くの信徒たちがこの石壇そのものに

神の「力（śakti）」「バイブレーション（sphuraṇ）」がやどっていると説明する。またある信徒は、オーターへの祈りが「化身に聞こえる」とも説明する。

　こうしたティールタ的な語りは、標準的なオーターに対する語りから逸脱し、そこに新しい意味を付与する。こうして聖地は多義化するのだが、これらの非標準的な語りがさらに外部の人々を巻き込むことになれば、これらマハーヌバーヴの聖地はさらに多くの人々に開かれた、そして多重的な聖地へと発展していくのだろう[30]。

注
1）　括弧内に原語が示される場合、その直前の日本語が原語の翻訳であることを示している。本章で参照されるのはサンスクリット語およびマラーティー語であり、原語として示されるのもこの二つのどちらかということになる。主にマラーティー語のみを用いて活動するマハーヌバーヴ教団に固有の概念などに関してはマラーティー語を、そしてより普遍的でマラーティー語圏に限らず全インド的に用いられる概念に関してはサンスクリット語の原語を示している。
2）　たとえば Feldhaus は、ローカルで低カーストないし女性が中心となるような民間信仰の場が、インフォーマントのバラモン男性には気付かれていなかったという事例を紹介している［Feldhaus 1995: 12］。
3）　MBh には次のようにある：
　　　　王よ、めでたき祭式の果報に等しきものを、貧者たちも得られる方法がある。バラタの最上者よ、それは聖仙達の最高の秘密である。めでたき聖地巡礼は、祭式よりすぐれている。三夜の断食を行わない者、聖地に巡礼しない者、黄金や牛を布施しない者こそが、真の貧者となる。多くの布施を伴うアグニシュトーマなどの祭式を行っても、聖地巡礼ほどの果報は得られない［MBh 3. 80. 37-40］。
　本来ヒンドゥー教では多くの神々が崇拝されるが、バクティズムの系譜ではヴィシュヌ神などの一なる神の優越性、超越性が認められる。とはいえそうした場合でも、他の神々を否定することはせず、すべてが一なる神の低位の姿もしくは具体相として考えるのが普通である。一なる神の超越性のもとにヒンドゥー教の多神教世界を秩序付けたバクティ的な信仰は、近代になるとさらにキリスト教やイスラームをも一なる神のもとに包括した新しい包括主義的なヒンドゥー教を生み出した。
5）　こうした五つの化身論は、開祖チャクラダル自身が述べたとされる教説の中には含まれていない。マハーヌバーヴの教理が体系化されたのは彼の死後、残された弟子達によってのことと思われる［Raeside 1970: 594］。
6）　教理書 SP は、最高神が様々なすがたをとって地上に降臨することを述べている［SP X. 105-106］。これにもとづいて、SS では神が鸚鵡として地上に顕現したというエピソードを述べる。

108 I 物語性と歴史性

　　ある日バットーバースは、ケーソーバースとパンディトバースに言った。「デー
ヴギリにある娼館に鸚鵡がいる。それは神の化身である。」そこでケーショーバー
スとパンディトバースは言った。「バットーよ、見に行きましょう。」バットーバー
スは言った。「いや、行かない。チャクラダル師は、私たちにグンダム・ラーウル
の御世話を命じたのだ。だから私たちはそうしよう。鸚鵡は神の化身かもしれない。
でもそれは［チャクラダルが我々に帰依を］命じた［相手では］ない」［SS 210］。

7)　第二の化身ダッタートレーヤ神は、一般的には第一の化身クリシュナ神より前のト
　　レータ・ユガ期に地上に降臨したと理解されている。しかしマハーヌバーヴ教団におい
　　ては、この神はあらゆる時代に常に降臨していると考えられており［SP X. 282］、そし
　　て現在においてもこの地上に留まっていると考えられている。マハーヌバーヴたちは今
　　でもこの化身が毎朝マハーラーシュトラ南部にあるコールハプールで乞食をし、昼にパ
　　ンチャレーシュワルで食事をとって、夜には北部のマフールで眠りにつくと考えている。

8)　たとえばマハーヌバーヴと同時期にジュニャーンデーヴを開祖として発展したワール
　　カリー派においても、チャーングデーヴと呼ばれる行者が登場する。Tulpule 1979: 35 参照。

9)　しかし 1307-08 年（もしくは 1310 とも）にデリー・スルターン朝からマリク・カーフー
　　ルがこの地方に侵攻してきた際の騒ぎの中で、この聖典はいったん失われたとも伝えら
　　れている。今残る LC は、カヴィーシュワルらの弟子たちが記憶にもとづいて編纂し直
　　したものとされている。現行の GC に関しても、同様の事情で再編纂が行われたと言わ
　　れている。Rigopoulos 2005: 27 参照。

10)　全インドマハーヌバーヴ協会によれば、現状ではすべてのマハーヌバーヴの信徒
　　数をまとめた資料は存在しない（2015 年 8 月アームラーヴァティーのラージペート僧
　　院における調査による）。Feldhaus は 80 年代に、マハーヌバーヴの総数を 100,000 から
　　200,000 人程度と見積もっている［Feldhaus 1988: 279］。

11)　これは *daṇḍavat-praṇām* "棒のようにひれ伏す" の省略であって、身体を棒のように
　　して大地に横たわり、相手に対して敬礼することを意味している。

12)　たとえば SS には、初期の教団の出家者マハーダーイセーの兄アープローが、ヒン
　　ドゥーの聖典に出てくる神格に惑わされる様子が描かれている。彼はチャクラダルの名
　　を唱えることで、正気に返る［SS 23］。

13)　オーターの礼拝は、初期の聖典において既に述べられている［SP XII. 186］。

14)　Raeside 1970: 588.

15)　Enthoven は、この人数が当時のマハーヌバーヴの人口をそのまま示すものではなく、
　　彼らの多くは自らの出身カーストで登録しただろうと述べている［Enthoven 1922: 427］。

16)　Raeside 1970: 588.

17)　2011 年 CENSUS による。

18)　ガンジス川の川岸にあるヒンドゥー教の聖地ワーラーナシーのこと。

19)　グンダム・ラーウルが住んだ僧院について、聖典には次のような記述がある。

　　　それからマーイーバットは僧院を買った。しかしゴーサーヴィー（＝グンダム・

ラーウル）は住もうとしなかった。そして仮小屋に滞在した。ある日、［ゴーサー
ヴィーに献じられる］花の香りによって、そこに蛇が出た。それを信徒が見た。そ
して木の枝で［それを］挟むものを作った。信徒は言った。「聖なる御身の上に［蛇が］
落ちたら、挟みます。」そして［ゴーサーヴィーが座る］座壇の四つの足を掴んだ。
持ち上げた。外に動かした。ゴーサーヴィーは言った。「おお、くそったれ！よし！」
そして王の僧院（ラージマート）に行った。そこに滞在した。その後で、信徒はそ
の蛇を外に出した［GC 120］。

20）　この伝承は 20 世紀初頭に出された帝国地誌にも収録されている［Fitzgerald 1911］。
現在でもラージマート寺院に隣接してマスジトが存在しており、境界に関しての訴訟も
生じている。

21）　Hunter 1887: 58, Meyer 1909: 301-2.

22）　Feldhaus 2003: 201-202 参照。

23）　ここで言われる聖典として、マハントは 14 世紀にムニビャースによって記された『ス
ターナポーティー（場所の本）』の名を挙げた。この聖典はチャクラダル・スワーミー
らの事跡がなされた場所を、簡単な説明とともに列挙している。ただし現行の刊本を見
る限り、リッダプル村における聖なる場所のすべてがこのテキストに記述されているわ
けではない。『スターナポーティー』に関しては、Tulpule 1979: 350 を参照。

24）　本章は、2015 年 8 月にアームラーヴァティーとナーグプールで行われた聞き取り調
査と、2016 年 8 月にアームラーヴァティーおよびリッダプルにおいて行われた聞き取り
調査に基づいている。

25）　GC 13-14 参照。

26）　ガーウ（gāv）とは、"村"を示す一般名詞であるとともに、通常ある村が隣村と離
れている間隔を 1 とした距離の単位としても用いられる。この単位が示す距離は地域や
時代によって大きく異なるが、モールズワースはこれをおおよそ 4 ～ 9 マイル程度とし
ている。

27）　2015 年 8 月にナーグプールのマハーヌバーヴから聞いた話によれば、90 年代頃から
改宗者が増えてきたと言われている。一方でこの地域では改宗仏教徒とマハーヌバーヴ
がかなり近い関係にあるようで、同じ家系の中にマハーヌバーヴと仏教徒が混在する例
がいくつか見出された。

28）　在りし日の化身を思い浮かべることが、救済において重要な意味を持つことは最後
の化身チャクラダルが地上を去った後の出来事をまとめた SS において、繰り返し述べ
られている。以下は、女性信徒であるルーパイーと、その臨終に立ち会い、彼女の救済
を保証するバットーバースの会話である。

　　　バットーバース（＝ナーグデーヴ）は尋ねた。「ルーパイーよ、神（チャクラダル）
を想起しているかい？」ルーパイーは言った。「ええ、ナーグデーヴ。思い出して
いますよ。」バットーバースは言った。「どんな風に思い出しているの、母さん。」「聖
なる頭の上にターバン。かかと削りの石をもっています。」そう言ってベーロープ

110 I 物語性と歴史性

リーでの［チャクラダルの］行状を語った。その後バットーバースは言った。「ルー
パイーよ。身体の果てるまで、正しく想起したね。過ちはなかったよ。」［SS 254］

29) 2016 年 8 月にアームラーヴァティーにてインタビューした。

30) 実際、同じマハーラーシュトラ北部にあるマフールでは、マハーヌバーヴの寺院に
マハーヌバーヴだけではなくて一般的なヒンドゥーも参拝している。これにはこの寺院
がダッタートレーヤ神の眠る場所とされることが大きな理由となっているが、寺院内の
諸々のイコンや、寺院の縁起それ自体に関して、人々は自分の立場に応じてさまざまな
理解をしている。

引用文献

〈一次資料〉

Līḷācaritra (LC)

    Ed. Kolte, V. B., Līḷācaritra, Mahārāṣṭra Rājya Sāhitya-saṃskṛti Maṇḍaḷ, 1982.

Mahābhārata (Mbh)

    Ed. Sukthankar, V.S., Belvalkar, S.K. and Vaidya, P.L. (et al.), The *Mahābhārata,* 19 vols.
bound in 22, Poona, 1933-1966.

Govindprabhucaritra (GC)

    Ed. Kulkarṇī, V. D., *Śrīgovindaprabhucaritra,* Venus Prakashan, 1980.

Smṛtisthaḷ (SS)

    Ed. V. N. Deshpande, *Smṛtisthaḷ,* Venus Prakashan, Pune, 2007(7th).

Sūtrapāṭh (SP)

    Ed. Lāsūrkar śāstrī, M. D. K., *Sūtrapāṭh Rahasyārth Prabodh,* Nāsik, 1993.

〈二次文献〉

Bhardwaj, S. M.

    1973 *Hindu Places of Pilgrimage in India: A Study in Cultural Geography,* Berkeley, Los
angeles, London: University of California Press.

Enthoven, R. E.,

    1922 *The Tribes and Castes of Bombay,* Bombay: Government Central Press.

Feldhaus, Anne

    1983 *The Religious System of the Mahānubhāva Sect: The Mahānubhāva Sūtrapāṭha,* New
Delhi: Manohar.

    1984 *The Deeds of God in Ṛddhipur,* New York-Oxford: Oxford University Press.

    1988 "The Orthodoxy of the Mahanubhaus", The Experience of Hinduism: Essays on Religion
in Maharashtra, ed. by E. Zelliot and M. Berntsen, Albany: State University of New York
Press.

3 聖地と物語 111

1995 *Water and Woomanhood: Religious Meanings of Rivers in Maharashtra,* New York-Oxford: Oxford Press.

2003 *Connected Places: Region, Pilgrimage, and Geographical Imagination in India,* New York: Palgrave Macmillan.

Feldhaus, A. and Tulpule, S.G.

1992 I*n The Absence of God: The Early Years of an Indian Sect,* Honolulu: University of Hawaii Press.

Fitzgerald, S. V. and Nelson, A. E.

1911 *Gazetters of the Bombay Presidency: Amraoti District,* vol. A, Bombay: Goverment Central Press.

Gothóni, René

2010 "Pilgrimage: Three Theoretical Interpretations", *Pilgrims and Travellers in Search of the Holy,* pp.11-30. Oxford: Peter Lang.

Grassmann, H.

1873 *Wörterbuch zum Rig-Veda,* Leipzig: F. A. .Brockhous.

Hunter, William Wilson

1887 *Imperial Gazetteer of India,* 2nd ed., vol. xii, London: Trübner.

Jacobsen, Knut A.

2013 *Pilgrimage in the Hindu Tradition: Salvic Space,* (Routledge Hindu Studies Series,) London and New York. Routledge

Mayrhofer, M.

1992-1996 *Etymologisches Wörterbuch des Altindoarischen,* 2 Bde., Heidelberg: Universitätsverlag C.Winter.

Meyer, William Stevenson (et. al.)

1909 *Imperial Gazetter of India,* New ed., vol. 26, Oxford: Clarendon Press.

Molesworth, J. T.

1857 *A Dictionary, Marathi and English.* 2d ed., Puhe: Shubhada Saraswat Prakashan.

Ranade, R. D.

1983 *Mysticism in India: The Port-Saints of Maharashtra,* Albany: State University of New York Press.

Raeside, I. M. P

1976 "The Mahānubhāvas", *Bullletin of the School of Orientl and African Studies,* 39(3), pp.585-600.

Rigopoulos, A.

2005 *The Mahānubhāvs,* Firenze: Firenze University Press.

Tulpule, S.G.

1979 *Classical Marāṭhī Literature,* J. Gonda (ed.) A History of Indian Literature, IX, 4,

Wiesbaden: Otto Harrassowitz.

Singh, Rana, P. B. and Singh, Ravi. S.

2010　"Sacred Places of Goddess in India: Spatiality Symbolism", *Sacred Geography of Goddesses in South Asia: Essays in memory of David Kinsley,* Newcastle upon Tyne Cambridge Scholars Publishing, pp. 45-78.

II　観光化と再整備

第4章　北ロシアにおける聖地と文化遺産
社会主義の経験と景観表象の変容

高橋沙奈美

1　はじめに

　2017 年 1 月、サンクト・ペテルブルグで「ナロード（民衆）のものをナロードへ！」と叫ぶ人びとの集まりがあった。参加者たちの中には「博物館を街へ！」というプラカードを掲げるものもいた。この都市のランドマークであるイサーク聖堂をロシア正教会に無償で譲渡するという市長の決定に対して、市民の反対運動が起こったのである。反対運動の参加者たちが問題としたのは、単に一寺院の正教会への譲渡／返還ではない [1)]。彼らは、イサーク聖堂はロシア国家のシンボル、民族統一のシンボルであると主張したのである。ポスト・ソヴィエトのロシア社会では、正教会に譲渡／返還された建造物から、教会が非正教的とみなしたものを排除しようとする事例が散見される。無償譲渡に反対する人びとは、ピョートル大帝による新都の建設から第二次大戦中の包囲戦に至るまで、この都市にまつわる多様な記憶の景観の中にイサーク聖堂を刻み込んでいる。聖堂の譲渡は、都市の記憶と多様性に対する危機として捉えられたのである ［Онищенко 2017］。

　100 年前の革命によって、ロシアではすべての宗教建造物が国家に接収された。1918 年 1 月に発令された「教会と国家並びに学校と教会の分離に関する法」は、宗教団体の財産所有権および法人格を否定し、1990 年の「良心の自由と宗教団体に関する」連邦法で宗教団体の法人格が認められるまで、宗教施設は信者共同体への貸与という形でのみ、本来の目的を維持することができた。数多くの宗教建造物のうち、あるものは破壊され、あるものは世俗目的に転用され、宗教施設として利用されたものはほんの一握りだった。帝政ロシア時代のロシア正教を管轄した国家機関である宗務院の統計によれば、1914 年のロシア帝国には 54,147 の教会と 25,593 の礼拝堂が存在した。1920-30 年代に起こったロシア正教会に対する苛烈な弾圧の結果、これらの教会の大部分が閉鎖された。公式のデータによれば第二次世界大戦前夜のソ連には 4,225 の教会が存在

116 Ⅱ　観光化と再整備

していたとされるが、実質的に活動していたのは約 100 程度と推計されている
[Ellis 1986: 14]。

　ところが第二次世界大戦以後、閉鎖された大規模修道院を「史跡・文化財」
とみなし、これらを博物館・自然公園として整備する動きがロシア各地で始
まった[高橋 2013]。廃墟となっていたかつての聖地は公的に保護すべき歴史的・
文化的価値を持つ文化遺産として再整備されたのである。この背景について、
ロシア史研究の文脈で最もよく指摘されるのが、第二次世界大戦を契機とした
ナショナリズムの高まりである。スターリン期の戦争プロパガンダは、歴史上
の人物や事件を積極的に題材として取り上げ、ロシア中心的なソ連愛国主義を
打ち出した [Brandenburger 2002]。戦争はまた、異なる文明圏から来たファシス
トによって「われわれ」の文化財が打撃を受け失われたという感覚を人びとに
与えた [Jenks 2005: 153]。文化遺産としての聖堂の保護は、ロシアのナショナ
ルなシンボルの保護と直接に結びついていた。

　さらに 1980 年代半ば以降、正教会が政治的・社会的地位を回復すると、宗
教建造物を正教会へ返還する動きがいたるところで始まった。そして 2000 年
代以降、今度は正教会の側から、長らく文化遺産として社会的に認知されてい
るイサーク寺院のような建造物についても積極的に返還を求め始めた。ポス
ト・ソヴィエトのロシアにおいて文化遺産／聖地の在り方をめぐる対話は混迷
を深めている [高橋・前島・小林 2014]。

　「ロシア正教文化圏」とも称すべきロシア正教を文化的基盤とする生活圏に
おいて、「聖地（святое место）」と呼ばれるのはもっぱら、正教的な価値や超自
然の力と結びついた場所に限られる。現在グローバルな規模で展開している多
様な世俗的聖地（革命聖地、著名人の聖地、恋人の聖地など）は、ロシア正教文化
圏においては信者の宗教的感情に対する冒涜と取られてもおかしくない。ロ
シア正教文化圏の「聖」概念は正教信仰と排他的に結びついている。科学アカ
デミーのロシア史研究所所長を務めた中世ロシア史家 A・サハロフは「聖」概
念について、「ルーシにおいて中世に作り上げられ、今日まで保たれている聖
の概念は […] 第一義にキリスト教徒が神とまみえる場所であり、聖堂を「神
が人と共にある場所」として理解すること」としている [Сахаров 2006: 33]。正
教会が伝統的に優勢でありながら 19 世紀後半以降にプロテスタント信者が急
増した帝政末期の南ウクライナを研究した S・ジュークは、ドイツの教会を模
して建てられたプロテスタント教会群やドイツ風の風俗を取り入れた農民た
ちの出現が、当時の高位聖職者たちによって正教的景観の否定＝非－聖化（de-

sacralization）とみなされたことを指摘している［Zhuk 2010: 211］。このことから
わかるように、ロシア正教文化圏の内に認められる聖なる景観とは、正教精神
を基調とする宗教的・民族的・文化的アイデンティティを自己のうちで確認し
あい、他者に対して顕示する場であるといえよう。

　ポスト・ソヴィエトのロシア正教会は、こうした聖地をできるだけ多く取り
戻そうとしている。しかし、ロシアの聖地もまた、他地域のきわめて多様な「聖
地[2]」と同様、集合的記憶や地域性、民族性と複雑に結びつき、文化遺産とし
て世俗的・科学的な保護を必要とし、巡礼／ツーリズムがもたらす消費のまな
ざしと無縁ではいられない。ロシアの特殊性は、聖地の文化遺産化が社会主義
時代に強制的かつ徹底的に行われ現在その逆の動きが加速しているという点で
ある。本章は社会主義体制下での聖地の文化遺産化がどのように展開されたの
かという問題に切り込む。具体的には、世界遺産に登録され、北ロシア随一の
観光地となったキジ島の木造建築と、ロシアの聖山アトスを目指すヴァラーム
修道院という 2 つの対照的な事例を取り上げ、社会主義体制の文化遺産化がポ
スト・ソヴィエトの景観表象にどのような影響を与えているのかを検討する。
キジには現在、常住の島民はほぼいないが、1970 年代以降、毎シーズン 10 万
から 20 万人のツーリストが訪れる。ヴァラームには現在、100 名ほどの島民
と 200 名近い修道士が暮らし、そしてこちらも 1970 年代以降、毎シーズン 10
万人以上の巡礼／ツーリストの訪れる聖地／観光地である。

　宗教的な聖性を、文化遺産や民族的伝統という形に実体化し、消費可能なも
のに置き換える世界的な傾向の背景には、近代化の急速な進展があることも忘
れてはならない。「過去との結びつきを価値あるものと認識するためには、た
ゆまぬ変化を常態とするモダニティが進行していなければならないし、文化遺
産を客体化しつつ歴史に照らして評価する科学的精神も必要である」という飯
田卓・河合洋尚の指摘は重要である［飯田・河合 2016: 3］。世界の他の地域と同
じく第二次世界大戦後のロシアでも近代化と都市化が急速に進展したことに
よって、かつての聖地の景観がロシア的アイデンティティの源泉として再評価
された。そして社会主義体制の宗教政策によって、聖性の起源を神の存在や場
所の力に見出そうとする試みは捨象され、かつての聖地が文化遺産として再構
築されたのである。

　さらに、社会主義体制に特有の「宗教」と「民衆文化」の読み替えという問
題が指摘される。ロシアにおいては 1960 年以降、宗教的な意図と目的をもっ
て作られた様々な文物が、実は民衆の文化的遺産であったとして、これを公的

に保護しようという運動が顕著となった［高橋 2013: 84-86］。同様の事態は中国でも観察されている。例えば徳宏タイ族の水かけ祭りを調査した長谷千代子は、文化革命以降、この祭りが「風俗習慣」、さらには共産主義建設に積極的意義をもつ「民族伝統文化」として読み替えられていったことを指摘する。さらに、言説レベルでの変化は、実践の内容にまで変化をもたらし、かつて徳宏タイ族の仏教的実践であったはずの水かけ祭りは、その宗教的意義を後退させ、民族伝統文化としての側面、観光客のための文化的消費財といった性格を強めている［長谷 2007: 98-110］。

　以下本章では、革命以前の聖地のイメージが、文化遺産化が進展した1960-80年代にいかに維持／変容されたか、さらにこれらが現在にどのような影響を及ぼしているかという問題を、以下の4つの要因から検討する。まず、革命以前の景観の記憶。2点目が社会主義時代の景観破壊／保護の状況、3点目が社会主義時代のツーリズム拠点としての規模と形態、4点目が1960年代以降の保護運動の展開と文化遺産としての博物館化である。現在、それぞれの場所における正教会と博物館の関係性は、20世紀の間にこれらの景観が被った大きな変容という歴史的文脈を抜きにして理解することではできない。革命以前に関しては、絵画や文学作品の存在からその記憶と文化的表象を読み取ることを試みる。ソ連時代については、当時の学芸員のインタビューや来館者の感想ノート、エクスカーションの手引書や公刊された書籍や定期刊行物の記事などを、ポスト・ソ連期については、現地の人びとに対するインタビューやインターネット上の言説を主要な分析対象とする。

2 「ロシアの北」

　本章で取り扱う「聖地」の概念はロシア正教の「聖」概念、シンボル、行動様式と分かちがたく結びつき、ロシア正教を自らの生活文化の基盤と考える人びとによって共有されている。民族や宗教の分布と同様に、ロシア正教文化圏も異なる文化圏と隣接・混淆するものであるが、民族的ロシア人の比率が抜きんでて高い地域においては正教文化の影響力も著しい。人文地理学的な区分に従えば、それは原暉之の指摘する、北部ロシア・北西部ロシア、中央部ロシア、中央黒土地帯からなる「モスコヴィア広域圏」に該当するだろう［原 2007:241-251］。歴史的には「16-19世紀にかけての膨張以前の小さなロシア」［塩川 2007: 198-199］であり、文化論的には「東スラブ人が自らの住処と意識したロシア平

原の本質的な部分として、[…] もっとも「ロシア的なる場所」とみなしうる空間」[望月 2008: 143] といえよう。

その中でも北部ロシアは、「ロシアの北（«Русский Север»）」としてロシア文化論のコンテクストで重要な意義を帯びていた[望月 2003: 89-90]。「ロシアの北」は 19 世紀から 20 世紀初頭にかけてのロマン主義とそれに支えられたナショナリズムが興隆してくる過程で、歴史学者、民俗学者などによって学術的に発見され、文筆家や画家らによって表象された伝統主義的なロシアの自己像である[Пермиловская 2010: 21]。

景観を構成する要素としては、①空間地理的・自然気候要因、②歴史的・社会経済的要因、③宗教的・精神文化的要因、④民族的要因などが挙げられる。北の大地は起伏に乏しく、森と湖、苔に覆われた巨岩が広がっている。こうした景観は、とりわけ 19 世紀以降の絵画や詩、文学作品の中で表象され、美的表現を与えられていった。

歴史的・民族的にみれば、「ロシアの北」は古来フィン・ウゴル系、サモエード系の多様な北方民族が居住する地域であった。一方で、13-15 世紀前半にかけてのいわゆる「タタールのくびき」、すなわちモンゴルとチュルク系民族による支配を免れたため、キエフ・ルーシの時代にさかのぼる古い伝統が「原初の純粋さのままで」保たれたとされる。この地域はドイツ騎士団やスウェーデンとの係争地でもあった。しかし 18 世紀前半、ピョートル大帝がこの地にロシアの覇権を築き、少数民族のロシア正教への改宗が漸次進められると、民族的には多様な地域であったにもかかわらず、建築、工芸、衣装、習俗、伝承文学、慣習そのほかの文化的要素に関して、一定の統一性をもった北ロシア文化圏が形成されたのである。

また、「ロシアの北」には 19 世紀まで農奴制が存在しなかった。17 世紀半ばにロシア正教会の内部で改革が起こると、これに反対して改革前の典礼を固持しようとする古儀式派たちの多くが、北へ逃亡した。北ロシアの修道院は反対派の牙城となり、後の時代まで古儀式派の文化が色濃く残ることとなる大規模修道院には、「巡礼者」や「修道見習い」として農民たちが集い、手工業を習い覚えた。この意味で、修道院は「北」の文化的中心地でもあった。

このような要素が入り混じって、「ロシアの北」は自由、素朴、伝統といった価値観を内包する心象地理を形成してきた。「ロシアの北」は、ロシア文化の忘れられた源流であり、「懐かしい我が家」として想像されたのである。

1960 年代のソヴィエト・ロシアの文壇には農村派作家と呼ばれる人びとが

120　Ⅱ　観光化と再整備

現れた。彼らの多くは自らの故郷である北ロシアやシベリアの農村を舞台に、革命が農村にもたらした打撃を鋭く指摘すると同時に、何年も受け継がれてきた伝統と英知に基づいた農民たちの豊かな内面世界を映し出した［安井 1995: 126］。F・アブラーモフ（1920-1983）は『木馬』で、「北ロシアの森の中の僻地に住む無名の、だがその日常の行為において偉大な老農婦ワシリーサ・ミレンチエヴナ」の生活を描き出している［Абрамов 1991: 34］。また Yu・カザコフ（1927-1982）も、モスクワでの少年時代に別れを告げた青年にとっての「北」を象徴的に描いている。少年が初恋を経験する華やかなモスクワとは対照的に、「北」の森は暗く静かで、キノコやベリー類をも対象とする「狩り」を通じて自分と向き合う内向的な場所である［Казаков 1985: 65-66］。後述するキジ島木造建築の修復にも関わった建築家 A・オプローヴニコフ（1911-1994）は、「北ロシア、それは力のある勇敢な人びと、白海沿岸のロシア人漁師、猟師、木こり、大工、詩人たちの地域である」としている［Ополовников 1983: 9］。「ロシアの北」は、都会の喧騒から離れ、豊かな自然、静謐な森、昔ながらの伝統的な暮らしと、生活の知恵に溢れる人びとと出会えるユートピアとしてイメージされたのである。

3　「驚嘆すべきナロードの芸術」
　　——キジにおける木造建築と民俗文化の博物館

1　村の教会から民俗文化の見本市へ

　キジはオネガ湖に浮かぶ小さな島で、北緯 62.4 度西経 35.14 度の地点に位置する。全長約 7 キロメートル、幅は最大で 1.4 キロメートルのこの小島は、カレリア共和国 [3)] の首都ペトロザヴォーツクから 60 キロメートルほどのところに位置する。16 世紀以降の課税財産台帳には「キジ村（Кижский погост）」の記述が散見され、この頃からこの島が近隣の農村にとっての中心地であったことがうかがわれる［Витухновская 1988: 21］。1917 年のロシア革命時には、この島には約 250 名が居住しており、教区教会学校、そして木造の教区教会があった。これが、1990 年に世界遺産に登録された木造教会群で、22 の丸屋根を持つ救世主変容教会（1714 年）、冬用の暖房を備えた小型のポクロフ教会（1764 年）、鐘楼（1862 年）から成る。キジの教会は、この地方に特有の木造建築の技法を用いて建てられたものであり、同様の木造教会はカレリア地方に散見される。しかし、3 つの教会のアンサンブルと湖上に浮かび上がるそのシルエットは、

4 北ロシアにおける聖地と文化遺産 121

極めてピクチャレスクな景観を成していた。帝政末期、ロシア民衆芸術が再評価され始めると、キジの教会群もロシア的な美の風景として描かれ始めた。1904 年と 1909 年には画家 I・ビリービン (1876-1942) と I・グラバーリ (1871-1960) が、1916 年にはペテルブルグの建築家 M・クラソフスキー (1874-1939) がこの地を訪れている [Гущина 2004: 18-19]。

　教会建造物の有する歴史的・文化的価値について、革命後のボリシェヴィキ指導者は統一した見解を持たなかった。特に地方の革命政府の中には、宗教的な要素を含んだ文化遺産に対する懐疑的な態度が優勢で、キジに関しても、1919 年 1 月にはペトロザヴォーツク郡行政部へ「キジ郷 (волость) 領内に遺跡 (памятников старины) は存在しない」との報告が寄せられた [Гущина 2004: 22]。一方で、「教育人民委員部付属博物館と芸術品・古物保護問題局」は、1920 年にこの建築アンサンブルを国の保護下に置かれるべき史跡として登録した。その後、ソ連におけるロシア建築の修復活動の先鞭をつけることになるグラバーリは、保護問題局の創設者であり教育人民委員を務めていた A・ルナチャルスキーとの親交も深く、1926 年にも再度キジを訪れて調査活動を行った。

　ただし史跡としての登録が、教会建築の実際の修復・保存作業に直結していたわけではない。1920-30 年代には、宗教的建造物の文化遺産としての保護が、信者共同体の解散や教会財産の収奪のためのレトリックとしてしばしば用いられた。1937 年には史跡保存のためにキジの教区教会が閉鎖されることが決定したが、信者共同体はこれに強く抗議した。彼らは、きちんと整備された道もない「片田舎」たる彼らの土地に、教会建築をわざわざ見物に来る者が現れるとは信じなかったし、信者らの反対を押し切って教会を文化遺産とすることは、宗教的な感情の冒涜であると訴えたのである [Гущина 2004: 10]。教会は強制的に閉鎖され、この後 1939 年 11 月に勃発したソ連・フィンランド戦争 (冬戦争) の結果、キジはフィンランド領に編入された。フィンランド軍は、正教の奉神礼を許可し、イコン (聖像) の保護に努めた [Гущина 2004: 24-29]。1941 年から 44 年にかけて再度行われたソ連・フィンランド戦争 (継続戦争) の敗北で、フィンランド軍がキジから撤退すると、信者共同体が再び復活することはなかったが、史跡としての保存・修復作業は戦後のソヴィエト・ロシアで積極的に展開されることとなった。

　1945 年のカレリア共和国、1948 年のソ連閣僚会議で、キジの史跡は歴史的・芸術的価値を認められ、国立自然公園に定められた。その後、共和国政府の招聘によってやって来たモスクワの建築家オポローヴニコフの手によって、

122　Ⅱ　観光化と再整備

1949 年から木造教会群に大掛かりな修復が施され、イコノスタスが再建された [Мельников 2006: 15-16]。同時に、オポローヴニコフはキジ島を「ナロード(民衆)木造建築の博物館」とする計画を立て、農家、礼拝堂そのほかの木造建築をカレリア各地の農村部から移築した。大雑把な民族分布として、カレリア北部はカレリア人などのフィン・ウゴル系の少数民族が住まう土地で、南部はカレリア人、ヴェップ人がスラヴ民族と隣接して居住していた。1964 年にキジに独立した国立の博物館・自然公園を設置する案が提出された際には、キジは「ナロードの木造建築の傑出した史跡」と「カレリアの民俗文化」の博物館となることが謳われた [4]。実際の博物館展示では、同じ民族であっても、居住区によって異なる文化的特徴が重視され、それぞれの民族文化ごとにセクション(「ザオネージエのロシア民族」、「プドージエのロシア民族」、「北カレリア民族」、「プリャジンスクとオロネツのカレリア民族」など)を設けて、カレリアの多様なフォークロアをこの小さな島の上に再現して見せる工夫がなされた [Витухновская 1988: 5]。

　1960 年代の初めには、キジには宿泊施設や商店はおろか、電気、ラジオ、そのほかの通信手段さえなかった [5]。それでも、国内ツーリズムを促進する政策に従って、キジへの観光は奨励された。1965 年には、キジの「世界的な栄光を享受する、ナロードによる木造建築」を外国人観光客向けに開かれる観光地とすることがカレリア共和国文化省によって提案され [6]、同年 1 月、キジ島に国立歴史建築博物館・自然公園が設立された。博物館キジは世界各地から訪れる観光客らに対し、「諸民族の友好」、「ナロードの芸術的才能」など、多様な少数民族がそれぞれの伝統を維持しながら友好的に生きる姿をプロパガンダする、民俗文化の見本市となることが求められたのである。

2　科学的無神論が可能にしたツーリズム──「ナロード」と愛国

　観光地としてのキジは、戦後の早い段階から絶大な人気を集めた。1961 年の来島者数は 19,123 名と報告されているが、5 年後の 1966 年には 2 倍以上に膨れ上がり、49,507 人を数えた。その後 1970 年には 79,539 人、1975 年には 356,609 人とその数は増加の一途をたどった [7]。博物館の年次報告によれば、1960–70 年代には 7 割から 9 割の大多数の来島者が、博物館が組織するエクスカーションに参加していたことが分かる。来島者の増加に伴い、博物館の正規学芸員のみでのガイドが困難となったため、1969 年以降、非常勤職員を募集して、彼らによって大半のエクスカーションが行われることとなった。非常勤のガイドは主にペトロザヴォーツクの大学生、若い学校教師から成っていたが、

中には遠方からやって来て夏の休暇をガイドとして過ごす者もいた。ガイドとなるための訓練を一通り受けることは生易しいことではなかったが、志願してやってくる若者たちは熱心で、ひと夏だけでなく繰り返しガイドの仕事を続ける者も少なくなかった [Витухновская 1988: 156-157]。ガイド養成コースでは、カレリアの歴史、民衆建築、中世ロシア絵画や民俗誌の講義が行われた。こうしたものと並行して、必須項目として「史跡文化財保護に関してのレーニン [の論説]」、「キジのユニークな史跡保護に関する党と政府の配慮」、「労働者の共産主義教育における博物館の役割」など、社会主義のイデオロギーを反映したテーマが講じられた [8]。

　キジの文化遺産をガイドする上で重要だったのが、科学的無神論の立場からいかにかつての祈りの場を表象するのかという問題だった。エクスカーションに関する方法論的手引は、科学的無神論を効果的に展開するための「正しい」態度として、レーニンの言葉を引用しながら、「宗教的感情を冒涜すること」の弊害を指摘し、啓蒙の重要性が指摘されている [9]。カレリア地方の歴史においては、修道院が常に経済的・文化的生活の中心地であり、キリスト教が進歩的な役割を果たしていたことを認めながら、しかし封建主義の発展に与した修道院の役割が強調されるべきだというのが基本的な前提だったのである。

　1966 年からの博物館学芸員であるボリス・グーシンは、マルクス・レーニン主義大学の科学的無神論学部を夜学で修めた。彼は学術研究部部長を務めた1980 年代後半に、「革命以前のカレリアにおける宗教的信仰」という展示プランを作成した。この展示の位置づけについて、「封建社会の利益に極めて完全な形で応じるイデオロギー」、「民衆の精神的隷属化の手段」「巨大な封建領主」としての正教を示すものとしている [Ершов 1987: 11-12]。

　ただし、教区教会のキジを舞台とする場合、反封建・反資本主義的運動として取り上げられる唯一の例が「キジ蜂起 (1769-1771 年)」であり、これは工場労働を強制された農民たちが、キジ島に集結し、ポクロフ教会の食堂で反乱に向けての話し合いを持ったという事件であった。この事件は「教会の反動的役割」という無神論のテーマと合致させることは極めて困難であったように思われる。むしろ、教会は農民たちにとっての精神的中心であった。プロパガンダ部長 V・ソローネンは、革命以前の農村にとって教会とは「ナロードの一体性と愛国心のシンボル」であったことを指摘している [Ершов 1987: 19]。科学的無神論に基づいたエクスカーションや展示は、宗教的感情に対する冒涜、信者や聖職者に対する嫌悪や侮蔑とは一線を画しつつ、マルクス・レーニン主義的

124 II　観光化と再整備

理解に基づいた宗教の封建的役割の指摘にとどまり、宗教的要素を含んだ文化財を美的に鑑賞することは、必ずしも矛盾しなかった。

エクスカーションでは、民衆芸術としてイコンが鑑賞された [Солонен 1974: 14]。ポクロフ教会では夏の観光シーズンを通じてイコノスタスを展示し、見学者にカレリアにおける中世ロシア・イコン芸術の洗練された美しさを感じてもらうことを目的としたエクスカーションが組まれていた [10]。多くの学芸員が美的・学術的観点から、宗教芸術に大きな関心を寄せていた。1966 年から現在に至るまで上級学芸員を務めるヴィオラ・グーシナは、「学芸員たちはイコンに夢中だった。そしてわたしたちは、見学者たちの興味を掻き立てることができた」と回想している [11]。イコンを崇敬の対象・信仰の証としてではなく、民衆芸術として世俗的なものとして捉える見方は、1950 年代から 60 年代にかけて、ロシア・ナショナリズムに関心を寄せる人びとによって広く共有されていった。1970 年代以降にはむしろ、民衆史や芸術史の観点を強調することによって、宗教的モチーフに従って作られた中世ロシアの文物を鑑賞することが一般化していたのである [Jenks 2003]。

その一方で、宗教芸術に対する反感やその鑑賞をめぐっての懸念が、ソ連社会に根強く存在していたことも事実である。学芸員グーシナは、指導的立場にあった学芸員の中には、宗教芸術に対する高い評価を快く思わなかった者がいたことも記憶している。またキジの博物館展示を無神論教育に生かすための書籍では、「教会の古物への熱中は、時として宗教の理想化や、祖国の歴史における教会の役割に対する無批判なまなざしにつながる」ことが危惧されている [Ершов 1981: 55-56]。

ただしキジの場合は、学芸員たちの多くが、古いイコンや木造教会への興味、さらには深い愛情を共有する一方で、科学的無神論に対する疑いを持っていなかった。ともに 1960 年代からの学芸員であるボリスとヴィオラのグーシナ夫妻の場合、科学的無神論の立場から、教会や聖像を保護し鑑賞することは何ら矛盾なく実現可能なことであった。ボリスは、自分が 5 歳の時に洗礼を受けていることを意識的に付け加えつつ、博物館における無神論プロパガンダを積極的に展開したことについて「そういう時代だった。我々は無神論を教えられ、ほかに選択肢はなかった」と語る [12]。一方、イコンや教会建築を仕事の主な対象としていたヴィオラは、「宗教は民衆のアヘン」という公式の定義がソ連時代の学芸員の頭にはしっかりと刻み込まれていた、と言う [13]。当時の一般的な学芸員にとって、無神論をプロパガンダすることは、聖性に対する冒涜や信者

4　北ロシアにおける聖地と文化遺産　125

写真 1　教会の丸屋根を形作るヤマナラシの木片について説明するキジ学芸員のヴィオラ・グーシナ
（2008 年 8 月。著者撮影）

の否定と直接的に結びつかない、ごく自然な職務の一つであったと考えられるのである。

　宗教的文化財を世俗的なまなざしのもとに芸術として読み直すという作為において、関心の中心となったのは権力を持たぬ民衆＝ナロードの力であった。外国人観光客の受け入れ機関であった「インツーリスト」は、「ロシア建築史跡を外国人ツーリストに提示する際の方法論的簡略勧告書（1966 年）」で次のように述べている。「ロシアの建築史跡は、ロシアの民衆の芸術的な真髄と、古代・中世の職人たちの高い才能をはっきりと映し出している。これらすべては、公候や修道院、教会の注文によって建設されたものとはいえ、庶民（простые люди）の手によって作り出されたものである」[14]。ツーリストたちは、エクスカーション中のガイドによって、この点に関して強い印象を受けていたことは、「感想ノート」からもうかがえる。1969 年の夏にモスクワからやって来たツーリストは、グーシナの話が「史跡についてではなかったのです！ナロードの叡智と才能についての話をしてくれたことに対し、また情報ではなくナロードの芸術、ナロードの歴史に対する彼女の愛情を伝えてくれたこと』に強い印象を受けている（1969 年 8 月 24 日、モスクワ）[15]。この他にも「驚嘆すべきナロードの芸術。その簡素さと偉大さが心を震わせる（レニングラード、1968 年 9 月 2 日）[16]」、「このアンサンブルを見るとき、この奇跡を成し遂げた無名

126　Ⅱ　観光化と再整備

の職人たちの前にひざまずきたい気持ちになる。(1970 年、7 月 20 日、ザゴルスクとモスクワからのグループ) 17)」といった感想に明らかなように、数多くの人びとが文化遺産としての教会建築によって、宗教的な感情ではなく、むしろ「ナロード」に対する尊敬の念を抱いたのである。

　教会建築をナロードの芸術とする理解は、言説レベルのみならず、キジの展示の仕掛けによっても強化された。キジは宗教的建造物だけではなく、周辺少数民族の家屋や家畜小屋、水車小屋、納屋が展示された野外民族博物館であった。島全体がフォークロアの展示場であるキジにおいては、伝来の叡智に富んだ日々の生活の延長線上に、ナロードが 22 もの丸屋根を戴く驚異的な教会を建設することができたという理解を自然に促したのである。

　加えて、キジの展示物である、再現されたイコノスタスや移築された教会、礼拝堂はみな、もともと置かれていた場所や信者共同体の記憶から切り離されて、博物館化されたものであった。このことは、キジを訪れたツーリストたちは、伝統的民衆芸術の基盤であったナロードの信仰や内面世界については関心を向けにくくしたと考えられる。それでも、キジの景観が見る者に信仰の問題について考える契機を与えることは避けられなかった。1970 年 8 月にキジを訪れた「汽船「オルジョニキーゼ号」の「哲学者」」は書いている。「信仰なしに生きることは不可能である。信仰は土台であり、生を、生という建物を堅牢にし、破滅から救ってくれる。(歩きながら考えたこと)」18)。また同年 7 月の感想には「この場所を訪れて、人間が神を失うことがどれほど恐ろしいことなのか、よりはっきりとわかった」とあるが、これは信仰を抜きに物質文化としての教会や聖像画の鑑賞に対する揶揄とも読める 19)。

3　党と国家による史跡・文化財保護への「変わらぬ配慮」

　ソヴィエト・ロシアの大多数の史跡・文化財に比して、キジの特異な点は、キジの教会建築群が社会主義革命後、物理的な破壊や損壊をほとんど免れたということである。1960 年代以降のソヴィエト・ロシアにおける史跡・文化財保護運動の展開においては、「ソ連共産党及び政府による、ソヴィエト人の文化遺産保護に対する変わらぬ配慮」がしばしば強調されたが、キジではこの文言を額面通りに受け止めることが可能であった。1973 年の博物館年次報告には、「我々のガイドの語りは、エクスカーション参加者を無関心のままにはさせておかず、民衆建築のユニークな史跡、独自性に富み豊かなナロードの遺産、カレリアの大地に住まうナロードの英雄的な革命の歴史と素晴らしい現在に夢

中にさせ、我らの父祖が築き上げたこれらすべての素晴らしいものをこれほどまでに大切に保護しているソ連体制への愛と誇りを呼び起こす[20]」と特に記されている。

19世紀末、キジの木造教会では、木材の老朽化を防ぐため、当時より「高尚」と考えられていたデザインへの改装が行われた。その結果、丸太がむき出しとなっていた外壁は薄板で囲われ、ヤマナラシの木片を組み合わせて作られた北ロシアの木造教会に特有の丸屋根はブリキ板で覆われた [Витухновская 1988: 30]。この改築をソ連時代の建築家たちは、教会権力による民衆芸術の「歪曲（искажение）」と主張した [Ершов 1981: 58]。ソ連修復建築士の泰斗バラノフスキーが打ち立てたソ連の修復作業においては、後世に付け加えられた増築や装飾などをできるだけ取り除くという「原状復帰の原則」が一般的であった。キジでこの作業に携わった建築家オポローヴニコフは、丸太組みの木造建築に対して次のような見解を抱いていた。「どの建築にも見られるものとして最初に挙げられるのが、力強く造形的で、明暗の配合に満ち溢れ、木の自然の色の多数のハーフトーンやニュアンスによって遊び戯れる丸太組みである。[…] どの作品にも容易に認められるのは、丸太組みのむき出しの表面に対する、注意深く、愛情さえもこめられた態度であり、また、技術的美学に対する独自の崇拝である」[Ополовников 1983: 28-29]。エクスカーションのガイドラインでは、「聖職者階級こそ古物に対する悪名高い敵対者にほかならない。彼らは [...]、保守主義に拘泥し、思想的に緩慢である分、史跡を破壊するという行為に熱心であったのだ」というA・トルストイの言葉を強調するよう指示されている[21]。

「感想ノート」によれば、大半のツーリストが、アンサンブルの外観の移り変わりの歴史には感想をあえて残すほどの注意を払わず、「今ここで」目にすることのできる史跡が美しく、大切に保存されていることに満足した。「このおとぎ話のような奇跡を作り上げた中世ロシアの職人たちに大いに感謝する。同時に、史跡を守り修復した人びとにも、劣らぬ感謝を。(1967年7月26日、モスクワ)」[22]。

ただし実際には、キジの教会アンサンブルが革命当初から組織的な保護下に置かれていたとは一概に言えない。たとえば、救世主変容教会のイコノスタス（聖像画で覆われた壁）はソ・フィン戦争中、フィンランド軍によって戦火を避けるためペトロザヴォーックに疎開されたものの、ソ連政権の手に渡った後には燃料として文化会館で燃やされてしまったと言われている [Гущина 2004: 29]。それにもかかわらず、多くの人びとにとって、キジの史跡が党・国家の

128 Ⅱ　観光化と再整備

施策によって守られているという言説は、さしたる疑念を差し挟まれることは
なかった。

　革命後のロシアでは宗教的文化遺産が消失する危機はいくらでもあった。内
戦、20–30 年代の反宗教政策、大祖国戦争、60 年代初頭のフルシチョフの反宗
教キャンペーン。キジの教会アンサンブルはこうした事件によるダメージを免
れ、宗教芸術を民衆芸術として愛好する学芸員・ガイドによる行き届いた配慮
が観察されえた。キジは党・政府が見せたいものと、人びとが見たいものが、
巧妙にすりあわされて創られた、ツーリズムのための特別の装置だったのであ
る。

4　博物館の中の生きた聖堂

　1994 年夏、博物館からの提言によってポクロフ聖堂で 60 年ぶりの奉神礼が
再開された［Бурдо и Филатов 2005: 156］。キジの最初の教区リーダー（староста）
となったのは、当時の博物館館長 M・ロパートキンであった［Бурдо и Филатов
2005: 156］。1997 年には、ニコライ・オゾーリンが常在の司祭として着任し、
定期的な奉神礼が始まった。ただし、現在のキジ島には観光客でにぎわう夏期
を除いて居住する住民はほとんどいない。奉神礼はもっぱら島にやってくる
ツーリストたちのために行われている。2003 年には、「ロシア中から数多の巡
礼を惹きつけているキジの精神生活の完全な復活」を鑑みて、キジ教会群は総
主教直属（подворье）となることが決定された［Мельников 2006: часть 1］。ニコラ
イ司祭は博物館との協力に極めて積極的で、学芸員と共に文化啓蒙活動にも従
事しており、博物館との友好的な関係を保つことが重要であるとたびたび発言
している［Добрынина 2007: 11］。2010 年からは、若い司祭がキジに新しく赴任し、
博物館と教会の協力関係は保つための努力が継続されている。

　移築された木造建造物が建ち並び、そこで暮らす住民はなく、プロの聖歌隊
がツーリストのために歌う現在のキジについて、「文化の墓場」と揶揄する向
きがないわけではない［Takahashi 2009: 517］。実際、キジは宗教的情熱を伴う巡
礼の地というイメージとはかけ離れている。キジは北ロシアの農村の理想像と
してツーリズムに消費される対象であると同時に、「ロシアの北」のアイデン
ティティを表象する「聖地」として保護されているといえよう。

4 語られぬ過去と懐古する語り——ヴァラーム島博物館・自然公園

1 「古のヴァラーム」

ヴァラーム諸島は大小約50の島からなり、総面積は36㎢。北緯61.2度、ヨーロッパ・ロシア最大の湖であるラドガ湖の北部に位置する。その中で最大の島がヴァラーム島と呼ばれ、面積は28㎢。修道院の中心、救世主変容聖堂はこの島に建っている。この島は謎と神秘、そして都市伝説に包まれている。この地にキリスト教がまだ根付く以前の14世紀末ごろ、聖セルギーと聖ゲルマンによって修道院が創設された [Dale 2013: 263]。修道士たちは正教の伝道に取り組み、ヴァラーム修道院はカトリックやプロテスタントの影響を防ぐ正教の「砦」たる役割を担った。ヴァラーム諸島を含むカレリア地方の一部は、ロシアとスウェーデンの係争地であったため、修道院はたびたび戦渦に巻き込まれ、2度にわたって灰燼に帰した [Левиаш 1989: 21-22]。その際、聖人伝や年代記の類の多くが焼失したために、この修道院の歴史は解明されない部分がいまだに多い。

ヴァラーム修道院が最盛期を迎えたのは19世紀後半から20世紀初頭にかけて。修道院長ダマスキン（俗名コノノフ、在位1839-1881年）のもとで、修道院は安定的な発展を遂げた。6つの隠遁所、10棟の教会、約20の礼拝堂などが建てられたほか、水道設備や厩、巡礼者のための宿泊施設なども建設された [23]。世紀転換期のヴァラームには、救世主変容聖堂（1785年、1887-96年に再建）、僧坊（1785-1910年）、修道院宿泊施設（1851-57年）、13の隠遁所があった [Корнилова 2004: 88]。また、湖を結ぶ水利施設や、蒸気力による揚水装置、農場やリンゴの果樹園など経済的利益と結びついた近代的な修道院経営が、時代の先端技術を駆使して整備されていた。その一方、隠遁所における苦行僧の伝統も存続し、修道院は静寂主義（исихазм）[24] の拠点のひとつとして高い名声を得ていた。

19世紀の半ばには、首都サンクト・ペテルブルグとヴァラームを結ぶ定期船が運行を開始し、巡礼・観光客の大衆化が始まった [Степанов 2005: 56]。ヴァラームの景観は知識人や芸術家にインスピレーションを与えた。たとえば、1872年にラドガ湖を旅した作家のN・レスコーフ（1831-1895）は、この体験をもとに『魅せられた旅人（Очарованный странник）』、『ラドガ湖上の修道の島々（Монашеские острова на Ладожском озере）』を著したし、作曲家のP・チャイコフ

スキー（1840-1893）は交響曲第一番の構想をこの島の景観から得た。またM・
クロード（1832-1902）の描いた『ヴァラーム島の風景』をきっかけに、19世紀
には数多くの画家たちがヴァラームを訪れ、島の自然と教会を題材とした数多
くの風景画を残した［Резников 1986: 123-127］。1868年、ペテルブルグの芸術ア
カデミーに風景画のクラスが開講すると、ヴァラームでのスケッチが必須課題
として定められた。V・シーシキン（1823-1898）、A・クインジ（1842-1910）、F・ヴァ
シーリエフ（1850-1873）、N・レーリヒ（1874-1947）ら著名な画家たちも、19世
紀半ば以降、ヴァラームを題材としたすぐれた作品を残した。彼らが絵画に描
きこんだ対象は、白樺や松からなる北の森林、湖、巨石など、いわゆる「貧相
な自然（скудная природа）」であった。しかし、芸術史家のイーライは、19世紀
のロシアの文化人たちが、イタリアやフランスの風景画と比較して「画趣に乏
しい」こうした景観の中に、「手を加えられていない自然（"native nature"）」を
読み込み、まさにそこに人工性や近代性・都市性を排除した「ロシア的な美」
を見出していったことを指摘する［Ely 2002: 193-195］。ヴァラームの景観は芸
術作品によって言語化・視覚化され、世俗を離れた峻厳な自然というヴァラー
ムのイメージを確立した。

　ロシアの北の修道院では、隠遁所での祈りと労働の生活が修道院の基調を
成していた。モスクワ近郊のトロイツェ・セルギエフ大修道院やキエフのペ
チョールスキー大修道院など、都市やその郊外の修道院とは異なり、北の修道
院では原則的にすべての修道士が労働に従事し、食品加工や手工業が盛んに行
われた［Спиридонов, Яровой 1991: 25］。この頃の修道院を訪れたヴァシリー・ニェ
ミローヴィチ＝ダンチェンコは、修道士や、労働に従事する見習い修道士や
巡礼者、近隣から集まった農民たちの生活を観察して、ヴァラームを「農民の
修道院」、「農民の王国」として描いている［Немирович-Данченко 1881］。19世紀
末のヴァラームでは、修道士や見習いたちの多くが、修道院での暮らしぶりか
ら農民階級の出自として想像されていたのである[25]。

2　語られぬヴァラーム──廃兵院・養老院の惨状とツーリストの横行

　ロシア帝国が崩壊すると、ヴァラーム諸島は独立国家となったフィンラン
ドの一部となった。さらに、フィンランド正教会が自治教会としてロシア正
教会から独立すると、ヴァラーム修道院もまたフィンランド正教会に帰属す
ることとなった。しかし、ルター派教徒が90%以上を占めるフィンランドで
は、正教徒は少数派となり、修道院はかつての影響力を失った。1913年初頭

には 1000 名以上を数えた修道院の住人は、1918 年初頭には 426 名にまで減少した [Шевченко 2013: 107-110]。1926 年、修道院を訪れた亡命詩人のイヴァン・サーヴィン（1899-1927）によれば、修道士や見習いたちは 100 名にまで減少し、巡礼者もほとんど見かけなくなったという。ヴァラームにおける 10 日間の逗留を、サーヴィンは「悠久の、少し寂しげな静けさ」を基調に描き出した [Киселькова 2006: 5]。

　1939 年 11 月から始まったソ・フィン戦争の結果、ヴァラーム諸島の帰属はソ連に移る。1940 年の早春、赤軍による島への空爆が始まると、修道士を中心とする島の住人は、西を目指して疎開を始めた [Киселькова 2006: 237-242]。疎開準備期間とフィンランド軍による奪回の時期を利用して、修道士たちは 3 度にわたって修道院の主要な財産を運び出し、ヘイナヴェシ近郊に「新ヴァラーム修道院」を建立した。

　修道士たちが去ったあとのヴァラームでは、1940-41 年にかけて、海軍甲板長・幼年兵学校（школа боцманов и юнг）が組織された。1950 年になると廃兵院・養老院（дом-интернат для ветеранов и престарелых, дом инвалидов）が組織され、集落も形成された。廃兵院・養老院の状況は、かなり荒んだものだったらしい。島の住民からフォークロアを採集することを目的として、1991 年からヴァラームを調査しているペトロザヴォーツク大学の研究者は、廃兵院・養老院を次のように回想する。「世間の目の届かぬこの場所へは、目の見えぬ者、耳の聞こえぬ者、手足のない者、結核患者、精神病患者がごみ溜めへでも放るように、連れて来られた。[…] 集落の人びとは障害者施設の生活について重く口を閉ざし、あまり語りたがらない。そこには、赤貧、暴力が横行し、殺人も稀ではなかったというが、それ以上のことは黙して語られない」[Спиридонова 1994: 73-74]。1960 年代を通して、施設に収容された人びとと職員はそれぞれ約 600 名ほどだったといわれる [Dale 2013: 274]。住人については「島の健康な男や女が、どういうわけだか合法的に施設に養われる身となった。いずれにせよ、彼らを食わせるだけのことなら可能だったのであり、すっかり怠け癖のついた人間や飲んだくれにそれ以上のものは必要なかった」[Крылов 1988: 23] と回想されているし、別のジャーナリストはヴァラームを「流刑地」にたとえて次のように評している「酔っぱらった付添婦と、定期的にやってくる誰も涙を流すことのない静かな死。療養院の荒廃ぶりは、流刑地にますます似てきた。ここから出ていく道はなかった」[Кривцов 1988: 106]。

　島の住人達の悲惨な状況は、レニングラード（サンクト・ペテルブルグのソ

連時代の名称）では都市伝説となっていたものの、ペレストロイカまで公表
されることはなかった。1960 年代半ば以降、陰鬱な廃兵院・養老院にはお
構いなしに、カレリア共和国はヴァラームを観光地と位置付けた。1965 年 7
月、カレリア共和国閣僚会議は、ヴァラームを「自然保護区（заказник живой
природы）」とすることを宣言した[26]。さらに同年 11 月には、カレリア州ツー
リズム評議会（Карельский областной Совет по туризму）が、ヴァラームに 200 床
のツーリスト基地を設置することを決定している。これは同共和国内の博物
館・自然公園キジや景勝地キヴァーチの滝と同数であり、カレリア共和国内に
おける観光地としてのヴァラームの位置づけが極めて重要であったことが分
かる[27]。移動手段や宿泊施設が十分に整備されない場所で野営を楽しむ「ワ
イルド・ツーリズム」はソ連でしばしば見られた現象であった［Gorsuch 2011:
33］。北ロシアへ向かうツーリストたちは一般的に、整備されたリゾート地で
の休息よりも、豊かな自然との一体感を求める傾向が強かった。ヴァラームを
訪れたツーリストの正確な数は不明だが、1970 年代には年間 10 万人を超えて
いたと推測される［Михайлова 1990: 140］。

　ヴァラームの観光地化が始まった 1960 年代、カレリアの政府はヴァラーム
の豊かな自然に着目し、これが優れた「保養地」となることを主張したのであっ
て、公的文書では、ヴァラームの「史跡・文化財」にはほとんど注意が払われ
なかった。1965 年のカレリア共和国文化省の見解によれば、旧ヴァラーム修
道院建造物の「歴史的・芸術的な価値に関する問題は、今のところ未解決であ
る」とあり、史跡修復のための施策は採られなかった[28]。

　修復作業が一切なされない教会建築は荒廃が進んだのみならず、島の住人や
ツーリストたちの気ままな欲望の対象となった。住民たちの中には、修道院建
築に何の価値も見出さない人びとがいた［Поспелов 1982: 23］。彼らによって、
島内に点在する隠遁所からはレンガが盗み出され、聖堂からは「巨大な千プー
ド（かつてのロシアにおける重さの単位で 1 プードは約 16.38 キロに相当する——引用註）
にもなる鐘がペテン師的に持ち去られ、金属屑にされてしまった」という[29]。
1982 年には全国紙『アガニョーク』が、ツーリズムがもたらすヴァラームの
史跡への損害について警鐘を鳴らした。それによれば、「野生人（ジカーリ）」
たる組織されないツーリストたちはしばしば、気の向くままにやたらと森の中
を逍遙し、ウォッカを飲んでバーベキューを行い、地元で採れるキノコや魚な
どの「珍味」を購入して、自分たちがやって来たことの記念として落書きを残
したりした［Поспелов 1982: 23-24］。

4　北ロシアにおける聖地と文化遺産　133

写真2　現在もヴァラームの森に残る落書き。1975年という数字が刻み込まれている。
（ヴァラーム島にて、2009年9月。筆者撮影）

　ロシアにおける国内マス・ツーリズムの展開と軌を一にしていたのが、文化遺産の保護である。1965年には官製の市民団体である全露史跡文化財保護協会（VOOPIK）が組織され、ロシア共和国内のすべての構成単位（自治共和国、州など）に支部が置かれた。ロシアの古い建築を展示の中心とする博物館・自然公園が続々と組織され、ザゴルスクやスズダリといったかつてのロシアの宗教的・文化的中心地にツーリズム・センターが設立された。「金の環」、「北の環」、「文学の星座めぐり」といった観光ルートも整備されていった［高橋 2013: 77］。ヴァラームの場合、文化財の保護の必要性を逸早く訴えたのは、歴史や建築の専門家たちで、彼らは皆、VOOPIK の地方支部の中心的活動家でもあった。古文献学者で、ペトロザヴォーツク大学教授のL・レーズニコフは、ヴァラーム修道院の宝物に関する古文書を発見し、フィンランドの専門家と協力して調査すること、ソ連国内に残された文化遺産の公的保護を、カレリア共和国文化省に求めた[30]。カレリア共和国の文書館に残された資料からは、レーズニコフが1960年代半ば以降70年代後半まで、カレリア共和国政府や党、VOOPIK の中央員会に宛てて、ヴァラームの史跡の荒廃状況を報告し、その喫緊の保護の必要性を再三訴えていたことが分かる[31]。カレリアの地方誌である『セーヴェル』でも、著名な建築家V・オルフィンスキーが、ヴァラームの窮状を改善するよう呼びかける記事を発表した［Орфинский 1981: 96］。
　ヴァラームにとって不幸だったのは、地方政府にヴァラームを文化遺産として保護しようという機運が生まれなかったことのみならず、地元の活動家の呼びかけに応える影響力のある人物を見つけられなかったことかもしれない。ヴァラームと並んで重要な北ロシアの修道院ソロフキの場合、ロシアの史跡

134　Ⅱ　観光化と再整備

保護運動の中心的役割を担っていた歴史家の D・リハチョフや作家のカザコフ
が、60 年代半ばには地元の活動家と協力していた［Takahashi 2009: 511-512］。そ
の結果、ソロフキでは 1967 年に博物館・自然公園が組織されている。

　一方、ヴァラームに関しては、レーズニコフによれば、1970-71 年の間に党
機関紙『プラウダ』、ソ連作家同盟が発刊する雑誌『新世界』［Резников 1971:
277-280］そのほか 2 つの媒体でヴァラームの文化遺産保護問題が提起された
［Резников 1975: 165］。また 1975 年には、レーズニコフはヴァラームに関する単
著をペトロザヴォーツクの出版社から刊行した。それにもかかわらず、ヴァラー
ムを保護するための公的な措置は講じられなかった。1974 年以降は、VOOPIK
メンバーの修復家やレニングラードのボランティア・グループが、ヴァラーム
の史跡修復を担った［Резников 1975: 155, 163-164］。ヴァラーム歴史・建築・自然
公園・博物館（Валаамский историко-архитектурный и природный музей-заповедник）
が創設されたのは 1979 年のことであり、ロシア共和国全体で起こった博物館・
自然公園設立ブームから 15 年ほど遅れを取ったことになる。

　博物館が組織された頃には、ヴァラームへのツーリズムは十分に大衆的現象
になっていた。島へのツーリズムは労働組合が、島の行政管理は村ソヴィエト
と廃兵院・養老院が担っており、新参組織である博物館はツーリズムの組織に
も島のインフラ整備などの問題に十分な発言力を有していなかったと考えられ
る。回想によれば、ヴァラームの島民たちは、博物館を弱小で、権威のない組
織であると感じていた［Спиридонова 1994: 76］。博物館は学芸員不足にも悩まさ
れていた。学芸員の 4 分の 1 以上がエクスカーション担当のガイドで、専門的
知識を持った職員は不足していたため、修復作業や学術調査に取り組むだけの
十分な余裕がなかった［Кривцов 1988: 107］。博物館・自然公園は、ヴァラーム
の景観を保存するためのいかなる力も持ちえなかったのである。

3　聖なるヴァラームの復興を求めて

　史跡の惨状にもかかわらず、博物館創設後の雑誌やガイドブックでは、
ヴァラームは「ラドガの真珠（жемчужина Ладоги）」、「北の宝石（Северное
сокровище）」、「世界第 8 の奇跡（Восьмое чудо света）」と称され［Яншин и др.
1988: 15］、ツーリストは年々増加の一途をたどった。ヴァラームの景観美の詩
的表現は、現実のヴァラームではなくむしろ、19 世紀の文化的表象を通じて
想像されたものであった。革命以前のヴァラームの風景画には、峻厳な自然と、
世俗の人間の存在を欠いた「聖」なる地が描きこまれていたのであり、これら

の絵画は 20 世紀のツーリズムにも影響を及ぼした。作家の N・クリフツォフは、ヴァラームを 1960 年代に訪れた時の印象について、「まさにロシアの風景画に描かれているようなヴァラームを、僕は目にした。(…) 巨石や松、隠遁所や湖ばかりを眺め、その幻想的な美しさと修道士たちの勤勉さに感嘆したものだった」と書いている [Кривцов 1988: 105]。

　ヴァラームを訪れる人びとはまた、レスコーフの小説『魅せられた旅人』のイメージを抱いていることもしばしばだった。ある旅行者は次のように書いている。「われわれは船室で相部屋となった。なんとまあ、私の目の前に魅せられた旅人が現れたぞ——相手を見ながら私は考えた。まったくすべてがレスコーフみたいだ——。ラドガ、ヴァラーム行きの汽船、鉛色の髪にあけっぴろげな表情の予期せぬ道連れ [Крылов 1988: 18]」。

　ところが 1980 年代の末、ヴァラームを近代的ツーリズムに相応しい場所として整備する計画が立てられた。それによれば、修道院の入り江に貨物運輸のための埠頭が建設され、空港、展望タワー、ロープウェーなどが整備されることが計画されていた。「ヴァラームには、現代の「作り物」によって破壊されていない、原初の美があるからこそ価値がある」[Яншин и др. 1988: 16-17] と考える人びとは、この計画をヴァラームの景観に対する破壊的な改造と見なし、これを激しく非難した。

　19 世紀の芸術作品を通じて形成されたヴァラームの表象は、博物館・自然公園の展示やエクスカーションにも影響を与えた [32]。1980 年代半ばに、博物館による無神論プロパガンダの実態を調査するためにヴァラームへやってきたカレリアの無神論者 V・エルショーフは、当時の博物館館長 V・ヴィソツキーにインタビューを行った。館長は修道院の「理想化」を避けるべきであるとしながら、修道院が優れたものであったことを述べて、「この荒野を開いた修道院がよき経営者であったと認めることを恐れることはない」と語っている [Ершов 1987: 65]。ヴィソツキー館長は、教会建築がナロードの労働の成果であったという前提に基づき、ヴァラームにおいても「修道士は法衣をまとった農民」、「すべては修道院文化というよりむしろ、農民の文化」であったと主張する [Ершов 1987: 65-66]。ヴァラームの景観を「奇跡ではないし、神が創造したのでもない、すべてみな、修道士の黒衣をまとった農民の労働の結果である」とする見方は [Крылов 1988: 19]、1980 年代の末までにはごく当然の解釈となった。

　この点はキジと同様であるが、修道院が閉鎖された後のヴァラームの景観が荒廃するばかりであったことは、ヴァラームの学芸員や訪問者たちに、自分た

136　Ⅱ　観光化と再整備

ちの無神論と「黒衣の農民たち」を動かしていた宗教的世界観とを対置して考えることを促したように思われる。エルショーフは博物館の非常勤ガイドとして働く画学生たちと、夜遅くまで「無神論と宗教」について議論を交わした。それによれば画学生たちは、「我が国の社会ではある種の精神的・社会的現象が単純化されてはいまいか、無神論は精神的探求を否定するものではないのか、飲酒、麻薬、犯罪、収賄、社会的公正の侵犯といった悪徳が社会に蔓延している現在、宗教との闘いはどこまで重要な問題であるのか、また、孤独、老齢、病気、不幸、死の恐怖といった人間を憂鬱にするような心理的要因が存在する世の中で、宗教はもしかしたら、魂の不快を取り除くような働きをするのではないか」、といったことに興味を持っていたという［Ершов 1987: 69-70］。

　ペレストロイカの時代には、ヴァラームにもたらされた史跡の破壊や島の「野蛮な」運営といった現実が、次第に公にされていった。1989 年 12 月号の雑誌『アガニョーク』では、現在の村ソヴィエト議長と 19 世紀の修道院長、当時のヴァラーム再建の総合計画とかつての修道院による島の風土に合わせた合理的な環境整備が比較検討されている［Нежный 1989］。美しく整備された果樹園や、技巧を凝らした美しい建築が並ぶかつてのヴァラームとはまったく異なってしまった現状を眺めながら、村ソヴィエトの議長スヴィンツォーフは自分が「不首尾で、怠慢で、かつての遺産を浪費しつくした後継者」であるとことを認めざるを得ない。このルポルタージュでは、教会や修道士の世界をバラ色に描くことは間違っているとしながらも、教会を封建領主、抑圧者、進歩の敵とみなす無神論や階級理論のイデオロギー抜きに、修道士らの人生や世界観について考えてみることの必要性が訴えられた［Нежный 1989: 19］。

　ペレストロイカの到来と宗教復興は、ヴァラームをマルクス・レーニン主義的イデオロギーの枠組みで理解することをますます困難にした。1988 年にルーシ受洗千年祭が祝われた後には、「聖なる」あるいは「正教の」といった語句がヴァラームを形容するものとして、雑誌・論文の記事でも使われ始めた。「地球の聖なる美しさ［Никифоров 1988: 179］」、「そしてやはりヴァラームはロシアの正教的精神が（…）住まう場所 обителью русского православного духа であったのだった［Крылов 1988: 18］」など。人びとがヴァラームで感じた「聖性」は、過去の修道院のイメージを継承したものでありながら、今ここに存在する人びとが必要とするものとしてしばしば表象されたのである。

4 「北のアトス」

1988年、レニングラード・ノヴゴロド府主教を務めていた後の総主教アレクシー2世（リジゲル）が、ヴァラームの建造物の一部をロシア正教会に譲渡することを求めた時、これに反対したのは、地元の行政機関のみであった。党中央委員会の広報は、こうした問題に関する権威であったアカデミー会員のリハチョフが「教会にとって必要不可欠な施設の譲渡をためらうことは、ヴァラーム修道院の滅失しかけている史跡の再建と利用に関する教会の参与を阻止することになる」として、党中央委員会に対して、総主教の請願を支持する内容の文書を提出したことを明らかにした［Лихачев 1990: 120］。М・ゴルバチョフもこの提言に賛同し、1989年9月、旧ヴァラーム修道院施設をロシア正教会に譲渡することがカレリア共和国閣僚会議で採択された［Власов 1990: 122］。

ヴァラーム島の住人たちは、この譲渡をおおむね肯定的に受け止めた。あるいはより冷静な観察者は、この歓迎ムードの背景に「不本意な冒涜的行為の後悔、信仰への郷愁、同じく抑圧された者としての共感、そして修道院の復興が彼らの生の復活につながるかもしれないという期待」を読み取った［Спиридонова 1994: 76-77］。

以後、ヴァラーム島は修道院の島としての「復興」が政治経済的な改革を伴って、加速度的に展開していくことになる。早くも1991年には、修道院の巡礼サーヴィス部門が創設され、博物館と共同で巡礼・ツーリズムの事業に当たった。ところが翌1992年、国立博物館は閉鎖され、約130名の学芸員とガイドが解雇された。1996年には、巡礼・ツーリズムに関連する事業はすべて修道院が担うこととなった［Степанов 2005: 54］。

閉鎖された博物館に代わって組織されたのが、有限会社「ヴァラーム学術研究・教会考古学博物館・自然公園」であるが、その実態は、かつて館長を務めたヴィソツキー以下、最大2名の古参学芸員が名を連ねる弱小な組織であった[33]。1999年にはヴァラームに国立自然公園が再組織されたが、これも名目上の組織にすぎない。1980年代の初頭には1000人を数えた住人のほとんどは、博物館で働く人びとであった。博物館の閉鎖後、働く場所を失った人びとの多くが島を離れたが、それでも島に残ることを選択した人びとがいる。

ところが、島の新しい主人となった修道院はヴァラームを再び修道の島とすることを目指して、修道士でない住民に島から移住するよう2000年頃から働きかけ始めた［Васильев 2004: 18］。当初、修道院はヴァラーム島に一番近い本土の港町ソルタヴァーラに住民たちのアパートを建て、カレリアの別の都

市に移住を希望するものには資金的援助を申し出ることで、移住促進を図った［Мотыльков 2001］。それでも移住に応じない住民たちが島に残ると、カレリア政府の決定に基づいて、修道院は住民が居住していた建物を手に入れた。これにより、島は独立した村落行政を失い、住民たちは正式の居住登録にもかかわらず、その居住権を実質的に保障されない状態に置かれた［Щербаков и др. 2008］。修道院は住民たちの居住登録を不法であると主張している。汽船の運行、エクスカーション、物品販売は修道院の管理下にあり、修道院の建設・修復については出稼ぎ労働者を利用するため、住民に仕事はない[35]。2015 年現在までに島の住人は 100 名前後までに減少した［Цыганкова 2015］。ちなみに彼らの多くはかつての博物館学芸員である歴史家やガイドであり、正教徒でもある。

　住民たちへのこのような対応の一方で、ヴァラーム修道院はツーリズムを歓迎する。修道院の巡礼サーヴィス部の責任者は、来島者の多くが島の自然や歴史的建造物を目当てとした「ツーリスト」であることを認めつつ、「巡礼は家族、ツーリストは客」であるとして、世俗的な訪問者を排除しないことを主張している［Степанов 2005: 55］。このダブルスタンダードともいえる対応の背景にあるのは、修道院による経済的利益の独占ばかりではない。修道院はすでに島の独占的経営者であり、今や新しい豪華な建造物を至る所に建築している。これらの建物は、ヴァラームをしばしば訪れる、総主教をはじめとする正教会の高位聖職者や、プーチン大統領をはじめとするロシアの政治・経済エリートのためのものと目されている［Бурдо и Филатов 2005: 157］。島の住民たちは、外部からの観察者であるがゆえに、「北のアトス」から退去させられようとしているのである。

5　結びに代えて
——聖地はいつも満員御礼 (свято место пусто не бывает)

　ポスト・ソヴィエトの現在、キジとヴァラームはともに、ロシアの北の心象地理にとって重要な意味を持つと同時に、ロシアの北の 2 大聖地／観光地となった。しかしそれぞれの場所が持つ聖地／観光地の意味は大きく異なる。キジが実質的には住民も教区信徒も巡礼も持たない「文化の墓場」であるとすれば、ヴァラームは修道士が修道生活を営む場であり、祈祷や聖者崇敬を旅の主要な目的とする巡礼たちが訪れる「北のアトス」である。しかし、前者が博物館と教会の協力関係を基盤に、文化センターとしての発展を遂げているとすれ

ば、後者は政治経済的な目的を持った修道院が住民を排除するための政治的・法的・経済的な工作が長年にわたって展開する場でもある。

　最後に「はじめに」で掲げた4つの要素について、2つの事例の比較検討を行いまとめとしたい。まず、第1点目の革命以前のそれぞれの聖地の心象風景については、いずれの場合においても社会の激変にもかかわらず、極めて重要な意義を社会主義時代を通じて現代まで持ち続けたということができよう。キジの教会は早くも20世紀初頭には、美的価値が重視されていたし、ヴァラームの場合「北のアトス」としての名声は19世紀には確立していた。しかしそれは社会主義時代に、革命以前の記憶がそのまま保たれたということを意味しない。どちらの場合も、教会は閉鎖され、社会主義イデオロギーに従った歴史叙述が行われた。そのひとつが、ナロードの遺産としての教会建築、というものであったが、キジではこれが比較的すんなりと受け入れられたのに対し、ヴァラームでは常に同時代の惨状と比較した懐古的な印象をぬぐい去ることができなかった。この背景には、社会主義時代にもたらされた文化遺産に対する保護／破壊という第2の要素が強く影響している。

　第3の要素であるツーリズムに関して言えば、遺産の保護状況と無関係に、自然に富んだ2つの島は、1960年代以降北ロシアの国内ツーリズムの最大の拠点となった。戦後の早い段階から博物館化による遺産の保護が行われたキジにおいては、エクスカーションなどの文化的プログラムが充実していた。その一方で博物館化が遅れたヴァラームでは、「ワイルド・ツーリズム」が展開し、ツーリズムが文化遺産に対して甚大な損害を与えたことが指摘される。博物館化の遅れはまた、ヴァラームを世俗的な見地から保護・管理することの失敗にもつながった。博物館化が景観にもたらしたのは、文化的な表象の変化であると同時に、景観を学術的見地から管理・保護するというマネジメントの問題でもあったのである。キジの場合、島の景観は博物館によって一変した。フォークロアの見本市は実体化され、革命以前、島を生活と信仰の基盤としていた教区共同体は失われた。キジの教会もまた、博物館と同様にツーリズムのための信仰の見本市となっている。一方で、政治経済的な基盤が脆弱だったヴァラームの博物館は、社会主義の周縁と共に失われ、修道院による島の文化的・政治的・経済的独占を許すことにつながったといえよう。

　ロシアには「聖地はいつも満員御礼」という諺がある。聖なる場所は時代が代わっても、主人が代わっても、いつも誰かが居座るものだという意味だが、ポスト・ソヴィエトの聖地もまさに「満員御礼」である。実質的にロシアの「聖

140　Ⅱ　観光化と再整備

地」は宗教的な意味を超え、観光のまなざしを受け入れ、宗教的資源を豊富に
たたえたロシア的アイデンティティの源泉として機能し続けている。

注
1) 宗教建造物の移管について、世俗的見地からは、国や自治体が管理していたものを宗
　教団体に譲渡すると考えるが、宗教団体は革命以前に所有していた財産が「返還」され
　ると捉える。歴史認識の齟齬が明確に現れる用語法であるため注意が必要である。ただ
　し、イサーク聖堂の場合、革命以前も内務省と教会が共同で管轄していた。
2) 　一例として、シャークレーは以下のように聖地を分類している。1) 一つの要素で構
　成される結節点、2) 考古学的遺跡、3) 埋葬地、4) 孤立した寺院、5) 都市全体、6)
　寺院集合体、7) パワースポット、8) 聖山、9) 聖なる島、10) 巡礼地、11) 世俗的聖地［Shackley
　2001: 2］。
3) 　ロシア連邦の連邦構成主体のひとつ。1923 年～カレリア自治ソヴィエト社会主義共和
　国、1940 年～カレロ・フィン・ソヴィエト社会主義共和国、1956 年～カレリア自治ソヴィ
　エト社会主義共和国、1991 年～カレリア共和国、以下「カレリア共和国」とする。
4) 　Национальный архив республики Карелии [НА РК] Ф. Р-3017. Оп. 1. Д. 68/447. Л. 26-31.
5) 　НА РК. Ф. Р-1046. Оп. 3. Д. 9/135. Л. 166.
6) 　НА РК. Ф. Р-3017. Оп.1. Д. 68/447. Л. 136. 現在の名称である国立歴史建築・民俗博物館・
　自然公園「キジ」へと改称されたのは、1969 年のことである。
7) 　НА РК Ф. Р-3474. Оп. 1. Д. 15. Л. 25, Д. 47 Л. 34, Д. 128. Л. 12.
8) 　АГИАЭМЗ «Кижи» (Архив государственного историко-архитектурного и этнографического
　музея-заповедника «Кижи»). Ф. 1. Оп. 3. Д. 2425[Отчет о работе музея-заповедника «Кижи»
　на 1971 г.]. Л. 16-17.
9) 　АГИАЭМЗ «Кижи». Ф. 1. Оп. 3. Д. 1534 [Солонен В.А. Методическая разработка на
　обзорной экскурсии по экспозиции музея-заповедника «Кижи». 1976 г.]. Л. 11. 1964 年以降、
　高等教育機関では「科学的無神論基礎」の科目が義務化しており、ガイドたちはそれぞ
　れの学校で、こうした科学的無神論の立場についてそれぞれ教育を受けていたはずであ
　る。
10) 　АГИАЭМЗ «Кижи». Ф. 1. Оп. 3. Д. 1540. [Древнерусская живопись Карелии.
　Методическая разработка экскурсии по выставке. 1977 г.]. Л. 8.
11) 　ヴィオラ・グーシナとのインタビュー（ペトロザヴォーツク、2008 年 12 月 10 日）。
12) 　ボリス、ヴィオラ・グーシン夫妻に対するインタビュー（2008 年 12 月 10 日、ペト
　ロザヴォーツク、グーシン宅）。
13) 　ヴィオラ・グーシナに対するインタビュー（2008 年 12 月 10 日、ペトロザヴォーツク市、
　博物館キジ展示室）。このインタビューに夫ボリスは同席していない。
14) 　НА РК. Ф. Р-3017 [Министерство культуры КАССР]. Оп. 1. Д. 74/488. Л. 157.

15) НА РК. Ф. Р-3474. Оп. 1. Д. 9. Л. 66.

16) НА РК. Ф. Р-3474. Оп. 1. Д. 9. Л. 48 (на обороте).

17) НА РК. Ф. Р-3474. Оп. 1. Д. 49. Л. 9.

18) НА РК. Ф. Р-3474. Оп. 1. Д. 49. Л. 32. 11 августа 1970 г.

19) НА РК. Ф. Р-3474 [Музей-заповедник «Кижи»], Оп. 1. Д. 49. Л. 4.

20) АГИАЭМЗ «Кижи». Ф. 1. Оп. 3. Д. 2427 [Отчет о работе музея-заповедника «Кижи» за 1974 г.]. Л. 9.

21) АГИАЭМЗ «Кижи». Ф. 1. Оп. 3. Д. 1534. Л. 18.

22) НА РК. Ф. Р-3474. Оп. 1. Д. 9 Л. 14.

23) Настоятель монастыря Дамаскин (Кононов). http://www.valaamostrov.ru/damaskin.php （最終閲覧日 2017 年 3 月 1 日）

24) ヘシュカスモスとも。東方キリスト教の修道院に特徴的な祈りの手法。「イエスの祈り」と呼ばれる短い祈祷文を絶えず唱え続けることで、神化（神との結合）を目指す。

25) ただし 1827-1928 年のヴァラームの修道僧・見習い 90 名を調査した結果、最大多数を成していたのは町人階級（мещане）の 40.7% で、これに対して農民階級の出身者は 17%に過ぎなかったことが、ソ連時代の研究では指摘されている［Левиаш 1989: 30］。

26) НА РК. Ф. Р-690. Оп. 11. Д. 647/2954. Л. 187.

27) НА РК. Ф. Р-3017. Оп. 1. Д. 74/488. Л. 11.

28) НА РК. Ф. Р-3017. Оп. 1. Д. 68/447. Л. 137.

29) ГА РФ Ф. А-639. Оп. 1. Д. 51. Л. 1-4.

30) НА РК. Ф. Р-3017. Оп. 1. Д. 82/545. Л. 146.

31) НА РК. Ф. Р-690. Оп. 11. Д. 397/1934. Л. 268. カレリア共和国の州委員会及び閣僚会議に宛てた 1971 年の報告。

32) ヴァラーム博物館にも年次報告やエクスカーションの指導書、展示計画、来館者の「感想ノート」などの文書資料があったと考えられるが、現在その所在は不明である。カレリア共和国のアーカイヴには所蔵がなく、現在の島の博物館でもこれらの資料の所在を明らかにすることはできなかった。

33) 館長 V・ヴィソツキーへのインタビュー（2009 年 9 月 21 日、博物館館内にて）。

34) Валаам: битва за келью// BBC Русская служба（2015. 11. 11）,（http://www.bbc.com/russian/russia/2015/11/151111_valaam_residents）最終閲覧日 2017 年 3 月 20 日

引用文献

〈英語文献〉

Brandenburger, David

2002 *National Bolshevism: Stalinist mass culture and the formation of modern Russian national identity, 1931-1956,* Cambridge, Mass: Harvard University Press.

142　Ⅱ　観光化と再整備

Gorsuch, Anne E.

2011　*All this is your World: Soviet Tourism at Home and Abroad after Stalin,* Oxford University Press.

Christopher, Ely

2002　*This Meager Nature: Landscape and National Identity in Imperial Russia,* Dekalb: Northern Illinois University Press.

Dale, Robert

2013　The Valaam Myth and the Fate of Leningrad's Disabled Veterans. *The Russian Review,* 72: 260-284.

Ellis, Jane

1986　*The Russian Orthodox Church: A Contemporary History,* Bloomington and Indianapolis: Indiana University Press.

Jenks, Andrew

2003　Palekh and the forging of a Russian nation in the Brezhnev era. *Cahiers du monde russe* 44 (4): 629-656.

2005　*Russia in a Box: Art and Identity in an Age of Revolution,* DeKalb: Northern Illinois University Press.

Takahashi, Sanami

2009　Church or Museum? The Role of State Museums in Conserving Church Buildings in Northern Russia in Late Socialist Society (1965-1985). *Journal of Church and State,* 51(3): 502-517.

Shackley, Myra

2001　*Managing Sacred Sites: Service provision and Visitor Experience,* Thomson.

Zhuk, Sergei

2010　Making and Unmaking the "Sacred Landscape" of Orthodox Russia: Identity Crisis and Religious Politics in the Ukrainian Provinces of the Late Russian Empire. In Mark Bassin, Christopher Ely, Melissa K. Stockdale (eds.) *Space, place, and power in modern Russia: essays in the new spatial history.* DeKalb: Northern Illinois University Press.

〈露語文献〉

Абрамов Ф.

1991　Деревянные кони Собрание сочинений: в шести томах. Т. 3. Л.: «Художественная литература» Ленинградское отделение. С. 34.（邦訳　Ｆ・アブラーモフ著、宮澤俊一訳『木馬　ペラゲーヤ　アーリカ』群像社、1989 年、9 頁。初出は 1969 年。）

Бурдо М. и Филатов С. ред.

2005　Атлас современной религиозной жизнь России, Т. 1. М; СПб: Летний сад.

Васильев С.

2004 Перестройка «по-монастырски»// Огонек. №. 31: 17-19.

Венчурова Ю.М.

2007 Валаам библиографический указатель литературы. Петрозаводск.

Витухновская М.А.

1988 Государственный историко-архитектурный и этнографический музей-заповедник Кижи: Путеводитель. Петрозаводск: «Карелия».

Власов А.

1990 О сохранении историко-культурных и природных памятников Валаамского и Соловецкого музеев-заповедников// Известия ЦК КПСС. №. 1.

Гессен Л.А. Островский А.Г. сост

1976 Русские писатели об изобразительном искусстве. Ленинград.

Гущина В.А.

2004 Преображение: К 290-летию церкви Преображения Господня на острове Кижи. Петрозаводск.

Добрынина Е.

2007 Протоиерей Николай Озолин: ощущение неразрывность с островом// Дайджест материалов газеты Кижи. Декабрь-Февраль.

Ершов В.П.

1981 Родники познания Из опыта использования краеведения в системе атеистического воспитания. М.

1987 Зримое слово Музеи и идейно-воспитательная работа. М.

Казаков Ю.П.

1985 Голубое и зеленое// Избранное: Рассказы; Северный дневник / М.: Художественная литература. (初出は 1956 年)

Киселькова В. Ф. (сост.)

2006 Старый Валаам. Воспоминания о монастыре. 1914-1943 гг. СПб.

Корнилова Н.Б.

2004 Валаамский научно-исследовательский церковно-археологический и природный музей-заповедник // Российская музейная энциклопедия. М., 2001.

Кривцов Н.

1988 Валаам, любимый и мною…// Молодой коммунист. №. 10.

Крылов Е.

1988 Остров: Валаамские записки// Сельская молодежь. №. 7.

Левиаш Т.Л.

1989 Государственный историко-архитектурный и природный музей-заповедник Валаам: путеводитель. Петрозаводск: «Карелия».

Лихачев Д.С.

144　Ⅱ　観光化と再整備

1990　О сохранении памятников русского севера (Письмо от 27 июля1989 г.)// Известия ЦК КПСС. №. 1.

Мельников И.В. ред.

2006　Музей-заповедник "Кижи": 40 лет. Петрозаводск: Scandinavia. (http://kizhi.karelia.ru/library/kizhi-40)

Михайлова Л.

1990　Путь к возрождению// Север. №. 5.

Мотыльков В.

2001　На Валааме начинается исход местных жителей// Новая газета. № 65 (708). (https://valaam.ru/publishing/6398/) 最終閲覧日 2017 年 3 月 7 日。

Нежный А.

1989　Возвращение на Валаам// Огонек. №. 12. 18-20.

Немирович-Данченко В.И.

1881　Крестьянское царство. (Очерки и впечатления поездки на Валаам)// Русская мысль, Кн. 1: 166-226; Кн. 2: 58-105.

Никифоров В.

1988　Дневные записки// Нева. №. 2.

Онищенко, Г.

2017　Чтобы вернуть Исаакий Санкт-Петербургу, надо вернуть в него храм// РИА Новости (https://ria.ru/analytics/20170202/1487066723.html) 最終閲覧日 2017 年 3 月 6 日。

Ополовников А.В.

1983　Русское деревянное зодчество: гражданское зодчество. М.: Искусство, (邦訳 А・В・オポローヴニコフ著、坂内徳明訳『ロシアの木造建築　民家・付属小屋・橋・風車』井上書院、1986 年。)

Орфинский В.

1981　Можно ли спасать памятник русского Севера? // Север. №. 7.

Пермиловская А.Б.

2010　Русский Север как особая территория наследия. Архангельск, Екатеринбург, С. 21.

Поспелов М.

1982　Судьба Валаама // Огонек. №. 8. С. 23.

Резников Л.

1971　Валаам призывающий// Новый мир. №. 7. С. 277-280.

1975　Валаам раскрывает тайны. Петрозаводск: «Карелия»

1986　Валаам: кризис аскетизма. Л.: Лениздат.

Сахаров Н.А.

2006　Святость и святые в Истории России Проблема святых и святости в истории России.

M: Наука"

Синица Д.

2006 Мы стали бесправными жителями в Монастыре// Скепсис (http://scepsis.net/library/id_618.html) 最終閲覧日 2017 年 3 月 18 日。

Солонен В.А.

1974 Методическая разработка по обзорной экскурсии для школьников 5-8 классов. Кижи: Музей-заповедник «Кижи».

Спиридонов А.М., Яровой О.А.

1991 Валаам: от апостола Андрея до игумена Иннокентия (Очерки истории Валаамского монастыря). М.: «Прометей»

Спиридонова И.А.

1994 Фольклорная история Валаама// Сергий Радонежский и современность: материалы научной конференции, посвященной 600-летиб со дня преставления Сергия Радонежского. Петрозаводск.

Степанов И. Ю.

2005 Актуальные вопросы организации приема паломников и туристов в Спасо-Преображенском Валаамском монастыре// Православное паломничество: традиции и современность, Сборник материалов конференции. М.

Цыганкова С.

2015 «Дайте нам жить на Валааме»// Российская газета, 12.11.2015 (https://rg.ru/2015/11/12/reg-szfo/valaam.html) 最終閲覧日 2017 年 3 月 18 日。

Шевченко Т.И.

2013 Валаамский монастырь и становление Финляндской Православной Церкви (1917-1957). М.: Изд-во ПСТГУ.

Щербаков А., Яровой О., Мускевич Ф., Григорьев С.

2008 Что же такое этот Валаам?// Скепсис (http://scepsis.net/library/id_2309.html) 最終閲覧日 2017 年 3 月 18 日。

Яншин А.Л., Трешников А.Ф., Кондратьев К.Я., Лихачев Д.С., Тахтаджян А.Л., Истомин В., Терентьев В.Г.

1988 Аттракцион для Валаама// Природа и человек. №. 6.

2015 Валаам: битва за келью// ВВС Русская служба (http://www.bbc.com/russian/russia/2015/11/151111_valaam_residents) 最終閲覧日 2017 年 3 月 20 日。

〈日本語文献〉

河合洋尚編

2016 『景観人類学――身体・政治・マテリアリティ』時潮社。

河合洋尚・飯田卓編

146 Ⅱ　観光化と再整備

　2016 『中国地域の文化遺産——人類学の視点から』国立民族学博物館。
塩川伸明
　2007 『多民族国家ソ連の興亡Ⅱ　国家の構築と解体』岩波書店。
高橋沙奈美
　2013 「ソヴィエト・ロシアにおける史跡・文化財保護運動の展開——情熱家から「社
　　　会団体」VOOPIK に至るまで」『スラヴ研究』第 60 号。
高橋沙奈美、前島訓子、小林宏至
　2014 「地域大国の世界遺産——宗教と文化をめぐるポリティクス・記憶・表象」望
　　　月哲男編著『ユーラシア地域大国の文化表象』［シリーズ・ユーラシア地域大
　　　国論 6］pp. 75-101, ミネルヴァ書房。
長谷千代子
　2007 『文化の政治と生活の詩学——中国雲南省高徳タイ族の日常的実践』風響社。
原暉之
　2007 「ロシア連邦の地理的概観」加賀美雅弘、木村汎編『朝倉世界地理講座 10　東ヨー
　　　ロッパ・ロシア』朝倉書店、241-251 頁。
望月哲男
　2003 「ロシアの北／北のロシア」望月哲男編『現代文芸研究のフロンティア（Ⅳ）』
　　　［スラブ研究センター研究報告シリーズ 93］、pp.89-90。
　2008 「ロシアの空間イメージによせて」『講座　スラブ・ユーラシア学 3　ユーラシ
　　　ア——帝国の大陸』講談社。
安井亮平
　1995 「現代ロシア・ナショナリズムの展開」原暉之、山内昌之編『講座スラブの世
　　　界 2　スラブの民族』弘文堂。

第5章　近代中国の指導者ゆかりの聖地構築

韓　　敏

1　はじめに

　世界各地のさまざまな聖地の成り立ちには、おおよそ自然的聖地、人工的に作り出された聖地と創造主や偉大な人物を起源とする聖地、という三つのパターンが見られる。自然的聖地とは、文字通りに自然界にもともと存在するものであり、長い歴史の中で、人々の信仰の対象となった山、岩や河などの自然物とその場所である。日本の富士山、インドのガンジス川、中国の泰山などはこれに該当する。それに対し、墓、寺、廟、教会、広場などの建造物が神聖化された場所は人工的聖地という。中国人にとっての祖先の墓、カトリック教徒にとっての「サン・ピエトロ大聖堂」はこのカテゴリーに入る。また、最近話題になったアニメ『君の名は』の愛好者にとって、舞台となった飛騨などは、憧れの聖地となる。上記の二つのパターンのほかに、創造主や偉大な人物の生涯の重要な事跡に関わる場所も聖地化されるパターンもよく見られる。史上初の社会主義国家であるソビエト連邦およびソ連共産党（ボリシェヴィキ）の初代指導者のレーニンの遺体が安置された赤の広場、仏教創設者のゴータマ・ブッダの生誕の場所（ルンビニー）、悟りの場所（ブッダガヤ）、涅槃の場所（クシーナガラ）、中華民国の創設者である孫文と中華人民共和国、人民解放軍の創設者である毛沢東の生誕の地などは、このカテゴリーに該当する。

　本章は漢字・儒教の文化圏、仏教文化圏、近代の社会主義文化圏にある中国社会における聖地の意味とその変化を整理し、中華民国の創始者である孫文（中国では孫中山ともよばれている[1]）と中華人民共和国の創始者である毛沢東をめぐる聖地構築の背景とプロセスを考察し、二人の指導者ゆかりの聖地マネジメントの共通点と相違点を明らかにするものである。

2 中国社会の聖地とその意味

1 漢字と儒教文化文脈における聖性

　中国の辞典や百科事典には聖地という項目が見当たらない。それは、いうまでもなく中国ではそもそも聖地という、二文字の熟語はないからである。「聖」という象形文字は、意味を表す「耳」と「口」、音を表す「壬」からなっている。「壬」は、耳のあながよく開いていて、普通の人の耳に聞こえない神の声が聞こえること、つまり正しく知ることを意味する。本来、「聖」と言う文字は、神の声を聞くことを意味するので、そもそも司祭という聖職者としての側面をずっと持っていた。たとえば、「天子」は古代の中国人にとって国家祭祀の司祭である。しかし、儒教合理主義は早くからその宗教性を切り捨て、「聖」を政治や倫理学の概念に変えてしまい、「聖」は最高の理性・知性・徳性を備えた人を意味するようになった。たとえば、孟子がかつて、「孔子、聖之時者也。孔子之謂集大成」と孔子を讃えたことがある。孟子の目には、「孔子は、聖人の中でも特に時宜に従って行動する者である。孔子こそ、全ての徳を集めて大成した人物と言えるのである」という意味である［内野 1962: 353］。すなわち、儒教の文脈のなかで「聖」、あるいは「聖人」は、知、情、意すべてにおいて完璧なる至高の人格をもつ人を指すことばとなった。そのため、孔子を祭った御霊屋のことを聖廟、あるいは聖堂と呼んでいる。東京都文京区湯島一丁目にある、江戸時代の元禄3年（1690年）、江戸幕府5代将軍徳川綱吉によって建てられた孔子廟は、いまでも「湯島聖堂」の名前で呼ばれている。一方、中国では、唐代以降、「聖人」は天子や皇帝の尊称にも用いるようになった。そのため、聖人の母、あるいは、皇帝の母のことを「聖母」と呼んでいる。また、「聖」は、一つの道の奥義を極めた人を指す場合にも使う。中国では杜甫が「詩聖」と呼ばれたのは、そのためである。儒教的な「聖人」つまり人間がたどり着くことのできる最高の境地ということで、儒教倫理に合致した弱者へのまなざしを持ち、比類なき完成度の詩を残した杜甫にふさわしい名称であるといえる。また、中国東晋の政治家・書家の王羲之（303-361年）は、書の芸術性を確固たらしめた普遍的存在として唯一の『書聖』と呼ばれ、現在もなお貴ばれている。すなわち、「聖」あるいは、「聖人」は、知徳の優れた最高の人格者ではあるが、一般庶民を含むすべての人間が日常の修養によって到達しうるものであった。これに関連して、中国の仏教の文脈においては、聖人は、仏教の悟り

の境地に至った高徳の僧を意味する。

　古代の中国では、聖地という表現はないが、宗教的宇宙観、道教、仏教と民間信仰にのっとった聖地信仰およびその巡礼の行為が上は皇帝から下は百姓に至るまで、実践されてきた。

2　神聖の地、巡礼の地

　上記でみられた世界の三パターンの聖地をみてみると、古代中国では、自然の造形物が聖地とみなされるケースが多い。

　たとえば、五行思想にのっとった道教的山岳信仰がある。五岳信仰とその聖地巡礼が中国社会の中でもっとも知られている聖地信仰である。五岳は、中国の道教の聖地である5つの山の総称であり、文字通り5つの山、東岳の泰山（山東）、西岳の華山（陝西）、中岳の嵩山（河南）、北岳の恒山（山西）と南岳の衡山（湖南）のことを指す。五岳は、五名山とも呼ばれ、陰陽五行説に基づき、木行＝東、火行＝南、土行＝中、金行＝西、水行＝北の各方位に位置する、5つの山が聖山とされる[2]。五岳のうちの泰山は、特に国家祭祀の聖地と見なされ、そこで多くの皇帝たちがそこで封禅という儀式をおこなっている。封禅という儀式は、帝王が天と地に王の即位を知らせ、天下が太平であることを感謝する儀式である。この山で行われたのはそのためである。司馬遷の『史記・封禅書』の中では、伝説の時代から72人の帝王が泰山で封禅の儀式を行ったことが伝説として記述されているが、詳細は不明である。始皇帝以後では、前漢の武帝や北宋の真宗など十数人が、この儀式を行ったと伝えられている。始皇帝は皇帝になったのちの紀元前219年に、泰山で一回のみ封禅の儀を行った。その後、漢武帝劉徹、宋真宗趙恒、清康熙帝など歴代の72名の皇帝が泰山に登り、天地祭りの国家祭祀を行った。ただし、泰山のほかに、中岳嵩山も一度だけ国家祭祀の聖地となったことがある。唐代の女帝武則天が皇位につく前に、皇后として夫の唐高宗と一緒に泰山で封禅の儀式をおこなったが、女帝になってから何度も嵩山で民の安寧を祈り供物を捧げる儀式を行ったという。

　上記の五岳は為政者にとって王朝安定を祈願する場所であるのに対し、庶民にとっては、子孫繁栄、無病息災を祈願する場所でもある。また、五岳のほかに、武当山・龍虎山・斉雲山・青城山という道教の四大聖地、五台山・峨媚山・普陀山・九華山という菩薩の本尊が奉られている仏教の四大聖地もある。これらのような全国的に有名な聖地のほかに、各地にはそれぞれ地元で人気の巡礼地がある。

150　Ⅱ　観光化と再整備

3　近代の聖地

　近代の到来に伴い、新しいイデオロギー、民主主義やマルクス主義が出現し、国民国家が世界各地で成立してきた。20世紀に新しくできた党や政権は、自分たちの自律性と正当性を示すためには、想像の共同体であるネーションを象徴する神聖な空間作りが必要となる。20世紀の中国では、辛亥革命以降、上記のような伝統的な聖地のほかに、中山陵のような国民党ゆかりの場所や共産党ゆかりの場所は、聖地化され、革命聖地めぐりという新たな巡礼が生まれた。

　社会主義政権が樹立された中国では、これまでの宗教信仰にのっとった伝統的聖地が継続的に存在する一方、偉大な人物を起源とする場所やある出来事の起こった場所を聖地化する傾向が強くなってきた。社会主義思想及び社会主義国家のルーツとなるカール・マルクスの生誕の地や墓地、赤の広場、レーニン廟は、中国人にとって憧れの聖地となった。ロンドンの北の郊外にあるカール・マルクスの墓に、いまでも中国人が頻繁に訪れている。また、ソ連が崩壊した現在、赤の広場、レーニンの陵墓の訪問者はロシア人より中国人の方が多い。

　以下、近代中国で著名な指導者である孫文と毛沢東をめぐる聖地の成り立ちと現状を考察する。

3　中華民国建国の父である孫文の生誕の地とその聖地化

　孫文（1866-1925年）は、近代の中国社会に大きな影響を与えた政治家である。初代中華民国臨時大総統と中国国民党総理をつとめた彼は、死後、「中国革命の父」、中華民国では「国父」と呼ばれている。

　中国革命の父である孫文ゆかりの場所の聖地化は、彼の死後、1930年代に起こった。南京大学歴史学者の陳蘊茜によれば、「孫文が逝去して間もない1925年4月18日に国民党は、上海で葬儀準備委員会を正式に立ち上げ、全面的に工事にとりかかった。4年後に、孫文を記念し、総理遺訓を宣伝する大規模な中山陵が完成した。こうして、中山陵は孫文を記念する神聖な空間となった。その他に、全国各地では孫文の銅像や記念碑が数多く作られ、更に、孫文の誕生地である翠亨村旧居、逝去地である北京の行轅、広州の大元帥府も聖地化された」［陳 2015: 23］。この節では孫文の生まれた故郷、広東省翠亨村を中心に孫文ゆかりの場所の聖地化の実態を考察する。

1　孫文の生い立ちと故郷翠亨村の聖地化

　孫文は、1866 年 11 月 12 日に広東省香山県翠亨村（現在中山市南朗鎮翠亨村）の貧しい農家に生まれた。翠亨村は、中山市内から東南 17 キロ離れ、北の広州から 100 キロあるが、南のマカオ（当時ポルトガルの植民地）からはわずか 30 キロの距離で、また、東は珠江河口を渡れば、香港と深圳に着く。

　9 歳のとき、父が亡くなり、兄の孫眉が当時のハワイ王国に行って農業開墾をしながら、商売もしたおかげで、孫文は 10 歳〜 12 歳に村の私塾で勉強することができた。12 歳のとき、兄を頼り、オアフ島ホノルルに移住し、勉強しつづけたが、1884 年、18 歳に広東省香山県出身の盧慕貞と結婚した。1886 年から 1892 年までに広州、香港で医学を学び、卒業後、マカオと広州で医師として開業しながら救国政治活動に力を注いだ。1894 年に再びホノルルに赴いて、興中会を結成し、「満州族統治者を駆除、中国を回復、合衆政府を創立」を主張した。1911 年、「辛亥革命」を起こし、清朝専制統治を全滅に至らしめた。1912 年、中華民国が成立すると、南京で中華民国臨時大統領に就任し、中国史上初めての共和政体を創立した。また中国国民党を創立し、「三民主義革命理論」を提出したが、1925 年志半ばで、肝臓癌のため北京で逝去した。

　孫文が亡くなったあと、故郷の翠亨村が「国父の故居」、「総理の故居」として世間に注目されるようになった。孫文の旧居は敷地 500 平方メートルで、建築面積 340 平方メートル。兄孫眉の出資で、孫文が 1829 年に自ら設計して建てた家である。中国式と洋式の建築の特徴が融合している。

　1930 年代、当時の『中央日報』や小学校の教科書にも翠亨村の名前が「国父の故居」「総理の故居」としてよく登場するようになった。「孫中山先生の故居は現代中国、乃至世界の中でも有数の名所となり、広東に来る人は、そこを訪れない人がいないぐらいである」［王剣星 1935: 27］。また、「国民党政権の中央宣伝部が『孫総理誕辰記念刊』を『中央日報』と一緒に各級の党支部に配布し、写真付きで総理故居、総理手書きの西洋式の建物、総理の水泳した場所、故居住宅の外観、翠亨村の風景を大々的に宣伝した［陳 2009: 348］。上記からは孫文の実家及びその村の聖地化が彼の死後、国民党政権によって行われたことがうかがえる。

2　共産党政権の下における維持とその多様な利用

　1949 年以降、国民党政権が台湾に移った後の共産党政権の大陸では、孫文は、「近代革命の先人」として崇拝されつづけた。現在、翠亨村には、孫文の子孫

II 観光化と再整備

写真1 中山市翠亨村にある孫文故居(2014年、筆者撮影)

写真2 中山市翠亨村にある孫文故居の内部(2014年、筆者撮影)

はほとんどいないが、孫文が自らデザインした家が依然として残っている（写真1、2)。そして翠亨村全体も革命家の聖地としての地位が基本的に維持されてきた。

　1956年に孫文の故居をベースにさらに孫文故居記念館が共産党政府によって設立された。故居を含むこの記念館は、行政上では中山市文化広電新聞出版局の管轄下にあり、135人の職員が在籍している。当館の面積は14万余り平方メートルある。記念館の機能は収集、保存、展示、研究、教育、社会連携など多岐にわたっている。

　一階は、孫文の生涯や孫氏一族に関する常設展があり、孫文一家の写真、『翠亨孫氏家譜』、家を建てるときの設計図、購入した建築材の記録と領収書などが、展示されている。二階は会議室、資料室などがあり、研究会や国内外の訪問者を接待する場所として使用される。

　1970年代後半の改革開放以降、拝金主義や脱イデオロギーの傾向が見られ、広大な国土、多数の人口を抱える中国を一つにまとめるために、中国政府は、愛国主義のイデオロギーを新たな求心力とする方針をとり、1982年憲法に、愛国主義教育を初めて盛り込んだ。さらに1994年学校教育の現場にも愛国主義教育の導入にかかわる「愛国主義教育実施要綱」が共産党中央宣伝部により制定された。このような背景の下に、翠亨村にある孫文故居記念館は、1995年に中国民政部に「愛国主義教育基地」[3]、1997年に中国共産党宣伝部によって、「愛国主義教育模範基地」に指定された。また、2001年に中国政府に観光地の格付けで最高レベルの5A級観光地[4]として認定され、2008年に国家文物局により国家一級博物館として認定された。2016年にさらに、全国紅色旅游(レッ

ドゥーリズム）観光地 5) に登録された。このように、孫文の故居は、近代中国の革命遺産の重要な一部として共産党政権の下に保護されると同時に、愛国主義教育の場として利用され続けている。

　他方、孫中山故居記念館は、中華人民共和国建国後の社会変動の中で、国の方針を遵守しながら、イニシアティブを発揮して、なるべく政治的動向や市場経済の拝金主義に左右されず、旧居と館所蔵の文物や村の環境の保護に力を入れてきた。1998 年に孫中山故居記念館は、その近くに中山市民俗博物館も創立した。これは翠亨村を含む中山市の衣食住などの民俗、年中行事及び娯楽などを、記録して展示することを趣旨とする新しいタイプの博物館であった。

　孫文故居記念館長として 25 年も務めてきた簫潤君氏によると、現在、毎年およそ 200 万人の観光客が広東省中山市翠亨村にある孫文故居記念館を訪れている。簫氏は、観光開発というより、長年、国の重要な文化財である孫中山故居と環境の保護に力を入れてきた。と同時に、広東省の重要な文化保護財である楊殷の旧居、中興会会員、「青天白日旗」をデザインした革命家陸皓東 6)（1867-1895）の旧居と中国歴史の有名な村である翠亨村の周りにある 20 カ所以上の文化財名所をしっかり保護してきた。簫館長の言葉でいうと、「偉人の孫文の生まれ育った環境と歴史の真実性、完全性、生態性を重視し、来館者に孫文と彼の成長した生態的、社会的環境や歴史的背景を包括的に提示することが本館の使命である」となる。

　上記の運営理念にもとづいて新しくできた民俗博物館は展示と体験という二つの部分から構成されている。展示の部分には、民家展と民俗展があり、来館者に孫文の成長した社会的状況、風土と民俗について視覚的および聴覚的なインパクトを与えている。　体験コーナーでは、水田、果物、野菜や様々な家畜の飼育が野外で展示されている。水田は、かつて孫文の父親と孫文が耕したことがあるものとされ、現在、親子で田植えと収穫の体験ができるようになっている（写真 3、4）。

　このように中国の近代指導者である孫文の故郷翠亨村は、中華民国の初期、彼の死後、徐々に「中国革命の先人」を生み出した聖地として形成され、社会主義政権の下に、愛国主義教育基地や 5A 級観光地、レッドツーリズムの観光地になった。他方、地域の人々も積極的にイニシアティブを発揮して、革命家の聖地という既存の枠組みをベースに、さらに中山市民俗博物館と孫中山故居・記念館の複合施設まで発展させ、革命家の生まれ育った社会的、生態的環境を保護すると同時に、誇りをもって、地域の歴史と文化を次の世代に伝承し

写真3 中秋節の際に翠亨村で行われた親子伝統菓子づくりのイベント（2014年、筆者撮影）

写真4 翠亨村にある水田　かつて孫文がここで父の農作業の手伝いをしたとされる水田が、現在、子どもの稲作体験として利用されている（2014年、筆者撮影）

ようとしている。

4　毛沢東の生誕地である韶山の聖地構築

　ここでは中華人民共和国の創立者の一人である毛沢東の生誕地である湖南省韶山市韶山郷韶山村の聖地構築のポリティクスとその動態を明らかにする[7]。毛沢東の生家の聖地化は、1950年代から文化大革命時期までの国家有形、文化大革命時期の巡礼の聖地、1990年代からの愛国主義教育の基地化と2000年以降の観光化の諸段階に分けることができる。

　韶山市は1992年湘潭市韶山区から昇格された湖南省県クラスの市で、人口は12万人を有している。韶山市の中にある韶山郷は15,000人、36.28平方kmの面積を有している。韶山郷はさらに韶山、韶園、韶北、鉄皮など10の行政村に分かれていて、毛氏一族は主に韶山と韶園に集中している。「元末、毛太華が乱をさけるために江西省吉州龍城から雲南省瀾滄衛へ移住した。明代の洪武13年（1380年）に軍功を以って湖南省に入り、湘郷県城北門の外側にある緋紫橋というところに居住した。息子の清一と清四も同行し、その後、韶山沖に移住してきた」［韶山市地方志編纂委員会 1993: 361］。韶山村村長の毛雨時によると、住民の70％は毛氏一族である。毛の実家のある韶山村は現在、1,315人、450世帯が住んでいる。毛沢東は韶山毛氏始祖の毛太華から数えると、20代目の子孫にあたる。現在、韶山や北京などの全国各地に分散している毛太華の子孫がおよそ2万にのぼる。

1 「中国人民の偉大なリーダーの家」 (1949 ～ 1966 年まで)

毛沢東の生家は 1878 年に曽祖父の毛四端が 5 間半の草葺の家を購入し、のちに父の毛順生が 13 間半の瓦の建物に増築したものである。毛沢東は 1893 年 12 月 26 日に農家の長男としてここで生まれた。毛の生家に初めて注目したのは蒋介石の国民党政権であった。「1929 年 1 月に毛沢東故居が国民党当局によって没収され、そのため、室内にある一部の物品が紛失し、建物自体も破壊された。1937 年第二次国共合作の時に、故居の建物が返却され、そこには毛沢東の弟嫁の周子魚とその息子、弟嫁の母の周陳氏が居住していた」[龍 1993: 141]。1949 年 8 月に韶山に対する国民党政権の統治が終わり、新しくできた湘潭県人民政府は毛の故居を管理するようになり、紛失した家具や農具の収集もした。1951 年に毛沢東の生家は、「中国人民偉大なリーダー毛沢東の家」の扁額が掛けられ、一般公開され、1961 年に「全国重点文物保護単位」（国家指定重要文化財）に指定された。

この時期の韶山は、交通が不便なこともあり、一般人の訪問客は少なかった。多数の共産党、青年団、解放軍、政府、最高裁判所、全国人民代表委員会などのトップ、少数民族や各宗教の指導者、著名な学者、華人華僑がここを参拝したことは、この時期の特徴である。十大元帥の一人、副総理の陳毅が 1956 年に解放軍と政府のリーダーの中では一番早く韶山を訪問した人である。その後、元帥、副総理の彭徳懐 (1958 年) と聶栄臻 (1959 年)、中央副主席、国家副主席、元帥の朱徳 (1959 年)、国家主席と中央軍事委員会主席の劉少奇 (1959 年) なども次々と韶山にやって来た。また、チベット仏教指導者、全人代委員長のパンチェン・ラマ 10 世 (1960 年)、同じチベット族出身の全国政協副主席、中国仏教協会副会長のパバラ・ゲリュナムジェ (1960 年)、中国仏教協会副会長の趙朴初 (1961 年)、ウイグル族出身の新疆ウイグル族自治区党委書記、自治区人民委主席のサイフディーン (1962)、著名な数学者の華羅庚 (1973 年)、清朝最後の皇帝の愛新覚羅・溥儀 (1963 年) も毛沢東生家の訪問者の中に含まれていた。

中国人のみならず、外国の元首や貴賓も毛沢東の家を見るために、この小さな山村を訪れるようになった。最初の外国貴賓として訪問したのは、朝鮮最高人民会議常任委員会福委員長の金応基である (1954 年)。その後、タイ、ミャンマー、アルバニア、ラオスなどの近隣諸国や社会主義の国からの参拝者も来るようになった。国家元首として、当時 71 歳のベトナム民主共和国主席のホー・

156　Ⅱ　観光化と再整備

チミン（1961 年）や、カンボジア王国ノロドム・シハヌーク国王と夫人（1963 年）
も参拝に訪れている。

　上記のような国内外の各分野のトップたちによる韶山訪問は、中華人民共和
国の建国の父である毛沢東への敬意を象徴的に示すものであると同時に、頻繁
な儀式的訪問によって、韶山は次第に新しくできた国家巡拝の地としての地位
が実体化されていくのである。

2　「中国革命のゆりかご」、「毛沢東思想の発源地」への聖地巡礼（1966 ～ 1970 年代）

　文化大革命時期に、毛沢東個人への崇拝の増幅に従い、韶山は、次第に中国
人民のリーダーの家」から、「中国革命のゆりかご」、「毛沢東思想の発源地」
へと変わり、多数の幹部、紅衛兵、労働者、農民などが全国から巡礼するよ
うになった。1966 年 1 年間の韶山巡礼者の数は 290 万人に達した。その時点
では湖南省都長沙から韶山までは鉄道がなく、バスで一日がかりであったが、
1967 年に長沙から韶山までの直通鉄道（128 キロ）が開通した。

　また、この時期に中国の文化大革命や毛沢東による 3 つの世界論（Three
Worlds Theory）の提起[8]が世界にインパクトを与えたこともあり、韶山への外
国人訪問客の数が増えた。ベトナム（1971 年）のような社会主義国家や、カン
ボジア（1972 年）、ネパール（1972）のようなアジア近隣の国だけではなく、第
三世界のボツワナ（1976 年）、南アフリカ（1977 年）、スーダン（1977 年）、ニジェー
ル（1977 年）、赤道ギニア（1977 年）などの国家元首や、欧米諸国、日本などの
国々からも政府・政党の要人、記者、学者、労働組合などの代表団も訪れた（写
真 5）。韶山は中国指導者の故郷から次第に、中国革命及び世界革命の指導者及
び毛沢東思想の誕生地へとかわり、世界からの参拝者を迎えるようになった。

　一方、当時、冷戦中の中国は、外国人訪問客が見学できる場所が限られてお
り、中国指導者の故郷である韶山は、中国農村と人民公社の縮図としても外国
人に公開されていた。当時の韶山訪問は、観光というより政治的意味合いの方
が強く、外交の一環として位置づけられた部分もあり、国家的巡拝の地である
韶山への訪問は中国政府への公式訪問の欠かせない儀式となった。「いうまで
もなく、韶山にある毛の生家は社会主義の国家形成とマルクス・レーニン主義
の土着化である毛沢東思想の形成過程においてプライベートな空間から公共性
と神聖性のある国家的礼拝所へと変わった」[韓 2012: 207]。

5　近代中国の指導者ゆかりの聖地構築　157

写真5　日本社会党の活動家たちが1966年に韶山毛沢東居故を訪問した時の写真と日本からのお土産。韶山毛沢東記念館（1994年、筆者撮影）

3　権力の正当性を獲得する場、愛国主義教育の場（1980年代から現在）

　1976年に毛沢東が亡くなった中国では、鄧小平が主導した改革開放がおこなわれ、文化大革命の階級闘争を軸とする路線が否定され、経済建設を軸とする路線に転換されたが、中国の根本的システムは、社会主義体制であり、マルクス・レーニン主義と毛沢東思想などを堅持すべきことが依然として憲法で規定されている。それは、毛沢東が社会主義国家の求心力や権威の正当性として依然として機能していることを意味するものである。そのため、中国国家指導部による韶山参拝の慣行が今日まで持続している。国家主席の楊尚昆(1988年)、中央委員会総書記（以下、総書記）と中央軍事委主席（1989年）に就任した江沢民（1991年）、総書記の胡錦濤（2002年、2003年）がいずれも就任してからまもなく韶山を訪れた。現役の国家主席習近平が国家主席就任前の2011年、国家副主席だった時に韶山訪問をしている。社会主義国家初代指導者の生誕地への訪問は、先代指導者への敬意を示すと同時に、彼らの国家指導者としての正当性を獲得する行為としても受け取ることができる。

　一方、1997年6月に中共中央宣伝部が第1次100個愛国主義教育模範基地を公布したリストの中には、韶山毛沢東記念館・故居が含まれていた。その後、多くの小中高校、専門学校や大学が韶山にある毛沢東の故居とその記念館を学校の「道徳教育基地」としている。また、2004年秋に中国国家旅游局によって始められたレッドツーリズムキャンペーン（注5参照）において、毛の生家の韶山がレッドツーリズムのスポットにも指定されている。共産党、解放軍、国家の記念日、夏休み、9月入学シーズンになると、韶山は教育の一環として学校団体やあるいは会社や政府部門の団体が溢れることになる。職場で新しく

158　Ⅱ　観光化と再整備

入党した共産党員は、ここに来て入党の儀式を行う。また、中・高校生や大学生たちは、学校教育の一環として、貸しきりバスでここに来て、革命伝統と愛国主義の教育を受ける。

5　聖地作りにおける地域の関わり方

1　韶山の毛氏一族と村人

　毛氏一族は韶山郷の韶山と韶園の二つの行政村に集中しており住民の70％を占めている。毛氏一族を含む村人にとって毛沢東は国の指導者であると同時に、自分たちの一構成員でもある。

　2001年に韶山地域の毛氏は、1941年以来60年ぶりに5回目の毛氏族譜の編集を完成した。系譜の部分では、毛沢東は韶山毛氏始祖である毛太華の20代目の子孫として記録され、他の毛氏一族のメンバーと同じように、毛沢東の名前、誕生と死亡の年月日時刻や寿命などが記述されている。また、他の男性メンバーと同じように、江青を含む四人の配偶者の名前、彼女たちの出身地、生誕と死亡の年月日時刻及び毛沢東の息子、娘や孫たちの名前、学歴及び婚姻状況に至るまで詳細に記述され、政治的色彩が薄い。他方、一般の毛氏成員に対する記述文字数は2行以内であるのに対して、毛沢東に関する記録は7行に及び、「かつて中共中央主席、中央軍委主席、中華人民共和国、政治協商全国委員会主席をつとめ、偉大なマルクス主義者、偉大なプロレタリア革命家、戦略家であり、理論家、中国共産党、中国人民解放軍と中華人民共和国の主要な創設者と指導者である」という政府公式の見解で記載されている（筆者訳）［韶山毛氏五修族譜編纂委員会 2001］。

　1993年12月20日に毛沢東生誕百周年の際に、毛沢東銅像が南京から運ばれたときに、3万人近くの人々が村の広場に集まってきて、「毛主席が戻ってきた」と叫んで出迎えにきた。この銅像が韶山にできてから、清明節、毛沢東の誕生日、お正月になると、韶山の村人が自発的に銅像の前で爆竹をならし、紙銭を焼き、豚を解体し、毛沢東を祭るようになった。現在、韶山のほとんどの家の居間には毛沢東の写真あるいは銅像が置いてある。彼らにとって毛沢東は韶山から誕生した偉人であり、死後魂が韶山に戻った聖者でもあり、守護神でもある。毛沢東の神格化は韶山地域のみならず、湖南省の他の地域や湖北省などの周辺地域にもおよび、その地域からの人も集まってきて、毛沢東の故居、滴水洞の毛沢東別荘と毛沢東の祖父の墓をまわって参拝する。

5　近代中国の指導者ゆかりの聖地構築　159

写真6　韶山「毛家飯店」の内部（2014年、筆者撮影）

　他方、韶山地域の人々は、毛沢東と彼らのつながりを、貧困脱出の資源にもして、観光ビジネスに生かそうとしている。例えば、韶山の食堂の8割と旅館の5割は毛の苗字を含む個人名を使っている。「毛家飯店」が1987年に毛の故居の向かい側にできた、最初に毛の名前を商売に使った個人レストランである。オーナーの湯瑞仁が田舎料理の「紅焼肉（豚肉の醤油煮込み）」、「ドライ納豆と唐辛子の炒め」、「焙り河魚」、「燻製ベーコン」などをアレンジし、「韶山毛家菜（料理）」のメニューを開発した。レストランの中には毛沢東の写真や銅像も飾ってある（写真6）。その料理の特徴はまず辛さにある。毛沢東が辛いものが好きで、「不辣不革命」（辛くなければ、革命ができない）と語ったことがあるとして、毛沢東の語りを引用して、辛さを革命の徹底性につなげ、さらに韶山毛家料理の辛さの正当性と結び付ける。このように、湯瑞仁を含む村人は観光客に毛沢東のエピソードや韶山の民俗知識を積極的に語り、毛沢東の故郷としての真正性を演出している。

　1995年に韶山村民委員会が主導して毛沢東の一生を物語るテーマパークを作った。記念公園という公共的空間において、近代歴史における毛沢東の役割にかんする政府公式の見解に基づいて作られた観光スポット以外に、毛の名前の頭文字の『M』の形をする公園の門、毛沢東のニックネームをめぐる民間伝説のモニュメント、毛沢東の両親の銅像なども導入され、毛沢東表象における地域の創意工夫が見られる。

　韶山には数多くのお土産品の店があり、そこには毛沢東のバッジ、アルバム、映像DVD、毛沢東時代の歌のカセットやCD、毛沢東の肖像の入ったTシャツ、時計、置物石膏もの、セメントもの、鍍金もの、銅像などが販売されている。これらの毛沢東グッズの中で、精緻に造られているミニ銅像の売れ筋がもっと

160　Ⅱ　観光化と再整備

もよい。ミニ銅像は韶山広場の大銅像を 100 分の 1 に縮小したもので、純銅のものである。ガイドや土産品店の店員たちは語り継がれた民間伝説を観光客に語り、平安神としての毛沢東の意味を暗示して銅像の売り込みをする。

2　観光・開発エージェンシーからみる聖地の維持と運営

　湖南省や韶山市の観光業界は、一農民の息子から一国の元首になった毛沢東の存在を、湖南の社会的・歴史的コンテクストの中で解釈し、観光の文脈の中で表象している。まず、韶山の名前の伝説から紹介する。

　舜帝が南巡して、この山で韶楽（古代の楽曲名）を奏でたことからこの山は、韶山とよばれるようなった。また、地元のツアーガイドたちが、観光客に韶山の毛主席、寧郷県の劉少奇、湘潭県の彭徳懐、湘郷県の曾国藩、桑植県の賀竜、長沙県の時の総理朱鎔基などを、家宝を数え上げるように湖南出身の有名人や政治家を列挙する。湖南省の観光ガイドブックやホームページにおいて、毛沢東は次のように述べられている。「毛沢東は中国や世界の偉人だが、何よりも湖南の名人である。彼は湖南省で 30 年近く生活して、人生のもっとも貴重な青春時代を湖南で過ごした。毛の成長は湖南という土地柄と無関係ではない。湖南出身の有名人から影響を受けた毛は悠久の歴史ある湖南文化の申し子であり、湖南人の性格をもっとも備えている人物である。宋明理学の代表的人物の王船山、思想家の魏源、清代の曾国藩、潭嗣同などはいずれも湖南出身の歴史的人物である。上記の宣伝文句から毛の地域性が強調され、それによって、毛を湖南出身の有名人や偉人といったエリート集団の一員として湖南文化の表象に利用している側面が伺われる」[韓 2008: 248]。これらの観光エージェンシーの語りには毛沢東を中国や世界の有名人として認めながら、湖南というローカルな有名人として地方のエリート集団に入れ、その集団の一員として表象する特徴が伺われる。

　時代の変化に伴い、韶山の村民委員会は、積極的に外部の投資者と連携して、レッドツーリズム（紅色旅游）のほかに、グリーンツーリズム（緑色旅游）とイエローツーリズム（黄色旅游）という複合型、持続可能な開発プロジェクトを進めている。2014 年のインタビューの中で、韶山村長は、韶山観光の資源化は毛沢東に限定されるものではなく、地域の持続的発展を促進するために、混合型の開発が必要であると語ってくれた。レッドツーリズムは共産党ゆかりの観光であるのに対し、イエローツーリズムは伝統文化を伝承するために、伝統的農家の屋敷、昔ながらの風景及び民謡を保存しながら、観光客に楽しんでも

5　近代中国の指導者ゆかりの聖地構築　161

写真 7　韶山市の大型野外劇場で上演されている『中国出了個毛沢東』(2014 年、筆者撮影)

らうことを指す。また、グリーンツーリズムは、農業観光、あるいはアグリツーリズム（agritourism）を指す。消費者の観点からみれば、アグリツーリズムは、都市居住者などが農場、園芸や農村で休暇・余暇を過ごすことになるが、農家からみれば、昔ながらの農業では無く、観光を軸とし、家族をターゲットにしたハイテク農業の体験、植物学習、食育イベントを通して、農業を楽しんでもらうプロジェクトである。「韶之紅太空農場」は最近、毛沢東記念公園の近くにできたエコ・アグリツーリズムのテーマパークである。たとえば、ここで栽培されているピーマンは 108 種類に及んでいる。観光客が自然豊かで、リラックスした環境の中で、植物の知識、ハイテクの栽培方法などを楽しむことができる。

　一方、2014 年に韶山市には大型野外劇場ができて、週 6 回『中国出了個毛沢東』が、韶山のレッドツーリズムの新たなブランドとして上演されるようになった（写真 7）。これは、4D 使用で、歌、舞踏、演劇、雑伎、水と火などの演出を取り入れたスーパーエンターテイメントショーといってもいい。劇場の面積は 1.83 万平方メートルあり、330 人の劇団員のうち、160 人が韶山地元出身である。この劇場の創立と運営は、韶山潤沢東方文化産業センターの重要なプロジェクトであり、金融投資家である単祥双によって企画され、湖南省湘潭市テレビラジオ放送局長の熊興保と実景演出家の李捍忠とによって監督されている。野外劇は、夜に上演され、毛沢東のライフヒストリーを題材に「序」、「安源炭鉱」、「秋収蜂起」、「万里長征」、「民族抗戦」、「乾坤転覆」、「開国大典」の 6 つのパーツからなっている。現在、この劇場センターは韶山市政府に「韶山市愛国主義教育基地」、湘潭市政府に「湘潭市愛国主義教育基地」、湘潭市教育局によって「湘潭市中小学生校外総合教育基地」に認定されている。現在、『中国出了個毛

162　Ⅱ　観光化と再整備

沢東』の野外劇は、韶山のレッドツーリズム・スポットのみならず、中国のレッドカルチャー（紅色文化）伝播の商品としても注目されている。

6　結び

　本章では、中華民国建国の父、孫文と中華人民共和国建国の父である毛沢東の生家の聖地化を事例として、近代中国の指導者ゆかりの聖地作りとその運営の諸相をまとめた。二人の生家の聖地化のプロセスを見てみると、いくつかの特徴が明らかになった。

　まず、二人の指導者の生家及びその村は、中華民国と中華人民共和国建国の初期において、新しい国家の創設者を生み出す場所として神聖視され、反復な儀礼的訪問や参拝によって徐々にナショナル巡礼の地としての実体化が確立するようになったと言える。近代指導者ゆかりの聖地作りは、近代の国民国家の形成過程、社会主義市場経済、グローバルの時代におけるナショナリズム強化の背景において、取り上げるべき問題である。政府は、二人の国父の村を、愛国主義教育基地やレッドツーリズムのスポットとして指定することによって、孫文と毛沢東を愛国主義のシンボル、建国の父として意味付け、政権への凝集力と国民国家の統合を強めようとしている。そのため、長い年月の中で、広東の翠亨村と湖南の韶山は、国家巡礼の聖地としての地位が維持され、政権の正当性と求心力を示す場所としての役割を果たしつづけてきた。

　一方、広東の翠亨村と湖南の韶山の歴史を振りかえてみると、二人の生家は建国の初期において確かに国家主導によって聖地化されたが、のちに地域社会の、イニシアティブによって柔軟に運営されている。つまり、中央政府による聖地作りと地域社会のマネジメントという特徴は二つの聖地に共通してみえる特徴である。特に 1980 年以降、市場原理の観光産業化によって、観光業者や地域の人々も聖地の運営に参入するようになり、従来の政府による一元的な革命家の表象の局面がある程度変えられ、多元的な聖地表象の模様を呈している。以前と比べて、地方政府、観光業界や民間がまったく受身的な存在ではなく、彼らは政府の表象動向を機敏に察して自分たちにとって有利な方向に聖地表象を導こうとしている。たとえば、孫文と毛沢東の故郷を表象する際には、二人の建国の父、革命家を生み出した地域の歴史と社会的環境を強調するのである。特に毛氏一族がまだ多数韶山に住んでいるため、地元の人々にとって、毛沢東は，彼らの親族の一員であったり、偉大な政治家であったり、地域起こしの資

源でもある。計画経済から市場経済へ移行する中で、政治家も政治的な神聖さを失い、商品化され、民族文化、民俗、食文化、宗教などと同じように観光の資源と成っている。毛沢東を資源とする韶山観光は、ホスト側から見れば、貧困脱出の手段であり、地域文化の伝承と創出の動力の一つでもある。

　また、環境保全や有形・無形文化遺産の保護などの理念とシステムが世界規模で共有されるようになっている。このようなグローバルな動きは、革命家の聖地のマネジメントに反映されている。孫文の故郷である広東の翠亨村と毛沢東の故郷の湖南の韶山村の人々は、このような世界の動きをしっかりとキャッチして、これまでの主としたレッドツーリズムの場所を、現代的グリーンツーリズムと地域文化遺産の伝承の場へ展開させ、時代の変化にともない、新たな要素を注入し、聖地の意味を増やしながら、聖地を進化させていくのである。

　今日、地球規模の人・情報・モノの移動、ポップ文化の発達、またユネスコによる新たな文化的理念と制度の設立及び観光化などのファクターが相互的に作用して、伝統的聖地に変化をもたらしている。また、従来の宗教信仰、あるいは政治的力が働いた聖地のほかに、パンダのような希少動物、スポーツ、有名な大学、作家の故郷、映画のロケ、コスプレのパフォーマンスなどの要素によって、われわれの日常的な場所が、聖地化されていくのである。たとえば、釧路にある浜っ子という実在の居酒屋は、『狙った恋の落とし方』（中国語名「非誠勿擾」）という中国の映画撮影のロケ地として使われた。この 2007 年のお正月映画は、日本の北海道の美しい自然の中で展開される恋物語であり、中国では歴代興行成績 1 位を記録した。映画後半の主な舞台が日本の東北海道（釧路、阿寒湖、網走、厚岸、斜里、美幌）で、映画の大ヒットにより中国に北海道観光ブームを巻き起こした。ロケ地として登場した居酒屋、教会堂、阿寒湖ほとりの旅館、岬などは、日本を訪問する中国人にとって必ず訪れる聖地の一つとなっている。

　宗教学者の植島啓司は、聖地のもつ聖性の源泉について、次の 9 点にまとめた。「①聖地はわずか 1 センチたりとも場所を移動しない。②聖地はきわめてシンプルな石組みメルクマークとする。③聖地は『この世に存在しない場所』である。④聖地は光の記憶をたどる場所である。⑤聖地は『もう一つのネットワーク』を形成する。⑥聖地は世界軸（axis mundi）が貫通しており、一種のメモリーバンク（記憶装置）として機能する。⑦聖地は母体回帰願望と結びつく。⑧聖地とは夢見の場所である。⑨聖地では感覚の再編成がおこなわれる［植島 2000: 5-6］。聖地の聖性の源泉は、その場所に由来するという考え方であるのに

164　Ⅱ　観光化と再整備

対し、宗教人類学者の山中弘は、聖地形成に対する人間の側からの関与に注目している［山中 2012: 1-11］。本章で挙げた二人の指導者の生家をめぐる聖地形成及びその持続的運営は、国家、地域社会、観光エージェンシー、投資家など、いくつかのグループのさまざまなニーズの交錯の中で成り立っていることが言えると同時に、聖地生成と持続のメカニズムの解明における構築主義的アプローチの有効性も示している。人間は、よりよい人生、よりつよい自分、あるいはより健全な社会にあこがれ、満足できない現状を乗り越えようとする時、ある場所に願望を託して、めざす傾向がある。その意味で、聖地の世俗化と個人化が進む中、聖地化の要素が増えて、結果として聖地も増えていくだろう。また、従来の宗教信仰や政治的力で形成された聖地は廃れたり、存続したりする一方、新たな聖地も生成されていくのである。

注

1)　孫文の文は、学名である。字は徳明、号は日新、後に逸仙と号を変え、日本に居留した時に中山樵と偽名を使い、これによって「中山」の名前を得た。

2)　現在、東岳泰山（山東）と中岳嵩山（河南）は、世界遺産に登録されている。

3)　「愛国主義教育基地」とは、愛国主義教育を実施する場として指定された歴史旧跡や博物館などを指し、「中華民族」の古代における文化遺産や模範的な共産党員に関する記念館なども含む。

4)　中国では、観光地に対するランク付けには観光地の文化や歴史、科学的な価値のほか、観光の利便性や安全性、衛生面、買い物、環境保護などの基準がある。Ａ級からＡＡＡＡＡ級（5A）までのランクがある。これらのランクは、全国観光景勝地等級評定委員会によって認定されている。

5)　2004 年秋に、中国国家旅游局が「紅色旅游──レッドツーリズム」キャンペーンを始めた。主として共産党結成から建国直前にいたる革命事業ゆかりの史跡や記念館などが含まれる。すなわち、中国共産党ゆかりの地を訪ねる観光のことを指す。レッドツーリズムのスポットは国家旅游局によって指定される。これらの革命聖地は経済発展から乗り遅れた地域が多いため、こうしたスポットが象徴する革命精神を観光資源として開発することで地域の発展に結び付けたい狙いがある。

6)　陸皓東の旧居は広東省中山市南朗翠亨村にある。陸皓東は、孫文が画策した広州武装蜂起に参加し、「青天白日旗」もデザインした。武装蜂起が失敗した後、陸皓東は革命党の名簿を破壊するため、捕らえられて身を犠牲にした。孫文は「中国の革命のために身を犠牲にした第一人者だ」と褒め称えた。1989 年 6 月に、翠亨村にある陸皓東の旧居は広東省人民政府に「広東省重点文化財保護単位」と認定された。

7)　筆者は 1994 年 7 月、1995 年 8 月、2002 年 2 月、2003 年 12 月、2014 年 5 回にわたっ

て毛沢東の生誕の地である湖南省韶山市省韶山村で現地調査を行ってきた。その間、毛氏一族の人々、村の幹部、観光客、旅行会社のガイド、観光スポット、売店、レストランの従業員や責任者、運転手、湖南省と韶山市旅游局の幹部、合計200以上の方々をインタビューした。

8) 3つの世界論（Three Worlds Theory）は、中国共産党の指導者毛沢東が1974年から展開した、3つの異なる政治経済的世界から国際関係が構成されている、とする見方である。この枠組みにおいて、「第一世界」とは超大国である当時の米ソ両国のことであり、「第二世界」は超大国のいずれかと同盟する諸国、「第三世界」は非同盟諸国を指していた。1974年、当時国務院常務副総理だった鄧小平は、国際連合における演説の中で3つの世界論を説明した。

引用文献

〈中国語文献〉（アルファベット順）

陳蘊茜
　　2009　『崇拝与記憶──孫中山符号的建構与伝播』南京：南京大学出版社。

龍剣宇
　　1993　「韶山毛沢東同志故居」pp.140-142『毛沢東同志紀念館　館刊・1号』呉大為主編、韶山：韶山毛沢東紀念館。

韶山毛氏五修族譜編纂委員会
　　2001　『韶山毛氏五修族譜』韶山：河西堂家蔵。

韶山市地方志編纂委員会編
　　1993　『韶山志』北京：中国大百科全書出版社。

王剣星
　　1935　「中山先生是翠亨村人」『常識課本』（初小用）第1冊、上海：世界書局。

〈日本語文献〉

植島啓司
　　2000　『聖地の想像力』東京：集英社新書。

内野熊一郎
　　1962　『新釈漢文大系4　孟子』東京：明治書院。

岡本亮輔
　　2012　『聖地と祈りの宗教社会学──巡礼ツーリズムが生み出す共同性』横浜：春風社。

韓　敏
　　1996　「中国の観光開発のフロンティア──創出された「地域文化」」山下晋司編『観光人類学』pp.169-177、東京：新曜社。

　　2008　「韶山の聖地化と毛沢東表象」塚田誠之（編）『民族表象のポリティクス──中

166　Ⅱ　観光化と再整備

　　　国南部における人類学・歴史学的研究』pp.225-261、東京：風響社。
　2012　「毛沢東の生誕地　韶山──社会主義近代国家の新聖地」星野英紀・山中弘・
　　　岡本亮輔編『聖地巡礼ツーリズム』pp.206-211、東京：弘文堂。
陳蘊茜著、徐素娟訳
　2015　「近代中国の孫中山崇拝」韓敏編『近代社会における指導者崇拝の諸相』（国立
　　　民族学博物館調査報告 127）pp.15-60、大阪：国立民族学博物館。
山中　弘
　2012　「概説　作られる聖地・蘇る聖地」星野英紀・山中弘・岡本亮輔編『聖地巡礼ツー
　　　リズム』pp.1-11、東京：弘文堂。

第6章　グローバル化を生きるインド「仏教聖地」

前島訓子

1　はじめに

　グローバル化によって人とモノそして情報や資本の移動がかつてないスピードと範囲において行きかうなか「聖地」は新たな挑戦に直面している。その挑戦は「聖地」という場所の固有性に由来する。「聖地」はいうまでもなく特定の地点に位置する。だが同時に「聖地」はその物理的な位置に縛られない意味（場合によってその地点でなければならない理由を含めて）をもつ。要するに「聖地」はローカルであると同時にグローバルであるという意味で両義的な場所である。であれば、「聖地」の両義的な在り方は、グローバル化とともに、かつてない仕方で出現するはずの諸勢力が新たな形でまじりあい、ぶつかり合う争点になるに違いない。現に、キリスト教、イスラーム教、ユダヤ教の三つの宗教の聖地で知られるエルサレムはいうまでもなく、ヒンドゥー教とイスラーム教の間の対立（1992 年）が露呈する舞台となったヒンドゥー教の聖地アヨディヤの事例からも見られるように、「聖地」の在り方は政治的、社会的、宗教的緊張や対立が争点になる。本章で取り上げるブッダガヤ（ボード・ガヤー、Bodh Gaya）も例外ではない。ブッダガヤに点在する仏教遺跡およびその周辺の場所性は古くから仏教とヒンドゥー教の対立と葛藤の的となってきたが、グローバル化が進むなか、もはやブッダガヤの「仏教聖地」の在り方は、地元の仏教とヒンドゥー教だけの争点ではない。ユネスコや国内外の仏教徒、巡礼者、観光客など各々利害や思惑にもとづいてブッダガヤの「聖地」の在り方にかかわろうとする当事者が増えるだけ、ブッダガヤの場所性をめぐる葛藤と対立は多岐にわたる争点を生み出している。

　そんななか、2013 年 7 月 7 日、多くの人々の意表を突く爆破テロ[1] が起きる。イスラーム過激派との関りが指摘されるテロリストによって計 13 もの爆弾がブッダガヤに仕掛けられ、そのうちの 4 つが遺跡周囲に設置された。この遺跡付近に仕掛けられた爆弾の爆発によって 2 名の仏教僧が負傷する事態となっ

た。2002年に世界遺産に登録された歴史的遺跡（大菩提寺や金剛宝座、菩提樹）への被害はなかったものの、仏教最大の聖地での爆破事件は大きく報じられ、日本にも伝えられた。インド内外の仏教徒や観光客が訪れる聖地がテロの標的となり勃発したこの事件は、地元の生活者だけでなく、仏教界に震撼を与えることとなった。犯人をめぐる報道はもちろんのことだが、遺跡をめぐる管理体制の在り方やテロに対する国や州の対応等が議論されるなど、グローバル時代における「聖地」の在り方をめぐり新たな課題を突き付けることになった。そして、この事件をきっかけに、ブッダガヤでは、商業施設が立ち並ぶ遺跡およびその周囲の空間がいとも簡単に取り除かれ、大きく変貌を遂げることとなった。しかし、本章が注目したいのは、それでもなお、地元の生活者の営みが完全に奪いさられたわけではなかったという点である。

　本章では、ブッダガヤを事例に、遺跡を中心に仏教化と観光地化が交錯しながら「聖地」が再建されていく過程を振り返り、遺跡およびその周辺の空間がどういった変化を遂げてきたのかを取り上げ、そして、特に爆破事件後の変化を通して、「聖地」が国内外の仏教巡礼者や観光客を引き受けつつ、その力に回収されずに押しとどまろうとする、いわば「仏教聖地」をめぐるグローバルとローカルの力の狭間に浮かび上がる地域の固有性に接近したい。

2　インドにおける「仏教聖地」

　仏教創始者であるブッダの生涯と深くかかわる「仏教聖地」は、インド北部を流れる大河ガンジス流域に点在している。その一つであるブッダガヤはビハール州の南部に位置し、ブッダが悟りを啓いた地として知られた場所である。

　悟りの地（成道の地）であることを記念し、紀元前3世紀にアショーカ王が建立したのがその起源とされる大菩提寺や金剛宝座があり、2002年にユネスコ（UNESCO）の世界遺産に登録された。この地に加え、特に、ブッダの誕生の地であるルンビニー（現在のネパール）や、初転法輪の地サルナート、そして涅槃の地クシナガラの主に四カ所は、仏教四大聖地と総称されている。さらに、ブッダは35歳で悟りを啓いた後に、80歳で亡くなるまで教化活動を行っており、仏教信者によって精舎が寄進され、度々訪れ、滞在したラージギルやヴァイシャリー、シュラーヴァスティー、さらにサンカーシャの四カ所をあわせて八大聖地と呼ばれてきた。

　しかし、いずれの地も、13世紀頃のインドにおける仏教の衰退によって、「仏

6 グローバル化を生きるインド「仏教聖地」 169

地図1 インドにおける「仏教聖地」の分布（網掛けは四大聖地）

教空白の時代」［佐々木他 1971: 121］をむかえると忘れられ、そこに建てられていた建造物は、人為的破壊や自然の風雨にさらされる中で崩壊の一途をたどった。いずれの遺跡も完全な状態を今に残し伝えているものは多くはない。

　だが、その中でも、ブッダガヤの遺跡は、19世紀頃でも大きな崩落を免れていた。イスラームによる破壊を免れるために、仏教徒の手によって埋められたからなのだといわれている。とはいえ、19世紀に撮影された遺跡の写真を見ると、劣化による痛みが激しく、遺跡表面のレンガは崩れ落ち、そのレンガの隙間からは植物が生え、かろうじてその姿をとどめているような状態であったことが分かる。

3　遺跡及びその周辺の「仏教化」

　インドにおける「仏教聖地」の発見は、英領統治下において進むインドの「歴史」の発見と関わる。仏教衰退が進み「仏教聖地」はいずれもその場所が定かではなくなっていたが、英領期になってはじめて考古学調査局の手によって調査が進められ、発掘が行われ、その中で、朽ち果てた状態で発見されてきた。つまり、「仏教聖地」は、約600年の時を経て、再び姿を現すこととなったのである。

　中でもブッダガヤの遺跡は、いち早く注目されていた。1811年に公的調査が初めて実施され、指揮をとったフランシス・ブキャナンは、当時、大菩提寺

の荒廃がかなり進んでいたことを記録している［Copland 2004: 530］。1837 年に
なると、アショーカ王石柱に刻まれたブラフミー文字の解読が進んだことで、
西欧での考古物に対する関心がいよいよ高まり、考古学遺跡探検が企画され、
1862 年にインド考古調査局が成立することになる。ブッダガヤは、この組織
の初期のプロジェクト対象となり、インド考古学の父で知られるアレクサン
ダー・カニンガムの指揮の下、1880 年から 1884 年の 4 年の歳月をかけて発掘
と大規模な修復事業が実施された。その後も 1876 年には涅槃の地クシナガラ
で塔の発掘が進み、涅槃像が発見され、1896 年には誕生の地ルンビニーにお
いてアショーカ王柱が発見されている。こうした仏教の地の発見と特定が進む
ことで、それまで神話上の架空の人物とみなされていたブッダが実在の人物で
あることを確証することにもなった。このように、「仏教聖地」は、英領期に「仏
教の地」として改めて発見され、その意味を取り戻していく。

　さらに、ブッダガヤの遺跡は、次第に宗教的な意味をも取り戻していく。そ
の動きの一つが、スリランカのアナガーリカ・ダルマパーラによる仏教徒の手
に遺跡の返還を求めた運動である。当時、ブッダガヤにおける遺跡は、地元
のヒンドゥー教シヴァ派の僧院の院長であるマハントが所有していた［Rai・
Narayan 1892］。そのため、ダルマパーラの運動により遺跡は仏教とヒンドゥー
教徒との間で帰属をめぐり争点となっていった。ダルマパーラにとって遺跡
は、単なる歴史的考古学的な遺物ではなく、尊いものであり、仏教徒の手に
よって管理されなければならない寺院であった。それに対し、ヒンドゥー教徒
の側は、ブッダをヴィシュヌの化身とみなし、ダルマパーラの遺跡返還の要請
を拒否した。ダルマパーラは 1891 年にマハーボーディー・ソサイエティ（Maha
Bodhi Society、大菩提会）を設立し、世界各国に聖地復興を呼びかけていく［佐
藤 1980］。すでに仏教なきインドにおける遺跡の復興を掲げた彼の運動は、19
世紀に生じたアジアにおける仏教再生の動きの一つとしても知られる[2]。ダル
マパーラはスリランカにおける仏教復興に携わっており、その運動の一つがま
さにブッダガヤの遺跡をめぐる復興運動であった。彼の運動は、『アジアの光
（The Light of Asia）』の著者、エドウィン・アーノルドが仏教徒にあてたメッセー
ジにも影響を受けている。アーノルドは著書の中でブッダガヤを「仏教徒のエ
ルサレム」と位置づけ、ヒンドゥー化した遺跡を仏教徒の手に取り戻すことを
呼びかけていた［リチャード 2002: 67］。こうした影響を受けつつダルマパーラ
の運動を通して、まさにブッダガヤの遺跡はより鮮明に、宗教的な意味が付与
されていくのである。

インドがイギリスから独立すると、特に、ブッダガヤの遺跡およびその周辺は、宗教的、社会的な緊張を孕みながら、「仏教聖地」として築き上げられていくことになる。独立以降の「仏教化」の動きの中で最も大きな変化は、宗教的緊張の争点となってきた遺跡の管理体制の変化である。ブッダガヤの遺跡は、1949 年に施行されたブッダガヤ寺院法（Bodhgaya Temple Act）の下で、ブッダガヤ寺院管理委員会（Bodhgaya Temple Management Committee：BTMC）が管理を担うように定められることとなった。そして、1953 年にマハントからこの組織へと遺跡の管理が引き渡された。この変化は、ヒンドゥー教による伝統的な管理体制から、仏教にも開かれた管理体制への移行を意味する。ただし、この管理体制への移行がヒンドゥー教と仏教との間の遺跡をめぐる緊張に終止符を打ったわけではないことは注意の必要があるだろう。

こうしたブッダガヤにおける遺跡の管理は、他の「仏教聖地」の遺跡の管理とは明らかに異なっている。他の「仏教聖地」における遺跡は、あくまで政府の下、インド考古学調査局（Archaeological Survey of India：ASI）の手によって歴史的遺産として管理されている。この違いが意味しているのは、ブッダガヤの遺跡が単なる歴史的遺跡ではないことを示しているからに他ならない。

次に、重要な点は、インド政府による仏教 2500 年を祝う祝典（Bodha Maha Purnima, Bodha Jayanti）の開催である。1956 年に仏教 2500 年を祝して、インドでは国際仏教学術会議が開催され、ブッダガヤやサルナート、クシナガラ、ラジギール等へのツアーも企画されている。日本をはじめ様々な国が招待されており、日本では外務省を通じ、中村元教授を含む 15 名が招待を受けている。

1956 年に行われたこの祝祭は、次の意味でブッダガヤにおける「仏教聖地」再建の転換点となる。第一に、特に、この祝祭は、ブッダガヤでも盛大に祝典が催され、同地で開催される最初の仏教儀礼となった。その後、BTMC が中心となり、毎年、ブッダ・プルニマあるいはブッダ・ジャヤンティといった仏教儀礼が続けられていく。その後、BTMC に限らず、国外の仏教教団が仏教儀礼を行っていくようになっていく。特に 2000 年以降、毎年、10 月から 3 月の 6 ヵ月の間に国内外の仏教教団（その多くがチベット系）が僧侶や信者を動員し、遺跡や菩提樹の周囲で盛大な儀式を執り行っている。長い時で 1 つの儀礼が 1 週間以上、連日続けられることもある。儀礼を執り行う仏教集団の数は、10 組を上回っており、2016 年から 2017 年にかけては 20 組の仏教教団が儀式を執り行っていた。

また、第二に、1956 年の同祝祭において、独立インドの初代首相となるジャ

172　Ⅱ　観光化と再整備

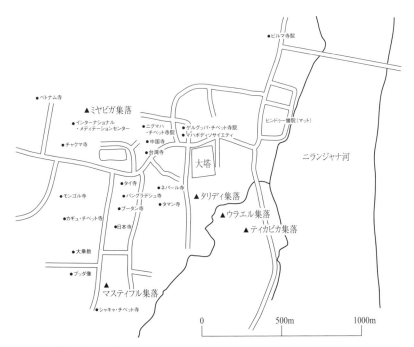

地図2　各国仏教寺院の立地

　ワハルラル・ネルーは、ブッダガヤを国際仏教都市にすることを謳い、各国に仏教寺院の建設を呼びかけたとされる。そしてネルーの呼びかけに応えた国々が、ビハール州政府の土地を借り、各々の仏教寺院の建設を進めていく。寺院は各々の国や地域の特徴を生かした建て方で建設された。当初は、遺跡から1～2kmの範囲に建設が集中していたが、次第に周辺へと寺院建設エリアが拡大している。ブッダガヤでは寺院の数はすでに50ヵ寺を超えており、今でもとどまることなく寺院の建設が続いている。
　こうした仏教寺院は各々の国の僧侶が修行を行う場であったり、観光客や巡礼者に本堂を開放し、メディテーション等の講習を開いたり、大学機関と連携し学生を受け入れる寺院もあるなど様々な機能を持っており、それぞれの国や地域の巡礼者や観光客の受け皿となっている。つまり、寺院の建設の増加自体が、国内外の人々をブッダガヤに惹きつける求心力にもなっているといえよう。
　特に、2002年にブッダガヤの遺跡が世界遺産に登録されると、巡礼者や観光客は増加していく。2013年の爆破事件によって、その数はいったん減少す

るものの、国内外の巡礼者、観光客を合わせて 100 万人を超える人が訪れるようになっている。BTMC に報告されたホテル利用者データ（2009 ～ 2010）をもとに、巡礼者・観光客の出身エリアを確認すると、タイをはじめベトナムやシンガポール等の東南アジアから訪れる人々が最も多く、次いでスリランカやインドといった南アジア、そして日本や中国、韓国といった東アジアと続く。言うまでもなく仏教人口の多い国を中心に、アジア諸国の人々がブッダガヤに訪れている。

4　ブッダガヤにおける「観光地化」

　しかもこういった「仏教化」が進むだけではなく、ブッダガヤは土産物屋やホテル等の商業施設が増加し観光地としての様相を呈していく。1956 年の仏教 2500 年祝祭（ブッダ・ジャヤンティ）の開催に向けて、ブッダガヤでは初めて国有ホテルが建設される。国内外の巡礼者や観光客の増加は、土産物や観光に関わるサービス業が発達していくことにもなった。巡礼者や観光客を相手にする観光業は、1960 年代以降、地元の人々の中から現れ始める。次第に、数珠や手工芸品を売る小規模な土産物屋が、遺跡に向かう沿道や各国寺院の門前に建てられ始める。

　また、1980 年代以降、遊歩道の整備や商業店舗の整備が進んでいく。遺跡の周囲の商業施設もこの頃に整備された。ただし、整備は主に遺跡の周囲にとどまり、多くの土産物屋は、公道の一角を占有し、簡易な店を連ねるように広がりをみせていった。

　次第に、外部からの資本も入るようになり、民間のホテルやゲストハウスの建設が進んでいく。特に、メイン道路に面したホテルやゲストハウスでは 1 階を店舗に開放し、日用品や衣料品、飲食店などが作られている。こうして、訪れる巡礼者や観光客の増加を背景に、ブッダガヤでは遺跡の周囲を中心に、観光業に関する商売が次第に定着すると共に、広がっていくのである。

　なぜ「仏教化」や「観光地化」が広く展開していくこととなったのか。確かに、いずれの現象も、ブッダガヤにおける宿泊施設や各国とインドを繋ぐ空路、主要都市と仏跡地を繋ぐ鉄道、さらに仏跡地同士を繋ぐ道路網といった交通網の整備をはじめ、様々なインフラ整備が進んだことや、なによりも国内外の政府の観光政策、さらにはアジア諸国の政治・経済状況の改善等に起因することはまちがいないだろう。

174　Ⅱ　観光化と再整備

　だが、ここで取り上げておきたいのは、ブッダガヤにおいて「仏教化」および「観光地化」が進む背後には、地元のマハントの存在を無視しえないということだ。ヒンドゥー教シヴァ派の僧院の院長であるマハントは、16世紀に初代マハントとなるゴサイン・ガマンディ・ギリがブッダガヤに訪れ、僧院を構えて以来、18代続いている。ムガール帝国時代に、デリーの皇帝からブッダガヤの遺跡や、その周囲の集落を与えられ、その後、土地等の寄進を受けながら富を築き、ビハール州の中で2番目に大きな地主として大きな影響力を持っていたともいわれる。先にみたダルマパーラによる運動に対し、当時のマハントは遺跡の仏教徒への返還を拒否してきたように、いわば仏教化を阻止する力を働かせてきた。巡礼者や観光客の参詣を拒否することはなかったようだが、マハントの影響力が強い時代は、巡礼者はマハントにうかがいをたててから、大菩提寺を参詣したと話す仏教徒もいた。

　しかし、マハントは独立後、次第にその力を弱めていく（［前島 2007］参照）。寺院管理体制の成立によって、マハントは遺跡のいわゆる独占的管理権を失う。その上、土地改革に伴い、土地所有の上限に関する制度の導入やザミーンダール制の廃止が実施され、また1970年代に、農民による土地解放を求める機運も高まっていた。ブッダガヤでも、農民とマハントとの間で対立が生じ、農民が殺されるという事件も発生した。こうして、マハントは広大な土地を手放していき、僧院にいる僧侶の数や労働者も減少し、次第にその経済的、社会的影響力も下火となっていく。それは言い換えれば、マハントが地域経済や社会に及ぼす絶対的ともいうべき力が弱まったことを意味する。その一方で、ブッダガヤの遺跡に対する国内外の関心は、ますます向けられていくのである。

　そうした中で、1970年頃に不可触民集落の一つが仏教に改宗するという動きがみられた。ブッダガヤでの仏教改宗は、独立以降に顕在化した新仏教徒の運動とは異なり、マハント支配の影響力が弱まったことに加え、国内外の仏教僧や仏教徒との接触が増える中で進んだものだった［前島 2015］。

　さらに、マハントの影響力の低迷は、「観光地化」の促進にもつながっている。訪れる仏教巡礼者や観光客の増加を考えれば、マハントの影響力とは関係なく、観光化が進むことは自然なことであるかのように思われる。だが、ブッダガヤにおける観光業の成り立ちを考えると、必ずしもそれだけではない側面が見えてくる。ブッダガヤで巡礼者や観光客に対する商売が始められたのは1960年代の頃である。もちろん、それまでにも、数珠等を売る人々はいたようだが、その数はごくわずかにすぎなかったという。そもそも観光客や巡礼者の数が少

なかったということも否めないが、当時商売をしていた老人に話を聞けば、商売をする場合にはマハントの許可が必要であったため、誰もが容易に商売をできるものでもなかったという。しかも、多くの人々は、マハントが所有する広大な土地や僧院での就労に従事せざるをえず、誰もが自由に観光業を営むことができる状況にはなかった。否、むしろ、観光業に従事するという選択肢がそもそもなかった。

ところが、マハントの影響力の弱体化に伴い、マハントの下での就労機会が減少した。その結果、中には、生活していけず、仕事を変えたという者もいるように、当時のブッダガヤは、マハント支配体制の揺らぎに伴い、就労機会あるいは生計手段が成り立たなくなった人々を抱えていくことになっていたのである。

こうした社会的状況の中で、仏教巡礼者や観光客の増加、同時に、仏教寺院の建設は、様々な就労機会を生み出し、マハントの下での就労機会を失いつつあった地元の人々の就労の受け皿となっていった（[前島 2011] 参照）。特に、地元の人々に、国内外の巡礼者を相手にした観光業への道を開くこととなった。また、各国の寺院建設や、インフラ整備等が進むこともまた、地元の人々に新たな就労機会を与えることにもなった。

ようするに、ブッダガヤの場合、「仏教化」と「観光地化」は、そこに築き上げられた社会と密にかかわりながら両者が相互補完的に展開してきたのである。

5 遺跡およびその周囲空間の変貌

では、遺跡を中心とする空間はどう変化してきたのだろうか。実は、インド独立前まで、遺跡は人々の生活の場と切り離されて存在していたわけではなかった。遺跡の周囲に人々の居住地があり、動物が走り回り、蓮池において洗濯が行われていた。また、次の写真からもわかるように、蓮池ではヒンドゥー教の儀礼が行われることもあった（写真1）。

このように、遺跡の周囲は、決して地元の人々の生活の場と切り離されるものではなかったことがうかがえる。

しかしながら、独立以降、度々開発計画が策定され実施されていく過程で、地元の人々の生活空間との切り離しが次第に進められてきた。遺跡周囲を取り囲むように人々が生活していたタリディ集落では、2度にわたり立ち退きを強

II　観光化と再整備

写真1　蓮池で行われているヒンドゥー教の太陽神を祀るプージャ（出典：現地住民提供）

いられることとなった。1980年代になると、遺跡の管理敷地内を取り囲むように柵や塀が設置され、車やバス等の乗り入れを防ぐために遊歩道が敷設され、そこに商業施設が整備された。整備された店舗に収まりきらず、人々は遊歩道に布を広げたり、簡易台を設置するなどして、土産物や花、日用品等を並べ売る者や、首や手に数珠やポストカード、花を持ちながら売り歩く者もいた。また、遊歩道は、ガヤ市内へと向かう旧道とを繋ぐ道の一つでもあり、道が交差するエリアは野菜や果物を売る店や日用品や飲食店、衣料品を売る店などが連なり、ブッダガヤにおける経済活動の中心を成している。そのため、遊歩道は、巡礼者や観光客の巡礼道としてだけでなく、地元の人々の生活道としても機能していた。このように、遺跡の周囲の遊歩道に沿って商業店舗が並び、さらには土産物屋の売り子が巡礼者や観光客に群がり商売を行う様は、巡礼者や観光客の巡礼を妨げ、「聖地」に不適切だとして、一部の仏教徒から問題視されてきた。

　こうした遺跡の周辺をめぐる空間の問題は、世界遺産登録以降より顕在化することになる。ブッダガヤ地区一帯をカバーする開発計画案が策定され、また蓮池で行われてきたヒンドゥー教の儀礼も禁止された。特に、開発計画は、歴史的遺跡の保存保護及びその周辺の景観に配慮し、遺跡を中心に半径500mのコアゾーン、1kmのバッファーゾーン、そして2kmの周辺ゾーンが設定され、それに基づいた開発ヴィジョンが示されることとなった。コアゾーンでは、建物の建設はもちろんのこと、いかなる開発も禁じられることが定められていた。そして、バッファーゾーンでも開発が制限され、建物の新規建設の禁止、さらに高さ制限も設けられていた。ブッダガヤという町は、遺跡の周辺から1kmの範囲に、集落や土産物屋はもちろんだが、野菜や果物、衣料品、飲食店等、様々な日用品を扱った店も集中しており、地元の経済活動の中心となっている。

6　グローバル化を生きるインド「仏教聖地」　177

　したがって、開発計画によって人々の経済、社会活動が制限され、多くの人々の居住地が移動を強いられる可能性が出てきたのである。こうした開発計画に対し、地元住民は自らの先祖との関りの中でブッダガヤを位置付けながら、ブッダガヤが誰の地であるのかを問い、住民の排除を強いる開発に反対の声を挙げてきた［前島 2010 参照］。住民は、経済的に貧しい人々も多く、従来の開発において立ち退きを強いられた経験のある者も少なくなかった。政府は、遺跡周囲の商業施設を移転させる計画から、離れた代替地に施設の建設を進めており、しかもすでに建物の建設は完了していた。それに対し、住民は商業施設の移動に消極的かつ批判的で、商業施設が完成した今でも移動する者は誰もおらず、それまでと変わらない場所で経済活動を続けていたのである。

　しかし、2013 年の爆破事件をきっかけに状況は大きく変わることとなった。テロ対策と称して、遺跡に向かう沿道に軒を連ねるように建てられていた土産物屋が強制的に撤去されたのである。この撤去により、そこで商売を営んできた人々の経済活動の場を奪っただけでなく、その後、巡礼道と生活空間を完全に切り離し、沿道には手に花を持った売り子たちが売り歩いている様子はあるものの、巡礼者との接触が制限されている状況である。ただし、巡礼者や観光客も規制から逃れられているわけではない。爆破事件から 2 年以上が経過した2016 年 2 月の時点でも、遺跡に向かうまでに 2 度のセキュリティチェックが課せられ、長蛇の列を並ばなければ参詣ができないような状況であった。

　いずれにせよ、今日の「仏教聖地」は、地元の生活空間と遺跡周囲空間との切り離しが進んでいる。そして、土産物屋が撤去され、広げられた遊歩道は、道全体を覆うように仏教旗で飾られ、巡礼者や観光客を迎え入れている。しかも、旧道へと接続していた遊歩道は、途中、壁で封じられ、人が一人出入りすることができるだけの入り口がかろうじて設けられているような状況であった。こうして、生活道と巡礼道として機能していた遊歩道は、地元の人々の日常生活空間であり経済活動空間と巡礼者が参詣する空間とを切り分け、交じり合わないよう壁によってほぼ遮断されたのである。

　かねてから遺跡の周囲に土産物屋が立ち並び、客引きをする地元民が巡礼を妨げるとして問題視されてきた状況は、皮肉にもテロ対策として、強制的に商業店舗の撤去が推し進められたことで、実現されることとなったといえる。店舗を撤去し広げられた空間を仏教旗で飾り、さらに生活道としての機能を制限する動きは、遺跡およびその周辺において人為的に世俗的空間を切り離し、仏教化を図りながら、純粋な「仏教聖地」へとシフトしているかのようである。

6 ブッダガヤにおける「仏教聖地」の固有性

　だが、単純ではないのは、次の点にあるだろう。それは、遺跡管理体制の面に現れている。つまり、ブッダガヤの寺院管理体制は、成立してから今日に至るまで、ヒンドゥー教と仏教による両宗教による管理によって、ヒンドゥー教のそれまでの伝統を否定することなく、継承させる形で遺跡を管理することを認めている。遺跡の管理の在り方をめぐっては、これまでに度々、争点となっているが、今日においてなお継承されている。

　その上、遺跡内にはヒンドゥー教のシヴァ神のシンボルであるシヴァ・リンガが祀られ、遺跡の入り口付近に、シヴァ・リンガを祀ったヒンドゥー寺院が隣接しており、マハント時代から世襲している専従のプージャリによってプージャが捧げられている。ようするに、「仏教化」は、決して仏教以外の宗教を認めないような排他的な形で進められているわけではないということである。

　さらに言えば、遺跡からさほど離れていない位置にヒンドゥー寺院やイスラームのモスクや墓地等が建っている。いずれも新規建造物の建設を制限されるエリアに位置していながらも、ヒンドゥー寺院やイスラーム関連施設の再建が進められた（[前島 2013] 参照）。遊歩道を挟んですぐの位置にあるヒンドゥー寺院は、マハントの所有する寺院の一つであるが、管理が及ばず廃墟も同然の状態であった。ところが、2000 年代半ば以降に再建の機運が高まり、建造物の再建が完了した（写真 2）。2016 年 2 月に寺院をたずねると、ヒンドゥー教のプージャリが常駐しており、さらにヒンドゥー教の儀礼が復活する兆しもうかがえた。

　同じくイスラーム教徒のモスクも建てられた当初は一民家に過ぎず、地元に住むイスラーム教徒のための祈りの場にほかならなかったが、今ではビハール州において規模の大きなモスクの一つにまでになっている。さらに墓地へと通ずる入口は、簡素なゲートであったが、イスラーム建築様式をうかがわせるゲートへと再建され、存在感を増しはじめている（写真 3）。特にヒンドゥー寺院の再建やイスラーム教の墓地のゲートの新設は明らかに世界遺産登録以後の動きである。つまり、「仏教化」は、他の宗教にも影響を与え、遺跡周囲の空間を再構築しているといえるであろう。

　そうした中、今回のテロ事件後、政府は、テロ対策を理由に商業施設を強制的に撤去した。そのため、遺跡周囲の空間は大きく変わることとなった。そこ

写真2　再建されたヒンドゥー寺院

写真3　再建されたイスラーム教の墓地入口ゲート

で分かったのは、その中で、撤去を免れた店があったという点である。では、どういった店舗が撤去を免れることができたのか。実は、今回撤去を免れた店は、いずれもマハント所有の土地であり店舗であったということだ。店舗の多くは、野菜や果物をはじめ地元の生活用品を売る店であった。だが、唯一、土産物屋でありながら撤去を免れた店があった。しかもその店は、遺跡から最も近くに位置しているのだが撤去を免れていた[3]。

しかし、そもそも店舗の強制的撤去がテロ対策を理由に行われていたのだとするならば、遺跡周囲すべての店舗が撤去の対象となるはずではないだろうか。にもかかわらず、マハント所有の土地と店舗が撤去の対象から免れることになった理由はどこにあったのだろうか。この点についてはさらなる調査が必要であるが、2016年2月に筆者が僧院において聞き取りをしたところ、マハントの所有物であるという制度的な縛り以上に、そこには少なからずマハントが政府に対し便宜を求めていたことがうかがえた。

以上のように、ブッダガヤでは、独立以降、繰り返し開発計画が策定され、

遺跡と生活空間の切り離しが進められてきた。だが、今回の爆破事件をきっかけに、強制的に生活空間（経済活動の場）の切り離しが推し進められ、その空間は仏教旗で彩られ、いみじくも仏教化が急速に進んでいるかのようである。

　しかし、遺跡内およびその周囲でヒンドゥー教のシンボルや日常的な礼拝が維持され、そしてヒンドゥー寺院再建等も進められてきていることを考えると、単純に仏教化が進んでいるとは言い難い。特に、ヒンドゥー教のシヴァ派のマハントの土地とその土地で生活し、経済活動をしている人々は、むしろ今回の撤去を免れる結果となっていたのである。しかしながら、彼らの経済活動の場や生活の場は、世界遺産登録によりコアゾーン、バッファーゾーンのエリアである限り、今後、立ち退きの対象となる可能性は高いだろう。とはいえ、「仏教聖地」の在り方（遺跡およびその周辺の在り方）は、外部から一方的に決められていくものではなく、ローカルな社会との相互の関係の中で形作られていくことが、この事例からも読み取れる。

7　おわりに

　「仏教」は 2600 年以上も昔にインドに誕生した後、アジアを中心に世界各地に広まり、それぞれの国や地域の中で独自に発展を遂げ、その社会の人々の文化や生活の中に浸透してきた。そして今、こうして各地に広がった「仏教」が、再び仏教発祥の地インドに回帰してきているといえる。

　グローバル化が世界各地を覆い、国境を越えたヒトやモノ等の移動が容易となるなか、インドにおける「仏教聖地」では、多くの国内外の仏教徒や観光客が訪れるようになっており、特にブッダガヤでは遺跡が世界遺産の登録を受けることで、地域人口をはるかに上回る人々が押し寄せ、グローバルな動きを加速化させることにもなっている。

　それだけではない。「仏教聖地」では 1956 年以降、国や地域、宗派の異なる寺院が次々に建てられている状況にある。各々の国や地域の建築様式にしたがって建てられた色彩豊かな仏教寺院は、自国・地域の仏教徒や僧侶等だけでなく、訪れた人々の受け皿にもなっている。こうして「仏教聖地」は、アジアとインドを繋ぎながら、グローバルな地へと変貌を遂げている。しかも、国や地域を超えた資本の流れを呼び込むことにもなっているグローバル化のブッダガヤ社会への影響も少なくない。地元の人びとの経済活動や日常生活のあり方を変え、当該社会を大きく揺るがしただけでなく、遺跡をめぐり宗教的緊張

を孕みながら、「聖地」が誰のものかが問いなおされ、さらに個人や集団を運動へと駆り立ててきた。

　ここで忘れてはならないのは、グローバル化の只中で、大きく社会の在り方が変容を迫られていながらも、外部の力に抗い、抵抗しようとするローカルな力が、グローバルな力に回収されてしまうのではなく、むしろ立ち現れているということにあるだろう。そしてそれは、この地域に生活する者は言うまでもなく、仏教界を震撼させることとなった、テロというグローバルな課題に直面した中でも表れていた。テロ事件は、「聖地」をめぐり新たな政治的争点を生み、商業施設の撤去という世界遺産登録後、話題にのぼっていた場所や空間の改変、再編を推し進めた。言うまでもなく、人々の経済活動の場を奪うという結果を招いた。だが、一部はそれを免れていた。商業施設の撤去という対応は、いわば国内外の仏教徒や観光客が訪れる聖地であると同時に国際観光地でもあるブッダガヤが、まさにグローバルな場所であるという「正当性」に裏づけられ、テロに対する潜在的リスクを避けることを理由に推し進められていた。一見すれば、テロ事件というグローバルな課題に直面したことで、ローカルな社会は、グローバルな力に対してなすすべもなく飲み込まれてしまったかのようである。

　だが、そう簡単に結論付けることはできない。一部の商業施設が撤去を免れていたという事実から、そこには地元の伝統的支配者となるマハントの影響力が少なからず働いていたということがみえてきた。ようするに、実は、グローバルに飲み込まれつつも、ローカル社会が場所や空間の在り方の明暗を左右することになっていたということがわかるだろう。そこにこそ、グローバルとローカルの狭間を揺れ動く、ブッダガヤの「聖地」としての固有性が顕れているのだ。

　では、今回の爆破事件に直面して以降、ブッダガヤはどのような「聖地」として目指されようとしているのだろうか。最後に、現在の首相であるナレンドラ・モディのブッダガヤでの発言を取り上げながら、その発言から「聖地」の在り方を抽出したいと思う。モディは、2015年9月、3日間の「紛争回避と環境意識に対するヒンドゥーと仏教のイニシアティブを銘打ったイベント」において、次のように述べたとされる [Hindustan Times Sep. 09. 2015, India Today Sep. 9. 2015]。モディは、「われわれは、ブッダガヤを仏教世界の精神的な理念的中心として発展させていきたい」と述べている。そしてまた、「われわれは、インドと仏教世界をつなぐ文明的な橋渡しとしてブッダガヤを発展させていきたい」とも述べた。

182　Ⅱ　観光化と再整備

　モディの発言からは、ブッダガヤで生じたテロに対する考え方、さらにはその事態に対してブッダガヤという場所が持っている意味、ブッダガヤから進めていくべき取り組みへの構想が読み取れる。つまり、それは、ブッダガヤが、テロという課題に直面したことを受けて、世界との関係を断つという防御的な方向ではなく、世界に向かっていきたいという発言にほかならない。そこには、ブッダガヤという地が、古の時代からインドと世界を結びつける橋渡しであったことを鑑み、そのことを資産として生かし、さらに発展させていきたいという姿勢が読み取れる。

　それでは、モディが掲げるブッダガヤのあるべき姿（理念）は、果たして実現するのだろうか。実現するのなら、それはブッタガヤに住まう人々にとって何を意味するのだろうか。この問いに対する答えは、モディの訴えるブッタガヤの在り方やそれに基づく今後の「開発」や「発展」がいかに実行されるか、なかでもその過程にブッタガヤの人々がどのようにかかわっていくのかという問題に対する答えを待たなければならない。そして、世界とインドを繋ぐという壮大な理念を掲げ、ブッダガヤがグローバルな場所として開かれていく過程において、いかにしてローカル社会の声を組み込んでいくことができるのかが、「仏教聖地」の在り方を左右する今後の課題となってくるであろう。

注
1)　ミャンマーにおけるイスラーム教徒ロヒンギャに対する取り締まりを抗議するインディアン・ムジャーヒディーンによるものとされる。
2)　当時、英領植民地下におかれキリスト教の影響に晒されるなか、衰退の途上にあった「仏教」の見直しが、ビルマやスリランカ、そしてタイをはじめアジア地域で確認されている。仏教に対する価値に光が当てられ、パーリー語の仏教聖典に根差した姿勢や実践への回帰を試みようとするものである［Lahiri 1999: 37-38］。
3)　ただし、いずれは塀で封鎖される可能性があるということから、裁判において係争中だという話ではあった。

引用文献
Copland Ian
　　2004　"Managing Religion in Colonial India: The British Raj and the Bodh Gaya Temple Dispute" Journal of Church and State, pp. 528-559.
Hindustan Times

6　グローバル化を生きるインド「仏教聖地」　183

2015　"I would call our country 'Buddhist India': PM Modi" Sep. 09. 2015.
India Today
2015　"Bodh-Gaya to be developed as spiritual Capital: PM Modi" Sep. 09. 2015.
Lahiri Nayanjot
1999　"Bodh-Gaya: an ancient Buddhist Shrine and its Modern History (1891-1904), Timothy Insoll 1999 Case Studies in Archaeology and world religion: the proceedings of the Cambridge Conference, BAR International Series 755.
Rai Ram Anugrah, Narayan Singh Bahadur
1892　"Brief History of Bodh Gaya Math" Calcutta: Printed at the Bengal Secretariat Press.
Rajendra Prasad
1953　"Message from Dr. Rajendra Prasad- The President of India on the occasion of The Handing over ceremony of Bodhgaya Temple on 28th May '53"
Richard Jaffe
2002　Seeking Sakyamuni: World travel and the reation of modern Japanese Buddhism, リチャード・ジャーフィ、前川健一訳「釈尊を探して──近代日本仏教の誕生と世界旅行」『思想』11、No. 943. pp. 64-87。

佐々木教悟・高崎直道・井ノ口泰淳・塚本啓祥
1971　『仏教史概説インド編』平楽寺書店。
佐藤良純
1980　「アジア仏教の現状」『現代仏教を知る大事典』金花社。
前島訓子
2007　「『仏教聖地』における伝統支配の衰退と社会変容──独立以降のインド村落社会研究を手がかりに」『名古屋大学社会学論集』28: 83-104。
2010　「ローカルな文脈における『聖地』の場所性──インド・ブッダガヤにおける「仏教聖地」を事例に」『都市社会学会年報』28: 167-181。
2011　「インド「仏教聖地」構築の舞台──「仏教聖地」構築と交錯する地域社会」『地域社会学会年報』23: 67-81。
2012　「インドにおける『仏教聖地』──生きた文化遺産の葛藤とその行方」『季刊民族学』pp. 11-19。
2013　「交錯する『仏教聖地』構築と多宗教的現実──インド・ブッダガヤの『仏教聖地』という場所の形成」『日本都市社会学会年報』31: 111-128。
2015　「インド仏教聖地と文化遺産──ボードガヤーの変容」鈴木正崇編『アジアの文化遺産──現在・過去・未来』慶應義塾大学東アジア研究所。

III　再聖地化の諸相

第7章　新仏教聖地建設の夢
カルムイク人の仏教復興と民族文化復興のあいだ

井上岳彦

1　はじめに

　いったん失われた宗教文化は、いかに復活し展開するのか。そのとき聖地はいかなる役割を果たすのか。本章の考察対象であるカルムイク人は、1943年から13年間、シベリアや中央アジアなどへ強制移住させられ「通敵民族」として迫害を受けた。1956年に名誉回復されたが、この強制移住時代に刻み付けられた負の記憶は、自分たちをソヴィエト社会に「完全に」統合することを希求させ、無神論の理念に基づき仏教信仰を徹底的に捨てさせた［Guchinova 2005］。これこそがブリヤート人との決定的な違いである。ブリヤート人の場合は、1944年から仏教教団を実質的に保持し続けることを許されたが、カルムイク人は仏教文化を失った。本章は、仏教信仰をいったん失ったカルムイク人がふたたび仏教に帰依し、新たな仏教聖地を創り上げていく諸相を論じる。
　ロシアは多民族国家であると同時に、多宗教国家でもある。ロシアの宗教と言うと、ロシア正教が第一に想起され、実際にロシア正教徒は多数派を構成している。しかし、1997年9月26日に制定された「良心の自由と宗教団体に関する」ロシア連邦法（No125-F3）では、「キリスト教、イスラーム、仏教、ユダヤ教」がロシアの「伝統宗教」として明記され、仏教にも特別な地位が与えられた［GSRPA Rossii 1997］。近年ロシアでは、特に第二次チェチェン戦争（1999年-2009年）による国家分裂の危機を受けて、その歴史的な多宗教性を利用した国民統合のあり方が政府によって模索されている。それに伴い、これらの公認宗教と社会関係資本の連関にも注目が集まる。またロシア正教のみならず、ロシアのイスラームについては世界的にも強い関心を呼び、日本においても脚光を浴びているところである［井上まどか 2004, 2011; Matsuzato and Sawae 2010; 濱本 2011］。その一方で、ロシアの仏教—ロシア連邦法や本章が述べるところの「仏教」とはチベット仏教のことを指す—については、日本ではこれまであまり専門的に論じられてこなかった。ロシアにおいても、カルムイク人仏教徒の宗教

実践は十分に注目されてこなかった。信仰の「真正性」を重視する一部の人々からは、カルムイク人は見様見真似で信仰実践を行なっており、本当は仏教をよく理解していない、などと揶揄されることも少なくなかったのである。そのため、カルムイク人の仏教信仰に注目する点においても、本章は従来の研究とは異なる意義があるだろう。本章で考察される対象は、仏教徒とロシア国家の歴史が織りなす複雑な関係性であり、そうした状況の下で聖地を新たに創り出そうする人々の動向である。

　現在のロシア連邦で「伝統宗教」であるチベット仏教信仰の盛んな地域としては、シベリアのブリヤート共和国とトゥヴァ共和国、ヴォルガ・ドン地域のカルムイク共和国がある。トゥヴァ人はテュルク系で、1911 年まで名目上は清朝の支配下に置かれていたこともあり、文脈の違いが意識されることが多い。しかし、同じモンゴル系のブリヤート人とカルムイク人は、ロシア国家との接触において同様に長い歴史を持つ仏教徒であり、無神論のソ連体制が崩壊し「仏教復興」が同様に起こったということで、同列で語られることが多かった。それもブリヤート人の事例をもってして、カルムイク人の仏教実践が語られてきた。しかし冒頭で述べたように、ソ連時代にカルムイク人とブリヤート人が置かれた状況はまったく異なる。そのためカルムイク人の「仏教復興」と聖地の誕生は、個別に分析されなければならない。

　まず第 2 節では、カルムイク人の仏教信仰の歴史について、ブリヤート人の場合と比較しながら論じ、カルムイク共和国の「仏教復興」の歴史的背景を説明する。次に、第 3 節で、カルムイク共和国の「仏教復興」とはいかなるものだったのかを明らかにするために、その展開を詳述する。そのうえで、第 4 節では、新たな仏教聖地が誕生している状況について、民族文化との関係のなかで考察する。本章の考察に使用する聞き取りや文献資料は、主にロシア連邦カルムイク共和国において、2004 年から 2017 年に断続的に採集したものである。

2　ロシアの仏教信仰の歴史

　同列に語られる傾向があるロシアの仏教文化について、実際の担い手はどのように考えているのか。ロシア連邦カルムイク共和国の仏教団を率いる宗教指導者テロ・トゥルク・リンポチェことエルデニ・オンバディコフ（ディロワ・ホトクト 12 世。以下、現地社会での呼称に基づきテロ・トゥルク・リンポチェとする）は、筆者とのインタビューに応じ、次のように述べている。

「ロシア仏教」という表現は正しいでしょうか。「ロシアの仏教文化」の特別で多様な現れ方について同意はできますが、「ロシア仏教」という表現は正しくないと考えています。我々が信仰しているのはひとつの教えです[1]。

カルムィク人の仏教文化を研究するエリザ・バカエヴァ教授も、「たしかにかつて、ロシア帝国時代に『ロシア仏教』なるものがあったと言えるかもしれません。しかし現在は、別個の『ロシア仏教』が存在するとは言えないでしょう」と、筆者の問いに対して述べた[2]。二人が述べていることは、ロシアの仏教が多様であること、そして、かつて特別な歴史を持っていたが今は外部との相違はないということである。

本節では、ロシア帝国時代から「無神論」のソ連時代、そして現在のロシア連邦に至るまで、カルムィク人仏教徒の歴史をブリヤート人の場合と対比させつつ概観し、現代ロシアの仏教社会における過去との連続性と断絶性、国家との関係性を確認する。すでに述べたように、ロシアでは、主にカルムィク人、ブリヤート人、トゥヴァ人が伝統的に仏教を信仰してきた。ただし1914年にはロシア帝国の保護領となっていたとは言え、トゥヴァ社会（当時のトゥヴァ人民共和国）がソ連に正式に編入されたのは1944年のことであり、それよりもずっと長くロシア国家の中に生きてきたカルムィク人とブリヤート人とは、その歴史を大きく異にする。カルムィク人とブリヤート人がモンゴル語系であるのに対して、トゥヴァ人はテュルク語系の言語を話す点においても大きな違いが存在する。そのため、トゥヴァ人についてここで詳述することは避け、しばしば一緒にまとめて論じられがちなカルムィク人とブリヤート人の仏教文化とその歴史を概観し、両者の相違を明らかにする。

1　ロシア国家と仏教徒の接触（17世紀～18世紀）

現在のカルムィク共和国はコーカサス地域の北側のステップ地帯にあり、カスピ海とヴォルガ川の西側にある。つまり地理的には、ヨーロッパに位置する。カルムィク人の祖先であるオイラト人はジュンガル盆地（現在の中国新疆ウイグル自治区北部）に住んでいたが、その一部が戦乱を避けて徐々に移動し、17世紀初めにカスピ海の北方に広がる草原地帯に至った。チベットから派遣された高僧ザヤパンディタ・ナムカイギャムツォの活躍により、この頃急速にチベッ

190 Ⅲ 再聖地化の諸相

ト仏教ゲルク派の教えが広まり、モンゴル文字に改良が加えられた別個のトド文字文化も誕生した。1650年代には、ロシア政府と軍事同盟を結び、ヴォルガ下流域右岸のステップに招かれた。しかし、ヴォルガ下流域のオイラト人とロシアの力関係は次第に後者の優勢となり、ロシア帝国の支配は1720年代に実質確立した。この頃ロシアは、帝国周縁の脆弱な統治基盤を補強するために、仏教僧侶を取り込み利用し始めた。それから約半世紀後の1771年に、ヴォルガ地域のオイラト人の大部分はロシアから要求される軍事負担に耐えかね、ヴォルガ下流域の草原地帯を捨て、ふたたび中央アジアに向かって移動を開始した。しかし彼らは独立した勢力を保てず、最終的に清朝に服属することになった。他方ロシアの支配を受け入れヴォルガ地域に留まったオイラト人の一部は、今日のカルムィク人となった［Khodarkovsky 1992］。

　ブリヤート共和国はシベリアのバイカル湖の東側に位置するが、ブリヤート人は湖西にも多く住み、ロシア人に征服される前もそうであった。ロシア人がバイカル湖西の森林地帯に住む西ブリヤート人と遭遇したのは1628年のことで、激しい征服戦争の末、1640年代に西ブリヤート人を圧倒した。その後バイカル湖の東側（ザバイカル地方）においても苛烈な平定作戦が取られた。ブリヤート社会におけるチベット仏教の伝播は1640年代から1670年代に始まるとされる。しかし多くのブリヤート人、特にモンゴルから離れた湖西の森林地帯に居住する西ブリヤート人のあいだでは、シャマンへの信仰が強かった。1689年のネルチンスク条約締結によって、東ブリヤート人はロシアか清のいずれかへの臣従を迫られたが、その後もモンゴルとのあいだでは人々の往来が続いた。モンゴルの影響を受けて、1707年に東ブリヤート人社会で最初の移動型の寺院が建設された。1712年にはモンゴルから100名、チベットから50名の僧侶が、モンゴルの内紛を避けてブリヤート社会に流入する事件が起き、バイカル湖東部で仏教は一気に浸透した［Tsyrempilov 2013: 41］。つまり、仏教はロシアの支配下でブリヤート人社会に普及したのである。

2　正教会の守護者と仏教徒（19世紀～20世紀初）

　ロシア皇帝の支配をどのように考えるかは、カルムィク人社会でもブリヤート人社会でも大きな課題だった。概して仏教徒の歴史のなかで、統治権力者を庇護者と見込み菩薩の転生者として引き込むことによって、支配者と衆生の関係性を再定義し教団の安定を図るという現実肯定的な行動がしばしば見られた。この点について、ブリヤート人社会の方がロシアの支配に積極的かつ柔軟

に臨んだと言える。18世紀のバイカル湖東部では、容易に越境可能な国境と、人的資源の不足という二つの大きな問題があった。そのため仏教国である隣国の清朝に対して、ロシア政府は僧侶の自由な往来を制限しつつ僧侶を保護することによって、ブリヤート人社会のロシア帝国への統合を図った。1727年のキャフタ条約には更なる僧侶の流入を禁止し、モンゴル・チベットとの宗教的連携を分断する意味もあったが、1741年には新たな教団の形成がエリザヴェータ帝によって承認された。初代パンディド・ハンボラマのザヤエフは1768年にエカテリーナ2世に謁見し、彼女を白ターラー菩薩の化身だと喧伝した。以来ブリヤート人僧侶は、歴代のロシア皇帝を仏法の保護者で普及者と位置付け、菩薩の化身として表象するようになった。

これに対して、カルムィク人社会とロシア皇帝の関係はまだ十分に解明されていない。だが、ブリヤート人社会のようにロシア皇帝を菩薩の化身とみなすことは長い間おこなわれてこなかったようだ。もともとチベットの転生制度がカルムィク人社会に伝わらなかったことに加え、ロシア皇帝を仏教的世界観のなかに位置付けるだけの論理的根拠を欠いていたのではないかと考えられる。カルムィク人仏教社会の特徴は、チベットやモンゴル、中国の仏教聖地から遠く離れている点にある。よって、そうした大聖地への巡礼は、一部の政治エリートと僧侶に限られた。18世紀初めに、カルムィク人は同じオイラト人のジューンガル部と対立したため、現在の新疆を経由してチベットに至る巡礼路を使用することができなくなった。代わりにカルムィク人は、シベリアからキャフタ税関を通ってチベットを目指さなければならなく、巡礼はロシア政府の許可に左右されるようになった。政治的、経済的な弱体化も重なり、カルムィク人のロシア国外への巡礼は、記録上では1755年から1878年まで途絶えた。さらにラサへの巡礼にいたっては、1891年まで行われなかった。そのため宗教的な大聖地から遠く離れているカルムィク草原では、経典や仏教書が深刻な不足状態にあった。つまり、菩薩としてのロシア皇帝像を説明するだけの十分な学問的裏付けを欠いていた可能性がある。国外宗教聖地への巡礼が再開されると、多くのチベットやモンゴル、ブリヤートからの僧侶がカルムィク草原を訪問するようになり、多くの学識がもたらされた。するとロシア皇帝を菩薩と同一視する考え方も草原にたちまち広まったのである［井上岳彦 2016］。

3　無神論国家の仏教徒（20世紀）
帝政末期にカルムィク人とブリヤート人の仏教教団は急速に連携をとるよう

192　Ⅲ　再聖地化の諸相

になったが、ソ連時代は両教団の運命の大きな分岐点となった。当初、ロシア
革命および内戦を経て、両社会の教団では改革運動が起こった。改革の方向性
は様々で、カルムィク人のあいだでは教団勢力の拡大、仏教教育の推進が行わ
れる一方で、ロシア語教育の充実なども重視された。ブリヤート人のあいだで
は教団を中心とする「神権国家」の樹立も構想された。しかし 1925 年 5 月か
らソ連で反仏教プロパガンダが宣伝されるようになり、1930 年代から明確な
政治闘争に発展した。僧侶側は仏教が信仰ではなく哲学であること、科学と親
和性を持つことなどを訴え生き残りを図ったが、反仏教の流れを変えることは
できなかった。カルムィク草原では 1931 年に激しい弾圧に至り、ブリヤート
人の教団も 1934 年から 38 年にかけて公然とした攻撃を受けた。カルムィク自
治ソヴィエト社会主義共和国では 1937 年までに、ブリヤート＝モンゴル自治
ソヴィエト社会主義共和国では 1940 年までに全寺院の閉鎖が完了した。ソ連
の保護国であったトゥヴァ人民共和国では、1928 年に最初の仏教会議が開催
された。この会議にはコミンテルンも参加し、仏教を軸に据えた法典の制定が
決定された。しかし翌 29 年から反仏教政策に転換した［Ochirova 2011: 48-54］。
　第二次世界大戦が始まると、ソ連政府は戦争遂行や動員のために、一般に宗
教・信仰の再評価を行った。ブリヤート民族共和国でも 1944 年に儀礼や法要
などが認められ、「中央仏教宗務ソヴィエト」がブリヤート仏教教団を指導す
るようになった。ブリヤート人僧侶はヨシフ・スターリンに対して寺院再開の
請願を行い、1945 年 5 月 3 日にパンディド・ハンボラマのための新しい寺院
イヴォルギンスキー・ダツァンの開設が許された。さらに 1946 年 5 月にウラ
ンウデで、ブリヤート＝モンゴル自治共和国、チタ州、イルクーツク州、トゥヴァ
自治州の僧侶と衆生による会議が開催され、パンディド・ハンボラマのルブサ
ンニマ・ダルマエフの下に指導される「臨時中央仏教宗務局」（後の「中央仏教
宗務局」）が設置された。併せて「ソ連仏教教団規程」が採択され、中央仏教宗
務局はソ連の仏教を管理する唯一の組織となった。パンディド・ハンボラマが
座す新設のイヴォルギンスキー・ダツァンに加えて、チタ州のアギンスキー・
ダツァンも再開された。1940 年代末から 50 年代には、多くのブリヤート人僧
侶が公職復帰を果たした。以後、ソ連の仏教活動はブリヤート人を中心に展開
されることになった［Ochirova 2011: 54-57］。
　この中央仏教宗務局にカルムィク人僧侶が参加することはなかった。すでに
述べたように、カルムィク人の僧侶の粛清と寺院の閉鎖は 1937 年までに実行
された。その後彼らには、ブリヤート人とはまったく異なる運命が待っていた。

カルムィク人の土地は独ソ戦の戦場となり、1942年8月12日エリスタはドイツ軍に占領された（同年12月31日にドイツ軍の撤退）。1943年12月27日に、カルムィク人は「通敵民族」として非難され、シベリアや中央アジアなどへ強制的に移住させられた。1956年のスターリン批判後の名誉回復までの13年間、仏教文化に留まらず、カルムィク人の民族文化や生活様式は徹底的に破壊された。1957年にカルムィク自治州が復活し翌58年に自治共和国に昇格したが、教団の復活は許されなかった。「無神論」国家ソ連の順民として、積極的に自己を変容させ生き残ること以外に方法はなかった。カルムィク人の仏教文化は廃れ、知識としてもカルムィク人の仏教のかつての有り様はほとんど伝承されなかったのである。

　以上のように、同じロシア国家の仏教徒ではあるが、カルムィク人、ブリヤート人、トゥヴァ人の今日までの歩みは三者三様で、それぞれ全く異なる状況でソ連崩壊を迎えたのである。新生ロシアで起こった「宗教復興」も、三者でかなり違った様相を呈したことは言うまでもない。次節では、仏教文化を失ったカルムィク人の「仏教復興」がどのように起こり、現状はどのようになっているのかを説明する。

3　カルムィク人仏教教団の「仏教復興」

1　「ゼロ」からの再布教
　前節で述べたように、1930年代の教団の解体と1943年から1956年までの強制移住によって、カルムィク人の宗教共同体は徹底的に破壊された。名誉回復後のカルムィク自治共和国においても、ブリヤート人の場合とは違って、宗教共同体の復活は行われなかった。ペレストロイカが始まりソ連社会全体で宗教復興の機運が高まると、1988年10月になってようやくカルムィク自治共和国の最初の仏教団体が首都エリスタで登録された。しかしこの時にはすでに、カルムィク人独自の宗教実践はほとんど忘れられていた。仏教団体は10名から始まり礼拝用の建物を用意されたが、すぐに大きな困難に直面した。というのもそもそも僧侶の有資格者がおらず、仏典や仏具などもほとんど失われていたからである。師から弟子へ仏教知識を伝達する伝統はすでにほぼ絶えていた。そのため仏教団体は、まずブリヤート人僧侶をカルムィク自治共和国に招聘することから始めた。ブリヤート教団を指導するハンボラマの代理で、ソ連中央

194 Ⅲ 再聖地化の諸相

仏教宗務局局長代理であるエルデム・ツィビクジャポフがすぐにカルムィク自治共和国を訪れ、2 名のブリヤート人僧侶の長期派遣が決定された。1989 年にアジア仏教会議議長を務めるラダック出身のクショク・バクラ・リンポチェ19 世がエリスタを訪問し、将来寺院を建立する場所の選定を行なった。

こうした仏教徒の新たな動向に対して社会的な関心が高まり、1990 年にカルムィク自治共和国大臣会議はモンゴル人民共和国に 5 名、ブリヤート自治共和国に 7 名の学生を派遣し、僧侶の養成を図った。さらに、クショク・バクラ・リンポチェが前年に続いて再訪し、寺院建設予定地で起工の法要を行なった。この法要にはブリヤート自治共和国のハンボラマの代理ブルガン・ラマ、モンゴル人民共和国からドルジ・ラマなどが参加した。1991 年 6 月 23 日、カルムィク自治共和国とアストラハン州の仏教徒会議が初めて開催され、次のことが決定された。1) カルムィク仏教連合の設立とその自主独立性の確認、2) ブリヤート・ソヴィエト社会主義共和国（1990 年 10 月 8 日に改称）とモンゴル人民共和国でのカルムィク人僧侶の養成の継続、3) カルムィク自治共和国カスピ地区とユスタ地区、アストラン州リマン地区の仏教共同体の登録、である。会議を主導したのは、ブリヤート側から長期派遣されていたトゥヴァン・ドルジである。彼は 1990 年 3 月に、カルムィク自治共和国上級ソヴィエトの代議員に選出されていた。この会議で特に強い要望として表明されたのが、チベットの仏教指導者との直接的結びつきの再構築、つまりダライラマ 14 世の招聘である。

2 ダライラマ 14 世の示した「仏教復興」の二つの柱

1991 年 4 月、チベット亡命政府代表団（首相のカルサン・イェシ、ダライラマ 14 世の兄トゥプテン・ジグメ・ノルブら）がカルムィク自治共和国を訪問した。これに合わせてブリヤート・ソヴィエト社会主義共和国大臣会議宗教問題担当大臣 V・G・バトムンクエフ、ソ連中央仏教宗務局モスクワ代表代理 V・L・ラマジャポフ、ハンボラマ代理ジャミャン・シャグダロフもエリスタを訪問した。ダライラマ 14 世の訪問について、具体的な協議が行われた。

ダライラマ 14 世がカルムィク自治共和国を訪問したのは、1991 年 7 月 25 日から 30 日にかけてのことである。カルムィキアの「仏教復興」において、きわめて大きな転機となる出来事だった。衆生を前にしてダライラマがまず語ったのは、ゲシェー・ワンギャルのことである。ゲシェー・ワンギャル（ンガワン・ワンギャル 1901-1983）はカルムィク人で、ロシア革命後、1923 年にブリヤート人高僧アグワン・ドルジエフの指示で、チベットに派遣された。当時

はまだ、ソ連における仏教の生き残りが模索されていた。チベットのデプン寺ゴマン学堂で1935年まで修行したが、ソ連での僧侶の粛清を知り帰国を断念した。インドでイギリスの外交官チャールズ・ベルの通訳を務め、北京や満洲に随行した。その後チベットに戻り、仏教学の最高学位ゲシェー・ララムパを修得した。人民解放軍によるチベット占領の際には、ゲシェー・ワンギャルもインドへ逃れた。当時、カルムィク人の一部（主にロシア革命・内戦時に亡命した人々とその家族）が西ドイツとオーストリアにいたが、1951年、アメリカ政府は彼らに対して移民許可を出した。この措置によって、欧州のカルムィク人はアメリカ東海岸のニュージャージー州ハウェルやペンシルベニア州フィラデルフィアに移住した。ゲシェー・ワンギャルも1955年にアメリカに渡り、1958年にニュージャージー州ワシントンに寺院を建設した。彼はアメリカでのチベット仏教の普及に努め、1960 - 70年代にコロンビア大学でも教鞭をとった。彼の教え子の中から、ロバート・サーマン、ジェフリー・ホプキンス、アレクサンダー・ベルジンなどのチベット学・仏教学の優れた研究者が生まれた。

　ダライラマがゲシェー・ワンギャルについてまず言及したことは、カルムィク仏教共同体の「復興」の方向性を決定した。つまり、1930年代にカルムィク人のあいだで絶えてしまった仏教伝統が実はアメリカで保存されていたのだ、という物語を「仏教復興」の中核に据えたのである。再三言及しているように、カルムィク人民共和国で仏教実践はほぼ失われており、カルムィク人にとってチベット仏教の再布教活動は新たな宗教の流入だったと言っても過言ではない。失われた伝統文化に渇くカルムィク人は仏教共同体の復活に熱狂したが、その反面若干の抵抗感をも感じていた。ゲシェー・ワンギャルの物語は再布教に対する抵抗感を緩和する作用もあった。実際に、カルムィク人のあいだでロバート・サーマンの人気はとても高く、彼らはサーマンの言葉の中にゲシェー・ワンギャルの教え、つまり「先祖伝来」の仏教伝統を見出そうとしているのである[3]。

　ダライラマ14世によるカルムィキア再布教のもう一つの柱は、活仏制度である。エリスタでの法要でダライラマ14世の傍らにいたのが、19歳のテロ・トゥルク・リンポチェ（ディロワ・ホトクト12世）ことエルデニ・オンバディコフ、すなわち11世紀のインドの聖人ティローパの転生者である。彼は1972年、アメリカ・ペンシルベニア州フィラデルフィアで生まれた。彼の両親は、1950年代にアメリカに渡ったカルムィク人移民である。1979年に、幼い彼はニューヨークを訪問したダライラマ14世と会い、僧侶となる希望を願い出た。

196　Ⅲ　再聖地化の諸相

テロ・トゥルク・リンポチェは、ダライラマの力添えで、南インドのデプン寺ゴマン学堂で 12 年間修行した。その間に、亡命先のアメリカで 1965 年に没したモンゴルのディロワ・ホトクト 11 世ジャムスランジャブの転生者として認められた。彼は 1991 年に初めてカルムィク人民共和国を訪問し、1992 年に衆生の要請でカルムィク仏教連合の指導者に選出された。しかし歴史を紐解くと、カルムィク人のあいだには転生制度が伝わらなかったと言われる。例外として、1760 年代初めにデレクという僧侶が旧ジューンガル帝国支配地域からカルムィク草原に来て、ザヤパンディタの転生者を名乗るという事件があったが、1930 年代半ばに教団が解体されるまで、カルムィク草原に化身ラマは生まれなかった。一説には、チベット側がカルムィク人のあいだで高僧を転生させることに利点を見出さなかったからであるとする［Bakaeva 2010: 414］。カルムィク人の最初の化身ラマはアメリカでダライラマ 14 世によって見い出され、カルムィク草原の「仏教復興」という使命を背負い「帰郷」を果たしたのである。

3　「仏教復興」のその後——教団体制の確立と教化の本格化

　こうして再興されたカルムィク人の教団のその後について、簡単にまとめたい。教団の動向は復興第 2 期（1992 年–1995 年）、第 3 期（1995 年–2002 年）、第 4 期（2002 年–2012 年）、そして現在の第 5 期（2012 年–）に分けることができる。

　第 2 期（1992 年–1995 年）は、シャジンラマ体制の確立、ダライラマの再訪、寺院建設の開始に代表される。1992 年、教団の復活に貢献したトゥヴァン・ドルジは指導者としての立場を辞し、すでに述べたティローパの転生者エルデニ・オンバディコフがカルムィク人仏教徒の指導者シャジンラマに就任した。ダライラマ 14 世が 1992 年 9 月 14 日–18 日に再び訪問し、共和国各地を巡行した。ダライラマは、教団復活後で「最初」の寺院「シャクスン・シューメ（守護寺）」を建設するエリスタ近郊の予定地を清める法要を行い、寺院建設の機運が一気に高まった。すでに 1991 年のコンペで、建築家ウラジーミル・ギリャンディコフが寺院の設計者に選出されていた。しかし 1990 年代初めの経済的困難に加えて、ギリャンディコフを含むカルムィク人の建築家にとって寺院建築は初めての経験であり、着工は 1994 年にずれ込み、1996 年まで完成を待つことになった[4]。一方、最初の仏塔はというと 1994 年に建立された。1993 年にキルサン・イリュムジノフがカルムィク共和国初代大統領に就任し、翌 1994 年に憲法に代わりステップ法典を採択し、政教分離規定を廃止した。そうした中で仏塔は、18 世紀のカルムィク・ハン、ドンドゥクダシが火葬さ

れた場所に建てられた。ドンドゥクダシはモンゴル・オイラト法典（1640年制定）をロシア当局との難しい交渉のなかで改訂したことで知られ、建立場所の選定はロシア国家との協調関係を象徴していた。さらにカルムイク共和国は、次世代の僧侶の育成プログラムを開始し、インドやモンゴルへ修行のために若者を派遣した。さらに共和国政府は、仏教だけでなく、ロシア正教、イスラーム、カトリックなどその他の宗教とも、積極的に友好関係の樹立を試みた。また、シャジンラマであるテロ・トゥルク・リンポチェはまだ若くインドで修行中の身だったため、1993年から1995年までは駐露チベット仏教代表のゲシェー・ジャンパ・ティンレイがカルムイク共和国の教団の代表を代行した。彼はゲルク派のみならずサキャ派、ニンマ派、カギュ派からも教師を招き、僧侶と衆生の教化に努めた。復興第2期は復活した教団が活動を開始するための法整備など準備が進められた時期であった。

　復興第3期（1995年-2002年）は、シャジンラマの公務復帰と寺院シャクスン・シューメの開基によって始まった。インドで修業したテロ・トゥルク・リンポチェは指導者として強い決意を持っていたが、そのことは若さや経験不足も手伝いかえって裏目に出てしまった。彼は厳しい戒律を教団に要求し、未熟なシャジンラマを補佐するため派遣されたチベット人僧侶もそれを支持したが、厳しい態度を巡ってカルムイク人の僧侶や衆生とのあいだに軋轢を生むことになった。だが、1995年10月までに14の寺院が共和国各地に建設され、様々な仏教センターや団体の設立も相次いだ。1997年に、カルムイク人のロブサンサンジ・オグロフがゴマン学堂でゲシェー・ララムパの学位を修得した。これは教団復活以後はじめての快挙だった。同年、さらに6名の僧侶が南インドのデプン寺ゴマン学堂に入学した。このように復興第3期は、再布教活動が確実に進展を見せる一方で、教団と社会の対立関係も生まれるなど危うさを抱えていた時期であった。

　復興第4期（2002年-2012年）の極めて重要な出来事として、ダライラマ14世の3度目の訪問があった。2004年秋、ダライラマは三度目のカルムイク共和国訪問を行った。これは大統領イリュムジノフとシャジンラマ・テロ・トゥルク・リンポチェの強い要請によるものだった。晩秋の湿雪の降る非常に寒い中、エリスタ郊外の寺院「シャクスン・シューメ」に非常に多くの人々が集合した。その光景を見たダライラマは深く感動し「仏教復興の成功」を讃えるとともに、首都エリスタ市の年老いた信徒も普段から参拝できるように市内中心部に寺院を建てることを薦めた。こうして「釈迦牟尼仏黄金寺院」はダライラ

198　Ⅲ　再聖地化の諸相

マの慈愛の象徴として、2005年にエリスタ市の中心部に建立された。寺院は
ヨーロッパでもっとも大きな仏教寺院となった。「釈迦牟尼仏黄金寺院」は宗
教的、文化的拠点として名声を得て、「仏教復興の成功」を聞きつけた世界中
の高僧が訪問するようになった。また、この第4期は、教団が信徒の現実を理
解し歩み寄る姿が増えた時期でもある。シャジンラマ・テロ・トゥルク・リン
ポチェによれば、現地社会に合わせた教化を行なうべきだとするダライラマの
助言があったという。復興第4期は、急速に進む教化の結果として生じた第3
期の対立関係を、ダライラマの力によって解消し、教団と社会をふたたび結合
させる期間だった。

　現在（2017年執筆時点）は、第5期（2012年–）に位置づけられるだろう。
2012年3月にチベット人僧侶ゲシェー・ララムパ・テンジン・ドゥグダが没
した。ダライラマによって派遣されたテンジン・ドゥグダは1995年から長い間、
テロ・トゥルク・リンポチェを補佐し、リンポチェがダライラマの許にいて不
在の時には彼に代わって法要を指導した。カルムイクの仏教復興に誰よりも尽
くした人物であり、カルムイク共和国に埋葬されることを遺言で望んだ。この
2012年に、テロ・トゥルク・リンポチェは40歳を迎え、カルムイク人仏教徒
の指導者としてまさに独り立ちすることになった。

　以上のように、本節はカルムイク人社会の「仏教復興」の歩みを簡単にまと
めた。カルムイク共和国の「仏教復興」とは、ほとんど何もないところからの
チベット仏教の再布教であり、ダライラマ14世の強い影響力の下で行われた。
復興から30年近くが過ぎ、シャジンラマであるテロ・トゥルク・リンポチェ
と次世代の僧侶たちによる教団の運営がようやく始まったのが現在の状況であ
る。次節では、このような「仏教復興」のなかで聖地の形成がどのように起こっ
たのか、民族文化の復興運動との関係で論じる。

4　仏教聖地と民族文化のあいだ

　すでに述べたように、1943年のシベリア・中央アジアへの強制移住政策に
よって、カルムイク人の仏教信仰のみならず、民族文化そのものがかなり失わ
れた。順民として生きる道を選んだカルムイク人は、ソ連文化（ロシア文化）
を積極的に受容した。名誉回復後に復活したカルムイク自治ソヴィエト社会主
義共和国は、ソ連のなかでも最も「無神論」的な共和国のひとつとして知られ
る［Ochirova 2011: 80］。前節で見たように、「無神論」という一種の信仰は、ソ

連崩壊によって仏教信仰に取って代わられた。しかし、一旦失われた自民族の言語や文化を回復することは非常に難しい作業となった。仏教復興もカルムィク人がかつて独自に発展させてきた伝統的実践ではなく、ダライラマ14世によって新たにもたらされたものだった。Holland［2015］が指摘するように、一般のカルムィク人にとって仏教は価値体系として深く理解されていないため、教化を進めたい僧侶の意識とのあいだに認識上の齟齬が起きている。つまり、多くのカルムィク人にとって、仏教は回復すべき民族文化の一部にすぎないのである。しかしそれゆえに、民族文化の復興を希求する人々は各地で民族文化の痕跡を拾い集め物語を紡ぎ出し、そこに多様で柔軟な宗教実践が新たなかたちとなって現れている。以下では、様々な仏教聖地について取り上げ、カルムィク人の民族文化復興運動との関係を考察する。

事例1 「ヨーロッパ唯一の仏教国」という物語

　ダライラマの訪問以来、カルムィク共和国そのものがひとつの仏教聖地として、欧米を中心として世界各国から人々が集まる場となっている。これは、カルムィク共和国前大統領キルサン・イリュムジノフの掲げた「ヨーロッパ唯一の仏教国」というコンセプトに拠るところが大きい。モスクワから空路で1時間半程度という距離は、高い優位性をもっていた。カルムィク共和国はヨーロッパの信徒にとってアクセスしやすい宗教拠点であると同時に、アジア諸地域の僧侶にとってもヨーロッパ布教の重要な窓口なのである。特に仏教復興の成功とダライラマの「慈愛の象徴」とされる釈迦牟尼仏黄金寺院は、世界中の仏教徒が集合する空間として成功している。例えば、サンクトペテルブルグでタイ仏教の布教活動を行う僧侶チャトリは、カルムィク共和国への移住の夢を語り、蓮の花の咲く仏教聖地としてカルムィク共和国を表象した[5]。

　聖地としてのカルムィク共和国には、ゲルク派の僧侶だけでなくその他の教派からも僧侶が集まる。2009年6月にはカルマ・カギュ派のカルマパ17世が初めてエリスタを訪問し、2010年春にサキャ派のサキャ・トリジン・ンガワン・キュンガが訪問し講演や法要を行なった。カルムィク共和国を訪問するのは、修行僧から最高位レヴェルの僧侶まで様々である。教団を指導するシャジンラマ・テロ・トゥルク・リンポチェとは全く異なる思想を持つ人も集まる。例えば、2016年6月に釈迦牟尼仏黄金寺院を訪問したミャンマーの僧侶シタグ・サヤドーは、カルムィク人を含む聴衆を前にムスリムとの闘争の重要性を語った[6]。南アジアの仏教徒に広がる危機感から出た発言だと考えられる。しかし

200　Ⅲ　再聖地化の諸相

カルムィク人は、コーカサスのムスリムと歴史的に深い関係を持ち、カルムィ
ク共和国内にも多数のムスリムを抱える。テロ・トゥルク・リンポチェはイス
ラーム世界との友好関係と対話を重視しており、シタグ・サヤドーの発言に聴
衆は違和感を覚えたようだ。また、この寺院では、シャマン、「魔法使い」、「超
能力者」、ヨガのインストラクター、研究者など、非常に多様な人々に出会う。
　つまり、聖地としてのカルムィク共和国は、唯一性という価値から始まり、
様々な背景の人々が様々な思惑をこの場所に重ね合わせることによって成立し
ていると言えるのではないか。

事例2　ホショート寺再建と喪失の物語

　カルムィク人の強制移住の記憶と伝統文化の喪失感は結びつき、その喪失を
取り戻すという物語が人々を場所に集合させることもある。それを示唆するの
が、ホショート寺の再建の事例である。ホショート寺はアストラハン州中部の
レチノエ村にある。アストラハンはヴォルガ河がカスピ海に注ぐ河口に位置す
る。このホショート寺はカルムィク人貴族セレブジャブ・トゥメン公によって
建てられた。トゥメン公は19世紀前半のカルムィク人社会を代表する人物で、
1812年の「祖国戦争」つまりナポレオンとの戦争にカルムィク人連隊を率い
て参加し、パリ入城も果たした。帰国後、彼は戦勝を記念して、ヴォルガ河の
岸辺に楼閣を建てることにした。中心から左右に半弧状の列柱回廊が伸びる3
階建ての建物で、上部は仏教的な要素を中心に構成され、下部は西洋風の様式
になっていた。この形状はサンクトペテルブルグのカザン聖堂と、トゥメン家
の弓の紋章を融合させたものだと言われ、設計はトゥメン公の弟バートゥル・
ウブシと僧侶ガワン・ジムベによって行なわれた。寺院の完成は1818年のこ
とである。東西様式を折衷した楼閣は樹木の少ないカルムィク草原ではもちろ
んのこと、ヴォルガ河を行き交う舟に乗る人々の目にも、極めて印象的に映っ
たようだ。カルムィク人の巡礼者だけでなく、南方を視察するロシア人官僚や
外国人（例えばフランスの作家アレクサンドル・デュマ）も、さらに地方を行幸す
るロシア皇帝もまた、この寺院を訪問した。ソ連が誕生すると、1920年代後
半に宗教弾圧のなかで、他の寺院と同様にホショート寺は閉鎖された。上側の
仏教様式の部分や左右に広がる回廊を取り壊し、中心部分のみが残され倉庫と
して使用された。強制移住の憂き目に遭っていたカルムィク人が1956年に名
誉回復され、1957年に自治州が復活した際、ホショート寺のあるレチノエ村
を含む一部の土地はカルムィク人のもとに戻らず、アストラハン州に属するこ

とになった。ソ連崩壊後も状況は変わることなく、建物の附属はアストラハン州のままだった［Balakaeva 2014］。

　1960 年代に高まったソ連の文化遺産保護の機運［高橋 2013］のなかで、1967年にアストラハン当局は、倉庫として利用されていた建物に対して歴史文化遺産として保存措置をとった。この措置によって、ホショート寺は更なる破壊を免れた。1980 年代から始まる宗教復興の動きのなか、カルムィク自治共和国の知識人のあいだで、寺院の再建問題が活発に議論されるようになった。しかしソ連崩壊による経済的混乱の中で、計画は何度か頓挫した。また再建に向けてカルムィク側とアストラハン側の共同委員会が設置されたが、再建のあり方について意見の一致を見なかった。カルムィク人側の意向に沿う再建にとって障害となったのは、寺院跡がアストラハン州の附属地だったことに加え、1995年から連邦レヴェルの保護指定を受けたことである。さらに 2004 年にはユネスコの危機遺産のリストに入れられた。2009 年、ついにホショート寺の再建が決定された。カルムィク人のロシア国家への「自発的編入」400 周年（2009 年）と、建設の契機となった「祖国戦争」の 200 周年（2012 年）に合わせて、ロシア国家における諸民族・諸宗教の友好を表現する狙いがあったと考えられる。連邦文化省の発注で、立案はアストラハンの建築家 A・マフムドフに委託された。彼はアストラハン州のモスクの再建などを手がけていた。施工業者はモスクワの会社だった。

　「歴史考証を加えた再建」を望むカルムィク人文研究所のバカエヴァ教授は、絶望の表情で嘆く。「いったいこれは何でしょうか。私たちが望んだものはこんなものではありません。なぜ私たちの寺院はイスラーム風になってしまったのでしょうか。なぜ美しい内壁の文様は塗料で白く塗り固められてしまったのでしょうか。ユネスコには何度も手紙を書きましたが、駄目でした。これ以上私たちに何ができるでしょうか」[7]。そもそもホショート寺に向ける眼差しにおいて、カルムィク人側とアストラハン側とでは大きな相違が存在した。カルムィク人仏教徒はホショート寺を歴史文化遺産として保存するとともに、今後の宗教実践を行う場として整備することを望んでいた。一方、アストラハン側の再建案では暖房や給排水の設備を設けず、人がその場に長時間留まるということを想定していなかった。観光客を呼び込むために、「異国情緒」のある建物をただ作ればよいと考えているのではないかという批判が起きるのも当然だった。

　さらに話を複雑にしたのは、ホショート寺の隣接地に住む住民との関係であ

写真1 「イスラーム風」に再建されるホショート寺(2012年5月8日、筆者撮影)

る。1947年、カルムイク人の強制移住のあいだに、ホショート寺跡の周辺にはルーマニアから古儀式派住民が移住してきた。彼らは破壊されたホショート寺のレンガを再利用して、寺跡のすぐそばに住居や家畜小屋を建てた。その結果、ホショート寺の列柱回廊をかつての姿で再建しようとすれば、現在居住する住民の家畜小屋を除去しなければならなく、大きなジレンマに陥っている。

　以上のようにホショート寺の再建状況に対して、カルムイク人は非常に強い不満を抱いているが、それでもホショート寺で度々法要を開き集まろうとする。カルムイク共和国の首都エリスタから直線距離でも約270kmも離れているにもかかわらず、人々は集まろうとする。そこではホショート寺の歴史のみならず、再建状況への怒りや悲しみなどの現在進行の感情も、人々を呼び寄せていると言えよう。アストラハン州知事アレクサンドル・ジルキンがホショート寺の内装についてカルムイク側の専門家の参加を希望していると、2016年12月21日のニュースは伝えており、今後も再建のあり方について議論が続くと考えられる[RIA Kalmykiia 2016]。喪失した伝統文化を取り戻す物語は、皮肉なことに、反発心によって強固なものとなり、民族文化について考える契機、ロシア社会との対話の契機を与え、人々をホショート寺に呼び寄せる。

事例3　聖ボグド山

　歴史的な物語があっても、聖地として十分に盛り上がらない場所もある。アストラハン州北部のカザフスタン国境地帯にバリショエ・ボグドと呼ばれる山がある。バリショエはロシア語で「大きい」という形容詞、ボグドはカルムイク語で「聖なる」を表し、「大きな聖なる山」を意味する。171メートルという小山だが平らな草原地帯に独立して存在し、なにより赤色の岩石が異様な姿

を見せる。1997年からは、傍らに広がるバスクンチャク塩湖と併せて、国立自然公園を形成している。

バリショエ・ボグド山とバスクンチャク塩湖にはダライラマの伝説がある。ある時、ダライラマがやってきてボクド山に腰を掛け、食事を取った。訪問の記念に残した食事を垂らすと、バスクンチャク塩湖が出来上がったというものである。カルムィク人は篤い信仰心をもって、ボクド山に食べ物や金品などの供物を捧げたという [Nefed'ev 1834: 4-5]。ボグド山にはサイガ（ウシ科）を連れた「ツァガン・アアウ」という白い老人が住むと言われ、信仰の対象となっていた。1771年以後、この土地はカルムィク人のものではなくなってしまったが、それでもカルムィク人の巡礼は続いていたようである。20世紀初めまで山頂にオボー（石積み）が確認されている。

しかしカルムィク人の強制移住によって、ボグド山信仰は絶たれた。1999年末にヴォルガ河沿いにあるツァガン・アマンの僧侶がバリショエ・ボグド山への巡礼を組織し、山頂のオボーも再建された。だが現在も巡礼は大きな運動には発展していない。ボグド山の周辺に信仰を支えるカルムィク人が住んでおらず、カルムィク共和国の首都エリスタからも遠く、交通の利便性も良くない。興味深い物語も忘れられ、カルムィク人のあいだで広汎に知られているわけではない。ボグド山の事例は物語が存在しても、信仰を支える人々の強い感情がなければ大きな運動にはならないことを示している。事例2のホシュート寺の場合とは対照的な聖地である。

事例4　増殖する仏塔

2009年、カルムィク共和国の隣のヴォルゴグラード州サリャンカ村の丘の上に、仏塔が建立された。この丘には、20世紀までカルムィク人貴族のトゥンドゥトフ家の夏季居住地があった。今も噴水の付いた庭園跡が残されている。貴族ツェレンダヴィド・トゥンドゥトフは帝政末期の第1ドゥーマで議員になったカルムィク人の1人であり、チベット巡礼の再開や寺院建設にも大きな役割を果たした。とはいえ、トゥンドゥトフ家の偉業を顕彰する記念碑や説明書きもなしに、僧侶ではない貴族の住居跡に仏塔が建てられるのは、やや奇妙な光景である。こうした仏塔建設は各地で相次いでいる。仏塔が好まれるのには第一に低コストであるという点にある。宝珠など装飾にこだわらなければ、一基10～20万円で建つという。もちろん、かつて仏塔や寺院が建っていた、高僧の生家があった場所だといった理由で建てられた仏塔も多い。しかし仏教

とは関係なしに、仏塔がカルムィク共和国のあちこちに建てられていることも少なくない。

　カルムィク共和国に増殖する仏塔建設は、カルムィク人の民族文化の再生運動と関係がある。つまり 1943 年のシベリア・中央アジアへの強制移住とその後の順民姿勢のなかで失われた民族文化を再生しようとして、仏塔をその喪失の代償として建設しているのである。仏塔は地域住民の民族文化復興運動の記念碑だと考えられる。

事例 5　草原の聖なる孤木

　第 5 の事例は、人々の信仰を集めるポプラの木についてである。このポプラの木は「孤木 (odinokoe derevo)」あるいは「一本ポプラ (odinokii topol')」と呼ばれ、カルムィク共和国首都エリスタから西に車で 40 分ほどのハルブルク村にある。カルムィク共和国を南北に走る緩やかな丘陵地帯（エルゲニ丘陵）の草原のなかに、ぽつんとポプラの木が立っている。ポプラの木が生える丘から少し下ったところに湧水があり、ポプラの木と合わせて古くから信仰の対象となってきた。この木については様々な伝説があり、最近もっとも頻繁に口の端に上るのは仏教徒のあいだで広まる言い伝えである。それは約 100 年前にプルダシ・ジュングルエフというカルムィク人の高僧がこの木を植えたというものである。ジュングルエフは、その開基が 17 世紀のダライラマ 5 世に由来しジューンガリアから移されたと言われる有名な寺の高僧で、2 度もチベットに巡礼しダライラマ 13 世に謁見した人物として知られる。彼は錫杖にポプラの種を入れてチベットから持ち帰り、丘の上に植えたという。ポプラの木はカルムィク人の仏教信仰の伝統とチベットを結び付ける存在として、篤く信仰されてきた。異説ではもっと古い時代の別のプルダシという僧侶が植えたとするものもある。ところが、筆者が 2007 年に知人に聞いた話では、数百年前、カルムィク人が当地にやってきたときにはすでに立っていたということだった。それは仏教というよりも、遊牧民だったカルムィク人が草原を手に入れる物語のなかで語られていた。いずれにしても、古くから、この孤木と麓の湧き水に多くのカルムィク人は引き寄せられてきた。1981 年 10 月 8 日にはカルムィク社会主義共和国大臣会議によって、孤木と湧水は特別保護自然地域に指定された（写真 2）。

　現在、ポプラの周囲には 8 基の仏塔が建てられている。仏塔設置に大きな役割を果たしたのが、ミハイル・イェゴロフという人物である。彼は 2003 年に地方宗教団体「カルムィク仏教センター〈ティローパ〉」を設立し、各地の仏

写真 2　8 つの仏塔に囲まれる前の聖なる孤木の様子
（中央の人物は筆者と友人）（2007 年 6 月 3 日撮影）

塔や寺院の建設・整備、仏教セミナーの開催など、長く仏教普及運動を自発的に支援してきたという[8]。イェゴロフは、仏塔設置の発心を個人的体験に結び付ける。彼によれば、孤木と泉は「力の場 mesto sily」であり以前から関心をもっていたが、ある時、孤木の周辺で蛇を見たという。蛇と釈迦の関係に気付き、寺を建てることを考えた。教団にそのことを相談すると、僧侶のアンジャ・ゲロンとナワン・ツォグラムから 8 基の仏塔を建てることを提案された。彼らは南インド・カルナータカ州にあるデプン・ゴマン学堂で学び、カルムィク共和国の仏教復興において早くから大きな役割を果たしてきた。二人の僧侶の提案は多くの賛同を得た。ポプラの周りには、ハダクと呼ばれる経文の書かれた布がたくさん掛けられていた。この地を神聖視する人々が思い思いにハダクをかけ供物をおくことで、木への負荷が高まり、湧水が汚染される状況がまず問題視され、その撤去が行なわれた。2013 年 6 月にイェゴロフら有志は、僧侶たちとともにハダクを撤去し、仏塔を建てるための測量を行なった。共和国元首の A・オルロフからの寄付もあり、2013 年 10 月に完成を見た。除幕の法要は、カルムィク共和国の教団の長テロ・トゥルク・リンポチェと、ゴマン学堂から派遣されたイェシェ・ロドイ・リンポチェによって行なわれた。ダライラマ、パンチェンラマ、そのほかの多くの高僧からの祝辞も送られた。現地のジャーナリスト、ニーナ・シャルドゥノヴァは教団の公式サイト上で、「共和国のほぼ全体が建設に参加したと言えよう」と人々の総意とボランタリーを強調する。8 基の仏塔の誕生によって、聖なる孤木周辺には「強い正の力」が生まれ、戦争、自然災害、貧困、疫病から守るという。さらに毎年 4 月 25 日に孤木に集まり、焼香供養を行なうという「新しい伝統」が誕生したと紹介する［Shaldunova

2013]。

　このように、8基の仏塔はイェゴロフという人物の発意から始まり、その後共和国の仏教徒全体の運動となり、ダライラマなどロシア外の仏教徒から祝福されるカルムィク共和国の仏教復興の象徴的存在になった。イェゴロフの夢はそれだけに留まらず、さらなる建設を目指した。彼は2015年、カルムィク共和国を含むロシア各地を訪問していたクンデリン・リンポチェ（タツァク・ジェドゥンの転生）を孤木に招待し、新たにカラチャクラ仏塔の建設を計画した。イェゴロフの話によれば、その先の整備計画も持っているという。聖地についての物語は個人の発意から始まることもあり、強制移住前の仏教伝統と現在を結び付ける物語となった。そこでは、筆者がかつて聞いた別の物語は、跡形もなく消えている。

事例6　第3の存在の優位性——トゥヴァ人のモスクワ寺院建設運動

　次の事例は、まだ聖地になっていないが将来聖地となる可能性がある場所についてである。モスクワ市西部の「ポクロンナヤの丘」には1995年から、戦勝記念公園が設置されている。これは「大祖国戦争」（第二次世界大戦の東部戦線）での勝利を記念するものである。博物館や記念碑などから成る複合施設で、天に向かう141.8メートルもあるオベリスクがひときわ印象的である。公園には1995年に聖ゲオルギイ聖堂が建てられ、続いて1997年にはモスク、1998年にはシナゴーグも建てられた。これらはそれぞれの宗教を信仰する戦没兵士を顕彰している。仏教徒のための施設はまだない。しかし建設予定地はすでに決められている。

　「ポクロンナヤの丘」に仏教寺院を建設する運動を起こしたのは、ブリヤート人でもカルムィク人でもなく、トゥヴァ人だった。運動の中心人物タチヤナ・オドゥシパヤクの話によれば、同公園に仏教施設を建設する必要性、首都モスクワに仏教徒が集合する施設を建設する必要性を以前から感じていたが、2005年の戦勝60周年において運動を起こす決心をしたという[9]。当時のトゥヴァ共和国政府議長セリゴール・オオルジャクは、オドゥシパヤクらの再三の陳情に応え、モスクワ市長ユーリイ・ルシコフ（当時）に「ポクロンナヤの丘」での寺院建設を打診した。それを受けてオドゥシパヤクらトゥヴァ人仏教徒は、2007年に地方宗教団体「モスクワ仏教センター〈トゥヴァ〉」を立ち上げ、運動の実現のために活動を開始した。ここまでは、モスクワのトゥヴァ人による地域的な運動の枠を出なかった。しかしここから、オドゥシパヤクは自らの運

動を全国的な運動へ発展させる。2009年4月にトゥヴァ政府議長オルジャクとモスクワ市長ルシコフのあいだで、戦没仏教徒兵士のための記念施設の建設が取り決められた。するとオドゥシパヤクは、2009年に団体名を「モスクワ仏教センター〈三宝 (Tri Dragotsennosti)〉」と変更し、ロシア全国の仏教徒の支持を得るため、より広範な運動を展開し始めた。2009年11月末に彼女はインドのダラムサラを訪ね、ダライラマ14世から新しい寺院の名前を授かった。こうして、まだ設計図もない寺院は「Theksum Choekhorling」(「三輪寺」) と名付けられた。

　首都の寺院建設はロシア全土の仏教徒の協力のもとに実現されなければならなかった。カルムイク共和国の建築家ヴラディーミル・ギリャンディコフのもとに、設計依頼が来たのは2012年のことである [10]。彼は、カルムイク人の教団が再興されたあと、最初に建てられた寺院「シャクスン・シューメ」を設計した建築家として有名だった。彼の話では、すでにサンクトペテルブルグに寺院をもつブリヤート側は、トゥヴァ人からの寺院建設の話に当初あまり乗り気ではなかったという。しかしオドゥシパヤクらトゥヴァ人は、ブリヤート人やカルムイク人を根気強く説得し、寺院建設に向けて運動を確実に前進させていった。トゥヴァ人のロシア下院議員ラリサ・ショイグの協力も大きかったと推測される。彼女はロシア国防相のセルゲイ・ショイグの姉である。セルゲイ・ショイグは長く非常事態相を務めた人物で、プーチン大統領の信任も厚く、2012年5月にモスクワ州知事に、2012年11月に国防相に就任していた。国防省にとって、軍人の慰霊が非常に重要であることは言うまでもない。姉ラリサ・ショイグが運動に参加したことで、オドゥシパヤクの運動は一気に国家的なプロジェクトとなった。中央宗教団体「ロシア伝統仏教サンガ」の長、パンディト・ハンボラマであるダンボ・アユシェーエフからの協力も取り付け、2015年に寺院開設準備を専属担当する僧侶がザバイカル地方チタから派遣された。ザバイカル地方やイルクーツク州の仏教徒からも賛同を得た全国規模の運動だと示すことが重要なのである。同じく2015年には、アルタイ出身の新興財閥（オリガルヒ）で下院議員のミハイル・スリペンチュクを最初の大口スポンサーとして迎えることにも成功した。2016年12月26日、〈三宝〉の公式サイトは「ポクロンナヤの丘のメモリアル仏教寺院は、ロシア大統領の支援で建設される」という見出しで、プーチン大統領からの支援の言質が得られたと発表した［Tri Dragotsennosti 2016］。

　モスクワの寺院はまだ建っていないが、工事が始まるのもそれほど先のこと

208　Ⅲ　再聖地化の諸相

写真3　モスクワの仏教寺院建設予定地で写真撮影する様子（左：オドゥシパヤク）
（2015年2月14日、筆者撮影）

ではないかもしれない。このようにモスクワの仏教寺院建設運動は、ロシアの仏教界で中心的な存在であるブリヤート人でもなく、そのブリヤート人に対抗意識をもつカルムィク人でもなく、第3の存在であるトゥヴァ人から始まった。そしてタチヤナ・オドゥシパヤクという女性の個人の情熱は、ブリヤート人やカルムィク人を巻き込み全国的な運動へと発展させ、最終的に国民的記憶のもとでの国民統合を目指すロシア政府の協力をも引き出したのである。現代ロシアの国民的紐帯である「大祖国戦争」の顕彰という物語をもつモスクワの寺院は、将来的にモスクワに住むカルムィク人を含む仏教徒たちの聖地になる可能性を持っている。

　これらの事例は、聖地となる場所、聖地を支える物語、聖地に集まる人々の複雑な関係性を示している。聖地を支える物語は歴史的真実性などよりも、現在と未来との関係がなければならない。聖地に集まる人々にとって、聖地が自らの現在と未来に結びつくことが不可欠なのである。カルムィク人の仏教聖地は、喪失した民族文化の復興の物語として存在する。僧侶は価値体系としてでなく文化として仏教が理解されることに不満を抱きながら、人々の民族文化復興運動に協力し、未来を語ることによって教化を進めたいと考えている。民族文化の復興を願う人々も僧侶による物語の正当化を受けて、聖地に集まり民族文化の復興に携わる自己を見出すことができるのである。

7 新仏教聖地建設の夢 209

5 おわりに

　1943年のシベリア・中央アジアへの強制移住によって刻み込まれたトラウマは、現在でもカルムィク人を苦しめ続けている［Guchinova 2005］。ロシア文化の圧倒的影響力を前に、カルムィク語・カルムィク文化教育も目覚ましい成果を上げているとは言い難い。そうした状況のなかで、人々が抱える民族文化の喪失感を補う役割を担ったのが仏教である。復興した仏教は、カルムィク人が歴史的に発達させてきたものとは違った。しかし、聖地建設を通じて仏教復興運動に仮託することによって、自分たちの民族文化の再生の夢を実現させようとしてきた。僧侶もそのことを理解し、価値体系としての仏教に対する理解の不足に不満を持ちながら、人々の運動に協力している。失ったものを再生することは容易ではないが、代わりのものを加えることは可能である。孤木の事例にあるように、「新しい伝統」を加えそこに人々が参加することで、カルムィク人は新たな民族文化を発展させていく。カルムィク教団のシャジンラマ、テロ・トゥルク・リンポチェが「今やるべきことは寺院や仏塔を建てることではありません。その段階は終わりました。もっと人々の教化に取り組まなければなりません」[11]と語っているように、カルムィク人社会の仏教復興は新しい段階を迎えようとしているのかもしれない。そして聖地は、喪失した民族文化の再生のきっかけとして不可欠だったのである。

注
1)　2016年9月21日、釈迦牟尼仏黄金寺院(エリスタ市)の彼の執務室で、聞き取りを行なった。言語は主に英語。
2)　2016年6月10日、ロシア科学アカデミー・カルムィク人文研究所（エリスタ市）の彼女の研究室で、聞き取りを行なった。言語はロシア語。
3)　ロシアの仏教研究者・翻訳家で出版社も経営するアンドレイ・テレンティエフによれば、ゲシェー・ワンギャルは、帝政末期からソ連初期に活躍したブリヤート人高僧でチベットでも大きな影響力を振るったアグワン・ドルジエフの「弟子」であり、ドルジエフの教えがゲシェー・ワンギャルを介してロバート・サーマンに伝えられ、それがさらにサーマンによって現在のカルムィク人に伝えられている。つまり多くのサーマンの信奉者はカルムィク人の伝統的な教えだと信じているが、それは実はドルジエフの教えであることに気づいていないのだと指摘する。2017年3月10日、V・V・マヤコフスキー名称中央私立公共図書館（サンクトペテルブルグ）で開催された講演「ロシアにおける

210　Ⅲ　再聖地化の諸相

仏教 400 年」より。

4)　そのため、カスピ海沿いの都市ラガンに先に寺院が建立された。

5)　2012 年 6 月 16 日、サンクトペテルブルグ郊外のタイ仏教寺院「バト・アビダンマ・ブッ
ダヴィハーラ」で聞き取りを行なった。言語はロシア語。

6)　2016 年 6 月 13 日、「釈迦牟尼仏黄金寺院」の法要で筆者が聞いた内容。

7)　2016 年 6 月 10 日の聞き取り（注 2 参照）。

8)　2016 年 6 月 13 日、筆者のエリスタ滞在先に招いて、聞き取りを行なった。言語はロ
シア語。

9)　2015 年 2 月 14 日、「モスクワ仏教センター〈三宝〉」の事務所（モスクワ市）で、聞
き取りを行なった。言語はロシア語。

10)　より正確には、設計の依頼を最初に受けたのはモスクワの建築事務所で働く息子の
アルダル・ギリャンディコフで、寺院の設計の経験をもつ父ヴラディーミルに依頼を回
した。2012 年 8 月 11 日、エリスタ市のギリャンディコフ邸での聞き取りにおいて得た
証言である。言語はロシア語。

11)　2016 年 9 月 21 日の聞き取り（注 1 参照）。

引用文献

Bakaeva, El'za P., Zhukovskaia, Natal'ia L., eds.

2010　*Kalmyki*. Moskva: Nauka.

Balakaeva, Nadezhda

2014　"Khosheutovskii khurul: restavratsiia blizitsia k kontsu"（カルムイク中央仏教僧院
「geden sheddup choi korling」公式サイト）（インターネット、2014 年 10 月
21 日発行、2017 年 3 月 22 日閲覧、http://khurul.ru/2014/10/xosheutovskij-xurul-
restavraciya-blizitsya-k-koncu/）

Guchinova, El'za M.

2005　*Pomnit' nel'zia zabyt': antropologiia deportatsionnoi travmy kalmykov,* Stuttgart: Ibidem-
Verlag.

Holland, Edward C.

2015　"Competing Interpretations of Buddhism's Revival in the Russian Republic of Kalmykia",
Europe-Asia Studies 67 (6): 948-969.

Khodarkovsky, Michael

1992　*Where two worlds met: the Russian state and the Kalmyk nomads, 1600-1771,* Ithaca:
Cornell University Press.

Ochirova, Nina G., eds.

2011　*Istoriia buddizma v SSSR i Rossiiskoi Federatsii v 1985-1999 gg.,* Elista: Ministerstvo
obrazovanii, kul'tury i nauki Respubliki Kalmykiia.

Matsuzato Kimitaka, Sawae Fumiko

2010 "Rebuilding a Confessional State: Islamic Ecclesiology in Turkey, Russia and China", *Religion, State and Society* 38 (4): 331-360.

Nefed'ev, Nikolai A.

1834 *Podrobnye svedeniia o volzhskikh kalmykakh,* Sankt-Peterburg: tip. K. Kraiia.

GSRPA Rossii

1997 "Rossiiskaia Federatsiia. Federal'nyi Zakon o svobode sovesti i o religioznykh ob"edineniiakh" (Internet, 22th March 2017, http://pravo.gov.ru/proxy/ips/?docbody=&nd=102049359) (ロシア政府法律照会データベース)

RIA Kalmykiia

2016 "Gubernator Astrakhanskoi oblasti vyrazil zhelanie sotrudnichat' s Kalmykiei pri restavratsii Khosheutovskogo khurula" (インターネット、2014年12月21日発行、2017年3月22日閲覧、http://riakalm.ru/news/culture/5348-gubernator-astrakhanskoj-oblasti-vyrazil-zhelanie-sotrudnichat-s-kalmykiej-pri-restavratsii-khosheutovskogo-khurula)

Shaldunova, Nina

2013 "V Kalmykii sostoialos' otkrytie 8 sviaschennykh buddiiskikh stup" (インターネット、2013年10月8日発行、2017年3月22日閲覧、http://khurul.ru/2013/10/v-kalmykii-sostoyalos-otkrytie-8-svyashhennyx-buddijskix-stup/)

Tri Dragotsennosti

2016 "Buddiiskii memorial'nyi khram na Poklonnoi gore budet postroen pri podderzhke Prezidenta Rossii" (インターネット、2017年3月22日閲覧、http://www.unityofbuddhism.ru/news.php?id=20&lang=ru)

Tsyrempilov, Nikolai V.

2013 *Buddizm i imperiia: buriatskaia buddiiskaia obschina v Rossii (XVIII-nach. XX v.),* Ulan-Ude: IMBT SO RAN.

井上まどか

2004 「現代ロシア連邦における政治と宗教——宗教関連の法制化を中心に」島薗進・鶴岡賀雄編『〈宗教〉再考』ぺりかん社、309-327。

2011 「多宗教国家ロシア——伝統探しの諸相」野中進・三浦清美・ヴァレリー・グレチュコ・井上まどか編『ロシア文化の方舟——ソ連崩壊から二〇年』東洋書店、261-273頁。

井上岳彦

2016 「ダムボ・ウリヤノフ『ブッダの予言』とロシア仏教皇帝像」『スラヴ研究』63: 45-77。

高橋沙奈美

212　Ⅲ　再聖地化の諸相

2013　「ソヴィエト・ロシアにおける史跡・文化財保護運動の展開——情熱家から『社会団体』VOOPIK に至るまで」『スラヴ研究』60: 57–90。
濱本真実
2011　『共生のイスラーム——ロシアの正教徒とムスリム』山川出版社。

第8章 聖地言説と信仰実践
中国梅州市の呂帝廟をめぐる「聖地」の複雑性

河合洋尚

1 はじめに

　筆者は、2004年から中国広東省の山間部にある梅州市でフィールドワークをおこなっている。フィールドワークを始めたばかりの頃、梅州市の都市部を散策していて、とりわけ目についたものの一つが「道教聖地」と書かれた廟の看板であった。廟の中に入っていくと、呂帝と呼ばれる神を祀っている主殿があり、そこにも「道教聖地」の文句を売りにした小冊子が置いてあった。この小冊子は、1994年に刊行されており、廟の概況が書かれていたが、何よりも印象的なのは、この宗教施設を「聖地」と形容していることであった。

　道教の廟を聖地と表現することは、一見すると何ら不思議はないかもしれない。しかし、筆者は、中国の各地を歩くにつれ、このローカルな廟を聖地と言い表していることに、違和感を覚えるようになった。社会主義国である中国では、聖地という言葉は、革命聖地など共産党の歴史にかかわる史跡によく使われるが、1990年代前半という早い時期に宗教に対して使われている例を目にしたことがなかったからである。しかも、地元の人々に話を聞くと、この廟が建設されたのは1985年であり、少なくとも1990年代より前には「聖地として宣伝されていた」というではないか。

　こうしたことから、筆者はこの廟に関心を抱くようになり、廟の関係者にインタビューをおこなったり、地元の親族集団である宗族（特に廟の所在地を生活圏とする三つの宗族）に話を聞いたりした。そうしたなか明らかになったのは、呂帝を祀るもともとの廟は清代から市街地にあったが、1985年になって郊外に移転し、そこに聖地を名乗る新たな廟が建設されたということであった。本章では、前者を「旧呂帝廟」、後者を「新呂帝廟」と呼ぶことにするが、興味深いのは、両者のルーツが同じで、徒歩圏内であるにもかかわらず、信者層が異なることである。とりわけ地元の宗族の大半は、旧呂帝廟の方が霊験あらたかであると考えており、新呂帝廟には足を運ばない。つまり、彼らにとって本

214 Ⅲ　再聖地化の諸相

当に宗教的な聖性をもつ地は旧呂帝廟の方であり、聖地を名乗る新呂帝廟の方
ではないというパラドクスが生じている。

　では、なぜ旧呂帝廟は、いまだに人々の信仰を集めているのだろうか。そし
て、なぜ新呂帝廟は聖地を名乗っているのだろうか。また歴史や活動のうえで、
両者の違いはどこにあるのだろうか。本章は、それらに対する現段階での回答
を記したものである。具体的には、旧呂帝廟と新呂帝廟を比較することで、聖
地をめぐるパラドクスが生じている原因を明らかにし、聖地の政治経済学につ
いて考察していくことにしたい。

2　新呂帝廟の建設と活動

1　梅州市と呂帝廟

　梅州市は、中国広東省の東北部に位置している。そのうち都市部にあたるの
は梅江区であり、約40万人が居住している。また、梅江区の住民のほぼ99％
は、客家と呼ばれるエスニック集団に属している。とりわけ18世紀以降、梅
州市から多くの人々が海外に渡ったため、梅州市は「客家の故郷」としても名
高い。統計によると、梅州市の出身者は、インドネシアに約65万人、タイに
約63万人、マレーシアに約38万人が居住している他、香港、マカオ、台湾に
も少なからずの梅州市出身者がいる。

　梅州という地名が歴史上初めて現れたのは、宋の開宝4年（971）である。
その後、この地は程郷、嘉応州と名を変えた。清の雍正11年（1733）には、直
轄州として嘉応州が置かれ、今の梅江区の旧市街地に城が築かれた。図1にみ
るように、城は、梅江の北側に築かれており、城の北側を「城北」、南側を「水南」、
西側を「望杏坊」（または「上市」）、東側を「攀桂坊」（または「下市」）と呼んだ。
そのうち、「攀桂坊」は、とりわけ明代や清代に多くの宗族（親族集団）が移住
し、30を超える宗族がひしめく居住地となった。他方で、民国期（1911～49年）
に入ると城壁が壊され、城のあった範囲は旧市街となった。

　清朝期、梅州城内では、政府機関や繁華街だけでなく、いくつかの宗教施設
も建設された。そのうちの一つが本章の研究対象でもある呂帝廟である。呂帝
廟は、光緒13年（1887）冬、嘉応州の知事であった李鵬と金桂馨により、城
の北部にある金山の麓で建設された。当時、呂帝廟の正殿には呂帝が座し、後
殿には経堂、蔵書閣、観音堂、玉皇堂があった。また、1940年には道教の信
徒が賛化社広済善堂を組織し、慈善事業に熱心な人が理事会を結成して広済小

8 聖地言説と信仰実践　215

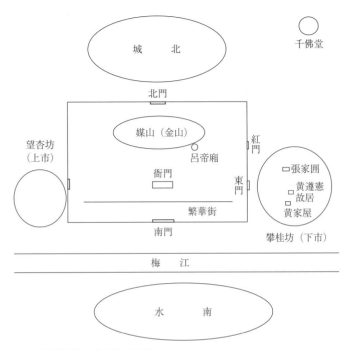

図1　清朝末期・嘉応州の地理

学校を設立し、貧しい児童に無料で教育を施した［黄 1995: 161］。地元の高齢者の記憶によると、この時期の呂帝廟には外科、内科、眼科の3つの「診療所」が併設されており、そこで神のお告げを聞いた後、付近の善堂に行き薬を受け取ったのだという。呂帝廟の近くには、城隍廟や北帝廟もあり、この一帯は宗教施設や福祉施設が密集する地でもあった。さらに、呂帝廟は、1949年までに都市郊外にある長沙鎮などの他、海外でも分祠が設立されるようになった。

だが、1949年の共産党政権樹立に伴い、呂帝廟とその関連の施設は次第にその機能を失っていった。1957年には善堂が梅江橋の近くに福救善堂として移動し,文化大革命が起きるとなくなった［黄 1995: 161］。また、文化大革命の時、宗教をアヘンとして取り締まるキャンペーンのなかで,呂帝廟も閉鎖され、人々が廟で公然と信仰活動をおこなうことができなくなった。

2　新呂帝廟の建設

1978年12月に改革開放政策が施行され、市場経済政策が部分的に導入され

写真1　新呂帝廟の看板［左］と外観［右］（2016年8月、筆者撮影）

ると、海外との交流が再び活性化するようになった。それ以降、多くの華僑が再び大陸に足を踏み入れるようになり、梅州市でも香港や東南アジア諸国などから帰郷する人々が相次いだ。

　広東省は中国において最も豊かな省の一つであるが、梅州市は交通の便が悪い山間部に位置するため、経済発展が遅れていた。改革開放政策直後の広東省で調査をおこなったエズラ・ヴォーゲルによると、1980年代の梅州市は、広東省で最も生活水準の低い地区の一つであった［ヴォーゲル 1991: 316-322］。したがって、この時期の梅州市は、華僑による寄付や投資に大きく依存しており、華僑の名を刻んだビルや橋などのインフラ施設が次々と建設されていた。もちろん梅州市政府にとっても、華僑との経済的なつながりやその社会的影響は無視できないものになっていた。

　こうした状況のなか、タイの呂帝廟の関係者が1980年代前半に梅州市を度々訪れるようになる。早くも1980年には、タイの呂帝廟の信徒が中心となって「泰国呂祖堂門回国探親朝祥団」を結成し、86名が梅州市を訪れた。その時、信徒たちは、荒廃した故郷の本祠を見て心を痛め、政府に再建を要求した。1983年冬には、道教賛化宮建設委員会を設立し、呂帝廟の再建に動き出すことになったのである。だが、梅州市の政府は、呂帝廟の再建そのものは許可したが、もともとの旧呂帝廟は街の中心にあり、さらに区政府のすぐ近くにあるということを問題視した。1980年代前半は、改革開放政策が始まって間もない時期であり、当時の梅州市では宗教活動を公然と認める風潮にはまだなっていなかったからである。したがって、梅州市政府は、廟の再建を許可するにあたり、市街地のもとある旧呂帝廟を再建するのではなく、都市の中心部から少し外れた地点に新呂帝廟を新設するよう要求した。それにより、新呂帝廟は、旧呂帝廟

8 聖地言説と信仰実践 217

写真2　バンコクの呂帝廟［左］と大峰祖師廟［右］（2012年11月、筆者撮影）

よりさらに東北に位置する、風水の良い地点で再建されることとなった。新呂帝廟は、1985年12月に建設された（写真1）。同時に、この廟には梅州市道教協会が付設され、社会主義国・中国の宗教管理体制の下に置かれることになった。このように、新呂帝廟の建設にあたってはタイの華僑が大きな作用を及ぼしたが、金銭的な面でもタイの華僑は多大な出資をしている。新呂帝廟の寄付者一覧に刻まれている国籍や氏名をみると、梅州市だけでなく、タイの出資者が非常に多いことが分かる。新呂帝廟は、まさに「外部」の影響により生まれ変わった宗教施設であるといえるであろう。

　しかし、呂帝廟の分祠がタイで設立されたのは民国期であり、1980年代になる頃には、その世代の一部は入れ替わっていると想定される。にもかかわらず、なぜタイの華僑はこうまで熱心に故郷の呂帝廟を再建しようとしたのであろうか。その動機の大きな要因として、呂帝神およびそのルーツに対する信仰心があるのは言うまでもない。だが、筆者は、タイの梅州市出身者の間で呂帝信仰が重視されている要因の一つに、エスニック・アイデンティティもあるのではないかと考えている。

　例えば、タイの首都・バンコクでの現地調査から分かったことは、呂帝廟が往々にして客家の宗教施設とみなされているという事実である。バンコクの中華街であるヤワラート通りの近くには、呂帝廟があるが、その隣には大峰祖師の廟もある（写真2）。上述の通り、呂帝廟は客家の居住地である梅州市に起源している一方で、大峰祖師のルーツは潮州人の居住地であるスワトウ市にある。また、タイの呂帝廟は、かつてタイ最大の客家団体である泰国客家総会（The Hakka Association of Thailand）が拠点とした場所でもあった[1]。したがって、バンコクの華僑華人のなかには、呂帝廟を客家の精神的支柱として語る人々もい

218　Ⅲ　再聖地化の諸相

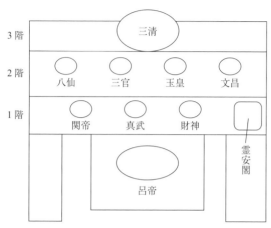

図2　新呂帝廟の空間配置（2018年11月現在）

た。さらに興味深いことに、1980年前半、タイの呂帝廟の信徒が梅州市の本祠を再建していた頃、スワトウ市でも報徳善堂など大峰祖師の廟がタイの潮州系華僑の後押しで再建されていた[2]。

3　新呂帝廟における信仰実践

　1985年に建設された新呂帝廟は、旧市街の旧呂帝廟に比べると規模が大きく、外観も立派である。「道教聖地」と書かれた看板の案内に従い廟に入って行くと、主神である呂帝神だけでなく、道教や民間信仰に関係するさまざまな神が祀られている。新呂帝廟の空間配置は図2の通りである。
　まず、入り口から入って中に入ると、呂帝神を祀った主殿がある。ここには大きな呂帝神の像があり、多数の信者が参拝できるようになっている。主殿の両側には道士たちが使う建物があり、さらに主殿の後方には三階建ての建物があって、八種類の神が祀られている。具体的に言うと、一階には関帝、真武（北帝）、財神が、二階には八仙、三官、玉皇、文昌が、三階には三清（上元・中元・下元）が祀られている。後述のように、呂帝神もまた八仙の一つなのであるが、ここでは呂帝神のみが主神として分けられている。呂帝廟の管理人によると、この廟の空間配置はタイの華僑が決めたものであり、タイの呂帝廟に似ているという[3]。
　新呂帝廟には男性の道士がおり、ここで宗教活動をおこなう。梅州市の都市部では、仏教寺院に比べると道教の廟が圧倒的に少なく、道教協会の管理下に

あるものは新呂帝廟と泮坑公王廟の二つしかない[4]。呂帝廟の道士は、自由に聖職につくことが許されておらず、主に恵州市の羅浮山にある道場か広州市花都区にある玄円道観で修業を積んでから派遣される。新呂帝廟で道士がおこなう活動の一つは、神々の誕生祭である。新呂帝廟に祀られている神々にはそれぞれ誕生日があり、その時、道士が経を唱えたりして祈る。なかでも、旧暦4月14日に催される呂帝神の誕生祭は、最も重要なイベントの一つである。また、道教の最高神である玉皇大帝の誕生日（旧暦1月9日）および上元の誕生日（旧暦1月15日）には特に多くの信徒が集まる。

　同時に、新呂帝廟では、神だけでなく祖先にまつわる活動もおこなう。図2にみるように、主殿の後方の建物の一階端には霊安閣と呼ばれる部屋がある。ここではコインロッカー式の納骨堂があり、故人の位牌が置かれている。梅州市では、もともと死者の遺体を沖縄の亀甲墓に似た個人墓に埋葬する習慣があった。ところが、1975年に梅県火葬場ができると徐々に火葬が普及し、2005年には火葬率が53%、2007年には99.4%にまで達した［角南 2008: 164]。他方で、個人墓の建設が禁止され、人々は遺骨を公共墓地や納骨堂に納めねばならなくなった［河合 2011]。それに伴い、仏教や道教が遺骨を管理し、祖先祭祀の折に人々が参拝しに来るようになったのである。新呂帝廟でも、清明節や中元節の頃になると、霊安閣に収めている遺骨を参拝しに人々が集まる。とりわけ清明節と7月21日には「追思法会」を道士が主催し、「超度」（供養）の儀式をおこなう。

　それでは、ここに遺骨を置いているのは、どのような人々なのであろうか。2016年8月に廟の責任者におこなったインタビューによると、この廟に遺骨を納めている人は、「地元の人々とは限らないが、梅州市全域、とりわけ都市近郊の信徒が多い」とのことである。この発言で注目に値するのは、「地元の人々とは限らない」という部分である。というのも、筆者が地元でフィールドワークをおこなった限りでは、祖先の遺骨を新呂帝廟に収めている人々は稀だったからである。

　例えば、新呂帝廟から徒歩15分圏内に住むX宗族の成員は、より遠い千佛塔の納骨堂や公共墓地に親族のお骨を納めても、付近である新呂帝廟には納めていない。これは彼らが仏教徒で道教を信じないからではない。一般的に梅州市の人々は、それが仏教であるか道教であるかキリスト教であるかを問わず、利益のある方を信じる。つまり、特定の宗教ではなく、教派に関係なく、ご利益のある神々を崇拝する民俗宗教が主体となっている［渡邊 1991]。では、な

220　Ⅲ　再聖地化の諸相

ぜ彼らは新呂帝廟に遺骨を納め、参拝に行かないのか。この問いについて、X
宗族の複数の高齢者は「この辺の土着の老人はみなあの新しい呂帝廟を認めて
いない」と語る。昔の記憶をもつ彼らにとって、ホンモノの呂帝廟とは、あく
まで旧呂帝廟なのだという。

　その理由の詳細は次節に譲るとして、確かに新呂帝廟は、地元の宗族と密接
な関係にあるローカルな廟というよりは、より外に開けた宗教施設となってい
る。現在、地元の宗族を除くと、知名度が高いのは明らかに新呂帝廟の方であ
る。梅州市の市販の地図にも、新呂帝廟は載っているが旧呂帝廟は記載されて
いない。客家研究者のなかにも、旧呂帝廟の存在を知らない人々がいるくらい
である。道教に詳しい聖職者や研究者にとっても、梅州市の道観といえば、新
呂帝廟が真っ先に思い浮かぶようである。道教に関心をもつある香港の知り合
いは、ここが道教の聖地であることを知り、新呂帝廟を訪れたことがあるが、
旧呂帝廟については存在すら知らなかった。しかしながら、地元の宗族の人々
にとって、本当に「聖性」があるのは、むしろ旧呂帝廟の方なのである。

3　旧呂帝廟をめぐる記憶と信仰

1　歴史と記憶

　ここで本章の研究対象である呂帝神について今一度みていくことにしよう。
呂帝（呂大仙、呂祖仙師、大仙阿公など多様な呼び方がある）とは梅州市における
民間の呼称であり、中国では一般的に呂洞濱と呼ばれている。呂洞濱は八仙の
一人であり、山西省出身の実在の人物であったが、死後に仙人となり、道教で
神として祀られるようになった。梅州市の民間では呂洞濱にまつわるさまざま
な伝説があり、現地の信仰と密接に結びつくこともある。時として呂洞濱をめ
ぐる信仰は、シャーマニズムや病気治療とも結びついている[5]。

　地元の高齢者の人々によると、民国期の旧呂帝廟もまた病気治療と密接に結
びついていた。当時、人々は呂帝神の誕生日のほか、病気になると旧呂帝廟を
訪れ、お伺いを立てた。廟には、内科、外科、眼科があり、くじで占ってお告
げを受けた後、付近の善堂に行って薬をもらったのだという。複数の高齢者の
記憶に基づくと、善堂で当時出されていた薬には、皮膚病を直す「蟾蜍膏」と
いうシップ[6]や腹痛を直す「菩薩丸（図提薬丸）」という飲み薬があった。また、
旧呂帝廟には、命の水が入った水槽があり、参拝した線香の灰を水に落とし、
それを仙水として飲むと、たちまち病気が治ったのだという。

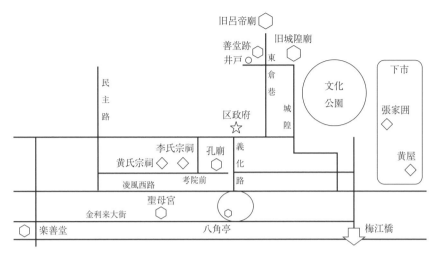

図3　旧市街の地図（2018年11月現在）

　このように旧呂帝廟は、生命ともかかわる霊験あらたかな廟として信仰されてきた。さらに、この廟の付近には、無償で薬や粥などを出す善堂、無償で教育を施す広済小学校のほか、城隍廟や北帝廟などの宗教施設が集中していたことも注目に値する。当時、城隍廟や北帝廟もまた霊験あらたかな廟として地元の人々の信仰を集めていた。とりわけ城隍廟の霊力は地元の人々を守ってきたと考えられている。梅州市の民間では「城隍廟の蚊」と聞いた後、「人を咬まずに鬼だけを咬む」と答える謎かけ遊び(歇後語)がある。これは、城隍神が「鬼」(悪霊)を鎮める霊力をもってきたことを意味する。

　旧呂帝廟の位置する一帯は、かつての城の東北部に位置する。地元の人々にとって、ここは「鬼」を鎮め生命を守る磁場をもった特別な社会空間であった。そして、この空間には特別な霊力があり、「鬼」や病気などを排除するテリトリーであると考えられていた。近年の社会人類学では、人々の歴史記憶、愛着、アイデンティティが埋め込まれた特別な社会空間を〈場所（place）〉という概念で表現する［オジェ2002, 河合2013a］。こうした視点からすると、地元の人々にとって、呂帝廟や城隍廟をとりまく環境は、まさに彼らの記憶、愛着、霊的なパワーが込められた〈場所〉である。そうであるから、呂帝神の霊力もまた〈場所〉から切り離すことができない。そこから本祠を移転させては、何の意味ももたなくなるのである。

222　Ⅲ　再聖地化の諸相

2　信仰の継承と再興

　前述のように、1949 年に共産党政権が樹立すると、信仰活動は「迷信」と
みなされ規制されるようになった。城隍廟は糧油会社になった後に養老院とし
て使われ、北帝廟の跡地はいまだに廃墟となっている。旧呂帝廟も 1980 年代
末に再建されるまでは、宗教施設としての機能を失っていた。とりわけ 1966
年から 76 年の文化大革命期には、宗教をアヘンとする社会主義イデオロギー
のもとで「宗教狩り」がおこなわれ、神像や仏像の破壊もおこなわれた。そう
したなか、人々は廟で公然と信仰をおこなうことができなくなっていた。

　だが、信仰を「迷信」として排除するキャンペーンが吹き荒れていた文化大
革命の時代ですら、人々は神々への信仰を止めることはなかった。呂帝神をは
じめとする神々への信仰は、水面下で続けられてきたのである。地元の高齢者
たちの話によると、文化大革命がはじまると、地元の住民は、ホンモノの呂帝
神の像を隠し、かわりにニセモノの像を置いた。筆者が聞いた限りにおいて、
文化大革命の時にホンモノの呂帝廟をどこに隠したのかについては、大きく分
けて二つの説がある。一つは、紅衛兵 [7] が来た時、廟を管理していた女性（当家）
が家の倉庫に隠していたという説である。もう一つは、紅衛兵が来た時、川に
捨てていたという説である。もしくは、両者の折衷として、紅衛兵が来た時に
川に捨てたが、帰った後すぐに拾い出して当家の自宅二階に隠したという説を
聞くこともある。

　いずれにせよ、ホンモノの呂帝像は文化大革命の時に破壊されず、地元で大
切に管理されていた。だから、1985 年に新呂帝廟が設立されると、地元の人々
は、ここの廟に祀られている呂帝神がニセモノであると思うようになった。そ
して、地元の人々は、香港、台湾、インドネシアなどの親戚たちと連絡をとっ
て徐々に資金を集め、1988 年 4 月 12 日に旧呂帝廟を再建したのである（写真 3）。
それだけでなく、彼らは、今まで隠し持っていたホンモノの呂帝像をここに置
き、さらに城隍神や北帝神などの像を置くことで、形を変えつつも、民国期か
ら続く信仰を復活させた［河合 2013b］。

　旧呂帝廟は、現地政府にも学者にもマス・メディアにも、新呂帝廟ほど注目
されていない。また、2016 年には、旧呂帝廟の前に「城隍廟」の看板が立て
られるようになった。だが、地元の人々は、この廟がもともと呂帝廟であり、
城隍廟は、いま養老院となっている地点にあったことを知っている。そして、
以上の歴史的経緯を知っている彼らにとって、本当に霊験があるのは、ホンモ
ノの呂帝神を置いてある旧呂帝廟となっている。それに対して、新呂帝廟は、

写真3　旧呂帝廟の外観［左］と内部にあるホンモノの呂帝像［右］（2012年4月、筆者撮影）

より知名度のある開かれた道観ではあるが、ホンモノの像を祀っていない霊的な力に欠ける宗教施設であると地元ではみなされている。

3　旧呂帝廟をめぐる信仰活動

　新呂帝廟と比べると、旧呂帝廟の建築規模はかなり小さい。旧呂帝廟は一つの古い建物を修築したものとなっており、そのなかに呂帝神をはじめとする多種多様な神々が祀られている。そのなかで、神像の背後に設けられた鏡に名前が書かれている主要な神々は13体ある。図4にみるように、神々は一列に並べられており、その前で信徒が崇拝できるようになっている。

　旧呂帝廟の主神は呂帝であるが、なかには佛主、観音、祖師など仏教と関係する像が置かれていることに気づかされる。これは地元の信仰体系において、道教と仏教が必ずしも明確には分けられておらず、民俗宗教として同列に扱われていることを表している。また、現地調査によると、旧市街や下市の人々の生活圏内では、かつて城隍、城隍娘、北帝だけでなく、財神、包公、五顕大帝、関帝の廟も存在していたか、もしくは今でも存在している。繰り返し述べると、玉皇大帝は道教の最高神かつ最もポピュラーな神の一つである。また、祖師とは梅州市で霊験あらたかな寺院として知られる霊光寺の主神・懺悔祖師を、公王とは地元で根強い人気を誇る泮坑公王廟の主神・三山国王を表している[8]。旧呂帝廟の管理者の紹介によると、地理的に遠いところにある懺悔祖師と三山国王を祀っている理由は、体の不自由な高齢者が遠方に行かずとも参拝できるよう、依代となる像を置いているのだという。

224　Ⅲ　再聖地化の諸相

図4　旧呂帝廟における神々の配置

〇関帝	〇五顕大帝	〇北帝	〇公王	〇包公	〇城隍	〇城隍娘	〇玉皇大帝	〇財神	〇祖師	〇呂帝	〇観音	〇佛主

　このように、旧呂帝廟は現在、呂帝神だけを祀るのではなく、呂帝神をはじめとするローカルな神々を祀る宗教施設となっている。それだけでなく、信仰活動の方式や内容においても、民国期の呂帝廟とのそれとは違いが大きい。地元の高齢者の話によると、民国期には旧呂帝廟には常に尼僧がいて、経を唱え「好事」をしていたという。しかし、今はこの廟に在住して経を唱える尼僧をみかけることはない。かつて命の水と称された仙水は、呂帝像の前方にあったというが、それもなくなっている。そもそも医学の進歩や「科学」観の浸透により、人々は病気になると、まずは病院に行くようになっている。病気になるとすぐに呂帝廟に行き、そこで占ってから薬をもらう習慣は、今ではみられない。善堂も復活しておらず、信仰と病気治療の結びつきが弱くなっているといえるだろう。

　だが、それにもかかわらず、地元の住民がいまだに旧呂帝廟を重視し、それを再建し、信仰活動を続けていることは注目に値する。旧呂帝廟には、日頃から参拝者が訪れるが、特に旧暦の毎月1日と15日および春節の際にはより多くの信徒が集まる。また、旧呂帝廟に祀られている13体の神々には、それぞれ誕生日があるが、その時にも地元の住民が線香をもって参拝する。なかでも旧暦4月14日の呂帝神の誕生日は、旧呂帝廟のメインイベントである。この日にも多くの住民が旧呂帝廟に押し寄せる。

　もちろん、地元の住民のすべてが旧呂帝廟を信仰しており、ことあるごとに参拝に訪れるわけではない。とりわけ現代では、社会主義イデオロギーの影響を受け、あるいは昔から信仰心がないという理由で、旧呂帝廟を含む宗教施設には、ほとんど足を運ばない地元住民も少なくない。旧呂帝廟では、日頃から地元の人々で溢れかえっているわけではない。しかし、たとえ廟に参拝しに行かなくても、地元の人々は旧呂帝廟に「真正性」を認めていることもある。また、何よりも神々の誕生日や春節などの特別な日になると、やはり参拝に訪れる人々は増えるし、そのなかには高齢者だけでなく小中学生など若い男女も含まれている。旧呂帝廟への信仰は、単に高齢者の間の懐古主義により続けられ

ているのではなく、世代を超えて受け継がれている姿をみることもできる。

　ただし、筆者が観察する限りにおいて、参拝者の絶対的多数は地元の宗族であり、新呂帝廟と比べると、梅州市都市部の外から参拝に訪れる者は極めて少ない。これは旧呂帝廟の知名度の低さともかかわっている。外部者にとって呂帝廟とは「道教聖地」として知られる新呂帝廟であり、旧呂帝廟をめぐる記憶や霊性を知らない彼らにとって、旧呂帝廟は特別な意味をもつ宗教施設にはなりえない。他方で、旧呂帝廟をホンモノの呂帝神が座す施設と認める地元の人々は、呂帝神の誕生日に旧呂帝廟で参拝をおこなっても、同時に新呂帝廟には行かない傾向が強い。というのも、彼ら内部者にとって、真に聖なる霊力は、旧呂帝廟をめぐる〈場所〉に内在するからである。

4　おわりに——誰にとっての「聖地」なのか？

　以上、「道教聖地」である新呂帝廟とローカルな信仰を集める旧呂帝廟の建設過程や信仰活動を論じてきた。最後に、両者を比較することで、聖地をめぐる意味について考えてみることにしたい。

　表1は、聖地の言説、建設推進者、参拝者、知名度・宣伝度、政治的権威・正統性の5つの項目から、新旧の呂帝廟をめぐる性質を整理したものである。両者を比べてみると、聖地と呼ばれる新呂帝廟と、聖地とは対外的に言われない旧呂帝廟の違いが浮き彫りになるであろう。まず、新呂帝廟の主要な建設推進者はタイの華僑であり、梅州市を中心とする各地の道教信者が寄付をしていた。参拝者も梅州市の人々が多いものの、付近の宗族とは限らず、相対的に外へ開かれている。知名度や宣伝度も旧呂帝廟に比べれば高い。それに対して、旧呂帝廟は、地元の宗族の人々により支持されているが、対外的に知られておらず、主だった宣伝もなされていない。冒頭で述べたように、新呂帝廟では廟の概況を紹介する小冊子が作成され配られている。だが、旧呂帝廟では、そうしたメディア媒体は作成されていない。さらに、新呂帝廟は梅州道教協会の管理下にあり市外の道場で訓練を積んだ道士がいるが、旧呂帝廟は民間の当家により管理されている。その意味で、前者の方がより政治的な権威や正統性をもつ廟となっている。

　ところが、これらの廟の付近に住んでいる宗族を調査すると、聖地と呼ばれる新呂帝廟よりも、聖地とは呼ばれない旧呂帝廟の方が、より信仰上の「真正性」をもっていることが明らかであった。換言すると、地元の宗族にとって、

226　Ⅲ　再聖地化の諸相

表1　新旧の呂帝廟をめぐる「聖性」の比較

	新呂帝廟（賛化宮）	旧呂帝廟
聖地の言説	あり	なし
建設の主な推進者	タイの華僑	地元住民
主な参拝者	梅州の住民、道教関係者、華僑	地元住民
知名度・宣伝度	オープンにする（冊子あり）	オープンにしない（冊子なし）
政治的権威・正統性	あり	なし

むしろ聖地の言説がない旧呂帝廟の方が「宗教的な聖性をもつ地」なのである。
したがって、現象面から判断するならば、地元の宗族の「聖地」とは旧呂帝廟
の方である。他方で、新呂帝廟は、ローカルな廟というよりは、より外に開か
れている。それゆえ、都市部の近郊、さらには梅州市の外の信者からも信仰を
集めている。もちろん、新呂帝廟の呂帝神を信仰し、ここに祖先の遺骨を置い
て参拝する人々にとっては、この廟は名実ともに宗教的な聖地となっているで
あろう。

　ここから聖地とは「一体誰のものなのか」についてさらに検討してみる必要
がでてくる。少なくとも本章の事例において、聖地という言葉が発生される背
景には、「外部性」がかかわっていると考えられる。そもそも信仰をする当事
者にとって、その廟が聖なる力をもつかは内面的なものであり、聖地として対
外的に表現する必要もないであろう。「聖なる土地」であるとする謳い文句は、
外部者により客体化されるか、外部に向けて発信される時に有効な概念となり
うる。とりわけ本事例の場合、新呂帝廟が建設される背景には、梅州市が宗教
を一つの結節点とし、華僑との経済的なつながりを築こうとする意図があった。
だからこそ、ここを「道教聖地」として位置づけ、政治的な正統性を与えると
ともに、外部者にとってより魅力ある記号をつくりだした可能性も捨てきれな
い。他方で、単に信仰の側面から捉えると、どこが聖地であるのかは、人々の
信仰心、歴史記憶、愛着、アイデンティティなどによって多様である。地元の
宗族にとっては、新呂帝廟は、「聖地」とはなりえない。彼らにとっての「聖地」
は別にあるからである。つまり、それが聖地と呼ばれるのか否かにかかわらず、
人々にとっての「聖地」は複数存在するのである。

　本章は、中国広東省の一地方における事例を考察したにすぎない。この事例
からさらに何が言えるのかは、他のユーラシア社会主義大国であるロシアやイ
ンドなどとも比較していかねばならない。しかし、本事例から、筆者は、聖地
の人類学的研究をめぐる三つの視点をあえて提示したいと思う。

　一つ目は、聖地という言説がどのようにして生み出されるのかという、政治

経済性を検討する視点である。本章の事例にみるように、聖地とは必ずしも信仰面で支持されるものとは限らず、そこに対外性や正統性をめぐるポリティクスが働いている可能性がある。宗教信仰とは切り離された次元で、聖地という言葉が生み出されることもあるだろう。したがって、聖地をめぐる言説分析が必要になってくる。

　二つ目は、人々がなぜ特定の地に聖性を認めるのかについて、歴史記憶、愛着、アイデンティティから考察する視点である。つまり、聖地という言説とは別に、人々がどこを、なぜ聖なる土地として認めており、どのように信仰活動をおこなっているのか、現象としての「聖地」に着目する。この過程においては、人間、土地（＝非人間）および両者をつなぐ霊的媒体の相互関係から生成される現象世界、すなわち〈場所性〉の問題を探求することになる。

　これらの二つの視点は異なる次元の事象を対象としているが、両者は相互に連関する可能性がある。したがって、三つ目として、「聖地」の言説とローカルな信仰体系との相互影響を検討しなければならない。例えば、聖地の言説は、往々にして「無」からは生まれない。つまり、地元で聖性をみとめられていた土地が、後に政治経済的な力により規模の大きい聖地へと転換していくこともある。逆に、聖地という言説が生まれることで、ローカルな信仰体系に変化を及ぼしていく可能性も十分に考えられるであろう[9]。

　聖地は、単に宗教的な聖性が敷衍されることで自然に出来上がるとは限らない。聖地の存在をアプリオリに捉えるのではなく、「聖地」の複数性、および聖地言説の外部性、政治経済性をより探求していくことが、聖地の人類学的研究に求められる。

注

1)　泰国客家総会のホームページ（http://www.hakkathailand.com/　2017年3月24日アクセス）に掲載されている「泰国客家総会会史」（盧鈞元整理）では、この団体の歴史が紹介されている。記載によると、光緒25年（1899）に張斌坤という者がタイに呂帝の像をもってきて、その3年後（1902年）に呂帝廟が建てられた。宣統2（1910）年、大埔県出身の余次彭という同盟会の党員の主導のもとマジョリティである潮州系から独立し、資金を集めて「暹羅客属会所」（シャム客家会館）を組織した。会館は、まず呂帝廟に置かれたのだという。そして、その6年後には関帝廟の二階が会所となったが［呉 1989: 157]、梅県（梅州市の中心地）をルーツとする呂帝廟は、大峯祖師との対比において客家のシンボルとみなされてきた。

2)　科研「中国における象徴資本としての宗教実践に関する調査研究」（基盤研究B、

228　Ⅲ　再聖地化の諸相

2008-2011 年、佐々木伸一代表）によるスワトウ市調査に基づく。報徳善堂をはじめと
する潮州・スワトウ地域の善堂については、志賀市子の著作 [2012] に詳しい。

3）　少なくともバンコクの呂帝廟は、祀っている神が梅州市のそれと完全に重複している
わけではない。バンコクの呂帝廟では、一階に佛祖、財神、観音、二階の前殿に姜太公、
呂帝、水上老君、二階の後殿に福禄寿、従八羅漢、福徳、王母、三階に佛祖など三体の
仏像、四階に玉皇を祀っている（2012 年 11 月時点）。ただし、新呂帝廟の空間配置が中
国の普通の廟と異なるという声は、地元の住民からも聞くことがある。

4）　旧市街にある聖母廟（媽祖廟）は、道教協会の管理下にあるが、新呂帝廟の傘下にお
かれているため、ここでは数に入れていない。

5）　梅県水車鎮小桑村では、呂洞濱により神となった将軍神が地元の人々に憑依してお
告げをする。三十六将軍信仰の事例については、房学嘉 [2006] や筆者の別稿 [河合
2009] に詳しい。

6）　現地では客家語で「蟾蜍 lo 薬膏〈チャムチュローヨッガウ〉」と呼んでいる。「蟾蜍」
とはアジアヒキガエルのこと、「薬膏」とはシップのこと、中間の「lo」には該当する
漢字がない。

7）　紅衛兵とは、文化大革命運動の尖兵となった集団を指し、多くは学生から構成された。
紅衛兵のメンバーは、紅五類（労働者、貧農、革命幹部、革命軍人、革命烈士）からな
り、彼らは社会主義のイデオロギーに反する黒五類（富豪、地主、右派分子、反動分子、
悪質分子）を攻撃した。また、古い思想や習俗を打破する考えのもと、宗教も攻撃の対
象とし、特に 1966 〜 76 年の間、寺廟や神像などを破壊してまわった。

8）　三山国王は、台湾などでは主に客家により信じられており、客家の守護神とみなされ
ることもある。ただし、梅州市の民間で泮坑神は三山国王ではなく公王とみなされるこ
とが多い。梅州市の高齢者のなかには三山国王という呼称を知らない者もおり、旧呂帝
廟では民間でよりポピュラーな呼称である公王の名前が記されている。梅州市の公王信
仰については別稿 [河合 2009] を参照のこと。

9）　本章では、こうした複数の「聖地」による相互関係については深く考察してこなかっ
た。しかし、新呂帝廟が建設された地は、地元では風水が良いとみなされているところ
であり、やはり一定の聖性の基盤のうえに　聖地が建設されている。ただし、新呂帝廟
の建設は、いくつかの宗族の風水に悪影響を与えるとみなされ、予期せぬ「風水争い」
に発展することもあった。こうした出来事は、新呂帝廟とローカルな信仰体系をさらに
乖離させる結果を招いたのかもしれない。相互影響の結果としての「乖離」もまた聖地
の政治経済学をめぐる研究視野の一つになりうるかもしれない。

引用文献

オジェ、マルク

　　2002　『同時代世界の人類学』森山工訳、藤原書店。

房学嘉

2006 『客家民俗』華南理工大学出版社。

黄鶯谷

1994 『道教聖地　梅州賛化宮』内部資料。

1995 「道教的呂帝廟与賛化社」『梅江文史』編輯顧問編『梅江文史資料』中国人民政治協商会議広東省梅州市梅江区第二届委員会文史資料委員会。

河合洋尚

2009 「中国梅州市における公王信仰と将軍信仰」志賀市子編『中国粤東地域における無縁の死者祭祀の偏差・伝播・歴史的変遷に関する民俗学的研究』平成18年度～平成20年度文部省科学研究費補助金基盤研究（C）報告書、79-88頁。

2011 「広東客家地域の墓地景観——広州との比較から」『民俗文化研究』11：93-104。

2013a 『景観人類学の課題——中国広州における都市環境の表象と再生』風響社。

2013b 「中国客家地域における『霊性』と宗教景観の再生」『唯物論研究』122：110-120。

志賀市子

2012 『〈神〉と〈鬼〉の間——中国東南部における無縁死者の埋葬と祭祀』風響社。

角南聡一郎

2008 「梅州地区近当代墳墓的情況——従日本、台湾的比較視野」河合洋尚訳『客家研究輯刊』32：161-170。

ヴォーゲル、エズラ・F

1991 『中国の実験——改革下の広東』中島嶺雄訳、日本経済新聞社。

渡邊欣雄

1991 『漢民族の宗教——社会人類学的研究』第一書房。

2001 『風水の社会人類学——中国とその周辺比較』風響社。

呉継岳

1989 「客家人在泰国」『客家研究』1：155-162。

231

第9章　洪水を超えて
　　南インド、タミル農村における廃墟の聖地化

杉本良男

1　はじめに

　1990年代以降の経済自由化による急速な経済発展をうけて、インドではいわゆるメガ・シティにとどまらず、地方都市、さらには農村社会にも大きな影響が及び、全般的に大きな社会の構造変動が見られる。たとえば、南インド、タミルナードゥ州の農村では、村落から近隣の地方都市に人が移動するだけでなく、高等教育機関への就学やIT産業などへの就業の機会を求めて、直接マドラス（チェンナイ）のような大都市に移動する若者が急増している。そのため当然ながら農村社会の空洞化も進んでいる。一方、2000年代に入ると、一時就学や就業により村外に移動していた人びとが、自らの財力や人的ネットワークを利用して、出身村落で不振になっていたり、なかば廃墟化していたような中小の寺院を再建しようとする動きも目立っている。

　1984年のインディラー・ガンディー首相の暗殺は、80年代以降のインド社会の様相を一変させた。跡を襲ったラジーヴ・ガンディー時代は、一方で、90年代以降の経済発展の先触れとなり、都市だけでなく村落までも含めた社会の構造変動の契機となった。また、宗教、文化全般の振興をうながし、その一環としてヒンドゥー寺院の修復などが奨励された。それには当然功罪両面があり、負の側面として宗教間の対立を顕在化させた意義があった。85年のラーマ神の故地アヨーディヤのバーブリ・マスジッド開門をめぐる騒動や、テレビの大河ドラマ、「ラーマーヤナ」(1987-88)、「マハーバーラタ」(1988-90)の大ヒットなどは、一神教的に一元化されたイデオロギー的なヒンドゥー復興の象徴である。これを契機に、マハートマ・ガンディー暗殺事件以後ややなりをひそめていたヒンドゥー至上主義が息を吹き返してきた。1980年代末からのアヨーディヤ問題はそうした宗教的な構造変動の極端なあらわれであり、その帰結が有力雑誌に「国辱」(The Nation's Shame)という見出しがおどったアヨーディヤのバーブル・モスクの破壊事件（1992年）であった。

232 Ⅲ 再聖地化の諸相

　筆者らは、1990、91 年に行った南インド、タミルナードゥにおける現地調査ののち 20 年を経てあらためて調査を実施した。そこでじっさいに遭遇したのは 1990 年代以降のインド社会全体におよんだ構造変動の実相であった。それは一地方の事例という制約を超えたインド全体の構造変動をとらえる上での重要な資料を提供している。本章では、本書全体の「聖地研究」という視点から、タミルナードゥ州タンジャーウール県クンバコーナム市内の集合的聖地の実情と、ティルップランビヤム村の宗教施設の聖地化の流れを、1980 年代以降のヒンドゥー文化復興の動きのなかで連続的にとらえ、相互の連関性のもとに再編されている状況について考察する。そして、2000 年代以降の聖地の再編には、インド社会において急速に消費化、情報化が進み、著しい社会の構造変動が起こった結果、農村社会が空洞化するとともに、さまざまな意味において「外部性」を抱える個人、集団によって、聖地を初めとする宗教施設が「消費」され、地域の共同性を超えた新たな状況を生み出していることを指摘する[1]。

2　カーヴェーリ・デルタ─地方都市の聖地

1　タンジャーウール

　調査地クンバコーナム市とティルップランビヤム村は、タミルナードゥ州の中央を流れる南インド第一の大河カーヴェーリ（Kaveri）の流域に位置し、行政的にはタンジャーウール県に属している。タンジャーウールは古代より肥沃な土地と高い農業生産性に恵まれ、さまざまな地方勢力が興亡を繰り返したチョーラ・ナードゥ（Chola Nadu）の中枢を占め、タミル文化・社会の中心地でもある。とくにこの地を中心としてスリランカや東南アジアまで勢力を広げていたチョーラ帝国の全盛期（10 ～ 11 世紀）は今でもタミル人の強烈なノスタルジーの対象である［杉本 2017］。

　タンジャーウール地方はインドでも屈指の穀倉であり、象が一頭横になる広さがあれば人 7 人を養う米がとれる、と称えられる。その豊かさはひとえに「南インドのガンガー」と譬えられるカーヴェーリ河の恵みにある。それとともに、海岸部では古代より遠くローマにまで至る対外交易が行われていた歴史もある。厳しい自然条件のなか生産性も低く、また土地が荒れていることの多いタミルナードゥ州のなかでは、その豊かさにおいて特筆すべき地域である。2011 年国勢調査によれば、タンジャーウール県の人口は約 240 万、面積約 3400 平方キロである。

９　洪水を超えて　233

　この地域の「歴史」はほぼ 2 千年前に遡る。実在が確実とされる最初の王権
は、アショーカ王碑文（前 3 世紀）に現れる初期チョーラ王国で、すでにその
中心がタンジャーウールにおかれて、サンガム文献（Sangam Literature、1 ～ 3 世
紀 ?）にもその名がみられるという。しかし実際その存在が明らかなのは、8、
9 世紀以降の中世チョーラ帝国時代である。7 世紀に一度没落したチョーラ王
国は 9 世紀に再び復活し、10、11 世紀には南インドだけでなく、スリランカ
の北部やマレー半島などにまで勢力を伸ばし、チョーラ帝国と称されるように
なる。この間、カーヴェーリ流域のカッラナイ（Kallanai / Grand Anicut）ダムや
タンジャーウールのブリハディーシュワラ（Brhadishvara）寺院などの大型施設
が造られて、王権の威光が示された。帝国は典型的な中世的王権として灌漑施
設と寺院を造り、植民地化されるまでの村落構造をほぼ実現させていた。王権
は、村の中心に寺院を建立し、寺院やブラーマンに周辺の土地を施与するデー
ワダーナ（Devadana）、ブラフマデーヤ（Brahmadeya）などの土地所有制度を採り、
これを核としたカースト制の基本的な枠組みも確立した。
　チョーラ帝国が 14 世紀に没落したのち、この地域はテルグ出自のウィジャ
ヤナガル（Vijayanagar）王国時代後期にタンジャーウールの太守（Nayaka）とし
て権力を保持したマハーラーシュトラ出自のマラーター（Maratha）支配のもと
におかれた。この時期、歴代の支配者が文芸を奨励し、音楽、演劇などが飛躍
的に発展した。その後さらにイスラームの支配をへたのち 1799 年からは正式
にイギリスの植民地支配をうけた。英領時代の 1860 年には現在とほぼ同じ境
界線が定められ、各県には徴税官（Collector）をおき、内部を徴税単位しての
郡（Taluk）に分け、さらにその下部にパンチャーヤト区（Panchayat Block）を設
けた。
　古都タンジャーウール（Thanjavur / Tanjore）の面積は 36.33 平方キロ、2011 年
国勢調査では人口 33 万 6000 余りであった。町の中心には、王権の中核をなし
た旧王宮と、大寺院（Big Temple）ともいわれるブリハディースワラ寺院があ
る。交通の要衝にもある大寺院はタミルナードゥ州屈指の聖地、観光地であり、
2009 年には 200 万人以上の観光客がこの町を訪れている。ブリハディースワ
ラ寺院は、近隣のガンガイコンダ・チョーラプラム（Gangaikonda Cholapuram）
の同名の寺院、ダーラースラムのアイラワティースワラ (Airavatesvara) 寺院と
ともに「現存するチョーラ大寺院」（Great living Chola Temples）として、2004 年
に世界遺産に登録された。この寺院は、南インド史上もっとも隆盛を極めた
チョーラ帝国のラージャラージャ（Rajaraja）王（985-1012）により 1009-10 年に

234　Ⅲ　再聖地化の諸相

創建されている。

　寺院の東門から出て北に徒歩数分のところには、タンジャーウール・ナーヤカ時代（1676-1855）の王宮のあとがあり、大寺院も含めて「マラーター王宮建物群」(Tanjavur Palace Devasthanam, Aranmalai) とよばれる。タンジャーウール・ナーヤカは、中部インド、マラーター帝国の支配者一族が、ウィジャヤナガル朝の徴税官「太守」（ナーヤカ Nayaka）としてこの地に入ったもので、この地方での実質的な権力を掌握していた。ここでは寺院と王宮とが相補的な関係のもとに王権の中枢にあるが、タミルナードゥ南部のマドゥライや、またスリランカのマハヌワラ（キャンディ）などにも共通する王都の構造をなしている［杉本2017］。敷地には王妃の館や、マラーティー語の文献を数多く所蔵する図書館(Saraswathi Mahal Library) などがあり、一部は博物館として公開されている。ナーヤカ家はとくに文化の振興に尽くし、音楽、演劇などの分野で目覚ましい成果を上げた。図書館には未解読の資料が数多く所蔵され、とくに棕櫚皮の貝葉写本は貴重である。

　大寺院の敷地は東西 241 メートル、南北 122 メートルにわたり、東側には30 メートルの高さの主ゴープラム（門塔）があり、ほかの三方にも入口がおかれている。寺院は花崗岩でつくられた典型的なドラーヴィダ様式の建築物である。特に目を引くのは、高さ約 60 メートルにのぼる本殿（vimanam）で、これは世界屈指の高さの神殿として知られている。入口には主神に相対して 5 メートルの長さを持つ従神ナンディ（Nandi = bull）がおかれている。主神はシヴァ・リンガで高さ 8.7 メートルあり、これも最大級のリンガである。この寺院は州の考古学局の管轄下にあるので、もっぱら信仰対象の一般の寺院とは少し様相を異にしている。敷地内は厳重に管理されており、外見上非常にきれいで静かである。また内部の壁画などは写真撮影もできる。

　この寺院で特筆すべきは、本殿の周りに砲座が設けられていることである。寺院はもちろん第一義的に宗教のセンターであるが、タミルナードゥにおいては同時に、文化の中心であり、また政治・経済の中心でもある。さらに、花崗岩で作られた堅牢な作りといい、砲座といい、周囲を囲む高い塀といい、当時のヒンドゥー寺院が単なる宗教施設なのではなく、むしろ軍事的な機能を備えた砦の役割も果たしていたことがうかがわれる。また、寺院の地下には 100 以上の地下道が張り巡らされていて、さまざまな場所と結ばれていると言われる。じっさい、後に言及する調査地のティルップランビヤム村のシヴァ寺院には、この大寺院に通ずる秘密のトンネルの入口とされる穴がある。このような、大

寺院と同様の構造を持つ農村寺院を称して「田舎の王宮」と喩えたことがある
［杉本 2004］。本章では、この地域のヒンドゥー寺院について考察する際に、こ
のような連続性を最も重要な要素ととらえている。

2　カーヴェーリのカーシ、クンバコーナム

　クンバコーナム（Kumbakonam / Kudamukku / Coombaconum）は、タンジャーウー
ル県内第二の都市であり、州都マドラス（チェンナイ）から南へ約 270 キロ、
タンジャーウールから東北東へ約 40 キロの位置にある。この地域は、北辺を
南西から北東に向かって南インド最大の大河カーヴェーリ（Kaveri / Cauvery）の
支流コッリダム（Kollidam / Coleroon）が流れ、中央をカーヴェーリ本流が市域
を横断して流れている。南辺にはカーヴェーリの支流アリシラール（Arisilaru /
Arasalar）河が流れており、20 キロほど下流には 1902 年に建設された灌漑用の
下アニカット（Lower Anicut）ダムがある。

　2011 年国勢調査によれば、市域の面積は 12.58 平方キロ、人口 140,113 であり、
クンバコーナムの郡都である。ちなみに 2011 年の郡人口は 438,950 で、人口
密度の高いタンジャーウール県のなかでもさらに人口密度が高い。基本的にタ
ミル人が中心であるが、西インド出身のサウラーシュトラ語、中部インド出身
のマラーティー語、アーンドラ・プラデーシュ出身のテルグ語などの話者も含
まれている。

　クンバコーナムはなによりもまず「寺の町」（Koyilnagaram / Temple Town）と
して知られている。市内からその周辺にかけて数多くの寺院があり、カーヴェー
リのカーシ（Kashi on the Kaveri）とも称されて、インド全土から多くの巡礼を
集めている。またシルク生産を中心とする染織産業も重要であり、さらに寺院
と染織は緊密にむすびついている。また、最上位カースト、ブラーマンの力が
強い街で、教育・文化においても特筆すべき地位にあり、「南インドのケンブ
リッジ」（Thennathin Kembridj）などと譬えられる。クンバコーナム周辺にはブ
ラフマデーヤ村落が集中しており、ブラーマンが聖俗両面にわたって力を持っ
ていたことがわかる。

　クンバコーナムは非常に古くまた豊かな歴史を持っていて、すでにサンガム
時代（後 1-3 世紀）のヴィシュヌ派の文献ではクダンダイ（Kudandai / Kudavayil）
として知られていた。また、隣接するティルッパナンダール（Tiruppanandal）郡
ナンダンメードゥ（Nandanmedu）からは巨石埋葬文化が発見されていて、考古
学的にも紀元前からこのあたりに人が住んでいたことがわかっている。その後

236　Ⅲ　再聖地化の諸相

7 ～ 9 世紀のシヴァ派吟遊詩人（ナーヤンマール、Nayanmar）のアッパル（Appar）
らはクダムック（Kudamukku）とよんでいた。クンバコーナム（Kumbakonam）
という名称が初めて現れるのは、サーランガパーニ寺院にある 1385 年のウィ
ジャヤナガル王国の支配者ウィルパンナ・オダヤール（Virupanna Udaiyar）に関
する碑文である。このころ、タミル語のクダムックからウィジャヤナガル王
国のもとでサンスクリット化され、クンバコーナムに変わったと考えられる。
ここでは、'kudam' も 'kumba' も壺の意、'mukku' も 'konam' も口、鼻などの意で
あると見るのが普通だが、一方 'kudam' には町の意もあるとする見解もある。
ただ、のちに紹介する起源神話との親和性から、壺の口と解釈するのが美しく、
むしろ起源神話はこのような解釈の正当化論理だとみる逆の解釈も可能であろ
う ［Champakalakshmi 1996］。

　クンバコーナムの南西に隣接するダーラースラム（Darasuram）はかつてパ
ライヤライ（Palaiyarai）とよばれ、12 世紀のラージャラージャ（Rajaraja）2 世
（1146-73）時代には、それまでのカーヴェーリ北岸のガンガイコンダ・チョー
ラプラムにかわるチョーラ王国の首都ラージャラージャプラム（Rajarajapuram /
Rajarajesvaram）にあたると考えられている。この町のアイラワテーシュワラ寺
院は、タンジャーウールのブリハディースワラ寺院などとともに世界遺産に登
録されている。パライヤライはすでに 7 ～ 9 世紀には、「広い通りと高い建物」
が並ぶ都市的な景観をもっていた。ただし、13 世紀にチョーラ王国が没落す
ると急速に首都的機能を失ったという ［Champakalakshmi 1996］。

　クンバコーナムでは、9 世紀半ばにはパーンディヤ王とパッラヴァ王とのあ
いだで歴史的な戦闘が行われ、これがその間隙をぬった後期チョーラ朝再興の
契機となった。ちなみに、のちに述べるティルップランビヤムはその戦場にあ
たっている。しかし、14 世紀までにチョーラ朝が没落するとともに政治的中
心を外れた。この地はさらに、パーンディヤ、ウィジャヤナガル、マドゥライ・
ナーヤカ、タンジャーウール・ナーヤカなどさまざまな外部勢力の支配をうけ
たが、その間もタミル文化の中心地ではあり続けた。16 世紀にマラーター系
の支配者がタンジャーウールに都をおいて権力を握ると、西インドのサウラー
シュトラが移住し、現在も主に染織産業に従事している。その後セルフォージ
（Serfoji）2 世 （1777-1832）時代にマラーターも移住してきたが、先住のサウラー
シュトラとは一線を画している。

　一方、染織に関しては、とくに北隣の現アーンドラ・プラデーシュ州から移
住してきたパドマ・サーリヤル（Padma Sariyar）と、西インドから移住してき

たサウラーシュトラが主に従事している。マドラス市（チェンナイ）に大きな
ビルを構える老舗サリー店はいずれもこの土地から出ている。またクンバコー
ナム近郊のティルボーワナム（Tirubovanam）、ダーラースラムなどでも染織が
行われている。現在はカーンチープラム（Kanchipuram）産が高級シルク・サリー
の代名詞であるが、クンバコーナム産の方が伝統がある。そして、19世紀以
降町の大寺院を支えたのはこの染織コミュニティであり、とくにブラフマー寺
院はサウラーシュトラが支援してきた。

3 生きている洪水神話——クンバコーナムのマハーマハン

1 クンバコーナムの集合的寺院聖地

　クンバコーナムは寺院の町として巡礼の聖地となっているが、大きな特徴は、
タンジャーウールやティルパティなどのインドの他の有名聖地と異なって、一
つの寺院ではなく寺院群（cluster）が巡礼の対象になっているところにある。
クンバコーナムの市域には、188の主要な寺院が数えられ、街角の中小の寺院
や祠は何千とある。いわば町全体が聖地だと言っても過言ではない。中で有名
なのは、町の名称の由来にもなったシヴァ派のクンベースワラ（Kumbesvara）
と、同じくシヴァ派のナゲースワラ（Nagesvara）、ヴィシュヌ派のサランガパー
ニ（Sarangapani）、サクラパーニ（Sakrapani）、ラーマサーミ（Ramaswamy）などで、
ほかにインドでもきわめて珍しいブラフマー寺院（Vedanarayana）がある。ブラ
フマーはシヴァ、ヴィシュヌとともにヒンドゥー教の三大神であるが、他の二
神に比べると、直接崇拝の対象になることは非常に稀である。
　クンバコーナムがタミル王権の中心地であったチョーラ朝時代には、南西に
あるダーラースラムまでつづく現在よりはるかに大きな市域を誇っており、ま
たブラフマデーヤ村落、デーワダーナ村落が集中していた。スタイン（Burton
Stein）によれば、1915年までに収集された碑文の分析から、タンジャーウール
県には93のブラフマデーヤ村落があったが、そのうちクンバコーナム郡に25
村落があり、郡単位では最も多く、またそれがクンバコーナム市の周辺に集中
していた。町はとくにナゲースワラ寺院を中心に、政治的・経済的に発展を遂
げていた。なかでも、染織職のカイコーラル（Kaikkolar）が羊、土地、金、現
金などを寄進して財政を支えていた。チョーラ王国時代が終わったのち、ウィ
ジャヤナガル時代には、現在町の代名詞となっているクンベースワラ寺院とマ
ハーマハン池が整備され、ヴィシュヌ派寺院も王権の保護のもとに臺頭し、宗

238　Ⅲ　再聖地化の諸相

教都市としての名声は 15 ～ 16 世紀に頂点に達した［Stein 1980, Nanda 1995］。
　現在もこれらの寺院群は、州内だけでなく州外や外国などからも巡礼客、
観光客が訪れている。州の観光局が主催するツアーを初めとして、民間業者
が主催するツアー・プログラムも非常に多く多岐にわたっている。最近とく
に目立っているのは、クンバコーナムを出発点にして九星神ナワグラハ（Nava
Graha）の祠をめぐるツアーである。九星神は、太陽（ラヴィ）、月（チャンドラ）、
水星（ブダ）、金星（シュクラ）、火星（クジャ）、木星（グル）、土星（シャニ）と、
日食と月食をおこす龍の頭（ラーフ）と尾（ケートゥ）をいう。周辺の巡礼地はカー
ヴェーリ流域に集中しているが、ハードスケジュールで 2 日、なかには 1 日で
回るツアーも企画されている。特徴的なのは、いずれの寺院も主神はシヴァ系
またはヴィシュヌ系のいわゆる大伝統に属する神がみであるが、それに併設さ
れている九星神の祠の方が主眼となっていることである。いわば有名寺院に併
設されているちいさな社がパワースポットとして人気を呼ぶ日本の現象に通ず
るところがある。
　クンバコーナムの主要な寺院につきその概要を以下に説明しておきたい。

〈ナゲースワラサーミ寺院〉
　ナゲースワラサーミ寺院（クダンダイ・キールコッタム）は 10 世紀のチョー
ラ朝時代初期のアーディティヤ 1 世（871-907）からパラーンタカ 1 世（907-950）
の時代の創建とされていて、クンバコーナムのなかでも現存するもっとも古い
寺院である。主神はナーゲースワラ、配偶神はペリヤナーヤキ、ほかに内陣の
南壁面にダクシナムールティ、北面にブラフマー、西面にアールダナリースワ
ラが祀られている。1 日に 5 回の供養があり、また大祭はパングニ月（3-4 月）
に行われる。大祭はしばらく途絶えていたが、1961 年から再開された。起源
神話によれば、ナーガラージャ（蛇王）と太陽神スーリヤがこの寺院の神に祈
願したことからナゲースワラといい、ナーガラージャが沐浴したとされる井戸
をナーガ・ティールッタムとよぶ。
　また、スーリヤ（太陽神）に関しては、配偶神のサムンジャが威光を失った
夫のもとを去ったとき、天の声でクンバコーナムのナゲースワラに祈願したら
もとに戻るといわれてその通りにしたら、シヴァ神が現れて威光を取り戻した
という。そのためこの寺院をスーリヤ・クシェートラとよび、スーリヤが沐浴
したとされる池をスーリヤ・ティールッタムとよぶ。またスーリヤを祀る祠も
境内に設けられている。この寺院は太陽神崇拝に深く関わっている。タミル月

チッティライ（4-5月）11、12、13 日の 3 日間のみ、門塔を通して太陽の光が直接シヴァ・リンガを照らすのだが、これは太陽がリンガを拝んでいるのだと解釈されている。このほかにも、境内の祠に祀られている神がみに関わる神話が伝えられている。

　この寺院は 1000 年以上の歴史を持つが、建物自体、初期チョーラ様式からその後の様式まで時間の流れに沿って造られてきたので、タミル寺院建築の変化の過程を示していると見られている。初期の比較的規模の小さな祠に対して、たとえば後期チョーラ様式の大きな舞踊ホール（ニールタ・サバー）は、さまざまに装飾にされている。さらに、門塔ゴープラムも、東は古く、南、西の 2 つは新しい様式で、ここでも門塔の建築様式の転変をよく物語っている。そのため、ナゲースワラ寺院の建築様式や神像などは他に類を見ない優れたものと高く評価されている。さらに、比較的多くの碑文も残しており、そのうち一つはパーンディヤ朝のマラバルマン・ワラグナ 2 世時代（862 年）のもので、チョーラ時代（10-13 世紀）のものが 40、その後のウィジャヤナガル期のものが 1 つある。この意味で、ナゲースワラ寺院はたんに古いというだけでなく、歴史を物語る史料的価値を持つ寺院として評価されている。

　ナゲースワラ寺院はチョーラ朝時代を通じてクンバコーナムの中心的地位にあった。この寺院には文庫や宝物庫などがあって、その全盛期にさまざまなところから盛んに寄進が行われていたことをうかがわせる。しかし、13、14 世紀にチョーラ朝が倒れてウィジャヤナガル朝時代に入ると、シヴァ派の伝統が下火になり、ヴィシュヌ派の影響が強くなった。それにともなって、シヴァ派のなかでナゲースワラに代わってクンベースワラの重要性が増し、マハーマハン祭礼（後述）も盛んになっていった。

　ナゲースワラ寺院では 2010 年代に修復の試みがつづけられてきたが、御奉仕会の有力メンバーに聞くと、資金の問題があって完成には至っていなかった。しかし、2016 年のマハーマハン祭を契機にそれが一気に進行していた。12 年に一度のマハーマハンには、州政府などから莫大な資金が投じられるが、市内の有力寺院や、さらにはのちに触れるティルップランビヤムの寺院などにまで、その流れが及ぶようである。その意味では、この聖地での祭礼が、周辺地域における宗教施設の更新のために大きな役割を果たしていることが分かる。

〈アーディ・クンベースワラ寺院〉
　クンベースワラ寺院は町の名前の由来にもなっているクンバコーナムの顔で

240　Ⅲ　再聖地化の諸相

ある。12 年に一度行われるマハーマハン祭もこの寺の主神クンベースワラを
讃えて行われる。すでに 7 世紀のシヴァ派詩人 63 人のナーヤンマルの一人で、
パッラヴァ朝のマヘーンドラ・ヴァルマン 1 世（600-630c）と同時代の詩人と
されるアッパルや、同時代のティルニャーナ・サンバンダルが、この寺を訪れ
て主神を讃えた歌が『デーワーラーム』（Tavaram）に記されており、寺は少な
くとも 1300 年あまりの歴史を持つとされる。現在の建物はタンジャーウール・
ナーヤカ時代（17-18 世紀）のものとされ、1959 年には大規模な改築が行われた。

　寺は高さ 40 メートルほどの 9 層の美しい門塔をもち、内陣の回りにはさま
ざまな神がみが祀られている。主神クンベースワラの像は自生（swayambu）リ
ンガで内陣におかれ、配偶神はマンガランビガイである。リンガは石造ではな
く、神酒と砂でできているとされ、ふつうの灌頂式で使われる液体は使えない。
内陣の外の祠におかれたウィナーヤカは「原ウィナーヤカ」（Adi Vinayaka）と
よばれるが、これはウィナーヤカが主神がこの土地に祀られる前からあったと
ころからくるといわれる。寺には 5 台の銀の山車があり祭礼のときに神像を乗
せて引きだされる。

　クンベースワラ寺院に関する起源譚は、まさに次節で紹介するクンバコーナ
ムの起源譚そのものである。シヴァ神の助言でブラフマーが用意した神酒と創
造物の種を入れた壺が地上についたところは世界で最も神聖な場所であり、そ
こに建てられたクンベースワラ寺院はこのシヴァ神を祀っている。しかしなが
ら、クンベースワラ寺院がクンバコーナムのなかで初めから重要な位置にあっ
たのではないことも分かっている。13、14 世紀にチョーラ朝の勢いが衰える
までは、ナゲースワラ寺院が卓越していたが、その後はクンベースワラ寺院と
マハーマハン池の重要性が増して行った。現在残っている建物も、ウィジャヤ
ナガル期に修復されたものが多く、マハーマハン大祭もまた古くから行われて
いた節はあるが、ウィジャナガル時代にクンベースワラ寺院と結びつけられて
盛んになったという［Champak Lakshmi 1979: 13-14］。逆に考えると、クンバコー
ナムの起源神話、とくにクンベースワラやマハーマハンとの関わりについての
神話が、それほど古いものではないということがうかがえる。

〈サーランガパーニ寺院〉

　クンバコーナムのヴィシュヌ派寺院の第一にあげられるのは、サーランガ
パーニ・ペルマール寺院である。タミルのヴィシュヌ派詩人アールワールがう
たったヴィシュヌ派 108 寺院（Divya Desams）のひとつで、12 人のアールワー

ルによる 4000 頌歌（Nalayira Divya Prabandham）で讃えられている。ヴィシュヌ
派のなかでも五大寺院（Pancha Rangam）の一つにあげられ、スリー・ランガム
（ティルチラーパッリ）、ティルパティに次ぐ重要性を与えられている。現存する
建物はタンジャーウール・ナーヤカ時代（17-18c）のものとされるが、それ以
前から寺院はあって 8 世紀ごろに遡る可能性がある。寺院はヴィシュヌ派の
アールワール詩人に称讃されており、7 ～ 9 世紀のアーンダールが頌歌をささ
げていることからも、もとの寺院の古さがしのばれる。

　寺院の主神はヴィシュヌの権化のサーランガパーニ・ペルマールでアラワム
ダン、ウッタナサーイなどの別名をもち、配偶神はラクシュミー、コマラワッ
リ・タヤルで、次のような起源神話をもっている。ヘーマー聖者（Hema rishi）
が寺院に西側にあるポトマライ池の北岸で、池の蓮の上にいる子供の姿のラク
シュミー女神を娘として育てた。ラクシュミーがお年頃になったとき、ヴィシュ
ヌ神はその住処（vaikuntum）からサーランガパーニのすがたで馬と象がひく金
の車でおりてきた。聖者は娘をアラワムダン神に差し出した。そのためこの寺
院の内陣は車のかたちを模している。

　正面の門塔（gopram）は 12 層からなり高さ 53 メートルにおよぶ。他の寺院
の内陣（sanctum sancturom）の入口は一つなのに対して、入口が北と南からの 2
つあるのが特徴で、1 月から 7 月までは北口、7 月から 1 月までは南口が開け
られる。寺院は 2 台の石造の馬車をもつが、チッティライ月 (4-5 月) の大祭
とラターサプタミ（七夜）祭（1-2 月）の年 2 回、信者が車をひいて町を練り歩く。
この車の重さは 300 トンに達するもので、2007 年に修復された。ラクシュミー
が出現したポトマライ池は別名ラクシュミー・ティールッタムともいわれ、
マーシ月（2-3 月）には水上祭礼が行われる。

　13 ～ 14 世紀にシヴァ派が卓越するタミルナードゥのチョーラ朝からヴィ
シュヌ派が卓越するアーンドラ・プラデーシュ起源のウィジャヤナガル朝に勢
力が交代し、クンバコーナムの寺院の勢力地図にも異変が起こる。とくにヴィ
シュヌ派の勢力拡大の中心となったのが、このサーランガパーニ寺院であった。
チョーラ朝時代以前の状況については確たる史料はないが、13 世紀以降は 2
回にわたって大規模な修復が行われた。それは、クンバコーナムに人口が増え
たヴィシュヌ派支持層のたっての望みによるものだとされる。のちに触れるサ
クラパーニ寺院、ラーマサーミ寺院なども次第に重要性を増して行った。さら
に、17 世紀のラグーナータ・ナーヤカ時代（1600-30 頃）には、宰相ゴーウィンダ・
ディークシタルによってヴィシュヌ派の大僧院（Maha Matha）がこの寺におか

242　Ⅲ　再聖地化の諸相

れたとも記されている［Champakalakshmi 1979: 8-14］。

〈サクラパーニ寺院〉

　サクラパーニ寺院は日輪（chakra）のかたちで現れたヴィシュヌ神を祀る寺
院であり、カーヴェーリ南岸に立つヴィシュヌ派108寺院の一つである。主神
はサクラパーニで8本の腕をもつ。配偶神はスーダルサナワッリ・タヤル。内
陣の壁面にはブラフマー、スーリヤ、アグニなどの神がみがヴィシュヌを崇拝
する絵が描かれている。とくに太陽神スーリヤはヴィシュヌとどちらが明るい
かを争ったが、日輪のかたちで現れたヴィシュヌにプライドを傷つけられたと
いう。主神はヴィシュヌの権化であるが、シヴァ神と同様に額に第三の目をもっ
ている。

　この寺院はウィジャナガル＝ナーヤカ時代に造立されたものといわれ、その
前には13世紀の碑文に現れるシヴァ派寺院があったとされる。建て替えのス
ポンサーになったのはやはりオダヤール・カーストのカンダーダイ家で、1505
年に設備を整え、また財の再分配の規則なども取り仕切った。その後、タン
ジャーウールのマラーター最後の支配者サラボージー2世（Sarabhoji, Serfoji.
1798-1832）が病に倒れたときサクラパーニに祈願して快癒したという話しも伝
えられていて、内陣には王のブロンズ像が主神に向けて安置されている。現在
の建物は1956年に修復されたもので、1960年には北インドのマルワール商人
の寄進によって内陣の周囲が整備された。この寺院はとくに回廊の柱の彫刻の
美しさで知られている。

〈ブラフマー寺院〉

　クンバコーナムの寺院群のなかで異彩を放っているのはブラフマー寺院の存
在である。ヒンドゥー教の伝統のなかで、三大神といわれるのがブラフマー、
ヴィシュヌ、シヴァであるが、ブラフマーは直接信仰の対象となることは少な
く、ブラフマー神を祀った寺院も数少ない。クンバコーナムのブラフマー寺院
ではラージャスターン州プシュカルとともにインド中で二カ所しかないブラフ
マー寺院の一つであることを自認している。

　ブラフマー寺院は正式にはヴェーダナーラーヤナ・ペルマール寺院といい、
隣接してワラダラージャ・ペルマール寺院があり、いずれもヴィシュヌ派寺院
である。タミル語ではビルマン寺院、ブルマン寺院などともいう。寺院はサ
ウラーシュトラの織工が多く住むサウラーシュトラ・ストリートの東端にあ

る。寺院の管理もサウラーシュトラによるサウラーシュトラ慈善寄金委員会（Saurashtra Charitable Endowment Committee）が押えている。この委員会は1875年に創設されたといわれ、1961年当時は州政府のヒンドゥー慈善寄金局（Hindu Religious Charitable Endowment Department: HRCE Dept.）の任命になる23人の委員で構成されていた。

寺院史料スタラ・プラーナムによれば、この寺院の存在は古くから『ウィソーダラ・プラーナム』（Vishyothra Puranam）の「ブラフマナーダ物語」（Brahmanadha Samvadham）に触れられていた。ブラフマーは自らの創造に満足し、ヴィシュヌもシヴァも自分には到底およばないと自認していた。しかし、悪魔がいたことをヴィシュヌに指摘されてかぶとを脱ぎ、地上に降りてヴィシュヌを讃えた。ヴィシュヌはラクシュミーとともにブラフマーの創造力を回復させ、さらに4ヴェーダ、シャーストラ（法）、プラーナ（史）などを与えた。そのため、ヴィシュヌはヴェーダ・ナーラーヤナ、配偶神はヴェーダワッリとよばれるようになった。また地上に穴を掘って沐浴用の池を作ったが、これをアラサラルとよぶ。ブラフマーはヴィシュヌにこの場にとどまるよう依頼し、ヴェーダ・ナーラーヤナが主神となり、ブラフマー自らここに残ったので、ブラフマー寺院と呼ばれるようになった。

この寺院の管理をめぐっては、20世紀初頭にサウラーシュトラとタミル商人（Cettiyar）グループのあいだに紛争がおこっていた。また、ヴィシュヌ信仰はサンスクリット志向のワダガライ（北）派とタミル志向のテンガライ（南）派に分かれる。この寺院はもともとワダガライであったが、ヴィシュヌ派として現在はテンガライのブラーマン（アイヤンガル）が祭式を行っているという。

2　生きている洪水神話

クンバコーナム・クダムックの地名の文字通りの意味は、ブラフマー神の壺（kumbha）の曲がった鼻（注ぎ口 kon / mukku）である。この壺のモチーフは、町の形状やカーヴェーリ河が分岐するところの楔のような位置にあることから来たものと考えられるが、さらに遡ればブラフマー神による創造神話に深く関わっている。

インド的宇宙観によれば、ひとつのユガ（yuga、世界期）の終わりにシヴァ神が、過ちを冒した人間を戒めるために洪水を起こして時期を更新すると考えられている。クンバコーナムの起源は、ドワーパラ・ユガ（Dvapala Yuga）が終わり現在のカリ・ユガ（Kali Yuga）に移るときに起った大洪水（maha pralaya）神話に

244　Ⅲ　再聖地化の諸相

関連している。この物語は寺院史料によるとされるが、最近直接の根拠がサンスクリットのクンバコーナム・プラーナム（Kumbakonam Puranam）にあるとされる。

〈洪水神話〉

　ドワーパラ・ユガが大洪水（maha pralaya）によって終焉に向かっているとき、ブラフマーはつぎの世界期の創造のためにいかにしてすべての種を残したらいいのか考えていた。このときパラメースワラ（シヴァ）は、自分がすべての創造物の種を集めるので、ブラフマーには、聖なる砂を集めて神酒（amirtham）を混ぜてつくった壺（kumbha）をつくりそれに種を入れるよう助言を与えた。ブラフマーは助言にしたがって種を壺に入れ、ココナツの実とマンゴーの葉でふたをして、首のところを聖紐で結び、ヴェーダやアーガマなどの文献をくくりつけて須弥山の頂きに納めた。

　洪水が起こったとき、ブラフマーの思惑通り壺は須弥山から流れ出し、現在のクンバコーナムから10キロほどのところで止まった。ブラフマーは壺が動かなくなったことに満足したが、パラメースワラは猟師（Sri Kiratamurthi）の姿になり、ティルウィダイマルドゥールまでやってきて矢（bana）を射たが当たらなかった。さらに追いかけて矢を射ると命中し壺は2つに割れて神饌、ベルノキの果実、ココナツ、クサグラスなどが方々に散り、そののちそれぞれがリンガになった。その地はバナプリー（矢の町 Banapuri=Vanattirai）と呼ばれ、壺からはずれた聖紐（sutra）が落ちた場所の神はスートラ・ナータ（Sutra Natha）、壺が割れて沈んだ場所はクダワーサル（Kudavasal/Kudavayil）、漁師が散った神饌を集める場所としたのがマハーマハン池とポトラマライ池である。

　壺に入っていた神饌が外に出たとき顕れた神は6神である。パラメースワラは白砂を集め神饌とまぜてリンガをこしらえたのち、漁師からもとのすがたに戻って聖山リシャバに乗り、自らリンガを崇拝すると、吹き出す炎の光とともにリンガに同化した。この神はこの聖地に天地の創造以前に出現したので、原クンベーサル（Sri Adi Kumbeswara）という。現在も祀られているリンガは砂と酒を混ぜて造られており、水分をふくむものなので灌頂はできない。この神のみシヴァ神自らが創造に関わっているので、神饌から顕れた6神のなかでも首座におかれ、クンベースワラ寺院の中心に祀られている。

　パラメースワラが壺に同化してリンガになったのをみとどけたブラフマーは宇宙の創造を始めた。まずパラメースワラと配偶神アンバールがやってきてブ

ラフマーを讃えた。ブラフマーはこれに応えてアーディ・クンベースワラを祀る祭礼を催すことにした。マーシ（Masi）月前半のアスワティ（Asvati）星の日に旗揚げを行って祭礼が始まり、パラメースワラとアンバールは聖山に登って8日間朝晩の行進に参加した。9日めにはパラメースワラとアンバールが飾られて行進し、10日めにはパンチャムールティが儀礼的沐浴のためにマハーマハン池まで行進した。これが現在も行われているマハーマハン祭の起源である［History: 25-26］。

〈マハーマハン祭〉

　クンベースワラ寺院の沐浴場ティールッタムであるマハーマハン池は、ブラフマーの壺に入っていた神酒を集めた神聖な池である。マハーマハン池はクンバコーナムの町の中心にあり、12年に一度のマーシ月（2-3月）の満月の日を中心に行われる10日間の大祭（クンブ・メーラー）は、非常に多くの見物客をよぶ。その人気が過熱しすぎて1992年には観客席がこわれ、48人がなくなるという痛ましい事故があった。それでも大祭の人気は衰えず、次の2004年には前回の事故の反省から警備を厳重にし、350万人もの観客が集まったにもかかわらず、大きな事故もなく成功裏に終了した。洪水神話によると池にはインド中の9つの神聖な川の水が集まっている。9つには異ヴァージョンもあるが、ガンガー（Ganges）、ヤムナー（Yamuna）、サラスワティ（Sarasvati）、サラユ（Sarayu）、マハナーディ（Mahanadi）、ナルマダ（Narmada）、クリシュナー（Krishna）とカーヴェーリ（Kaveri）である。これらの河の水が集まったマハーマハン池で水浴すると、罪を払ってくれると信じられている。

　2016年のマハーマハン祭は2月の13日から22日まで行われた。初日には周辺の6つのシヴァ派ヒンドゥー寺院、クンベースワラ、カーシ・ウィスワナーダ、ナゲースワラ、アビムケースワラ、カラハスティースワラ、ソーメースワラ、などで旗揚げ式が行われた。カーシ・ウィスワナーダ寺院にはシャンカラーチャーリヤ・マット（僧団）のトップであるジャエンドラ・サラスワティ師（Sri Jayendra Saraswati）とヴィジャエンドラ師（Sri Vijayendra Saraswati）が司式した。一方、クンベースワラには州政府関係者が集い、この2つの寺院がそれぞれ宗教と政治を分掌していることが分かる。2日目はヴィシュヌ派寺院の番で、サクラパーニ、サランガパーニ、ラーマサーミ、そしてアーディワラハ・ペルマール、ラージャゴーパーラサーミの5寺院でガルーダの旗が揚げられた。シヴァ派寺院では2日目から、ヴィシュヌ派寺院では3日目から朝に神像を引いて

246 Ⅲ 再聖地化の諸相

寺院の周辺を廻巡行（Pallakku）が行われ、シヴァ派寺院では夜にも神像の巡行
（Vahanam）がある。この巡行が20日まで続き、21日午前には5つの主要なシヴァ
寺院で、神像を乗せた山車の巡行（Thitutheer）がある。そして最終日の22日の
クライマックスに至る。

　2月22日のマハーマハン日の朝には市内の主要な12のシヴァ寺院と5つの
ヴィシュヌ寺院で特別供養が行われた。そして、12時40分の吉時を期してブ
ラーマンのヴェーダ読誦で儀礼ティールッタワディ（theerthavari）が始まる。そ
のあと神像を乗せた山車が寺院を出て、シヴァ寺院は池の周囲に、ヴィシュヌ
寺院はカーヴェーリの土手に集まって、信者とともに神々の沐浴が行われた。

　2016年の場合、タンジャーウール県知事N・スバイヤンは、祭礼を通じて
460万人が国内外から集まり、そのうち150万人が最終日に集まり、30万人が
池で沐浴をしたと発表した。1992年の悲劇を受けて警備が強化された2004年
を大きく上回る盛況であったという。また、混乱を避けるために2万6千人で
警備を行った。とくに18日に自爆テロ予告があって、警備が一層強化された。
その一方で、1600トンのゴミが出て、ゴミ処理のために1800人が動員された
とも伝えられている。

　州政府はこの祭礼のために12億ルピー（約20億円）を拠出した。ありきた
りの聖水ビジネスなどにくわえて、祭にあやかってさまざまな新商売が始まっ
たのも特徴である。郵政は、ヒンドゥー宗教慈善基金局（HRCE Department）と
タイアップして、マハーマハンのご利益（prasadam）を、150ルピーで戸口に配
送するというサーヴィスを始めた。この荷物には、池の聖水と市内の17カ寺
からのありがたいお下がりが入っている。また、この日にはシャーストラ大学
キャンパスで300人のコック、700人の給仕、1000人のボランティアを動員し
て無料の食事（annadhanam）も提供された［*Deccan Chronicle*, 23 Feb. 2016］。さらに、
ナゲースワラ寺院の例を取り上げたが、ほかにも市内の主要な寺院には祭礼に
併せて、補助金が出て、門塔の塗り替えや施設の修復などが進んでいた。こう
した、ご利益は近郊の村落の寺院にも及んでいて、大祭が地域をまたぐ大きな
消費の機会になっていることが分かる。

4　洪水の先へ——ティルップランビヤム村

1　洪水を止めたウィナーヤカ
　クンバコーナムをめぐる洪水神話にはさらに続きがある。壺にのせられてい

9　洪水を超えて　247

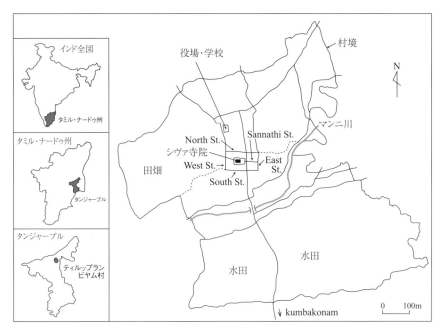

図1　ティルップランビヤム村落概念図

たマンゴーがクンバコーナムの北西10キロほどのところで川に落ちると水が引いた。この地は、「洪水（bayam）の向こう（puram）」、尊称をつけてティルップランビヤム（Tiruppurambayam = Tirup-Purambiyam）という。この村がわれわれの調査村である。また、この地でシヴァ神がダクシナムールティ（Dakshinamurthy）の姿で現れて賤民（Paraiyar）の帰依者への救済を認めたといわれる。ダクシナムールティは自らを祀る寺院をもち、寺の東の貯水池の土手には白い大理石のウィナーヤカが祀られていた。この神は、洪水から世界を救ったウィナーヤカ（Planayam Katha Vinayaka）とよばれている。こうして、われわれは洪水に導かれて調査地ティルップランビヤムにたどりつく。

　ティルップランビヤム（Tiruppurambiyam / Tiruppurambayam）村はクンバコーナム市の北西約10キロのカーヴェーリ河支流のマンニ（Manni）川岸にあり、さらに北に1マイルほど行くと同じくカーヴェーリの支流コッリダム（Kollidam）河に行き着く。古名はスリー・プランビヤム（Sri Purambiyam）で、ブラフマーの創造神話に関連して「洪水の先の村」という意味をもっている。また、南インド史の分水嶺といえるチョーラ朝とパーンディヤ、パッラヴァ両王朝との戦

248　Ⅲ　再聖地化の諸相

表1　ティルップランビヤム村の世帯概要

村の階層別世帯数（2012）		
階層	世帯数	主なカースト
先進階層（OC, FC）	20	Brahman（Aiyar, Aiyankar）, Pillai …
後進階層（BC）	297	Udaiyar, Chettiyar, Kammalar …
最後進階層（MBC）	233	Padaiyacci（Vanniyar）…
指定カースト（SC）	514	Paraiyar …
その他	10	
TOTAL	1,074	
宗教別世帯数（2012）		
キリスト教	16	
イスラーム	2	
ヒンドゥー教	1,056	
TOTAL	1,074	

闘が行われた場所として広く知られている。それは9世紀のことであり、また村の中央にある寺院もチョーラ朝時代に創建されたものである。そして、この村はブラフマデーヤ村として千年以上の歴史を持っている［杉本 2017］。

　ティルップランビヤム村は、2011年国勢調査によれば1,143世帯、人口5,114（男2,559、女2,555）の多カースト村である。20年前の1991年国勢調査時では1,004世帯、人口4,516（男2,301、女2,215）、1961年は人口3,628であった。ただし、村パンチャーヤト（village panchayat）の調査によれば、2011年には1,600戸あまり約8,000人、1991年で1,450戸7,000ほどの人口であった[2]。先に触れた村落の空洞化に関連して、2011年、12年の詳細な調査を通じて、子供の世代の多くは、教育や就業の機会を求めて近隣の都市クンバコーナム周辺さらには州都マドラス（チェンナイ）などに出ていることがわかった。1990年調査時と比べると、村の外観はそれほど大きくは変わっていないが、教育水準の向上や人の移動がドラスティックな社会変化をもたらしていた。とくに女子の教育水準が飛躍的に向上しているのが顕著に見られた［杉本 2017］。そして、男女を問わず、また親の世代も、ともかくIT産業、エンジニアをめざして都市へ都市へと流れている。

　ティルップランビヤム村では、80年代のヒンドゥー主義復興の流れのなかで、カーンチープラムのシャンカラーチャーリヤの援助によって廃墟化していたアンマン寺院が大々的に復興し、宗教景観を一変させていた。さらに注目されるのは、2000年代に入ってからの、何らかの意味で「外部性」を帯びた人びとによる各種寺院の復興の動きである。歴史的に村の中心におかれてきたシヴァ寺院は、マドゥライのマット（僧団）の管轄となって村の人びとと距離が

図2 ティルップランビヤムのヒンドゥー寺院

でき、比較的低調なのに対して、非サンスクリット的な諸神を祀る寺院がつぎつぎと再建されている。そこには、村落から出て都市などで生活していた人びとが、アイデンティティの根拠を求めて村落寺院復興のために私財を投ずるという共通性がある。

　この人口8,000ほどの農村に、宗教施設は十指に余る。なかで、千年以上の歴史を持ち、かつては村落の中心となっていたヒンドゥー寺院から、おもに一部のストリートの住人が管理運営に当たっていた寺院、さらに、1990年代からはこうした公的な意義を持つ施設に加えて、個人的に神祠などを造立する傾向も見られる。このうち、タミルナードゥ州全体で宗教施設に関する網羅的な調査が実施された1961年国勢調査報告には4つの寺院が挙げられており、なかでシヴァ寺院は別格の扱いで、細かな由来などが記載されている。この資料はいまでは第一級の歴史史料となった。というのも、寺院の土地所有資料は絶望的に入り組んでおり、その実態をつかむのはほぼ不可能だからである。

　ティルップランビヤムの主なヒンドゥー寺院を列挙すると以下のようになる。一覧のうち、◎は1961年センサス（Census）に記述のある寺院、○はセンサスには記述がないものである（d: dry land, w: wet land）。なお、寺院の説明は杉本［2017］を参照のこと。

250　Ⅲ　再聖地化の諸相

◎シヴァ寺院（サーッチナーダ・サーミ寺院）　〈2016 年 4 月改築儀礼〉
　870-907 年創建　マドゥライ・アーディナム・マットの所有（1973 年紛争が決着）
　敷地 2.08acre（約 9 万平方フィート（8,630㎡））、動産 Rs. 1,654、Rs. 34,198
　所有地 143.48（d）+93.12（w）=236.2acre、House 8、Shops 11、Trees 50 [1961]
　　　　25.34（d）+140.02（w）=165.24acre [2016]
○アンマン寺院（ムットゥアンマン）〈1989 年改築、資金募集中〉
　村の委員会　カーンチー・マットの支援、オダヤール、パダヤッチ中心
○ヴィシュヌ寺院（シーニワーサ・ペルマール）〈2000 年改築儀礼〉
　ナーユドゥ　90 年は廃墟状態　退職公務員の個人の篤志
　所有地 2.52（d）+5.90（w）=8.42acre [2016]、土地権をめぐる訴訟が続く
◎アンマン寺院（ドラウパティ・アンマン）〈2013 年改築儀礼〉
　South Street の住民による管理運営
　敷地 0.02 acre、Rs. 500、所有地 0.16 acre、Rs. 50 [1961]
◎アンマン寺院（ポンニ・アンマン）〈2006 年改築儀礼〉
　North Street の住民の支持、中心はマドラスの退職実業家
　敷地 0.02acre、Rs. 500、1.66 acre [1961]
◎アイヤナール寺院〈2000 年改築儀礼〉
　敷地 0.03acre、Rs. 500、1.66 acre [1961] 篤志の個人

　シヴァ寺院は歴史も古く、また伝統的に村の中心的存在であったが、ここ数
十年は手入れも入念に行われている風がなく、大祭も行われていない。あくま
で推測の域を出ないが、ひとつには宗教そのものの地盤低下があり、またこの
寺院の管理権がマドゥライ・アーディナム教団に委ねられて、村落との関係が
やや薄らいだことが考えられる。科学的合理的思考が定着するにしたがって、
このような伝統的に社会統合の中心におかれてきた宗教施設が不振を極めるの
は、なにもこの地域に限ったことではない。その反面、個人あるいは比較的限
られた集団の中心として、ローカルな寺院の地位が復活しつつある。
　たとえば、ヴィシュヌ寺院は 2000 年に修復が行なわれ、名実ともにテルグ
系のナーユドゥ・カーストの所有に帰することが内外に示された。門塔や敷地
内もきれいになっていて、荒れ気味のアンマン（女神）寺院と対照的であった。
修復を行ったのは篤志家のナーユドゥの老人である。この老人は、村外で公務
員として勤務していたが、定年退職したあと、村内外の親族などから総額 10
万ルピー（約 15 万円）ほどの基金を集めて修復を実行に移した。寺院の壁面に

はこの地域のナーユドゥ・カーストの家族の系譜が描かれていて、ナーユドゥの寺院であることが強く主張されている。男性は、私財を投じて寺院のメンテナンスを行なっており、ボードなども整備されている。また毎日祭司が供養を行なうためにやってきている。ただ、ふだんそれほど多くの人びとが訪れているようには見えなかった。また、各種のアンマン寺院もまた、篤志の個人によって次々と再興されている。

　一方SC（指定カースト）地区のアンマン寺院には、ブラーマン祭司は関与せず、自前で育成したプーサーリ（Pusari）とよばれる祭司が儀礼を執行する。この寺院は、やはり2000年代になって再建されたが、祭司は近所の男性が勤めているようだった。ただ、周りの住人に聴いてみたところでは、それほど熱心に信仰されている様子ではなかった。また、アンマン寺院から少し離れた隣村との村境には、ナーチヤナールの祠があり、近隣の人びとはお詣りしているようである。

　ほかに、本村の周囲に散在するSC居住区には、それぞれ寺院ないし祠が設けられている。しかしいずれも資金不足で完成に至らなかったり、また囲いの中に神像が納められているだけのものも見受けられた。その中では、シヴァ寺院の土地の実質的管理業務などを委託されてきたUttirai Streetには比較的大きなアンマン寺院が置かれている。この地区の人びとは、シヴァ寺院の雑用を行ったり、また寺院が持つ土地の地代の徴収に当たったりと、伝統的にシヴァ寺院と関係を維持してきたことを誇りにしている。

　また、タミルナードゥ州全体で、SCからのキリスト教への改宗者が少なくないが、本村でも、SCからの改宗者が集まる教会がある。しかし、これも十分に管理されているとはいえず、また州政府は教会の運営に関しては口出しも支援もせず、荒れるにまかされている。州政府の論理は、教会はキリスト教会全体で支援すべきもので、州政府の管轄外だと逃げているようである。

2　廃墟の聖地化―ヤルパナサーミ信仰

　ティルップランビヤム村の宗教の中で、非常に特異な存在がヤルパナサーミ信仰である。寺院は村のNorth Streetを、East Streetを超えてさらに東に進んだところにある。1990年にはほとんど廃墟の状態で、周囲に蛇がウヨウヨしているので危険だと言われ、調査は行っていなかった。ただ、この場所には、スリランカの ジャフナ（Yalpanam / Jaffna）から来訪して、この地で「即身仏」となった聖者の墓所（Jiva Samadhi）を祀っていると伝えられていた。村の人は

知る人ぞ知るで、オダヤールの家族がときどき供養（プージャー）もやっていると言っていた。

　こうした状況は 2012 年現在も変わらず、敷地は荒れ果て、毒蛇がはびこることで有名な場所であった。建物は一部残っており、中には古びたシヴァ・リンガ（本尊）とナンディ（牛の従者）の像などがあり、また井戸や供犠の場所なども残っていて、形式的には寺院の要件を満たしていた。すぐ隣にはかつて子ども相手の私塾があったが、すでに廃墟化しており、建物への入口の跡だけが残っている。そして、その隣から西の村の方向に住居がつづいていた。東に向かって細い道もあったが、車は通れないような細い道であった。

　タミルナードゥにおける即身仏（Jeeva / Jiva / Sajeev-Samadhi）信仰は、神との融合の手段として広く行われており、とくにタミルナードゥには 18 即身仏霊場なるものもある。中で有名なのは、ボーデンドラ・サラスワティ（Bodhendra Saraswathi）聖者である。一方、ティルップランビヤムのヤルパナサーミ聖者は、最近までは普通の聖者であったが、墓所を祀りさらに外部のさまざまな思惑によって「即身仏」化していった経緯がある。それがちょうどわれわれの調査期間に進んだことから、この特異な現象をリアルタイムで経験することになった。それはまた、現在のタミルナードゥにおける宗教の現実について非常に示唆的な事例でもある。

　2013 年 9 月のウィナーヤカ祭のときに念のためにと再訪してみたところ、様相は一変していた。ちょうどその日は月一度の供養（puja）の日に遭遇し、それまで見たこともないような祭司とおぼしき人びとや、参拝する人で賑わっていた。このとき、供養を仕切っていたのは、クンバコーナムでケーブル・テレビの下働きをやっている、通称「ケーブル・K」氏であった。氏はクンバコーナムに少し怪しげな CD ショップも持っており、寺院では祭司のすがたをして供養に当たっていた。

　40 代の氏は子供の頃から寺好きで、とくに即身仏の墓所の情報を集めていたという。2010 年ごろにクンバコーナムから数キロ離れたスワミマライの町にいる聖者スワミマライ・アイヤー（Swamimalai Iyah）に会って影響をうけた。この聖者は裸行で肉食を絶ち口をきかず一日座行していて、近隣ではそこそこ知られていたが、テレビで紹介されて有名になった。さらに、県内のマーヤーワラムの聖者の助言で数年来聖山に行くようになった。氏が訪れたのは、マドゥライ近くにある、聖者（Siddha）が集まる聖山サドゥラギリ（Sathuragiri）であった。氏は毎月新月の日（Ammavasai）の日にこの山を訪れ、そこでヨーガ教師

や退職した官僚などに出会った。

K 氏はこれらの人びとから、ティルップランビヤムにヤルパナ・アルムガサーミ（Yalpana Arumugasamy）という聖者の墓所（Jeeva Samadhi）があるという情報を得た。この聖者はスリランカから帰ってこの地で亡くなった人を祀っているらしいということであった。この寺院については 19 世紀半ばに、後述するマウナ・グル・マットとの間に土地争議が起こり裁判沙汰になった記録があると言うことだが、残念ながら未見である。また 1854 年のものとされる聖者の写真も保存されている。

この K 氏の活動を援助したのは、クンバコーナムの病院に勤務する心臓バイパス手術の権威である S 医師である。この医師は、コインバトールで医学を学び、マドラスで仕事をしていて直接村との関係はない。クンバコーナムの弟の病院で働くようになり、K 氏とも親しくなった。弟はティルップランビヤムにクリニックを開いていたことから、墓所寺院の話を聞いた。2012 年 12 月からは、サドゥラギリで出会ったマドラスの医師 R 氏や行者の M 氏などの助言で祠をきれいにして供養をつとめるようになった。この供養の案内を村のシヴァ寺院においたことが K 氏の運命を変えていった。ジャフナ在住のスリランカ・タミルの家族クラ・デイヴァン（一族の守り神）をさがしてはるばるやってきて、このヤルパナサーミの墓所に行き着いたというわけである。

K 氏は、周囲の人びとの助けを借りて、2013 年 5 月、寺院を再建しご開帳儀礼（クンバビシェーカム）を挙行した。ここには、マドラスの R 氏の関係者やカーライカルのグループなどが集まり、儀礼にあずかったほか、クンバコーナムの州政府 HRCE 局の関係者なども参加した。K 氏が関与したシッダル（聖者）はタミル・ナショナリズムと深い関係がある。とくに独立後のタミル地方政党 DMK（ドラーウィダ進歩連盟）と関係が強く、氏が活動を始めた時期はちょうど DMK が州の政権をにぎっていたことが追い風になったものといわれる。

クンバコーナム・コネクションにはさらに強力な助っ人として、マウナ・グル・マット（Mauna Guru Mutt、1898 年創設）が加わった。このマットは、ティルップランビヤムに墓のあるヤルパナ・サーミが 1899 年ごろクンバコーナムに設立したとされ、その後クンバコーナムのマウナ・サーミがヤルパナ・サーミ没後マットに加入して発展を遂げたという。マットは現在の建物が建てられた 1980 年代までは粗末な小屋があっただけだったというが、有名なスワーミ・ヴィヴェーカーナンダがこのマットを訪れた記録が残っており、また神智協会のアニー・ベサントが、マットの前の道に大きなアーチを寄進している。現在

の持ち主は、県内のティルッパナンダールのマットの長の孫で、タンジャーウール・ペインティングなど多彩な活動を行っている。マレーシアからの巡礼もあり、マドゥライ近郊にも信者がいるという。

　現在のマットの長Ｖ氏がその座におさまるには裁判沙汰があった。クンバコーナム近郊には、3つの有力な非ブラーマン系マット、ダルマープラム（Dharmapuram）、ティルワードゥドゥライ（Thiruvaduthurai）、ティルッパナンダール（Thiruppanandal）がある。いずれもディークシタル集団が管理している。この集団は寺院のブラーマン祭司に仕える人びとで、みずからディークシタル・ブラーマンを名のることもある。チダンバラム寺院の管理をめぐって州政府と対立し、結局管理権を守ったことで名をはせている。今からおよそ30年前にマウナ・グル・マットの継承をめぐって争いが起こり、結局ティルッパナンダール・マットが調停に入ってその系譜を引くＶ氏が後継の座におさまったというわけである。このＶ氏はティルップランビヤムのシヴァ寺院を管理しているマドゥライ・アーディーナムとも関係があるという。こうした係争は過去にも繰り返されていた。そして、ティルップランビヤムのヤルパナサーミの祠をめぐっても、植民地期の1843年と1899年にも所有権をめぐって裁判沙汰が起こっていたという。

　2014年にはマドラスのＲ氏が積極的に活動に介入するようになり、排除されるのを恐れたＫ氏は、HRCE局に認可を求めていた。HRCE側は、祭祀の正統性よりも周囲の土地所有に関心があったようである。当然ながら、不法占拠が横行していたが、その後もそれほど大きな変化は見られなかった。2015年にはＫ氏の正統性が認められ、定期的に供養を行うようになっていた。また、たまたまサーチナーダ寺院に貼ってあったヤルパナサーミ寺院の供養の案内を見た女性のグループも加わるようになった。このグループはカーライッカルの裕福な商人カースト、ナートゥコッタイの人たちで、満月の供養に参加するようになったという。しかし、2016年1月にさらに再訪すると、いったん再建した寺院を再び作り直す工事が進んでいた。それは、このＫ氏を支援して、さらなる寺院の改修を推進しようとする新たなスポンサーが現れたからである。

　援助を申し出た人物は、マハーラクシュミー氏（Smt. Mahalakshmi Mami）といい、夫スブラマニヤン氏とともにタミルナードゥの寺院修復援助活動を続けている人物である。"Thanjavur Parampara Experiences"という組織を作り、これまで100以上の寺院の開帳／修復を援助してきた。そして、"Sanatana Dharma-Ancient Divine Temples"というHPを開いていて、タミルナードゥの寺院のご開帳、修

復の情報などを掲載している。マハーラクシュミー氏の援助でヤルパーナ聖者寺院の再改修も進められ、2016 年 2 月 12 日に改築儀礼（Kumbabhishekam）が挙行される予定だと聞いた。ただ、その後の経緯は残念ながら確認できていない。これに関連して、蛇の奇蹟譚が創造され、新聞にも掲載された。もともと蛇の多い場所であるが、蛇が現れて、シヴァ像の首に巻きついたり、燈明の火が蛇の頭のかたちをとったなどの奇蹟的な出来事が紹介されたのである。

　すでに 2013 年からヤルパナサーミ寺院は即身仏を祀る寺として、観光化が進んでいた。クンバコーナムからスワミマライのある西方向にすすむ幹線道路から、ティルップランビヤムのある北に向かう分岐点には、ヤルパナサーミの絵を掲げた看板が据えられ、じっさいこの寺院をめざす観光客も徐々にではあるが増えている。村では、直接関わろうとする人は多くないが、むしろ周囲の外部者がその発展に熱心である。そこにはさまざまな思惑が交錯するのである。そうしたさまざまな想いを吸収するところに、廃墟化していたとはいえ、聖地の聖性の持つ求心力がある。

結論　洪水を超えて——外部者の介在

　21 世紀に入ってからのティルップランビヤム村の宗教景観をめぐる動きの特徴は、外部性を帯びた人びとによる寺院の修復の動きである。財政的な問題によって修復が遅々として進んでいない寺院でも、鋭意その作業が進行している。その中心にあるのは、本村出身で、90 年当時もクンバコーナムの銀行に勤めており、その後デリーなどを転々として、今はクンバコーナムに落ち着いている一人のブラーマン、G 氏であることが、今回の調査でわかった。G 氏は、1989 年のムットゥ・アンマン寺院の修復のときの中心人物でもあった。

　G 氏は、90 年当時、村の自宅にはあまりおらず基本クンバコーナムにおられたが、ご両親がご健在で、また奥さんとはわれわれも交流があった。若いご夫婦は、占星表を見て相性がよかったので結婚されたのであるが、奥さんはもともとマドラスに住む都会的なお嬢さんで、英語にも堪能であった。結婚はともかく占星表の相性のみで決めたので、じっさいこの村に来て驚いたようだ。当時、G 氏が熱心に村の寺院の振興に尽くしているとは聞いていたのだが、これほど大きな役割を果たしていたとは、残念ながら気づかなかった。それが 20 年以上経って分かったのだから、人類学調査は果てしがなく、また時間が必要な営為であることが実感された。

256 Ⅲ　再聖地化の諸相

　2014 年当時、サーッチナーダ寺院とムットゥ・アンマン寺院では、クンバコーナムの企業などもふくめて基金集めが進んでいた。G 氏が銀行勤めであることから、取引先の企業などに寄付を募っているようである。実際問題として、村内に在住する人びとから多くの寄付を集めるのは大変なので、こうした比較的裕福な外部者の手を借りることになる。これらの外部者もふくめて、現在 2 つの寺院に関してそれぞれ奉賛会が組織されているが、村内よりも、むしろクンバコーナムやさらにはマドラスなどのビジネス関係者が主力である。

　このうち、サウラーシュトラの R 氏は、もともとサリー製造販売を行なっていたが、最近はホテル業や金融業などに手を染めている。サウラーシュトラで基本的にはヴィシュヌ派であるが、シヴァ派、ヴィシュヌ派の別にかまわず、近隣の寺院に幅広く寄付を行なって支援している。クンバコーナムのサウラーシュトラはそのアイデンティティの拠り所として、ヴィシュヌ寺院に併設された ブラフマー寺院を拠点にしている。もちろんこのブラフマー寺院だけでなく、その他の有力寺院にも多く寄付されている。そして、G 氏を通じて、村の寺院の奉賛会の有力メンバーでもある。

　サウラーシュトラの人びとは家庭では基本的にサウラーシュトラ語を話す。サウラーシュトラ語は、故地の西インドではすでに滅びた言語である。一方、タミルナードゥに移住してきた人びとの子孫はいまでもこの言葉を守っている。周囲のタミル語の影響を受けて、本来のサウラーシュトラ語とは少し異なっているといわれるが、しかし、本家本元がすでに失った言語の伝統を守っていることで、言語学的に注目される。最近はこの人びとが保持してきたヴィシュヌ派信仰を発展させるために、篤志家が出資して新しい寺院も建造した。R 氏はもちろんこの寺院にも出資している。

　ティルップランビヤムのポンニ・アンマン寺院の再建の例でも、村から都会に出て事業に成功した人が、周囲の人びとをまきこんで寺院を修復しようとする動きは、ヴィシュヌ寺院などにも共通したところがある。村自体は、若者がやれ IT だ、エンジニアだとこぞって都会に出てしまうなかで、空洞化しつつあり、それがますます進行していることについては、すでに述べたが、こうした動きへの歯止めとなっているのが、こうした寺院の復興である。ドラウパティ・アンマン寺院は 2014 年に修復されたが、このとき村出身の若者が中心になり、クリケット選手のユニフォーム風の T シャツをつくってもりあげたという。

　また、ヤルパナサーミ寺院がいまや観光化され、近隣から町村からも来訪者

が増えている。そして、サーッチナーダ寺院のウィナーヤカ生誕祭にも、多くの人びとが集まっている。それらの動きの背後にはG氏という個人の働きが大きく関わっているのだが、それだけではなく、この地域では一般に、経済発展の効果が大都市だけでなく、農村部にも間接的ながら及んでいることをうかがわせる。経済発展著しいインド、タミルナードゥの村落は、一方で空洞化しつつも、他方で外部からの視線や、外部に出た村出身者のノスタルジーの対象として生き続けている。

　こうした変化は、1960年代からの緑の革命（Green Revolution）による農業の近代化に続いて、1990年代からのIT産業の発展を原動力とする急速な経済発展と消費革命（IT Revolution）が、21世紀に入ってついに洪水となって農村へと波及してきたことの帰結である。ティルップランビヤム村の事例は、高度情報化とグローバル化の洪水に飲まれてこのまま村の空洞化が進むのか、それとも別のかたちで生き残るのか、その試金石といえる。宗教の消費はひとつの歯止めになり得るが、しかし逆に宗教そのものが持っていた共同性を急速に失いつつあるのも事実である。

　2016年2月に行われた12年に一度のマハーマハン祭の開催に向けて、市内の寺院だけでなく、ティルップランビヤムのような周辺地域でも、寺院の改修に追い風が吹いた。それまで財政難にあえいでいた寺院のいくつかが、祭礼を契機として政府からの援助を受け、一気に事業が完成を見たのである。市内ではクンベースワラはもとより、ナゲースワラでも長年の懸案であった門塔の改修復が進んだ。ティルップランビヤムでも、サーッチナーダ寺院の改修が進んで2016年1月には完成間近であったし、ムットゥ・アンマン寺院にも資金が回ってきて事業が進んだという。

　つまり、12年に一度の祭礼という大事業がクンバコーナムを中心にした近隣の宗教ネットワークの活性化に大きく貢献していることがよく分かる。クンバコーナムでは、ここ10年ほど周囲のいくつかの寺院を巻き込んだ聖地巡礼ツアーなども活性化してきており、観光客は増え続けている。こうした現象が宗教ネックワークを活性化しているとすれば、宗教は村内にとどまるのではなく、一段と広い範囲にあらたな公共性を生み出す役割を果たしていることがわかる。高度情報化時代、グローバル化の時代における宗教は、インターネットなども通じて、これまでとは次元の異なった公共性を涵養している。今後さらに経済発展が続けば、村落社会の崩壊は目に見えているが、外部者による宗教

258　Ⅲ　再聖地化の諸相

施設などの活性化がどのような効果を上げるかを見定めるには、さらに調査研究を継続する必要がある。そのとき千年前に洪水を止めたウィナーヤカが再び現れるかどうかはまさに神のみぞ知るところである。

注

1)　現地調査は1990年8月から91年2月までと、2011、12、13、14、16年のそれぞれ短期の現地調査資料に基づいている。調査は、S・スッバイヤー（マドラス大学）、A・サガヤラージ（南山大学）、杉本星子（京都文教大学）、杉本良男（国立民族学博物館）の4人により共同で実施した。なお、2012年の調査は、州立クンバコーナム・アーツ・カレッジ地理学科の調査実習として、教員、大学院生、学生などによって実施された。また、2013年には松尾瑞穂、竹村嘉晃も参加した。なお、杉本星子とは1990年から1991年にかけて共同調査を実施しており、この間の変化についての基礎資料となっている。

　　本研究は、科研費「経済自由化後の南インド社会の構造変動に関する総合的研究」（基盤研究（B）杉本良男研究代表、2013～2015年度）および、「インドにおける都市消費市場の構造と農村・都市間の物的人的循環──生活文化の視点から」（基盤研究（B）杉本大三研究代表、2013～2016年度）によって実施した。本研究の成果の一部は、とくに「宗教の消費」という観点から、すでに報告している［杉本 2017］。写真資料なはこの報告書にくわしい。本章はこれを補完して、とくに1990年代以降の「再聖地化」を主題として書き直したものである。一部記述の重複があるが、いずれも大幅に改稿している。また、プロジェクトに参加していたサガヤラージ氏には2017年4月28日に惜しくも逝去された。本章も氏に負うところが大きく、まことに痛恨の極みである。謹んで哀悼の意を表したい。

2)　彼我の差に驚くが、スッバイヤー元マドラス大学地理学科教授によれば、珍しいことではないらしい。この20年、村の範囲はほとんど変わっておらず、人口規模もこの間のインド全体の増加ぶりに比べると大きな変動はないように見える。

引用文献

Census: *Census of India* 1961, volume IX Tamil Nadu, part XI-D Temples of Tamil Nadu, Volume VII (i,ii,iii)（K.Chockalingam 1971）.

History: *Shivamayam Madurai Sri Thirugnasambandha Swamigal Adinam's Thiruppurambayam Sri Satcinatha Swami Koyil Sthala Varalaru.* (Madurai Adeenam, 1972)

Champakalakshmi, R.

　　1996　*Trade, Ideology and Urbanization: South India 300 BC to AD 1300.* Delhi: Oxford University Press.

Nanda, Vivek

   1999   The Ritual Topography of a Sacred and Royal City of South India, *Archaeology International* 3: 43-48.

Stein, Burton

   1980   *Peasant State and Society in Medieval South India*. Oxford: Oxford University Press.

杉本良男

   2017   「洪水を超えて──南インド、タミル農村における宗教の消費」杉本大三編『現代インドの消費変動と社会システム』日本学術振興会科学研究費補助金・基盤研究（B）2013-16 年度「インドにおける都市消費市場の構造と農村・都市間の物的人的循環──生活文化の視点から」研究成果報告書、pp.109-159（東京大学出版会）

IV　イデオロギーの介入

第10章 ロシアの「メッカ」の創造
ロシア連邦ボルガル遺跡の開発とイスラーム

櫻間　瑛

1　はじめに

　本章では、ロシア連邦タタルスタン共和国に所在するボルガル遺跡の再開発とそれを通じたイスラーム表象を取り上げる。タタルスタン共和国は、ロシア連邦を構成する民族共和国の一つで、その名を冠しているタタール人の民族文化保護に積極的なことで知られている。タタール人とはトルコ人やカザフ人などと同じテュルク系民族で、その大半はスンニ派のムスリムである。現在のロシア国内には約500万人が居住し、ロシア人に次いで大きな民族集団となっている。主な居住地は、モスクワから東に約800キロで、ヴォルガ河の中流域に位置するタタルスタン共和国、及びその周囲の民族共和国である。その他、ロシア国内では西シベリアやコーカサスのアストラハンを始め、各地に分散しており、さらに中央アジアや中国の新疆など、世界各地に帝政期からロシア革命期に移住した人々のコミュニティがある。

　ソ連崩壊後、各地で民族復興の流れが強まった際には、タタール人の一部からは独立に向けた動きも見られた。これに対し、タタルスタン共和国の指導者たちは過激な主張を抑制しつつ、あくまでロシア連邦の中での立場の向上を目指し、最終的に大きな自治を獲得するのに成功した。その結果制定されたタタルスタン共和国憲法の中ではタタール語をロシア語と並ぶ国家語として定め、言語復興にも力を入れている。こうした動きが可能になった一つの背景として安定した経済基盤が挙げられ、特に共和国内での石油採掘とそれを用いた石油化学産業などが発達している。2000年代にプーチンがロシア連邦大統領になり、中央集権化が進められると、その権限も縮小されたものの、依然として存在感のある民族共和国として知られている。

　本章で取り上げるボルガル遺跡は、このタタール人の祖先とされる人々が過去にこの地域に創設した王国の最初の首都で、イスラーム受容の地とも位置付けられている。ここは、帝政期から考古学遺跡として注目されるとともに、現

264　Ⅳ　イデオロギーの介入

地のムスリムの信仰の対象地ともなっていた。さらにソ連崩壊前後から、民族
復興と並んで宗教復興の潮流が顕著になると、ムスリムにとっての「聖地」と
して、毎年大規模な集団礼拝が行われるようになっている。そしてタタルスタ
ン共和国政府も、近年大規模にこの遺跡の復興・開発に力を入れるようになっ
た。その結果、2014年にはユネスコの世界遺産にも登録された。

　本章ではこのボルガルの再開発に注目し、これがタタール人というロシアの
中のムスリム系民族にとっての「聖地」として、いかなる形で開発・表象され
ているのかを論じる。そこから現代社会・ロシアという文脈の中でのイスラー
ムの一つのあり方を示し、それを体現する「聖地」としての遺跡の機能を示す。
ここで注目する視点は、空間人類学における「空間」と「場所」の議論である。
河合洋尚の整理によれば、「空間」とは「政治的に境界づけられた領域的な面」
であり、「イデオロギー的な価値が埋め込まれ、政治経済的利益を与える資源
となりうる」ものとされている。これに対し「場所」とは、「親族・近隣など
の社会関係が結ばれるとともに、記憶やアイデンティティを共有する生活の舞
台を指す」ものとされている［河合 2013: 5］。

　本章で取り上げるボルガル遺跡は、先に示した通り現地のムスリムなどに
とって、従来イスラーム受容の地という記憶に支えられた信仰の対象としての
「場所」となっていた。一方、近年の再開発は、特に世界遺産化を通じてボル
ガルの意味を固定化し、政治・経済的な利益を生み出す「空間」として位置付
け直すものと考えることができる。本章では、特に後者の「空間」化に着目し、
それがどのように推進され、いかなる意味を与えられているのかについて検討
する。ただし、ここでは従来の「場所」としての位置付けを単純に対立的に捉
えるのではなく、あくまでその連続性も考慮することで、ボルガル遺跡の「聖地」
としての空間化と場所としての位置づけの関係を明らかにするように努める。

　本章で対象とするタタルスタンの景観表象に関しては、その首都カザンの中
心部に位置するカザン・クレムリンが主に取り上げられてきた。これらの研究
では、特にその中の生神女福音大聖堂とクル＝シャリフ・モスクという、ロ
シア正教とイスラームの宗教施設が並び立つことで、タタルスタンの政府が両
宗教の共存を示そうとしている一方、現実には両宗教の間に葛藤が見られるこ
とが示されている［Faller 2002; Graney 2007; Kinossian 2008, 2012; Derrick 2012］。こ
れに対し近年タタルスタン共和国では、新たな空間構築としてボルガル遺跡と
この地域のキリスト教の中心地であるスヴィヤシスク島の開発を進めている。
特にボルガルはロシアのイスラームの中心地であり、巡礼の対象地として「メッ

カ」とも呼ばれるようになっている。本章ではこのボルガルの表象に着目し、特にその中でイスラームがいかに扱われているのかに注目する形で議論を進める。

そもそもこの一連の開発・表象の中では、現代ロシアあるいはタタール人にとっての、「あるべきイスラーム」の像が示されている。このタタルスタンを含む旧ソ連圏においては、70年に及んだ社会主義時代に無神論政策が推進され、教会やモスクの大半がその機能を停止していた。その後ソ連が崩壊すると、宗教復興と称すべき傾向が見られるようになった。そこで生じている宗教への関心のあり方は、決してソ連以前の実践や観念をそのまま引き継いでいるわけではなく、どのようにそれを受け止めるかについて様々な議論や実践が繰り広げられている。

こうした多様な見方や実践は、旧ソ連圏におけるイスラームにおいても顕著に表れている。特に近年は中央アジアにおけるイスラームのあり方の変化について、非常に活発な議論が行われている。すでにソ連時代から、欧米の研究者の間で中央アジアにおけるイスラームについての議論がわずかながら展開されていた。そこでは、政府の統制下にあった「公定イスラーム」に対し、スーフィー（イスラーム神秘主義者）らによって先導される形で人々の間で実践されていた「並行イスラーム」を対立的に捉えて分析するのが主流であった [Bennigsen 1986]。こうした見方はソ連崩壊後も当面は継承されていた。しかし近年の研究においては、こうした二項対立による図式化の限界が指摘されるとともに、現地調査に基づいた人々の生活や葛藤に注目する研究が推進されている。例えば、菊田悠はウズベキスタンにおける陶工の聖者崇敬を取り上げ、ソヴィエト近代化の日常のイスラーム実践に対する影響を明らかにした [菊田 2013]。また藤本透子は近年のカザフスタンにおいて、イスラームの布教者の子孫とされるコジャ、ソ連時代からイスラームを継承してきたモルダ、若いイマーム（宗教指導者）らの間で、イスラームとカザフの伝統をめぐる態度や実践に微細な差異がありつつも、深刻な対立には発展しておらず、むしろ相互の交渉を通じて新たな実践が生まれつつあることを報告している [藤本 2016]。

こうした議論と照らし合わせると、本章の主題となるのは、タタルスタンにおいて提示されている「公定イスラーム」のあり方を明確にする、ということとなる。ただし、かつてのようにそれを人々の実践と対立的にのみ捉えるのではなく、双方の連続性や相互の影響も射程に入れた議論を行うよう努める。この視点は、そのまま「空間」と「場所」の関係にも対応しており、「公定イスラー

266 Ⅳ　イデオロギーの介入

ム」を具現化した「空間」としてのボルガルと、人々の実践に基づいた「場所」
の関係を念頭に置く、ということができよう。また先に紹介した議論は、基本
的にムスリムが多数を占める中央アジアにおける事例であったのに対し、本章
の対象はロシア人をはじめとするロシア正教徒が多数を占めるロシアにおける
事例であり、多民族・多宗教空間の中のムスリムによる自己主張の一側面を取
り上げたものとしても価値がある。

　本章では、まずボルガルの成立からソ連期にかけての位置付けの変化を大ま
かに示す。それを踏まえつつ、ソ連崩壊後のタタール人及びタタルスタン共和
国によるボルガルの表象を取り上げる。特に世界遺産への申請文書などを参考
にしつつ、現地の観察[1]により確認した近年の開発による施設の配置や博物
館の展示から、ここがいかなる「空間」をなしているのかを明らかにする。さ
らにここで行われている宗教行事を中心に、そこで示そうとしている「あるべ
きイスラーム」像を明らかにする。これらを踏まえつつ、聖地としてのボルガ
ルという「空間」がいかに構築され、どのような意味を与えられているのかを
示す。さらにそこから、ボルガルという聖地があるべき宗教像の模範という機
能を果たしているという点を明らかにする。

2　ボルガルの盛衰と遺跡化

　ボルガルは、テュルク系遊牧民のブルガル人によって設立された都市である。
ブルガル人は、5-7世紀にかけて北コーカサスを中心に一大勢力を築き、大ブ
ルガリアと呼ばれる王国を形成した。この王国が分裂した後、一部がヴォルガ
河を北上して形成したのがヴォルガ・ブルガリアであり、ボルガルはその最初
の首都であった。この都市は、東ヨーロッパからカスピ海をつなぐヴォルガ河
の畔という地理的利点から、東西交易の要衝としても機能し、ヨーロッパやロ
シアと中東イスラーム地域の双方を結ぶ役割を果たしていた。特に中東地域と
強い結びつきを持ち、当時のイスラーム文明の中心であったバグダットからの
使者もしばしば迎え入れていた。旅行家として後世に名を残したイブン＝ファ
ドラーンは、このボルガルへの旅路についての記録を残している。その記録に
よれば、ここでは王を始めとした住民は天幕に住み、栽培耕作をするとともに
クロテンなどを狩り、周辺のテュルク系民族やフィン・ウゴル系民族と交易し
ていた[2]［ファドラーン 2009: 169-200］。こうした中東地域との交流を進める中で、
ヴォルガ・ブルガリアの王アルパミシュは、922年に自らイスラームに改宗す

るとともに、それを国教として定めた。こうしてヴォルガ・ブルガリアは一時の繁栄を見たものの、他の遊牧勢力やスラヴ系民族の攻撃を絶えず受けていた。そのため、その都はボルガルから内陸のビリャルに移された。

その後、モンゴル帝国が中央ユーラシア全域に勢力を伸ばすようになると、ヴォルガ・ブルガリアもその脅威に晒されるようになった。その結果、13世紀にはモンゴル帝国の後継王朝の一つであるジョチ・ウルスの影響下に置かれることとなる。このモンゴル人による攻撃の結果、ボルガルの建築物などは破壊された。しかし、チンギス・ハンの孫に当たるバトゥは一時ボルガルに本営を築き、ヴォルガ流域もその版図に加えた。その後、ボルガルは都市として再生するとともに、東西交易の起点の一つとして改めて栄えることとなった。もっとも、モンゴル軍とロシア軍の間の対立などが続く中で、ボルガルもその勢力を弱めていく。この間、ブルガル人はヴォルガ河上流に新都市カザンを建設し、地域の政治的・経済的中心としての地位を確保するようになった。その後、ジョチ・ウルスがその内部対立も相まって勢力を弱めて分裂すると、ヴォルガ中流域ではカザンを中心としてカザン・ハン国が成立し、勢力を確保していく一方、ボルガルはこのカザン・ハン国の勢力下に置かれることとなった。

カザン・ハン国は、西方のモスクワ公国の断続的な攻撃を受け、16世紀半ばイヴァン雷帝率いる軍勢によって征服された。その後、カザンはロシア帝国の東方進出の拠点として繁栄していく。一方、河川に接する肥沃な土地にはロシア人が入植し、ムスリムをはじめとする現地住民は内陸地に追いやられた。ヴォルガ河沿岸に位置するボルガルもその例外ではなく、ロシア人が入植し居住するようになった。それに伴い、ロシア正教の教会が必要となったが、当初はここに遺跡として残っていた廟の一つが教会として利用されていた。その後17世紀になると、カザンの商人の寄付によりかつてのモスクの敷地跡に新たな教会が建てられ、ここは修道院として機能するようになった。

一方で、このボルガルについてはロシア人の間で歴史遺産としての価値も認められていた。特に18世紀初頭、ここを通過したピョートル大帝はこの地の歴史に関心を抱き、遺跡の保存と研究の推進を命じた。その結果、ボルガルはロシアで最初の歴史遺産として認識されるようになる。18世紀末には、エカテリーナ2世もヴォルガ沿岸巡検中にボルガルを訪れてその遺跡に興味を抱き、積極的な研究の推進を求めた。その後、1804年にカザン帝国大学が設立されると、その研究者を中心にこの遺跡及びそこから出土する碑文を対象とする考古学的・言語学的な研究が進められた。

268　Ⅳ　イデオロギーの介入

　同時にボルガルは、この地域のムスリムにとって宗教的に重要な地として
認識されていた。18 世紀には、あるイマームがミナレット（モスクの脇に建て
られる尖塔）の傍に「ハサン」という名の聖人の墓碑があったと証言したと言
われている [Frank 1998: 87]。19 世紀後半には、ロシア人の間でこの地がムス
リムの信仰の対象となっていることが知られるようになった。19 世紀末にカ
ザン大学の研究者が残した記録によれば、教会の脇にそびえる古い柱と、当時
残っていたミナレットが聖地とみなされ、夏場にカザンのみならず、ロシア各
地や中央アジアのムスリムが集まって礼拝を行なっていたことが記されている
[Дмитриев 1888: 1]。前者の教会の脇の敷地は、元はモスクがあった場所とされ
ており、柱はその名残とされている。この記述の段階ではすでに倒壊していた
が、19 世紀の半ばまでは大きなミナレットが立っていたとされている。一方、
当時も残っていたもう一つのミナレットの付近には聖人が埋葬されており、
それにちなんでムスリムがここで跪拝をしていると伝えられている [Дмитриев
1888: 9-11]。また、こうしたムスリムの訪問に対し、ここに居住していたロシ
ア人は基本的に好意的な態度を取っていたことも指摘されている [Дмитриев
1888: 1]。

　このボルガルにおける聖人については、かつて 3 人のムハンマドの教友（サ
ハーバ）がこの地を訪れ、特にそのうちの 1 人がハンの娘と結婚してこの地に
とどまり、そのまま没したという伝説が伝えられている。このサハーバの埋葬
跡がミナレットの脇とされており、それにちなんでムスリムが巡礼に来ていた
とされているのである。その他に、ムスリムは病気や困難な事態にぶつかった
際にここを訪れ、動物を屠っていたということも知られており、ムスリムはこ
れを「ハッジ」（アラビア語でメッカ巡礼を指す言葉）と呼んでいたと伝えられて
いる [Frank 1998: 166]。

　さらにボルガル以外でも、各地の聖人の廟とされる場所にムスリムが訪れる
ということは頻繁にみられた。アグネス・ケフェリは、こうしたスーフィー伝
統がムスリムとしての意識を維持する上で重要な役割を担ったと指摘してい
る。もっともこうした傾向に対し、19 世紀後半から台頭してきたイスラーム
改革主義者（ジャディード）[3] は、こうした習慣が（唯一神としてのアッラーにで
はなく）そこに埋葬されている人々に対する崇拝につながるのではないか、と
いう疑念を抱いていた [Kefeli 2014: 98]。他方で、こうした改革派の知識人の
間では、自らの歴史に対する関心も高まっていた。そのため改革派の中でも、
自分たちの過去とのつながりを確認し、民族としてのつながりを維持するため

に、ボルガルなどの保存を呼びかける者もいた[4][Kefeli 2014: 253]。

革命後、ソ連時代には一定の民族文化自治が認められ、カザン一帯には民族自治共和国としてのタタール自治共和国が設立された。その中でもボルガルはそれまでと同様、重要な考古学遺跡としてカザン大学の研究者を中心とする研究の対象となった。ソ連は共産主義の考え方に則り、無神論を標榜したため、ボルガルにおける宗教的な側面は強調されず、もっぱら「東西交流の中間点」としての位置付けに重点が置かれていた[5]。さらに1969年には、国立公園として法的な保護の対象とされるとともに、遺跡の修復なども進められ、観光地としても有名となって、多くの訪問者を迎えるようになった。また、閉鎖された教会は博物館として利用されるようになり、ヴォルガ・ブルガリア時代以降のこの地域の歴史に関する展示がなされるようになった。

同時にヴォルガ・ブルガル人とタタール人の民族的な繋がりも一層明確に強調されるようになった。ソ連時代には「自生性」という考え方に則り、移動という要素を排除し地域に古代に居住していた集団と現在居住している集団の連続性を強調することが公式な方針とされた。また、特に第二次世界大戦前後からソ連国内において、愛国心高揚のためにロシアを支配したものとしての「モンゴル・タタールのくびき」に対する否定的な見解が広まっていた[6]。そのため、タタール人の間でもこの地域に土着の集団としてヴォルガ・ブルガリアと自身の繋がりを強調するとともに、外来侵略集団としてのモンゴル＝ジョチ・ウルスとの繋がりを忌避する傾向が強まっていた[7]。しかし1980年代のソ連末期になると、こうした状況に変化が起こるようになる。

3　ボルガルの再生と世界遺産化

1980年代にペレストロイカが推進されるようになると、ソ連国内の諸民族の間で自らの言語や文化の復興、宗教に対する関心が高まった。1988年にはモスクワでルーシによるロシア正教受容1000周年が大々的に祝われた。それに対応するように、翌1989年ボルガルにおいても大規模な行事が実施された。当時ソ連ヨーロッパ部及びシベリア・ムスリム宗務局のムフティー[8]であったタルガト・タジュッディンが、ヴォルガ・ブルガリアにおけるイスラーム受容1100周年（イスラーム暦換算）を記念して、集団礼拝を行なったのである。これは「聖ボルガルの集い（*Изге Болгар жыены*）」[9]として、タタール人の間でムスリムとしての自覚を再確認する機会となった。そしてこれ以降、この集い

は恒例行事として、毎年5〜6月のいずれかの週末に行われるようになった。

1992年にソ連が崩壊し、新たな国家としてロシア連邦が成立すると、かつてのタタール自治共和国はロシア国家の枠の中に止まりつつ、連邦を構成する一共和国のタタールスタン共和国として大きな自治の獲得に成功した。このタタールスタン共和国は、初代大統領のミンティメル・シャイミエフの指導の下で、領内の石油生産等に基づき経済的に発展するとともに、タタール語・タタール文化の振興にも力を入れた。そうした中で、ボルガル遺跡の研究・復旧も進められていた。その復旧の一つのシンボルとして、帝政期に荒廃の末倒壊していた大ミナレットが、19世紀のスケッチを基にして再建された。

1990年代末には、カザン中心部のカザン・クレムリン、カザン郊外のスヴィヤシスク島と合わせ、ユネスコの世界遺産への登録に向けた作業が行われた。この際ボルガルに関しては、タタールの歴史と文化との関わりの深さが強調され、特にヴォルガ・ブルガリアとジョチ・ウルスという、過去にこの地で繁栄した王権の存在を反映した遺跡であり、同時にイスラーム受容の地でムスリムの巡礼地であるという点が前面に押し出されていた［UNESCO 2000: 203］。ただしこの申請時には、2000年にカザン・クレムリンが世界遺産として登録されるにとどまった。ボルガルに関しては、再建された大ミナレットの「真正性（authenticity）」が疑問視され、さらに周辺地域で原子力発電所建設を含む産業開発計画が進行していたことも問題視されて、登録には至らず保留状態となった。

その後もボルガルの考古学的な調査などは断続的に行われていたものの、目立った開発などが行われることはなかった。その状況が変化したのが2010年である。前年2009年末、タタールスタン共和国の成立後一貫して大統領の地位にあったシャイミエフが、翌3月の任期切れをもって退任することを表明した。シャイミエフはその任期切れ直前の2月に私財を投じて「復興」基金を創設し、ボルガルとスヴィヤシスクを中心に、共和国内の遺跡・文化遺産の復旧、開発に取り組むようになった。この基金の創設に当たっては、大々的なキャンペーンを行い、法人・個人からの募金も集めた。さらに、この開発事業はタタールスタン共和国の民族文化事業にも位置付けられ、公的な支援も行われることとなった。3月にシャイミエフは予定通り退任すると共和国国家顧問に就任し、後任には共和国首相を務めていたルスタム・ミンニハノフが就任した。新体制の下でもそれまでの政策は基本的に踏襲され、ボルガルとスヴィヤシスクでは、遺跡の発掘・修復が推進され、周辺インフラの整備も進められた。特に道路や

港湾設備など交通インフラの整備に力を入れ、新規の博物館施設を設置するなど、観光開発的な側面も強く打ち出され、両遺跡を対象に入れた観光開発に関する計画及び法整備も行われた。そして、それを推進するためもあって世界遺産化も目指された [10]。

開発事業に一定の目処がたった 2012 年、改めて両遺跡の世界遺産化に向けた再申請が行われた。これは 2013 年の世界遺産委員会で審議されたが、スヴィヤシスクに関しては不記載という結果となった [11]。一方ボルガルに関しては、この年の世界遺産委員会において最も議論が紛糾したものとなった。世界遺産委員会の諮問機関である ICOMOS は、同時代のユーラシア地域の他の遺跡と比べて顕著な独自性が認められないこと、2010 年以降の開発が遺跡の「真正性」を阻害していることを理由として否定的な評価を下していた。しかし、これを受けた委員会の中での議論においては、欧州諸国の代表が ICOMOS の評価に則り申請の却下を主張したのに対し、カタールやアルジェリア、マレーシアといったイスラーム諸国の代表らが肯定的な評価を示したのである。結局、この年の委員会では最終的な結論は出ず、判断を保留の上再審査を行うこととなった［東京文化財研究所 2013］。その後、専門家による現地視察などが行われた上、その助言も踏まえて再申請が行われた。この審議では、ICOMOS からは再び否定的な意見が出され、世界遺産委員会の議論においても再び見解は分かれたものの、最終的に申請は認められ、「ボルガル歴史・考古学的遺産群（Bolgar Historical and Archaeological Complex）」としてロシア連邦で 26 番目の世界遺産として登録されることとなった [12]［東京文化財研究所 2014］。

こうした諸々の開発と世界遺産化による知名度の向上により、ボルガルを訪問する観光客数も飛躍的に増大した。2010 年の開発事業前には、年間の訪問者数は 10 万人に満たなかったのに対し、博物館等の設置や世界遺産への認定により 2015 年〜 2016 年にかけては 30 万人を超える訪問者数を達成しているといわれる。また、例年行われている「聖ボルガルの集い」もタタルスタン共和国による支援が行われるようになり、現在では数万人規模の参加者を得る一大イベントとなっている。

4　ロシア／タタールの「メッカ」としてのボルガル

この近年推進されているボルガルの開発事業は、確かに経済的な利益を求める面があるとともに、この遺跡の位置付けを明確にし、世界にそれをアピール

272　Ⅳ　イデオロギーの介入

する意味があった。ここでタタルスタン共和国が示そうとしているボルガルの
位置付けは、共和国文化省が主導する形で準備された世界遺産への申請文書か
ら窺うことができる。その中では、ボルガルがヴォルガ・ブルガリア及びジョ
チ・ウルスの最初の首都[13]であった、ということが繰り返し指摘され、「10-
15世紀にヴォルガ河中流域及びウラル山麓地域に存在した、古代文明（ancient
civilization）のユニークな証拠」と述べられている。そしてその「文化及び宗教
の枠組みが、このヴォルガ及びウラル地域の信仰、習慣、伝統、生活の社会的・
道徳的規範の性質を規定し、近代タタール民族やヴォルガ・ウラル地域のその
他民族を形成した」とし、タタール人を中心とするこの地域の諸民族の起源を
なす場であったことが強調されている［Nomination 2012］。

　同時に、宗教的な面についてこのボルガルは、「ムスリムにとっての聖なる
場所」とされ、「イスラーム受容の地」であるとともに、「16世紀以来のムス
リムの宗教信仰と巡礼の場」と位置付けられている。その上で「多くのタター
ル人は、ボルガルをモンゴルの侵略以前のブルガル人の生活を表す古代の文化
的、宗教的な首都」とみなしてしていると紹介している。加えて、この都市の
地理的な位置付けについても言及があり、「アジアの遊牧文明やヨーロッパ、
中東との関係と文化的な交流の歴史の重要な側面を示す独自の証拠」とされ、
「ブルガル・タタール文明は、ユーラシアにおける非常に発達した最初のイス
ラーム文明」として、ユーラシアという空間の東西交流の結節点という位置付
けに重点が置かれている［Nomination 2012］。

　こうした位置付けを踏まえ、まず世界遺産の登録基準（ii）に則り、この遺
跡が「歴史的連続性、文化的多様性、テュルク系、フィン・ウゴル系、スラヴ
系その他のユーラシア諸民族の文化伝統の相互作用の顕著な証拠であり、長期
にわたる寛容、普遍的な価値の交流を示している」として、人々、文化・文明
の交流の結節点という面が強調された。さらに基準（vi）に則り、922年のヴォ
ルガ・ブルガリアにおける国教としてのイスラーム受容に鑑みて、「世界で最
初期かつ最北のムスリムの飛び地の唯一の証拠」であり、「ユーラシアのテュ
ルク系ムスリムにとって、宗教的信仰と巡礼の場」として、イスラームの受容
を重要な契機としたこの場の重要性を提示している[14]［Nomination 2012］。

　このようにボルガルの位置付けとしては、「イスラームの中心地」及び「東
西交流の結節点」ということが強調されている。同時に、それを担っていたヴォ
ルガ・ブルガリア及びジョチ・ウルスと現代のタタールとの結びつきを、半ば
自明なものとして描き、それを正当化するような記述となっている。そして、

2010 年以降に設置された博物館や施設、およびその中の展示は、こうした記述で表されるところのボルガルの歴史および文化を体現する「空間」を構成するものとなっている。以下では、新たに設置された施設を中心に、現在のボルガルの様子を簡単に描写する。

　ヴォルガ河を下って船で来た場合、最初に訪れることになる港は 6 階建となっており、1 階が船着場、最上階の 6 階がボルガルの敷地と連続した出入り口となっている。この建物の 3、4 階は「ボルガル文明博物館」となっており、その意義は「訪問者に必要な情報を提供し、理解を促進する」こととされている [Nomination 2012]。この博物館は、大きく 4 つのフロアに分かれており、それぞれ「古代ボルガルの学術調査」、「ブルガル文明の起源と形成」、「古代ボルガル」、「地域の自然」と題されている。この博物館の中では、遺跡の全体図や各建物についての解説があるほか、ボルガル自体が持っていた意味を説明するような展示も行われている。フロアを見渡すと、至る所にヴォルガ・ブルガリア、あるいはジョチ・ウルスなどここで繁栄した王朝の勢力図やそこからの交易路の地図が置かれ、ユーラシア諸文明及び東西交易の中で占めていたこれら諸国家及びその中のボルガルの位置付けが示されている。また、展示品の中には中央アジアやクリミア、中国などからこの地域を通過した物品が多数含まれている。一方イスラームの受容に関しては、それほど大きなスペースではないものの、中東地域とのつながりなどを示しつつ紹介されている。その他、まとまった展示がなされているのが、ボルガルの中に住んでいた様々な民族についての紹介である。4 階のフロアの一角を示すそのスペースでは、ボルガルの住民の復元像が並び、スラヴ系やフィン・ウゴル系など様々なタイプの人々が居住していたことが示されている。さらに十字架とともに埋葬されている遺骸の写真が置かれ、ここにロシア正教徒が居住していたことも強調されている。それと並んで、ここから出土したアルメニア語の碑も置かれ、さらに多様な文化が存在していたことも示唆されている。

　この博物館を出て、遺跡の敷地に向かう途中には二層の六角形の建物の上に金の円蓋を被せた建物があり、「イスラーム受容記念碑」とされている。そして、その中は「クルアーン博物館」として、イスラームに関連する展示がなされている。この博物館の最初のフロアには、この地域で広まっていたクルアーンや説話のコピー、ムスリム聖職者の部屋やマドラサ（イスラームの学校）の再現、イスラーム的な紋様のついたタタール人の伝統衣装などが展示されている。さらに中央部には、ヴォルガ・ブルガリアにおけるイスラーム受容の様子を描い

274　Ⅳ　イデオロギーの介入

写真1　並立する大ミナレット（左）と旧教会建物（右）（2017年3月、櫻間撮影）

た巨大な絵が飾られている。その先のフロアには、オスマン帝国のスルタンから送られたもののコピーや各国語への翻訳、視覚がい者のために音声再生機能をつけたものなど、古今東西の様々なクルアーンが展示されている。そこを通り過ぎた最後のフロアでは、印刷されたものとしては世界最大として、ギネスにも登録されているという巨大なクルアーンが展示されている。

　ここを出て遺跡の敷地に向かうと、まず目につくのが修復された大ミナレットとそれと並んだ教会である。このイスラームとロシア正教のシンボルが並び立つ様子は、両宗教の共存を示す象徴として、世界遺産の審査の際にも大きく取り上げられていた。このミナレットの脇はかつてモスクのあった場所とされており、きれいに整地されて白むくの新しい柱が数多く並び立っている。その中に一本だけ古びた柱が立っており、これがかつてのモスクの名残といわれるものである。現在でも、「聖ボルガルの集い」の機会などには、ムスリムがここで礼拝を行なっている。

　また前述の通り、元教会の建物の中はソ連期にはボルガルの歴史博物館として利用されていた。「ボルガル文明博物館」にその内容が実質的に移動されている現在、この建物の中はこの地域のキリスト教の歴史に関する展示が行われている。これにより、先に見たイスラーム受容記念碑と合わせ、ここがイスラームとロシア正教の文化が接する地であったことがより明確に体感できるようになっている。実際、この博物館の中でも、両宗教の共存に関するパネルなども

設置されている。

　そこから先に進むと、比較的最近発掘されたハンの公邸跡の発掘場所がある。ここは、風雨をしのぐための天蓋で覆われ、発掘された石柱の一部のレプリカなどが置かれている。このハンの公邸跡を出て少し敷地を外れ、ヴォルガ河のほとりに降りると、「サハーバ・ガブドゥラフマンの井戸」がある。伝説によると、ガブドゥラフマンは、ボルガルを訪れた3人のサハーバのうちの一人で、地面に杖を突き刺したところ、水が湧き出しそれを用いてハンの娘の病気を治したと言われている。この奇跡は、ヴォルガ・ブルガリアの人々がイスラームを受け入れた理由の一つともされている。その後、ここから湧き出る水は治癒の効果があるとされ、ムスリムがこの水を求めて集める場所ともなっている。現在は、井戸近辺の地区への出入りを管理するための門が設置され、新しい井戸が整備された他、水を汲み上げる水道管を備えた壁も作られた。その他、訪問者のための歩道が敷かれ、供え物を捧げるための特別の区画も置かれた。

　さらに敷地に戻って、その中央部に向かうとかつて裁判所に用いられたとされる建物、公共浴場の跡などが残されている。その中でも注目されるのが、遺跡敷地の中心部に位置している小ミナレットである。これはハンの家族が葬られていたと言われる廟の脇にあり、かつての建築がそのまま残されているとされる。伝説によれば、このミナレットの脇にこの地に残ったサハーバが葬られたと言われ、先の大ミナレットの脇と並び、ムスリムにとってはここも祈りの場となっている。しかし、かつては何らかの碑があったと伝えられているものの、もはやその姿を明確に記録するものはなく、正確な位置もわからなくなっていた。そのため、2011年にここが埋葬された地であることを示す新しい記念碑が立てられた。この碑は、基本的にはボルガルにやってきたとされる3人のサハーバ全員に捧げるものとされており、この碑の真ん中には、ターバン、杖、ペンが彫られている[15]。さらにその両脇には、それぞれロシア語とタタール語で、この地に3人のサハーバが到来し、そのうちの一人（ズバイル・ビン・ジャグダ）がそのままボルガルに残り、ここに埋葬されたことが明記されている。

　ボルガルの遺跡部分の敷地を出た先には、巨大な「白モスク」がそびえている。このモスクは2012年に新たに建てられたもので、インドのタージ・マハルを模範として建設されている。ここにはイマームも常駐しボルガルに巡礼に来た人々が、特に冬期などに礼拝を行うための便宜を図るために建てたものとされている。また、この敷地内にはイスラーム関連の書籍を売る売店や、ハラールを取り扱う食堂も設置されている。しかし同時に、モスクの建物内部には見

276　Ⅳ　イデオロギーの介入

写真2　サハーバの記念碑（2017年3月、櫻間撮影）

学のためのスペースも設けられており、このモスク自体が一つの観光施設ないし博物館的な位置付けとなっている。

　一方、このモスクと並んで新設されているのが「パン博物館」である。これはブルガル人及びタタール人が農耕民族としての文化を継承してきたことに鑑み、農耕文化を中心にその民族誌的な資料を展示する博物館として設置されている。ここには様々な農耕具の変遷や実際の農業の様子、その成果などが展示されているほか、かつてのタタールの農家を再現した展示もあり、伝統的とみなされているタタールの生活様式の一端を窺うことができるものとなっている。

　これら一連の整備された施設は、先に示したボルガルの2つの位置付け、すなわち「東西文化の結節点」及び「イスラームの中心地」を具現化する「空間」を形成しているといえる。同時に、そこにしばしばタタール文化や歴史に関する展示や施設が設置され、その担い手としてのタタール人という位置付けが明示されている。そして、こうした「イスラームの中心地」という主張をより顕著に示す機会となっているのが、「聖ボルガルの集い」である。これは、元はムフティーのタジュッディンの主導により行われていたのに対し、ボルガルの開発にちなんでタタルスタン共和国の公式民族・文化行事として実施されるようになり、その規模も年々拡大している。この一種の巡礼にも鑑みてボルガル自体、現在観光案内などではしばしば「北のメッカ（Северная Мекка / *Тӧньяк Мәккә*）」とも呼ばれている。そして同時に、ここではイスラームのあり方の模索も行われている。

5 「あるべきイスラーム」を求めて

　ソ連崩壊以降の宗教復興という潮流は、人々に宗教への関心を喚起するとともに、そのあり方についての再考を促すものでもあった。タタール人のイスラームに関しても、様々な潮流が存在していた。そもそも無神論を標榜したソ連時代においても、密かに日常的にイスラームの礼拝などを行なっている人々は存在していた。また、特に出産や葬儀などの人生儀礼などについては、その規模などを変化させつつも、基本的な構造などを保持させながら人々の間で維持されていたことが知られている［Уразманова 2001: 372-375］。1990 年代に独立した宗務局として設立されたタタルスタン・ムスリム宗務局の副ムフティーまで務めたヴァリウッラ・ヤクポフは、こうした「伝統イスラーム」を擁護する立場を取った。そして、タタールはムスリムとしてロシア国家の中に順応し、キリスト教徒との共存を達成してきた、という点も強調しつつ、それを可能とした「伝統イスラーム」の保持の重要性を説いた［Якупов 2011: 73-78］。これに対し、タタール知識人の間からは、19 世紀末から 20 世紀初頭にかけて活躍したイスラーム改革運動に模範を取り、近代西欧的な価値観に適合したイスラームのあり方を模索する動きもある。特にそれを先導している人物として、著名な詩人の息子でタタルスタン科学アカデミー歴史学研究所の所長でもあり、シャイミエフの政治顧問も務めたラファエル・ハキモフを挙げることができる。ハキモフは、ジャディードの思想を受け継ぎ、ヨーロッパの近代文明を意識しつつ、過去ではなく未来志向のイスラームのあり方を考えるべきとして、「ユーロ・イスラーム」という概念を提唱している［Хаким 2007: 326-327］。この両者は伝統重視か、革新を求めるか、という点において目指す方向性を異にしており、現実に論争も生じている。しかし、共に他宗教との共存などを強調している点については共通しており、また基本的には穏健な解釈を希求している点において、タタルスタン政府の立場と親和性の高いものとなっている。

　これに対し、ソ連崩壊後に移動の自由が確保されると、中東諸国などに留学に行く若者なども現れた。逆にタタルスタンの中にも、トルコやサウジアラビアの資金を受けたイスラーム神学校が設立され、「正しいイスラーム」のあり方が教えられた。こうした教育機関などの影響を受けた人々は、しばしばこの地域に特有の習慣なども混じり合ったイスラーム実践に対し批判的な姿勢を示し、地方のイマームなどと対立した。さらに、こうした教育機関の出身者など

278　Ⅳ　イデオロギーの介入

写真3　大ミナレット脇の石柱（2017年3月櫻間撮影）

からは、過激な行動に出る者も現れた。2000年には、タタルスタンの第二の都市であるナーベレジヌィエ・チェルヌィの神学校ユルドゥズ学院の学生により、タタルスタン共和国内のガス・パイプラインの爆破事件が起きた。さらに同学院については、卒業生が前年にモスクワで起きた住宅爆破事件に関与していたとも言われている［Yuzeev 2005: 101］。こうした過激な運動から、外国の影響を受けたイスラーム運動に対しては、「ワッハービ」や「サラフィー」といった呼称が、過激派というイメージとともに付けられるようになり、警戒の対象となった。

　こうした様々な潮流の併存状況は、ボルガルにおける巡礼にも影響を与えている。「聖ボルガルの集い」の際には、メインとなる集団礼拝の他に、訪問者は、かつてより行われていた実践としてモスクの柱やサハーバに対する礼拝などを行っている。しかし、こうした行為に批判的な態度を取る人々も確認されるのである。民族学者のラウファ・ウラズマノヴァは、2009年の「聖ボルガルの集い」の様子を観察して、宗教学校の教員と思しき男性数名が、大ミナレット脇の古い柱の周りに立ち、人々が近寄るのを妨害していた様子を目にしている。そして、近寄ろうとする人々にこの柱の周りを回ったり、ここに硬貨を置くことは罪であると説き、ここを訪れた女性などの反感を買っていたという［Уразманова 2014: 77-78］。

　こうしたボルガルにおける儀礼的行為への批判に対し、ヤクポフはムハンマ

ドのエピソードを引用しつつ、それらが決して「異教」的なものというわけではないという。彼の主張によれば、これらの行為は決して宗教的なものとして捉えられているわけではなく、あくまで自分たちの過去に触れることが目的となっているというのである［Якупов 2009: 58-60］。同時に、こうした行為はイスラームの中でもスーフィズム（神秘主義）の伝統の枠内で受け入れることが可能であるとも述べている［Якупов 2011: 283］。とはいえ、イマームらの間でこうした意見が完全に共有されているわけでもない。やはりウラズマノヴァの調査によれば、イマームの中には、自分のイスラーム理解の中でボルガルの位置付けを定めることができず、そこに行くことをためらっている者もいることが示されている［Уразманова 2014: 79-80］。

　さらに、こうしたボルガルにおける行為自体、統一した形式で行われているわけではない。やはり民族学者で 2009 年の「集い」の様子を観察したダミル・イスハコフは、特に遠方からきた人々の間で、何を行うべきかが周知されておらず戸惑っている様子を報告している。例えば、サハーバの埋葬場所の目印などもないために右往左往し、結果的に考古学資料として掘り出された墓碑に口付けをする人々や、古い柱にコインを入れて安産の助けになるという自分流の解釈をしている人々の姿が見られたというのである。イスハコフはこうした行為自体を「異教的」と断ずるつもりはないものの、宗務局などがなんらの知識も与えずに放置している状況に対して否定的な立場を示している［Исхаков 2009: 189］。

　こうした状況の中でのボルガルの再開発からは、公的に「あるべきイスラーム」を明示しようという意図を窺うことができるであろう。大ミナレット脇の古い柱が目立つ形で残されていることやサハーバの記念碑の新設は、従来ここで行われてきた宗教実践そのものを肯定しつつ、イスハコフが指摘したような混乱を回避しようという意図を読み取ることが可能である [16]。同時に、ここに新しくモスクを建設したことは、人々の礼拝への便宜を図りつつ、そのモスクの存在とそこに常駐するイマームを通じて、イスラームのあり方の模範を示そうという意図も窺うことができる。

　さらに、世界遺産に登録された翌年の 2015 年には、「あるべきイスラーム」をより明確にする試みが行われた。この年の「聖ボルガルの集い」には、シャイミエフとミンニハノフ現タタルスタン大統領ら共和国の首脳と、この「集い」を主催してきたタジュッディンをはじめ、タタルスタン・ムスリム宗務局のムフティーであるカミル・サミグッリン、ロシア・ムフティー評議会議長のラヴィ

280 Ⅳ　イデオロギーの介入

ル・ガイヌッディン、北コーカサス・ムスリム協力センター代表のイスマイル・ベルディエフというロシア国内の有力ムフティーが一同に会した。そして、この4人のムフティーは、ミンニハノフらが見守る中、「ロシア・ムスリム社会ドクトリン」に署名した。この文書は、2000年に署名された「ロシア正教会社会的概念の基礎」に倣ったもので、ロシア連邦におけるムスリムの権利と義務に対するシャリーア（イスラーム法）に則った態度を定めるものとしている。

　このドクトリンの中では、現在のロシア領において最初にイスラームが広まった場所として、コーカサスのデルベント[17]とボルガルが挙げられ、特にヴォルガ・ブルガリアがイスラームを国教として受け入れたことに言及している。さらに18世紀に、イスラームがロシア帝国内において公式な宗教として認められ、それ以降ロシアにおける法的な正当性を得てきたことが示されている。また、イスラームの諸潮流に触れつつ、スンニ派のスーフィズムがロシアのイスラームにおいて、重要な役割を占めてきたことが強調されている。加えて、具体的な宗派などは別として、「伝統イスラーム」の重要性が至るところで強調されており、末尾では「聖なるクルアーンと預言者ムハンマドの教え（スンナ）に倣い、ロシア連邦に伝統的なイスラームを守ることに力を合わせることを願って」このドクトリンに署名するとされている。

　このドクトリンは、現代ロシアにおける「あるべきイスラーム」を明示するものとなっている。特にこの中では、「過激主義」をイスラームの教えに反するものとして否定しつつ、「伝統イスラーム」がロシアの「条件と伝統に即して真のイスラーム」であると明言している。また、「ロシアにおいてスーフィー教団がムスリムの生活において重要な役割を担っている」と指摘している点も注目に値する。これは、ヤクポフがボルガルにおける様々な実践をスーフィーの伝統にかなったもの、と語っていることを想起させ、「聖ボルガルの集い」の際に見られる様々な実践を公式に許容できるものとして回収しようとしていると考えることができよう。

　同時に、このドクトリンをボルガルで署名したという事実自体が、現代のロシアにおけるボルガルの位置付けを明確にする面を持っている。このドクトリンには、ロシアの中でも特に主要な4名のムフティーが参加して署名をしており、これによってロシア全体において大きな意味を有すると主張できるようになっている。またすでに指摘したように、この中でボルガルは、デルベントと並びロシアにおけるイスラーム受容の地という位置付けをされており、ロシアのイスラームの起源であることを示す絶好の機会となった。そして、それを推

進するタタルスタン共和国という自己像も提示することに成功したのである。

さらにこの年の「聖ボルガルの集い」の際には、タジュッディンにより「ムハンマドのひげ」が白モスクに移管された。この「ムハンマドのひげ」は、帝政末期にオスマン帝国のスルタンからロシアのムスリム宛にと贈られ、当時宗務局が置かれていたウラル地方のウファに保管されていた。この「ひげ」は通常はモスクの内部に保管されており祝日などを除いては、訪問者が直接目にすることはできない。しかし、このモスクにこうした「聖遺物」を置くことで、よりこの土地の持つ神聖性を高めようという意図を読み取ることができる。

また、同じく 2015 年の「聖ボルガルの集い」では、ここにボルガル・イスラーム・アカデミーの設置計画も公開された。これまでロシア国内では、カザンなどにイスラーム大学が設置されていたが、博士号などを授与することができず、卒業後にさらに学習・研究を続けたい卒業生は、留学を余儀なくされていた。それが結果的に過激な思想の流入につながりかねないという危惧から、大学院相当のイスラーム高等教育機関の設置が決定されたのである。これにより、「あるべきイスラーム」の伝え手を創出する場としても、ボルガルは位置付けられている [18]。

このように、タタルスタン政府による近年のボルガルをめぐる動きは、これがロシアにおけるイスラームの中心をなし、同時に「あるべきイスラーム」の模範を示す「空間」として整理することを目的としていると言えるのである。そしてこの中では、特にキリスト教との共存が重要な要素として示されている。そもそものシャイミエフによる開発事業全体をみると、ボルガルと並んでスヴィヤシスクというロシア正教の中心地の復旧・再開発も推進されており、イスラームとロシア正教の双方に配慮し、その共存を達成しているということを強調するものとなっていると言われる。同時に、ボルガルの中を見ても、その入り口にロシア正教の教会とイスラームのミナレットを配置することで、その中でも両宗教の共存が実現していたことを強調するものとなっている。そして、こうした共存を実現してきた存在として、タタール人という民族の存在も主張しているのである。

翻って、このボルガルはタタールという民族の歴史の 1 頁を担う遺跡としても重視されている。近年は「聖ボルガルの集い」に関して、タタールスタン共和国の支援を受ける民族団体である全世界タタール・コングレスが文化行事に関与するようになっており、民族文化行事という側面も強められるようになっている。その結果、訪問者の数も増えたが、その中にはイスラームに対する

282　Ⅳ　イデオロギーの介入

関心と同等か、それ以上にタタール人の歴史に強い関心を持っている者も多くなっている［Уразманова 2014: 69-70］。また、このボルガルと歴史の関係については、近年のタタールの間での歴史の見直しの反映も確認される。前述の通り、ソ連時代にはヴォルガ・ブルガリアとタタール人のつながりは強調される一方、ジョチ・ウルスは征服王朝としてその繋がりは忌避されていた。しかし、現代の世界遺産への申請の中では、ここが「ジョチ・ウルスの最初の首都」でもあったとしてタタールの歴史の一幕として位置付けられ、博物館の中にはジョチ・ウルス時代の様子にも注意が払われているのである。

　こうしたタタールという民族とその歴史との関連からの重要遺跡という見方は、タタール人の少なくとも大半がムスリムである以上[19]、イスラームの聖地ということと必ずしも矛盾するわけではない。しかし、そのバランスにはやはり葛藤がある。シャイミエフは、このボルガルがタタールの古都ということを強調すべく、入り口にタタール人の象徴とされるシロヒョウの巨大な銅像を立てることを計画した。宗務局は当初これを是認したものの、この計画を知った人々の間から、イスラームの聖地にそれがふさわしいのか、という声が上がり、それに押されるような形でムフティーが反対意見を表明し、像の設置は撤回された[20]。こうした動きには、人々と政府あるいは宗務局の考えるイスラームとタタール人という民族との関係、その中でのバランスのとり方の理解にギャップが存在していることを示唆するとともに、それが相互の働きかけの中で調整されていることも示している。

6　おわりに

　本章では、ボルガルという遺跡の再開発に焦点を当て、これがいかに表象されているのかを示すとともに、それが「あるべきイスラーム」像を提示していることを明らかにした。

　ボルガルは、イスラーム受容の地となるとともに、東西交流の中継点として発展した。特にイスラームとの関連では、ここは人々が自らの歴史を確認し、願いをかけたりする「場所」となっていた。この歴史に立脚しつつ、その担い手を自らと結びつけることで、タタルスタン政府は現代のタタール人をユーラシアの中心に位置するとともに、ロシアのムスリムの中核をなすものとして、内外にアピールしている。そして、近年ボルガルにおいて行われている開発は、そうした自己像を具現化し、「空間」として表現するものとなっている。

こうした「空間」化は、ボルガルがイスラーム受容の地であり、従来信仰の「場所」となっていたことを根拠としつつ、微妙にその重点を変化させている。顕著な例として、サハーバの記念碑を挙げることができる。その場所はサハーバの内の 1 人が埋葬された場所にちなんでおり、その事実は明示されつつも、この記念碑自体はボルガルにやってきたとされる 3 人のサハーバ全員に捧げるものとされている。こうすることで、ここに埋葬されたサハーバの具体的な奇跡とそれに対する人々の祈りよりは、サハーバの到来とイスラームの受容という抽象的・歴史的な側面がより重視されるような形になっている。

その他の表象の場面を見ても、確かにここで人々が行なってきた様々な実践は許容できるものとされつつも、それが全面に出されるのではなく、むしろ抽象的な「イスラームの中心地」、「東西文化の交流点」という像が重視すべきものとして示されている。かつ、その中で育まれてきた「伝統イスラーム」は、キリスト教などの他宗教との共存を達成してきたという面が特に重視されるものとなっている。これは、「イスラーム原理主義」によるテロが頻発し、その脅威を感じているキリスト教徒が多数を占めるロシアという国家の中で、自らの存在を正当化しようという試みとみることができる。同時に、こうした多民族・多宗教の共存という自己像をボルガルの中に刻み込むことで、それを逆に人々に提示し、広めるための模範としてもいるのである。特に「イスラーム社会ドクトリン」の署名を始めとする 2015 年の一連の行事は、それを顕著に示したものである。

このように、ボルガルには現代のロシアを生きるタタール人にとって、その「あるべきイスラーム」を示す模範としての像が映し込まれ、そこから人々にそれを拡散する「空間」となっていることを示してきた。そして、この「空間」化は祈りの「場所」としての性格を凌駕しつつあるようにもみえる。筆者の部分的な観察によれば、少なくとも平時においてここを訪れるのは一般的な観光客であり、古い柱やサハーバの記念碑を前にして祈りを捧げる人の数は決して多くない。人々の関心はむしろ博物館の展示などに向いており、これは例えばウズベキスタンの聖者廟において、多くの人が博物館などには目もくれず、廟に祈りを捧げに殺到している姿［Kehl-Bodrogi 2006］とは対照的である。

とはいえ、その「空間」化の方向性は、決して政府などによって一方的に決められているわけではない。最後に示したシロヒョウ像の設置問題は、ボルガルというイスラーム聖地の表象・開発、それとタタール人という民族との関係のあり方について人々の反論の余地が残されていることを示唆している。ここ

284 Ⅳ　イデオロギーの介入

から、ボルガルの表象及びその中で人々が展開する実践は、このような上から
のあるべき姿の提示と、下からの応答によって展開している可能性を想定でき
る。現在、この点について十分な議論を展開する準備はなく、本章で示した「空
間」化されたボルガルの中で、人々がそれをいかなる新たな「場所」として受
け止め、さらに新たな「空間」を提起しているのかを明らかにするのが今後の
課題である。

注
1)　筆者は 2014 年の 9 月、2015 年の 9 月、2017 年の 2 月にボルガルを訪問してその様子
　　を観察した。ただし、この時期は夏休みシーズンから少しずれ、また本章でも取り上げ
　　る「聖ボルガルの集い」の時期でもないことから、訪問者もごくわずかであり限定的な
　　観察にとどまっている。なおこれらの観察は、科学研究費特別研究員奨励費（15J06068）
　　による支援に基づいている。
2)　ただし近年の研究によれば、ファドラーン自身はボルガルには到達しておらず、彼の
　　作とされる「旅行記」は、ファドラーン本人ないし彼の旅行記を編纂したイブン・ジュ
　　ザイイにより、他の地理学者らの記述に基づいて執筆されたものとされている［家島
　　2017: 292-304］。
3)　19 世紀末から、ロシア帝国内のムスリムの間で推進された教育改革を中心とする改革
　　運動をになった人々。発端となったのは、クリミア・タタール人のイスマイル・ガスプ
　　リンスキーが創始した「新方式（ウスーリ・ジャディード）」と呼ばれる教育方式の学
　　校創設で、その後ロシア帝国各地のムスリムの間に広まっていった。これらの学校では、
　　算数や歴史・地理など世俗的な科目も教えられ、イスラームの近代的な解釈・実践が目
　　指された。
4)　このようにタタールの間でヴォルガ・ブルガル人を自分たちの起源とする見解が広ま
　　る一方、ロシア人の宣教師らの間からは、言語学的な特徴に基づき同じくテュルク系な
　　がら、ロシア正教を受け入れていたチュヴァシをヴォルガ・ブルガル人の直接的な子孫
　　とする意見も見られた［Geraci 2001: 192-193］。
5)　この時代のボルガルに関するパンフレットなどを見ると、基本的に東西交流の歴史や、
　　それを裏付けるものとしてここで見つかった発掘品などに重点が置かれている。他方で、
　　宗教的な面に関しては、イスラームの受容の歴史については記述があるものの、それ
　　以降ここで見られたムスリムの礼拝などについては一切記載がされていない［Смирнов
　　1960, Фехнер 1978］。
6)　その顕著な例として、叙事詩『エディゲ』の扱いの変化がある。ジョチ・ウルスの復
　　興を目指してロシアを攻撃した英雄エディゲの生涯を描いたこの叙事詩は、1930 年代に
　　はタタール人をはじめとするテュルク系民族の歴史を描いたものとして積極的に研究さ
　　れていた。しかし、独ソ戦の中でロシアと外敵の戦いという構図が強調されるようにな

10 ロシアの「メッカ」の創造 285

ると、『エディゲ』研究がジョチ・ウルスを過度に美化するものであり、そのロシアへの侵略などを無視したものとして批判されるようになった［立石 2011: 231-235］。

7) タタール自治共和国における歴史記述を見ると、ヴォルガ・ブルガリアをタタール人の起源とするような記述をする一方、モンゴルの進出はあくまでこの地域への侵略として、歴史の流れから分断する傾向が確認される［Кузьмин 1989: 17-18］。また、タタール人と並んでチュヴァシの間でもヴォルガ・ブルガリアとの繋がりを強調する見方があり、双方の間で起源をめぐる論争も存在していた［Uyama 2002］。

8) ムスリム宗務局とは、ロシア帝政期に設置された機関で、国内のムスリムを管理・統制するものとされている。当初はウラル地方のウファに設置された後、クリミアや南コーカサスにもそれぞれの地域を管轄する宗務局が設置された。その後ソ連期になると、ウファの宗務局以外は廃止されたが、独ソ戦が始まると、各地のムスリムの動員を促進するために各地に宗務局が再組織された。そのタイミングで、ウファの宗務局は「ソ連ヨーロッパ部及びシベリア・ムスリム宗務局」と改称された。また、ムフティーとは一般にイスラーム法学者を指す言葉であるが、旧ソ連圏においてはこの宗務局を主導する高位聖職者という意味を有している。ソ連崩壊後には、各民族共和国などの単位で独立したムスリム宗務局が設置されるようになり、タタルスタンも独立した宗務局を設置した。これら新しい宗務局はムスリムが自発的に形成しており、政府とは独立した組織とされているが、実体としてはしばしば連邦ないし地方政府と密接な結びつきを有している。

9) 原語を表記するにあたり、ロシア語はキリル文字の立体、タタール語はキリル文字の斜体を用いる。

10) この一連の開発事業については、シャイミエフ自身の利権にも関わっていたという見方もある。実際、彼の子供たちは道路建設などに携わる企業の重役を務めている。

11) スヴィヤジスクに関しては、ボルガルの登録に遅れつつも、2017 年の世界遺産委員会で「ウスペンスキー聖堂とスヴィヤジスク島の修道院（Assumption Cathedral and Monastery of the Town-Island of Sviyazhsk）」として世界遺産リストへの記載が決定した。

12) Meskell［2015］は、この申請過程の混乱や議論に関し、欧米諸国とロシアや中東諸国の間のパワーバランスも反映しているということを指摘している。

13) 一般的な認識において、ジョチ・ウルスの首都はコーカサスのサライが知られている。ボルガルをその首都とするのは、おそらくはバトゥが一時本営を敷いていたということにちなんでおり、かなり誇張した表現といえよう。しかし、あえてこうした誇張をしている点に、タタールの歴史とジョチ・ウルスの関係をより強調しようという意図を汲み取ることができる。

14) 2012 年の最初の申請段階では、基準（iii）に則りこの遺跡がヴォルガ・ブルガリア及びジョチ・ウルスの文明を継承したものということが強調されていた。しかし、それでは遺跡内の建築物の「真正性」などが問題となるということで、その申請の中の抽象的要素を取り出して、ここに挙げた基準が申請事由として挙げられることとなった。

15) この 3 つはハンが 3 人のサハーバに対し、その起こした奇跡にちなんでそれぞれに

286　Ⅳ　イデオロギーの介入

下賜した贈り物として知られている。

16)　この古い柱の位置付けは説明板などで明示的に解説されているわけではないが、ガイドを頼んだ場合には、その由来などについての解説が行われる。

17)　北コーカサスのダゲスタン共和国の第2の都市で、カスピ海西岸に接している。紀元前8世紀には人が居住していたと言われ、一旦はキリスト教の拠点となったのち、7世紀にはアラブ人勢力の支配下に置かれ、イスラームが浸透するようになった。現在、ここに残された要塞等の跡地が世界遺産として登録されている。

18)　このアカデミーは2017年の9月に開校し、修士課程25名、博士課程10名の学生を迎えた。この中にはコーカサス出身の学生も含まれている。また教授陣には、イスラーム学で世界的に権威のあるエジプトのアブ＝アズハル大学の教員などが迎え入れられている。

19)　もちろん、タタール人とされる人々があまねくムスリムというわけではない。近年はロシア正教やプロテスタントに改宗するタタールも存在している。と同時に、歴史的な存在として、帝政期にロシア正教会によって行われた改宗政策によりロシア正教徒となって、現在に至っている人々もいる。こうした人々の中からは、タタール＝ムスリムという規範からの逸脱によって疎外感を抱き、自ら「クリャシェン」という独立した民族集団を名乗る動きも起こっている［櫻間 2018］。

20)　この像自体は既に完成しており、新たな置き場所が問題となっている。カザン市の郊外にある様々な宗教のモチーフをあしらった全宗教寺院というモニュメントの脇に置かれることなどが検討されているが、まだ正式な決定には至っていない。

引用文献
〈英語文献〉

Bennigsen, A. and Wimbush, A. B.
　　1986　*Muslims of the Soviet Empire: a Guide.* London: Hurst.

Derrick, M.
　　2012　"The Tension of Memory: Reclaiming the Kazan Kremlin", *Acta Slavica Iaponca.* 33: 1-26.

Faller, H. M.
　　2002　"Repossessing Kazan as a Form of Nation-building in Tatarstan, Russia", *Journal of Muslim Minority Affairs.* 22 (1) : 81-90.

Frank, A. J.
　　1998　*Islamic Historiography and 'Bulghar' Identity among the Tatars and Bashkirs of Russia.* Leiden, Boston, and Köln: Brill.

Geraci, R. P.
　　2001　*Window on the East: National and Imperial Identities in Late Tsarist Russia.* Ithaca:

Cornell University Press.

Graney, K.

2007   "Making Russia Multicultural: Kazan at Its Millennium and Beyond", *Problems of Post-Communism.* 54 (6) :17-27.

Kefeli, A. N.

2014   *Becoming Muslim in Imperial Russia: Conversion, Apostasy, and Literacy.* Ithaca and London: Cornell University Press.

Kehl-Bodrogi, K.

2006   "Who Owns the Shrine? Competing Meanings and Authorities at a Pilgrimage Site in Khorezm", *Central Asian Survey.* 25 (3) : 235-250.

Kinossian, N.

2008   "The Politics of the City Image: The Ressurection of the Kul-Sharif Mosque in the Kazan Kremlin (1995-2005)", *Architectural Theory Review.* 13 (2) : 188-205.

2012   "Post-Socialist Transition and Remaking the City: Political Construction of Heritage in Tatarstan", *Europe-Asia Studies.* 64 (5) : 879-901.

Meskell, L., Liuzza, C., Bertacchini, E., Saccone, D.

2015   "Multilateralism and UNESCO World Heritage: Decision-Making, states and Political Processes", *International Journal of Heritage Studies.* 21 (5) : 423-440.

Nomination

2012   "Nomination Bolgar Historical and Archaeological Complex for Inscription of the World Heritage List", UNESCO〔http://whc.unesco.org/uploads/nominations/981rev.pdf〕（2018 年 5 月 27 日閲覧）

Plets, G.

2015   "Ethno-nationalism, Asymmetric Federalism and Soviet Perseptions of the Past: (World) Heritage Activism in the Russian Federation", *Journal of Social Archaeology.* 15 (1) : 67-93.

UNESCO

2000   Evaluation of Cultural Properties〔https://www.icomos.org/images/DOCUMENTS/ World_Heritage/Volumes_Evaluation/EN_Volume_d%C3%A9valuation_2000_ COMPLET.pdf〕（2018 年 5 月 27 日閲覧）

Uyama, T.

2002   "From 'Bulgharism' through 'Marrism' to Nationalist Myths: Discourses on the Tatar, the Chuvash and the Bashkir Ethnogenesis", *Acta Slavica Iaponica.* 19 : 163-190.

Yuzeev, A.

2005   "Islam and the Emergence of Tatar National Identity" In J. Johnson, M. Stepaniants and B. Forest (eds.) *Religion and Identity in Modern Russia: The Revival of Orthodoxy and Islam,* pp.91-104. Aldershot: Ashgate.

288 Ⅳ　イデオロギーの介入

〈露語文献〉

Дмитриев, А.

　1888　"Древний Булгар и татарские о нем предания", *Известия Общества археологии, истории и этнографии при Императорском Казанском университете*. т.VII. С.1-16.

Исхаков, Д. М.

　2009　"Джиен Священного Булгара", *Конфессиональный фактор в развитии татар: концептуальные исследования. Казань: Институт истории* АН РТ. С.188-192.

Кузьмин, В. В.

　1989　*История Татарской АССР: учебное пособие для учащихся средней школы*. Казань: Татарское книжное издательство.

Смирнов, К. А.

　1960　*Великие Болгары (Путеводитель по городищу)*. Москва: Издательство Академии наук.

Уразманова, Р. К., Чешко, С. В.

　2001　*Татары*. Москва: Наука.

Уразманова, Р. К.

　2014　*Праздничная культура и культура праздников татар. XIX – нач. XXI вв. Историко-этнографические очерки*. Казань: Ихлас.

Хаким, Р.

　2007　*Тернистный путь к свободе*. Казань: Татарское книжное издательство.

Фехнер, М.

　1978　*Великие Булгары, Казань, Свияжск*. Москва: Искусство.

Якупов, В.

　2009　"Сохранение татаро-мусульманской религиозной идентичности" *Конфессиональный фактор в развитии татар*. Казань: Институт истории им. Ш. Марджани АН РТ. С.55-60.

　2011　*Ислам сегодня*. Казань: Издательство «Иман».

〈日本語文献〉

家島彦一

　2017　『イブン・バットゥータと境域への旅——『大旅行記』をめぐる新研究』名古屋大学出版会。

河合洋尚

　2013　『景観人類学の課題——中国広州における都市環境の表象と再生』風響社。

菊田　悠

　2013　『ウズベキスタンの聖者崇敬——陶器の町とポスト・ソヴィエト時代のイスラーム』風響社。

櫻間瑛

2018 『現代ロシアにおける民族の再生——ポスト・ソ連社会としてのタタルスタン共和国における「クリャシェン」のエスニシティと宗教＝文化活動』三元社。

立石洋子

2011 『国民統合と歴史学——スターリン期ソ連における『国民史』論争』学術出版会。

東京文化財研究所

2013 『平成 25 年度文化庁委託 第 37 回世界遺産委員会審議調査研究事業』［http://www.bunka.go.jp/seisaku/bunkazai/shokai/sekai_isan/pdf/37_sekaiisan_shingi.pdf］（2018年 5 月 28 日閲覧）。

2014 『平成 26 年度文化庁委託 第 38 回世界遺産委員会審議調査研究事業』［http://www.bunka.go.jp/seisaku/bunkazai/shokai/sekai_isan/pdf/38_sekaiisan_shingi.pdf］（2018年 5 月 28 日閲覧）。

ファドラーン、I.

2009 『ヴォルガ・ブルガール旅行記（東洋文庫 789）』家島彦一訳、平凡社。

藤本透子

2016 「イスラームと民族的伝統の布置——社会主義を経たカザフスタンの事例から」佐々木史郎・渡邊日日編『ポスト社会主義以後のスラヴ・ユーラシア世界——比較民族誌的研究』風響社、pp.127-150。

第11章 「中華聖地」と「我々の聖地」に見る
現代中国の政治、宗教、親族
炎帝黄帝陵から祖先墓まで

川口幸大

1 はじめに

　中華文明発祥の地とされる中原地域のほぼ中央に位置しているのが河南省鄭州市である。この鄭州市から南に約 40km のところに、「黄帝故里」と呼ばれる施設がある。黄帝は「中華民族の始祖」とされていて、黄帝故里はその黄帝が暮らしていた場所だというのである。黄帝の像が祀られた建物には「中華聖地」と記されたプレートが掲げられている。また、始皇帝の兵馬俑で有名な西安市の北約 160km には、その黄帝の墓だとされる「黄帝陵」がある。さらに、西安から南東約 1000km の湖南省株州市には「炎帝陵」がある。炎帝は黄帝とともに民族の祖先とされ、「炎黄之孫」、つまり「（我々は）炎帝と黄帝の子孫である」という表現がなされる。

　先ほどから私が「〜とされる」とか「〜だという」といった曖昧な表現をしているのは、炎帝も黄帝も考古学的にはその実在が立証されておらず、ほとんど神話上の存在だからである[1]。そのような実在の不確かな炎帝黄帝を「中華民族の祖先」として称揚し、ゆかりの場所を「中華聖地」として対象化し観光地化することが今日の中国で行われているのだ。ただし、当の中国の人たちが自分たちをどの程度「炎黄の子孫」だと認識しているかは、はなはだ心許ない。私が折に触れて何人かに聞いてみたところ、「ははは、それは伝説だろ」と一笑に付す人から、「そういう言い方は聞いたことはあるけどな……」とやはり懐疑的な人、そして「そうだろ」と断言する人まで幅があったが、前者の方が圧倒的に多いという印象を受ける。よって、黄帝故里や黄帝陵・炎帝陵が「聖地」だとされても、人々にとってそこが即座に聖なる場所として認知されるとは必ずしも限らないのである。

　一方で、「聖地」とは名乗りもしないし、名付けもされないが、人々にとって、大切な場所というのはある。私が 15 年あまり調査をしている広東省広州市の農村部に暮らす人たちにとって、それは間違いなく祖先の墓である。清明節と

いう、日本で言うところのお彼岸やお盆にあたる墓参りの時期には、家族が、あるいは一族が、多くの供え物と祭具を携えて墓に赴いて祖先祭祀を行う。清明節は2007年から国民の休日とされていて、都市部や香港などに暮らす移住者たちも、この日には帰郷して故郷の墓に向かうのである。

　さて、広東のとある村の一家族の祖先から中華民族の始祖までは、空間的にも、時間的にも、そしてつながっているとすれば系譜的にも、相当に隔たった話のように聞こえるかもしれない。しかし、系譜をたどって祖先を同定し、その祖先を祀り祭祀を行うという点で言えば、広東の村人の祖先祭祀と中原の炎黄陵の聖地化および祭祀は、実は連続性の上に捉えることのできる出来事なのである。そもそも祖先を祭祀するという行為は、王朝期に長らく国家のイデオロギー的支柱であった儒教のエッセンス「孝」をベースにしている。儒教のロジックでは親と祖先への「孝」が君主への「忠」へと伸張されるから、孝の実践である祖先祭祀は統治者にとって極めて都合のよい臣民馴化のツールを提供するところであった。19世紀末から中国の近代化を目指して奮闘する知識人たちは儒教を批判し、革命を成し遂げた毛沢東に至っては儒教に徹底的な排撃を加えて共産主義のイデオロギーと実践をそれに代えようとした。しかし、まさにこの儒教と祖先祭祀への批判こそは、中国の社会構造においてそれがいかに重要な位置づけにあるかの裏返しであった。現に1990年代から共産党政府は一転して儒教と祖先祭祀の批判は止め、上述した清明節の祝日化や2000年代から顕著な儒教の称揚など、むしろ国家の主導で儒教と祖先祭祀を整序し、人民馴化に動員しようとしている。今日の炎帝陵・黄帝陵の聖地化から広東の村の祖先祭祀までに至る、系譜をたどり祖先を祀るという営為は、こうした政治的文脈の中で理解する必要がある。

　さらに、そこには観光地開発や人々の移動という経済的な要素も大いに絡んでいる。後述するように、炎帝・黄帝の施設はいずれも広大な敷地に突貫的な工程で整備されたことがうかがえるものだし、巨大な像や便乗的な商業施設など、中国の観光地で見慣れた要素で満ちている。一方の広東の村の人々も家族規模の祖先祭祀に止まらず、村を開いたとされる一族の祖先、さらにその出身地の祖先、そして移住伝承の地というように、より上位の系譜を遡及して祭祀に参画しよういう意図を見ることができる。それは当然のごとく移動と消費を伴い、あたかも聖地巡礼のごとくである。ただし注意が必要なのは、中国において、そもそも聖という字は祈祷して祈り、耳を澄ませて神の応答するところ、啓示するところを聞くことを示すもので、それができる人を聖と言ったから［白

11　「中華聖地」と「我々の聖地」に見る現代中国の政治、宗教、親族　293

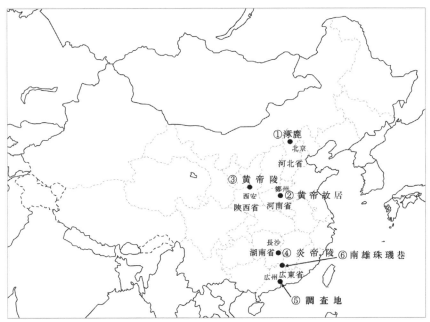

地図1　「聖地」の配置図

川 1984]、本章で言うような聖地は明らかに近年普及した用法である。かつ、中華民族という語も、近代のネイション・ステイト建設の過程で創出されたものである。つまり、「中華民族の聖地」からは、西欧キリスト教圏の影響を受けつつも、明らかにそれとは異なるかたちで絡みあった宗教と政治の近現代的状況が見て取れるわけだ。

　本章ではこうした点を鑑みつつ、炎帝・黄帝をめぐる施設の聖地化から村の人々が行う祖先祭祀までをスペクトラムとして捉え、あるいはその距離を測ることで、現代中国における聖地の政治経済学を試みたい。それによって、政治、宗教、親族が今日の中国社会でいかなる関係にあるのか、その一端を示すこともできるだろう。

2　「中華聖地」としての炎帝黄帝陵

炎帝・黄帝の誕生
　中国において文字で様々なことが記録され始めたのは、歴史の始まりと同じ

294 Ⅳ　イデオロギーの介入

くらい古い。いや、文字が使われたときに中国の歴史が始まったと言う方が正しいかもしれない。過去を遡ることに価値が置かれるのは、文字と歴史のこの不可分な来歴による。有名な司馬遷の『史記』は前漢代の紀元前97年ごろに書かれた歴史書であり、中国における最初の「正史」、すなわち国家の名の下に編纂された公式の歴史である。

　少し細かく見ると、『史記』は全12巻から成っていて、執筆当時の漢王朝の武帝について書かれた『考武本紀』が12巻目で、巻が若くなるほど古い時代の記述になる。すなわち、11巻「孝景本紀」（景帝）、10巻「孝文本紀」（文帝）……8巻「高祖本紀」（劉邦）と前漢の各皇帝について記述され、続いて6巻「秦始皇本紀」、4巻「周本紀」、3巻「殷本紀」、2巻「夏本紀」と歴代の王朝を遡り、そして1巻「五帝本紀」に至る。この「五帝本紀」には、文字通り5人の皇帝のことが記されている。その5人とは、古い時代順に、黄帝、顓頊、帝嚳、堯、舜である。つまり、黄帝は、司馬遷の『史記』において最初の皇帝として登場するのである。

　この『史記』の「五帝本紀」には、黄帝が涿鹿（たくろく）という地で蚩尤（しゆう）を征伐した功績によって、諸侯から天子に推挙されたと書かれている[2]［『史記　五帝本紀』p. 30］。涿鹿とは北京の北西約120キロ、今の河北省張家口市（地図1の①）にある。蚩尤は神話上では獣身で怪物ふうヒールとして描かれるが、転じて崇拝対象ともなっている。その蚩尤を倒して帝となった黄帝は、死後に橋山に葬られたという［『史記　五帝本紀』p. 34］。この橋山とは今日の陝西省黄陵市（地図1の②）にあり、そこがすなわち冒頭で挙げた黄帝陵である。さらに、『史記』には、黄帝より前の時代は神農氏が天下を治めていたとある［『史記　五帝本紀』p. 30］。『史記』が書かれてからはるか後の唐代（618~907年）に、司馬貞が補筆した「三皇本紀」によれば、この神農が炎帝であるという[3]［『史記 五帝本紀』（「三皇本紀」）』p.22］。中国のテクストは後代の者たちが注釈や改編を加えていくことが珍しくなく、オリジナルの同定が困難な場合が多い。しかし、いずれにしても、これら歴史書、特に正史やそれに範を取った後の文献によって、炎帝・黄帝の存在が定着していったものと思われる。

〈近代における黄帝の「再発見」と漢族ナショナリズム〉

　ただし、このようにほとんど神話・伝説上の炎帝・黄帝に対して、「我々の祖先である」という言い方が広められるのは、中国の知識人たちが近代ナショナリズムと接触して以降のことである。19世紀なかばのアヘン戦争の敗北に

像之帝黄祖始族民國中

図1 『江蘇』（1903 年に東京で刊行）の口絵に載せられた黄帝の肖像画
「中国民族始祖黄帝之像」と記されている　出典は羅［1968］による影印版

よる、いわゆるウエスタン・インパクトは、知識人たちに近代化を希求させた。
さらに、日清戦争の敗北は大きな屈辱であると同時に強い衝撃であり、多くの
若者を日本に向かわせることになった。そこで留学生たちが目にしたのは、単
一民族として団結し（ているように彼らには思えた）、アジアでいち早く近代化を
成し遂げた日本であった。1903 年に革命派の留学生たちは、東京で刊行した
中国語月刊誌『江蘇』において、黄帝を図像化して自分たち民族のルーツを求
めた［石川 2002］。「排満革命」、すなわち清朝の支配者である満州族を倒して
革命を起こし、漢民族による国民国家樹立のため、黄帝を自らのルーツとアイ
デンティティのよりどころに結束しようとしたのである。図1に挙げた黄帝の
肖像は以後、様々な出版物上にあふれるが、興味深いのはこれが当時の日本に
氾濫していた明治天皇の「御真影」に範をとっていることである［石川 2002:
7］。やはり日本に亡命していたアナキスト革命家である劉師培は、「黄帝は日
本の神武天皇のようなもの」、「日本に範をとる」とまで言っている［坂元 2004:
63］。祖先としての黄帝の「発見」とナショナリズムへのその動員は、留日エリー
トたちの日本での経験が大きく影響しているのである。
　その後、辛亥革命によって清王朝は倒され、1912 年に中華民国が建国された。
しかし、中華民国は清朝の版図をほぼそのまま引き継ぎ、漢族以外の民族が住
む地域も国土に含んだから、漢族ナショナリズムは封印せざるをえなくなった。
初代大統領の孫文は「中華民国臨時約法」において、「「アメリカ民族」を参照
して、「漢族を中心とし」、満州・蒙古・回・チベットを「同化」させて「中華

296 Ⅳ　イデオロギーの介入

民族」とし、大民族主義国家をつくりあげるべき」と五族共和を訴えたし、国民党の幹部で後に共産党設立の立役者となる李大釗もまた「およそ中華民国に属する人はみな新中華民族なのだ」と言っている［坂元 2004: 200-201］。ここに、中国に暮らす様々な民族、および中国にルーツを持つ各地のチャイニーズまでを含めた「中華民族」が政治上の重要な概念として浮上したのである。

〈炎帝黄帝の再発見と関連施設の聖地化〉

　1949 年に中華人民共和国が建国されると、共産党政府は社会主義体制の確立に邁進するようになり、儒教や祖先祭祀を徹底的に批判したため、炎帝・黄帝は一時期ほど顧みられることはなくなった。それが一転するのは、党政府が事実上、社会主義を棚上げにして経済改革へと国策を転換した 1978 年の改革開放以降である。多民族を抱える国家としての団結、海外のチャイニーズとの連携、中国文化の価値の称揚といった新たな課題に直面した共産党政府は、そのコンテンツの一つとして炎帝・黄帝に着目したのだ。

　その契機となったのが、中華炎黄文化研究会の設立である。1991 年 5 月 10 日、北京の人民大会堂において、全人代副委員長の周谷城を会長、党中央顧問委員会副主任の薄一波を名誉会長に、多数の党政府要人の出席のもと、中華炎黄文化研究会発足が宣言された［中華炎黄文化研究会ホームページ a］。さしずめ日本で言えば、国会議事堂において政府と与党幹部が中心となって行われたイベント、というほど重大なものだったと考えればよい。2011 年第 4 回会員大会で承認されたその新たな会則には次のようにある。「……国内外の炎黄の子孫と広く連携を取って団結し、中華の優秀な文化を発展させ、民族精神を奮い立たせ、中華文化と世界各民族の文化の交流、相互理解と発展を促進し、国家の近代化を進め、祖国の平和的統一、中華民族の偉大な復興と世界平和と発展のために貢献する（第三条）」［中華炎黄文化研究会ホームページ b］。いかにも中国らしいスローガンに彩られた文言だが、「国内外の炎黄の子孫（炎黄之孫）」という表現がはっきりとなされているし、近年の中国政府のアジェンダである「中華民族の偉大な復興」と「祖国統一」が謳われている。この「中華民族」には人類学者の費孝通による「中華民族」「多元一体」論からの影響が伺われるし、実際に費は中華炎黄文化研究会の新会長に就任して「炎黄文化とは、すなわち炎帝・黄帝を象徴とする、多元一体の中華文化である」と断言している［吉開 2106: 40-41］。

　このように党幹部や学術界の重鎮を中心に中華炎黄文化研究会が発足して以

降、炎帝・黄帝に関連する施設の整備が次々と行われていくことになる。冒頭で挙げた黄帝故里、黄帝陵、炎帝陵こそはまさにその代表である。以下に見ていこう。

〈黄帝故里〉
　黄帝故里の由来は、施設内の解説によると、西晋代279年に墓中から発見されたとされる『竹書紀年』に、「（黄帝）居有熊」という記載があるのが有力な根拠になっているようである。また、漢代の文献に「軒轅（黄帝の名）故里祠」が建てられたという記録がある。その後の2000年間に何度か修築されたり、新しく碑が建てられたりしてきたが、大々的に整備されたのは2002年からであり、今では7万㎡という巨大な施設になっている。位置は地図1の②である。
　では施設を見てゆこう。施設の入り口前方は「中華姓氏広場」である。たくさんの姓を記した石碑が展示されている。碑文によると、「現代の我が国の3000の姓を刻み、95.8%の中国人の祖先の姓にあたる」ということである。また、大木の葉の一枚一枚には姓が、木の幹には「黄帝」と書かれた図像が置かれている。まさに、中華民族という大樹の根幹は黄帝であるというメッセージである。
　施設を入ってしばらく行くと、一般的な人の大きさほどの黄帝の像が祀られている。その建物には、冒頭で記した「中華聖地」と書かれたプレートが掲げられている。他の揮毫にあるような日付はないが、その見た目の新しさから、過去数年のうちに作成されたものだと推測できる。さらに中へと進むと広場に出て、その先には先ほどとは対照的に5メートルほどの巨大な黄帝像がある。白い大理石の台に座るその像は、やはり新しく作られたものであることがうかがわれる。その先を進んで再び屋内に入ると、2006年から2009年に黄帝のために行われた大規模な祭典を紹介するパネルが展示されている。そこには、例えば「盛世中華　和偕社会」など、当時の国家主席である胡錦濤のアジェンダである「和偕」や、「共建中華精神家園　祈福北京奥運盛会」といった北京オリンピックの成功を祈願するスローガンが繰り返し記されている。
　この同じ建物内には記念品や土産物を売る店舗があり、さらに地下にも土産物屋が軒を連ねている。これらの店の入り口には「中華百家姓氏坊」とか「姓氏文化」と書かれていて、黄帝・炎帝の肖像画や各姓の来歴を記した冊子のほか、数珠や印鑑や刀などあまり関係のなさそうなもの、そしてキャラクター人形といった玩具などの全く関係のないものまでが売られている。また、2007年の工事の際に出土したという漢代の龍の石碑は「祈福聖地」と書かれたプラ

298　Ⅳ　イデオロギーの介入

写真1　黄帝の像と「中華聖地」の文字

スチックのケースに覆われていて、その後ろの壁に掲げられた台紙には幸福を祈るハート型のシールを貼ることができるようになっている。
　地下のほぼ中央にはやはり3mほどの巨大な黄帝の像がある。この黄帝故里には合計3体の黄帝像があるということになり、いずれの像にも拝んでいる人が数人いた。
　また施設内には、「泰国（タイ）劉氏宗親総会拝祖記念碑」や「美国休斯頓（アメリカヒューストン）黄氏宗親会拝祖碑記」など、海外に暮らす中華系の人々の組織がここを訪れて祖先を拝んだことを示すプレートが建てられていた。いずれも2006年以降のものである。なお、この黄帝故里は全国帰国華僑連合会の「愛国主義教育基地」であり、ここで催される黄帝への祭典は国家の非物質文化遺産に認定されている。
　最後に記しておくと、この黄帝故里は、全体として閑散としているわけではないが、著名な観光地ほど賑わっているというわけでもない。黄帝そのものの実在が確証されてはいないとは言え、故里であることを示す何らかの指標が存在しないのだ。その点で、次に見る黄帝陵とは対照的だと言えるかもしれない。

〈黄帝陵〉
　黄帝陵もまた広大な施設である。その敷地は300万㎡を越えるから、先述の黄帝故里よりもはるかに広い。故里と墓とでは全く別物のように思われるかもしれないが、両者は驚くほど似通っている。実際、私もどちらがどちらだったか、フィールドノートと写真を見返さないと判別できないくらいだ。例えば、ここでも姓氏グッズを売る土産物屋が軒を連ねているし、式典を行うための広大な広場もある。その式典の成功と国家要人、例えば江沢民元国家主席や李鵬

11 「中華聖地」と「我々の聖地」に見る現代中国の政治、宗教、親族　299

写真 2　黄帝の墓　郭沫若の筆による石碑後ろの土まんじゅうが墓である

元首相が訪れたことを示すプレートが展示されている。香港とマカオの復帰記念碑といった、いわゆるグレーター・チャイナ統一を期する指標が建てられている。そして「聖地」の語である。「中華民族精神家園　炎黄子孫朝聖地」と、やはり「中華」という表現とセットで用いられている。また、施設の外には、「軒轅（黄帝の名）酒」という酒の広告が数多く掲げられており、それには「民族聖地　美麗龍郷」と書かれてある（龍は皇帝、ひいては中国人の象徴である。中国人は龍の子孫という言い方もある）。

一方で、黄帝故里と明確に異なるのは、この黄帝陵には物証があることだ。それは何と言っても、文字通り陵、つまり墓である。施設前方の新しく整備された広場と回廊を進むと山の裾野に行き着く。そこには、こんもりと土が盛られた、いわゆる土まんじゅう式の墓がある。これが黄帝の墓である（とされている）。その前には「黄帝陵」と書かれた石碑が建てられている。これは 20 世紀前半から半ばにかけて活躍した文人であり政治家であった郭沫若の筆である[4]。墓の他にも、黄帝の「脚印」、すなわち足跡も展示されている。石に刻まれたそれは直径 1m ほどもある巨大なもので、ガラスケースの中に収められている。さらに、巨大な柏の木が植わっていて、その前には、「黄帝手植柏」（黄帝が手ずから植えた）と書かれた石碑が建てられている。冒頭にも記したように、この場所に黄帝が葬られたというのは司馬遷の『史記』に記された官製の史実であるから、このような物証が全面的に押し出されているのだろう。

施設全体としてみても、前述の黄帝故里よりは明らかに多くの人で賑わっている。ツアー客と思しきおそろいの帽子をかぶった一団も見かけた。国家による観光地としての格づけも、黄帝故里は「国家 AAAA 級旅遊景区」つまり、星 4 つの観光地であるのに対して、この黄帝陵は AAAAA と最高級の星 5 つ

300 Ⅳ　イデオロギーの介入

写真3　炎帝像を拝む人々

である。史記に記された墓としての重みが反映されていると言えよう。また黄帝故里と同じく、この黄帝陵も「愛国主義教育示範基地」であり、かつ、ここで催される祭典は国家の非物質文化遺産に認定されている。

〈炎帝陵〉

　黄帝をさらにさかのぼる炎帝の墓であるが、やはり前述の二つの施設と類似している点が多い。すなわち、巨大な敷地に大きな広場を備え、中国統一を祈願する石碑が建てられ、式典の成功と要人の来訪を示す展示がなされ、そして「聖」の文字が記されている（「立国聖祖」と書かれたプレートが掲げられてあった）。

　墓は黄帝陵と同じような土まんじゅう式であり、やはり国家要人、つまり元党主席・総書記である胡耀邦が揮毫している。黄帝故里で見たような、5mほどの巨大な炎帝の像があり、その前に跪いて拝んでいる人々がいる。

　都市部からは距離がありアクセスもよくないが、閑散としているのではないという程度に人はいる。国家の格付けではAAAA、すなわち星4つで、黄帝故里と同等である。やはり前の2施設と同じく、炎帝陵も愛国主義教育基地であり、ここで催される祭典は国家の非物質文化遺産に認定されている。

〈3つの聖地に共通するもの〉

　上に見た黄帝故里、黄帝陵、炎帝陵は、所々で指摘したとおり、驚くほど似通っている。すなわち、いずれも巨大な敷地、プロパガンダと政治的意匠、国家による格付け、そして「聖」という表現から構成されており、その周辺には土産物屋や便乗的な商売など、観光に付随するアクターが集まっている。国家のイニシアティブとイデオロギーが色濃く表れているが、少なくともここに関

わる人々たちの経済的営為とは親和的である。それは、中国社会において系譜
をたどり祖先を祭祀するという行為が他には代替し得ない意味を持っているとい
う事実と無縁ではないだろう。祖先を祀るための場所、それは人々にとって
間違いなく重要で、こう言ってよければ、聖なる場所である。以下に村落のレ
ベルでそれを見てゆこう。

3 我々の聖地——直近の祖先の墓と祖先祭祀

　系譜としての（つながっているとすれば）最上位が前述した民族の始祖だとす
ると、その最も下位に位置するのが自己である。自己から見て直近の祖先への
祭祀は、中国において多くの人が行うべきとされる、いわば義務である。自分
には産んでくれた者、つまり親がおり、その親にもまた産んでくれた者がおり、
今の自分があるのはそうした親と先祖のおかげである。「飲水思源」、すなわち
「水を飲む時はその出るところに思いをはせよ」という中国の諺はこれをよく
表している。祖先を正しく祀ることは儒教の言う「孝」のエッセンスであり、
今日においても、あるいは今日においてこそ、いっそう盛んに人々の行うとこ
ろである。
　墓での祖先祭祀が最も盛大に行われるのは4月初旬の清明節である。由来や
教義は異なるが、日本で言う彼岸やお盆に相当すると考えるとよい。この期間
には、都市部や海外に暮らす者たちも帰郷し、みなで連れだって墓に赴き、祖
先を祭祀するのである。
　ここで私が調査を行っている村落のケースを事例として、具体的な祖先祭祀
を見てみたい。この村は、広東省の省都である広州市の中心部から地下鉄とバ
スで1時間あまりのところに位置している。元々は農村であったが、1980年
代以降は工場や住宅地が次々と建てられ、今では純然たる農業をしている者は
ほぼいない。人々の多くはそうした工場での労働や小規模な商売に従事してお
り、収入は4000元ほどで、全国の農村部の水準から言えば極めて高い。しかし、
物価や不動産価格は上がる一方だし、空気や水が汚くなったと人々はこぼす。
主に内陸部から出稼ぎに来た人々が村に溢れ、地元民とは収入とエスニシティ
面での相違が顕著となっている。経済は発展しつつも、社会的格差や環境汚染
など問題もまた山積し、いわば現代中国の一つの縮図のような村である。
　さて、私の知人たちの祖先祭祀に目を向ける。4月初旬の清明節の期間中、
みなの都合のよい週末に、まずは村のレストランで昼食を取るために集合する。

302　Ⅳ　イデオロギーの介入

たいては存命の最上位世代の兄弟たち、その妻、子と孫らが集う。この人たち
の場合、4人の兄弟とその配偶者、そして子と孫を含めると、合計で30人ほ
どを数える。もちろん兄弟や子どもの数にもよるが、おおよそこれくらいの人
数で墓に向かうケースが多い。一方、祭祀の対象とするのは、祭祀者の最上位
世代から見て4代前までの祖先である。食事はみなでテーブル3つを囲み、に
ぎやかな宴となる。

　食事がすむと墓へ向かう。墓は村周辺の丘の中腹や山中に点在している。墓
に着くと、はじめに最年長者が墓に線香とろうそくを上げ、「拝」つまり、手
を前にあわせて拝む動作をする。次いで他の者たちも同じように線香とろうそ
くを上げて、墓を拝んでいく。墓には食品も供える。そのうち、例えばサトウ
キビは家がまっすぐに伸びて繁栄するように、饅頭は家族が大きく膨らんでい
くようにという意味がある。次いで紙幣を模した祭祀用品の紙銭を燃やす。や
はり紙でできた携帯電話や家の模型を燃やすこともある。いずれもあの世の祖
先に使ってもらうためである。最後に爆竹を鳴らして、悪いものを追い払う。
これで一つの墓での祭祀が終わったことになる。この地域の墓は基本的に個人
墓か夫婦墓だから、祖先の墓は村近くの丘や山に点在している。他の墓でも同
じような手順で祭祀を行っていく。全ての墓での祭祀を終えると夕方近くにな
る。ほぼ半日かかるわけである。この時に祀られる対象は比較的最近に亡くなっ
た者も少なくないから、祀る者たちが墓前で生前の思い出を語ったりすること
もある。彼らにとってまさに身近で大切な場所である様子が伝わってくる。

　この一家の系譜を確認すると、祭祀に参加すべき者たち、つまりこの4人の
兄弟の配偶者および子と孫たちはほぼ全て祭祀に参加していた。それどころか、
かつては婚出した女性たちは生家の祭祀には参加しないのが普通であったが、
この家族のケースも含め、最近では若い世代の既婚女性たちの姿も見られるよ
うになり、祭祀者の範囲はむしろ広まっている。家族のレベルの祖先祭祀は近
年ますます盛んになっていると言ってよい。

4　一族の聖地——宗族の祖先墓と祭祀

　こうした家族による祭祀の他にも祖先祭祀は行われる。例えば、村の開祖以
下、系譜上位の祖先に対する祭祀である。この村の人々の大半は陳姓で、彼ら
の祖先は12世紀に村にやって来たとされている。今、村で暮す人たちはその
祖先から数えて主に26代から28代目にあたる。かつて1949年以前は、一族

11 「中華聖地」と「我々の聖地」に見る現代中国の政治、宗教、親族　303

写真4　一家での祖先祭祀の様子

で共有財を運営し、系譜を記した族譜を編纂するという、いわゆる宗族組織を構成していた。1949年以降、財産は公有化され、族譜も編纂されていないが、共産党政府の統制が緩んだ20年ほど前から一族での祖先祭祀を再開している。村の陳氏のメンバーは総勢5000人あまりで、かつこの村からさらに枝分かれしていった村の人々を加えると7000人ほどの宗族になるが、祭祀に参加するのは主に年配者100人弱である。その理由は、祭祀が平日の午前中に行われるために仕事や学校がある者たちは参加が難しいこと、また先ほどの直近の祖先と比べると、1000年も前の祖先は親近感に欠けるという点が挙げられる。よって実際に祭祀に参加するのは、業務の一貫として関わる村の幹部、祭祀用品の準備等を依頼された年輩の女性たち、そして時間的な余裕と関心のある者——大半は年配の男性——にほぼ限られている。

　祭祀の内容は、供え物の食品、および線香、爆竹、紙銭等の祭祀用品が質量ともにスケールアップする以外に、具体的な手順に違いはない。祭祀の後は参加した者たちが村のレストランで食事をし、夜には「敬老」の集いと銘打った食事会がやはりレストランで開かれる。

　同じ清明節の祖先祭祀であっても、参加すべき者がほぼ全て参加していた家族レベルの祭祀と比べると、人々の関わり方が見劣りするのは否めない。父や母、あるいは祖父や祖父母として生前を知る具体的な存在としての近しい祖先とは対照的に、1000年前の祖先はやはり心理的にも存在的にも大きな隔たりがある。ただし、これら祖先たちは系譜の上で明確にたどれる存在であるし、毎年の祭祀には少なからぬ人々が参加しているという点も見過ごすべきではないだろう。家族の祖先墓よりは身近さに欠けるが、やはりそこは一族にとっての重要な場所なのである。

5　一族の祖先の聖地——上位宗族の墓と祖先祭祀

歴史の長きにわたって個の発生は男女の結合によるものであったから、原理的には系譜は際限なくさかのぼることができるはずである。しかし、たいていそうはならない。私自身は4代前、すなわち曾祖父以前の系譜については知り得ていない。一方、この村の人たちの系譜の上限は5世紀に北方から今の広州南部にやって来た高名な将軍であり、彼から数えると今生きている人たちは65代から68代目となる。それが純然たる事実であるかどうかはやや次元を異にする問題であるが、少なくとも彼らは族譜という文書によってその系譜をたどることができ、かつ県志や鎮村志といった官製の文書にもそれが事実として記されている。つまり、彼らにとっては5世紀の祖先との系譜的なつながりは間違いなく事実なのである。そして清明節の期間中には、私の調査地の陳氏の人々を含め、この人物をいわば祖先の祖先とする人々が周辺の各地からやって来て祖先祭祀を行うのである。

調査地の村の人々は大型バスをチャーターして祭祀に向かう。距離にして約15 km、20分ほどの行程である。自家用車で行く人もいる。墓は多くの人でごった返している。正確な数を数えることはとてもできないが、ピーク時には1000人ほどが集まっていた。周囲には線香の煙がもうもうと立ちこめ、爆竹の轟音が鳴り響く。千数百年前の祖先だから、当然身近さは薄れるが、逆に聖性の雰囲気は強まっていると見ていいように思う。また墓は村からある程度距離があり、そこに供物や祭具を携えて向かう様子は、さながら聖地巡礼のようだと言えなくもない。自らの系譜を確実にたどれる上限の祖先の墓は、その子孫たちにとってかなりの程度特別な場所である。

6　宗族の聖地——南雄珠璣巷と宗親会 (クラン) レベルの祠堂

この地域、すなわち広東省のほぼ中央、珠江デルタと呼ばれる一帯の人々の多くは、自らのルーツをある移住伝説に重ねる。それは広東省北部に位置する南雄珠璣巷からの移住伝説である。そのおおよその概要とは次のようなものだ。南宋代（1127-1281年）に王宮から宮妃が珠璣巷に逃亡してきた。珠璣巷の住民は彼女をかくまったが、それに怒った皇帝が軍隊を差し向けた。住民たちはその難から逃れようと、県に赴き正式な移住許可を受けて広東省各地へ離散し、

11 「中華聖地」と「我々の聖地」に見る現代中国の政治、宗教、親族　305

写真5　線香を上げる人でごった返す祖先の墓前

移住先でも県に報じて戸冊を作ったのち定住するようになった［牧野 1985: 255-256］。多くの宗族の族譜には、自らの祖先が南雄珠璣巷から、あるいはそこを経て今の村に至ったということが記されている。この移住伝説に自らのルーツを重ねることで、いわば出自の由緒正しさ、すなわち祖先が広東北部にルーツを持つ漢人であること、南雄珠璣巷から当地への移住が公的な許可を受けたものであったということ、およびその時期が南宋代であったということが証明されるのである。それによって、現住地に住む権利と資源を利用する権利が確証されたのだ。この地域において、一族の来歴とそれを記した族譜は極めて重要な意味を持っているのである。

さて、この移住伝記の地である南雄珠璣巷は1990年代から観光地としての開発が進められ、区切られた敷地内には宮妃を祀った記念館と各姓の祠堂が相次いで建てられた。鄧氏、羅氏、梁氏、鐘氏、林氏、周氏、黄氏、そして陳氏など各姓の祠堂が並ぶ。ゆくゆくは珠璣巷にいた33姓すべての祠堂が立てられる予定だという［瀬川 2004: 203］。各祠堂には祖先の位牌が祀られ、寄付者の写真や名前を記した碑、一族の歴史や著名人を紹介したパネルが掲げられ、そして族譜が陳列されている。例えば陳氏の祠堂に入ると、「陳姓ですか？」とたずねられる。もしもそうだと答えると、寄付をするように促される。条件はそれぞれの姓によって違うが、例えば日本円で100万円を超えるような大口の寄付をした場合は写真付で祠堂内に名前を刻まれ、数万円なら名前のみが掲示され、数千円程度なら族譜が進呈されるといった仕組みである。土産物屋もいくつかあり、多くは各姓の歴史を記した書物を売っている。眺めていると、「何姓ですか？ほら、ほら、この姓もありますよ」と購入を勧められる。

このように、珠璣巷はまさに「姓氏のテーマパーク」である。それを成り立

たせているのは、出自をたどり、同じ姓の者どうしが（もちろん濃淡はあれ）互いを同類と見なし、祠堂を建てて祖先の位牌を祀るという、中国の人々の発想と営為である。そこに観光地化による経済的利潤をもくろむ地元政府の思惑や、姓氏文化を政治的なコンテンツとして利用しようという中央の方針が乗っかかり、「姓氏のテーマパーク」というかたちで具現化を見たのである。中国語で言う「尋根」、すなわち、自らのルーツをたずねるという様式化した行いと、政治と経済が手を組んだということだ。

　ただ、私が最後に訪れた2014年の8月には、敷地内は閑散としていて、かつてほどの賑わいはなかった。珠璣巷を経て各地に至ったとされる人々は珠江デルタ地域には確かに多いが、全てではないし、全国的に見ればごく限られた数に過ぎない。実は私の調査地の陳氏の人たちも、先述の通り北方出身の将軍を祖先としているから、珠璣巷経由には該当しない（それでも、珠璣巷を訪れたという人は、私の知る限りでも何人かはいる）。こうしたことを加味すると、清明節などの特定の節日以外にこの施設が人であふれかえるという光景は想像しづらいと言わざるをえない。

　一方、実際に珠璣巷出自の祖先を持つ人たちにとって、確かにここは一族の来歴と、出自を同じくするあまたの人々とのつながりに思いをはせることができる場所ではある。ただし、「暮らしていたが難を逃れて離れた」という珠璣巷伝説のエピソードは、この場所に葬られているとか、ここで秘蹟を起こしたといった理由づけに比べて、聖性に欠けるのは否めないだろう。また、12、3世紀という、長い中国史で言えば中盤を越えたほどの時代背景は、炎帝・黄帝のいう数千年前の民族の始祖に比べると時間の重みにも欠けているが、それでいて実際に存在を知る直近の祖先や確実に系譜をたどることのできる村の開祖ほどの親密性もないという、いかにも中途半端な位置にある。ただし、現代の中国において、このような姓氏をテーマにした施設が作られ、そこにある程度の人が訪れているという事実の持つ意味は今一度、強調しておいてよいであろう。

7　私の祖先から民族の始祖まで

　ここで今までの記述を整理するという意味でも、身近な祖先から民族の始祖までの関係を図1に示してみた。特定の対象の正確なありようではなくて、あくまで理念的なモデルだということを断っておく。まず、①は個々の人々と近

11 「中華聖地」と「我々の聖地」に見る現代中国の政治、宗教、親族　307

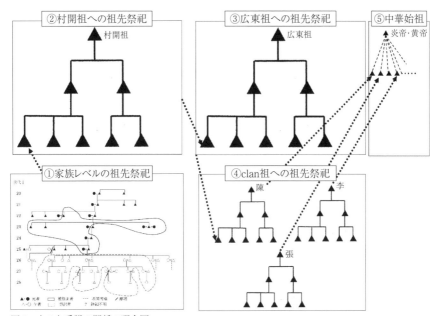

図2　人々と系譜の関係の理念図

い祖先との関係である。清明節に人々は家族で連れだって4代くらい前までの祖先の墓に参る。

　次に、②はそうした人々がいくつか集まって村レベルの宗族を構成していることを示したものである。上に記した通り、参加率は家族レベルの祭祀に及ばないが、人々は清明節に村の系譜上位の祖先に対しても祭祀を行っている。直近の祖先ほどの親密性はないものの、系譜を確実にたどれる村の祖先であるから、「我々の祖先」と表されうる対象である。

　こうした村レベルの宗族が複数集まって祭祀を行う対象が③である。人類学用語で言うと、上位リニージ（high-order lineage）に相当しよう。上に言及した陳氏の場合、5世紀に北方からやって来たとされる将軍を、系譜の上で確実にたどりうる最上位の祖先としている。現存の人々とは系譜上かなり隔たっており、村からも距離があるので、参加者は多くないが、逆にそこに聖地巡礼の趣があると言えなくもない。ただし当人たちがここを聖地と形容することはない。

　④は、そうした上位リニージレベルの祖先の故地とされる南雄珠璣巷の理念図である。各姓の祠堂が建てられ、祖先がこの地に由来する（と認識する）人々が各地からやってくる。祖先の位牌は祀られているが、墓はない。自身のルー

308 IV　イデオロギーの介入

ツを尋ねる人々を当て込んだ観光地であり、寄付の誘いや土産物屋のセールスなど、経済的な要素が強い。人類学の用語で言うと、クランのつながりに相当しよう。

　そして、これら各姓を枝葉とするなら、あたかも木の幹のごときその大元が中華民族の始祖・炎帝と黄帝だ。⑤に示したように、各姓が中華民族を構成し、その始原が炎帝・黄帝なのである。炎帝陵・黄帝陵・黄帝故里といった関連施設でははっきりと「聖地」あるいは「聖」概念が打ち出されており、かつ大中国の統一が明示されている。さらに、姓氏グッズや酒等の関連商品から、どこにでもある土産物にいたるまで、かなり露骨な便乗商法が見て取れる。数千年という時間的なスケール、施設の規模、政府による政策的あるいは経済的なコミットメントは、その他に比して格段に大きい。一方で、「炎黄子孫」という言い方は人口に膾炙してはいても、これら施設の認知度は、少なくとも現在のところ、それほど高いとは言えない。我々が「聖地」と聞いてイメージする感覚が、もし「中国人なら一度は行ってみたい」というものであるならば、それは未だ多くの人に共有されるものとはなっていないだろう。同時に、人々にとって最も近い祖先と最も遠い民族の始原が理念の上ではつなぎ合わせられ、祖先祭祀という同じ行為によって思念されうるという点は強調しておきたい。村の人々による祖先祭祀が盛んな状況は、国家による清明節の公認および祝日化と無関係ではない。人々は特に意識していないにせよ、自らの祖先を祭祀するという行為は国家の政策と親和的をもって取り結ばれているのである。

8　おわりに

　本章で取り上げた聖地の特徴は、なんと言ってもそれが中国社会における親族についての理念と営為に基づいていることであろう。すなわち、系譜をたどり、祖先を同定して祭祀するという、中国の人々の間に定着したいとなみである。もちろん、太古の昔からそうであったわけではなく、祖先祭祀は歴史的な経緯の中で形作られてきたものであり、20世紀に政府による弾圧期間も経て、むしろ今日こそ最も活発に行われていると言ってもよいくらいである[5]。そこには経済発展、大中国の統合、独自の文化の確立等を迫られた政府の思惑と、系譜をたどり祖先を祭祀するという人々の意思と行為がまさに接合した様を見ることができる。できれば宗教にはコミットしたくない政府にとって、歴史や文化や道徳の語で代替可能な祖先への祭祀は極めて使い勝手のよいツールであ

る。聖地という語もまた、ロシアやインドとは対照的に、いわゆる制度的な宗教性を付帯させずに使用できる点も中国的な特色であろう。

　問題として残るのが聖性である。身近な祖先の墓が人々にとって大切な場所であるのは間違いない。また親近感は薄れていくものの、系譜をさかのぼっていけばいくほど、自らのルーツの重みを感じ、その祖先の墓なり故地なりを大切に思う人もいるだろう。しかし、冒頭で記した通り、中国においては元来、「聖」とは神の声を聞ける人を指す語であって、特定の場所と結んで「聖地」といった熟語をなすべき語ではない。よって「聖地」は明らかに近年定着した外来の用法であるし、かつ彼の地の意味での聖性が中国での、いわば親族ゆかりの場所に顕れうるかという二重のねじれを想定しつつこの主題に向き合う必要がある。現代中国の聖地を見る時、我々は有史以来の中国の特色と共に、近代以降に西側の世界の価値観を否応なく受容せざるを得なかった複雑さにも直面せざるをえないのである。

注
1)　実際に、白川静の『中国の神話』[白川 2003 (1975)]、袁珂の『中国の神話伝説（上）』[袁 1993] において炎帝と黄帝が扱われている。
2)　以下、『史記　五帝本紀』は吉田 [1973] による注訳本を参照した。
3)　この部分は、前掲の吉田による『五帝本紀』[吉田 1973] の冒頭に収録されている『三皇本紀』によった。
4)　なお、郭沫若も第六高等学校から九大医学部に進み、さらに後の亡命期には千葉の市川に居を構えるなど、留日経験がある。
5)　特にこの地域おける祖先祭祀と親族組織についての歴史的展開は川口 [2013] を参照されたい。

引用文献
石川禎浩
　　2002　「20 世紀初頭中国における〝黄帝〟熱——排満・肖像・西方起源説」『二十世紀研究』3: 1-22。
川口幸大
　　2013　『東南中国における伝統のポリティクス——珠江デルタ村落社会の死者儀礼・神祇祭祀・宗族組織』風響社。
羅家倫主編
　　1968 (1903)　『江蘇』中國國民黨中央委員會黨史史料編纂委員會。

310　Ⅳ　イデオロギーの介入

牧野　巽
　　1985　『牧野巽著作集　第 5 巻　中国の移住伝説　広東原住民族考』御茶の水書房。
坂元ひろ子
　　2004　『中国民族主義の神話——人種・身体・ジェンダー』岩波書店。
瀬川昌久
　　2004　『中国社会の人類学——親族・家族からの展望』世界思想社。
白川静
　　1984　『字統』平凡社。
　　2003 (1975)　『中国の神話』中央公論社。
吉田賢抗
　　1973　『史記 1　五帝本紀［司馬遷撰］』明治書院。
吉開将人
　　2016　「「涿鹿」の歴史は誰のものか——「炎黄」顕彰問題と二十世紀末中国民族主義
　　　　　の諸相」『北海道大学文学研究科紀要』150: 1-75。
袁　珂
　　1993　『中国の神話伝説（上）』鈴木博訳、青土社。

ウェブサイト
　　中華炎黄文化研究会ホームページ a
　　http://yanhuangwang.org.cn/benhuigaikuang/fazhanlicheng/（2017 年 3 月 10 日閲覧）
　　中華炎黄文化研究会ホームページ b
　　http://yanhuangwang.org.cn/benhuigaikuang/benhuizhangcheng/（2017 年 3 月 10 日閲覧）

311

第12章　インド・ヒンドゥー聖地の
　　　　　複数化する宗教資源とその正当性

松尾瑞穂

1　はじめに

　ある土地が聖地として成立するための条件とは何だろうか。また、その背景には、いかなる社会的、歴史的要因が働いているのだろうか。本章は、西インド・マハーラーシュトラ州のヒンドゥー聖地のひとつであるトランバケーシュワルを事例として、その土地を聖地たらしめている宗教資源の複数性と、そうした資源の正当性をめぐって、近年の社会変化のなかで生じているせめぎあいについて論じるものである。

　インドには、ワーラーナシー（バラナシ）をはじめとして、多数の聖地とされる場所が存在し、それらの多くは川や山といった自然の景観と深く結びついている。代表的なものに、ヒマーラヤに源流をもつガンジス川がある。ヒンドゥー教ではガンジス川そのものが女神として崇拝されているとともに、ヒマーラヤに鎮座するシヴァ神の力がこの川に流れ込んでいるとされ、この川が流れる土地は聖性を帯びているとみなされる。また、ガンジス川に限らず、インドでは川の交差地、川岸、河口といった水にまつわる場所は、「交差路」を意味すると同時に、あの世とこの世をつなぐ中継地を指す「ティールタ tirta」と呼ばれ、古くから特別な意味が付与されてきた［Fuller 1992: 207］。複数の資料に登場するヒンドゥー聖地について地理学的に分析したスリンダール・バラドワージによれば、インド全土に点在する 142 の聖地のうち、59.2％が川や河口などの水に関連する場所に位置するという［Bhardwaj 1973: 87］。

　このように、インド社会にはある特定の土地や景観に聖性を見いだす文化的心象があり、それが聖地の条件のひとつとなっているといえるだろう。さらにいえば、ヒンドゥー教において川はもっとも浄性が高いとされているため、遺灰を流す、祭礼の後に神像を流す、さらにはケガレを浄化するなど、物理的にもヒンドゥー教徒の宗教生活にとって川は必要不可欠である［Feldhaus 2003］。したがって、インドには何百、何千もの聖地（＝ティールタ）が存在する［Jacobsen

312　Ⅳ　イデオロギーの介入

2013]。

　だが、水辺であればどこでも無条件に聖地となるというわけではない。聖なる地理（sacred geography）は、自然と人間が作り出した象徴や特別な意味が付与された景観指標の組み合わせからなり、この象徴は多様な方法で具現化される。たとえば、ビハール州のガヤーは聖なる景観、聖なる儀礼、聖なる専門家（バラモン司祭）の 3 つが組みあわさって聖地を構成しているとされる［Gesler and Pierce 2000: 222］。また、グジャラート州のパーヴァガドゥ山に位置するカーリカマーター寺院は、女神の具現としての聖なる景観、起源神話、そして多数の寺院や聖なる場所をめぐりつつ山頂の女神寺院へたどり着くという巡礼経験が、聖地としての文化的景観を作り上げているとされる［Sinha 2006］。聖地の生成には、複数の宗教的資源が必要とされるのである。

　このように複数の宗教資源が組み合わさって聖地という空間が作り上げられる際に、しばしば問題となるのが、資源をめぐる競合である。誰が、どのように資源を操作し、それにアクセスするのかによって、聖地の容貌は大きく変化する。聖地という空間は決して一枚岩的なものではなく、多様なアクターたちの思惑が交錯する場でもある。

　これまで、観光研究ではツーリストにとって見るに値する価値を持つものとして、ある文化や現象の本物らしさ、すなわち真正性（authenticity）が重要となるということが論じられてきたが、近年では宗教とのかかわりにおいても、宗教体験の真正性が問われる事態となっている［山中 2012］。近代において宗教の私事化が進み、巡礼者とツーリストの線引きが困難となるなか、巡礼者／ツーリストは、聖性の真正性を求めるようになっているというのである。巡礼者／ツーリストは、より真正性の高い聖体験を求めて聖地を訪れるが、しばしば聖地は観光化や世界遺産化などのプロセスを経ており、これまでの共同体に埋め込まれた信仰形態とは異なっていることがある。また、本物らしさという真正性が追及されるあまり、むしろ、ローカルな社会で長らく存在してきた宗教的実践が、巡礼者や外部者によって否定的に捉えられるということも起こりえる［岡本 2012］。このように、特に巡礼者／ツーリストという外部の訪問者によって、聖地の真正性が問題となるのである。

　だが、聖地で問題となるのは、真正性だけではない。本章で取り上げる正当性（legitimacy）は、本物らしさを問題とする真正性とは異なり、教義や神話、儀礼の実践、さまざまな権益をめぐって複数のアクターによる競合が存在するなかで、何が正当性を獲得するかという社会的決定の問題に関わっている[1]。

いずれも「本物」だとみなされる複数の宗教資源のなかで、社会的に容認される正しさは、時代によっても異なっている。正当性は正統性（orthodoxy）と完全に区別できるわけではないが、ここでは、教会などの宗教的な権威や国家による正しさの決定としての正統性ではなく、社会的な妥当性の次元を正当性としてとらえ、聖地をめぐるポリティクスについて論じていく。その際、聖地を構成する内部社会での正当性をめぐる議論と、外部社会が介入するなかで出てきた正当性をめぐる議論の二つの次元を取り上げて検討していきたい。

2　聖地の宗教資源

　これまでヒンドゥー教の聖地については、巡礼や司祭集団に関する民族誌的な研究が数多くなされてきた。代表的なものとしては、北インド・アヨーディヤの聖地導師（パンダ）について論じたピーター・ファン・デル・フェール［van der Veer 1988］や、ワーラーナシーの巡礼と葬送儀礼に関するジョナサン・パリーの研究［Parry 1995］、南インド・マドゥライのミーナクシ寺院の司祭についてのクリス・フラー［Fuller 1984］の民族誌がある。いずれの聖地でも、主役となるのは各地から訪れる巡礼者と、彼らを受け入れる宗教職能者としての在地のバラモン司祭たちであり、それは、本章の舞台となるトランバケーシュワルにおいても同様である。

　トランバケーシュワルは、マハーラーシュトラ州ナーシク郡の最西部に位置する、人口1万2056人、2266世帯からなる小さな町である[2]［GOI 2011］。町は宗教にかかわる広義の「宗教産業」に依存しており、多くのヒンドゥー聖地と同様にいくつもの異なる宗教資源から成り立つ複層的な空間が生み出されている。まず、トランバケーシュワルを聖地として特徴付けているものを以下に示したい。

(1)　シヴァ派の聖地としてのトランバケーシュワル

　トランバケーシュワルの町の中心に建立されている、シヴァ・リンガを本尊として祀るトランバケーシュワル寺院は、インド全土に12ある「輝ける12のシヴァ神像（*jotirlinga*）[3]」のひとつとして全国的に知られている。もともとこの寺院は、町を取り囲むブラフマギリ山の頂きにあったが、13世紀頃に現在の場所へと移転されたという由来を持つ。だが、本尊は他の多くの神像と同様、人造ではなく、その地に自ら現れた神像（スワヤンブ）とされ、巡礼者の篤い

信仰を集めている。現在の寺院は、後述するように18世紀にマラーター王国の第3代宰相であったバーラージー・バージー・ラーオの寄進によって建立されたものであり、歴史的に王権との結びつきも強い[4]。

(2) 祖先祭祀の地としてのトランバケーシュワル

景観からみると、トランバケーシュワルは、ゴーダーヴァリー川とアルナー川が交差する土地（*samgam*）に位置している。西のガンジス川といわれるゴーダーヴァリーは、聖仙ゴータマーが意図せずに牝牛殺しという罪を犯してしまった贖罪として、天からガンジス川をこの地へ持ってきたものだとされており、バラモン殺しや牝牛殺しに象徴される、あらゆる罪を浄化する力を持つとされる［Jacobsen 2013: 154］。

町の中心にあるクシャワルタ・ティールタ（*Kuśavarta-Tirtha*）と呼ばれる沐浴場は、ゴーダーヴァリーの源流が流れ込む、霊験あらたかな沐浴場だと信仰を集めている。ティールタは、この世とあの世の接触地であるため、葬送儀礼や祖先供養（総称してシュラーッダ）を行うのに最適な場所であり、多くの巡礼者が祖先祭祀に訪れる。祖先祭祀で全国的に有名な北インドのアヨーディヤーやワーラーナシーと同様に、トランバケーシュワルにも祖先供養を特権的に行う在地のバラモン集団ティールタ・プローヒタが存在し、同地の支配的集団を形成してきた。彼らは、この地を訪れる巡礼者に対して、沐浴場やブラフマギリ山頂での祖先祭祀や、九曜（グラハ）に関する儀礼を専門に行ってきた。だが、後述するように、1990年代以降、ナラヤン・ナーグ・バリ儀礼という祖先祭祀をベースとする贖罪儀礼が流行したことで、今日ではこの儀礼を執り行うことが、彼ら在地司祭の生業の中心を占めるようになっている。

(3) クンブメーラー（甘露壺の大祭）の舞台としてのトランバケーシュワル

クンブメーラーとは、ハリドワール、アッラーハバード、ナーシク／トランバケーシュワル、ウッジャインの4地域で12年に一度ずつ順に開催される、全国規模の祭礼である。2ヶ月あまりの期間中、インド各地から数百万以上の巡礼者が沐浴のためにやってくる。クンブメーラーの起源は明らかではないが、一般的には不死の飲料である甘露（アムリタ）をめぐる次のような神話に基づいている。かつて、神々が悪魔の力を借りて大海を攪拌し、甘露を手に入れたが、それが入った壺をめぐって悪魔と争いになった際、4滴の甘露が地上に落ちた。それが上述の4地域である。天界の一日は人間界の一年に相当するとさ

れるため、これらの場所で 12 年ごとに沐浴をすれば、甘露の恩恵に益し、罪が浄化されると信じられており、吉祥日にこれらの地域を流れる聖河で沐浴を行うことが特に重要である。

　トランバケーシュワルは、ナーシクとともにこの大祭の舞台であり、ゴーダーヴァリー川での沐浴を求めて、12 年に一度、全国各地から巡礼者が訪れる。直近のクンブメーラーは 2015 年 7 月 14 日から 9 月 25 日にかけて開催され、1000 万人の巡礼者が見込まれた［Indian Express 2015/08/25］。祭礼には州政府、自治体、在地社会などの関与が欠かせないのだが、クンブメーラーの主役は、在地社会ではなく、全国から集まる修行者であるサードゥであり、彼らが所属するナーガー・サードゥなどの教団である。かつて教団は、王権などから広大な寄進地を受け、サードゥたちを戦闘員とするなかば自治組織として存在していた [5]。今日では、戦闘行為は影をひそめるが、依然として各教団は広大な土地と宿泊施設を各地に所有しており、トランバケーシュワルでも、町内の最大の土地所有者は教団だとされている。

(4) 贖罪の地としてのトランバケーシュワル

　トランバケーシュワルは、中世には贖罪儀礼（プラーヤシュチッタ）の場として機能しており、異カーストとの共食や交際といった罪を贖い、カースト追放の罪を清めるため、360 回ブラフマギリ山を右周りする（プラダクシナー）などの罰則が定められていた［小谷 2005］。ブラフマギリは、サヤードリ山脈を構成する、トランバケーシュワルの西方を囲む聖山（śrīgiri）で、山中には無数の祠や寺院、聖人の即身仏廟が建立されている。麓から頂上を往復するのにおよそ 12 時間〜 15 時間かかるが、プラダクシナーは、ただ往復するだけではなく、往還することが重要だとされている。プラーヤシュチッタは、マラーター王国時代にはナーシクの法長官が定め、トランバケーシュワルの在地司祭によって執り行われていたが、今日ではプラーヤシュチッタの儀礼自体はあまり見られず、プラダクシナーも人びとには贖罪とは直接関係なく、険しい（であるからこそ聖なる）巡礼路と見なされている。

　そのほか、詳細は割愛するが、トランバケーシュワルには叙事詩『ラーマーヤナ』のハヌマーンの故地とされるアンジャンダリ丘や、13 世紀のマハーラーシュトラを代表するサント（聖詩人）であるジャニャーネーシュワルの兄で、同じくワールカリー派のサントであるニヴリッティナートの墓である即身仏廟

316　Ⅳ　イデオロギーの介入

など、大小の寺院や宗教施設が複数存在する。

　以上のように、この土地は背景も内容も異なる複数の宗教資源が重なり合いながら、全体として聖地を形成しているのである。また、聖地であることこそが、人びとを引き付け、新たに聖者の祠や寺院が建立されるなどして、さらなる宗教資源の増加をもたらしてきた。アプローチする人によって、それぞれの資源の重要性は大きく異なるが、ハヌマーン寺院やブラフギリ山麓の寺院や祠、トランバケーシュワル寺院のように、巡礼者／ツーリストが日帰りで、かつ個人でも訪れることができる手軽なものから、祖先祭祀やナラヤン・ナーグ・バリ儀礼のように、何日もかかり、専門家であるバラモン司祭の手引きが不可欠なものまで、さまざまである。トランバケーシュワルを訪れた巡礼者は、祖先祭祀を行いつつ点在する宗教施設をめぐるなど、これらの複数の宗教資源を横断しながら、聖地という空間を経験するのである。

3　聖地をめぐる競合——バラモン集団と在地社会

1　バラモン内の序列

　ヒンドゥー聖地には儀礼を執り行う職能者としての司祭の存在が不可欠である。司祭業は基本的には、伝統的にカーストの最上位に位置されるバラモンによって独占的に担われているが、バラモン集団も一枚岩ではなく、いくつかの次元でのヒエラルキーが存在する。代表的な序列は、バラモンとしての職能に関する序列である。バラモンはカースト役割においては司祭であるが、最も理想的で格が高いとされるのは、現世放棄者であり、神話には、しばしばこうしたバラモンが修行によって呪術的な力を獲得し、王や王子らに知恵や術を授ける師として登場する。また、ヴェーダ聖典に精通した学識者（*paṇḍit*）も、同様に権威があり、尊敬の対象となる［van der Veer 2001］。

　その一方で、聖紐式や結婚式などの人生儀礼を執り行う家庭司祭（*kula purōhita*）、寺院司祭（*pujarī*）、聖地で祖先供養などの儀礼を執行する聖地導師（*tīrtha purōhita*）は、上のバラモンに対して、相対的に低い地位に置かれている。さらには、吉祥な家庭祭祀を執り行うバラモンよりも、寺院司祭や聖地導師は劣位の地位にある。これは、儀礼に対して祭主やパトロンから贈与を受けることと、それに伴い与え手の罪が移転するとされることが理由である。特に祖霊と関わったり、贖罪儀礼を執り行ったりする聖地導師は、こうした罪を引き受けやすいとされており、自らもケガレを浄化する儀礼が必要となる[6]［Parry 1980,

写真 1　施主帳を調べるリグ・ヴェーダ派バラモン司祭

van der Veer 1988]。

2　トランバケーシュワルの聖地導師

　トランバケーシュワルにおける聖地導師は、プローヒタ・サンガという組合によって現在 42 の氏族が認められている。19 世紀末には約 300 家（1881 年センサス）が存在していたが、そのうち今日でも司祭業を継続しているのは半数の 150 家程度である。在地バラモンの最大の勢力はシュクラ・ヤジュール・ヴェーダ派のデーシャスタ・バラモンであり、最も古いとされるのは、ブラフマギリ丘陵地帯から移住した一族である。一部は 12 〜 13 世紀頃に北インド・ガンジス河流域から南下し定住したとされ、そのほかの大多数はマラータ王権下の 17 〜 18 世紀にかけて各地から移住したと伝えられている。一方、リグ・ヴェーダ派のチットパーヴァン・バラモンは、すべての家が 18 世紀から 19 世紀にかけて、マラーター王国の宰相によって寺院管理者に任命された J 家とともに移住した家族である。彼らは「コーカナスタ・ワリ」と呼ばれる街区に集住し、おもにチットパーヴァン・バラモンの家族をパトロンとして儀礼を担ってきた。42 氏族のうち、ヤジュール・ヴェーダ派が 27、リグ・ヴェーダ派が 7、不明 8 である（2014 年 8 月時点）。

　プローヒタ・サンガへの参加資格は、明確には定められてはいないが、新規参入者を禁止するため、およそ 18 〜 19 世紀から継続的に司祭業を行い、代々施主帳（*namavri*）を有する氏族のみとなっている。この施主帳は、これまで祖先祭祀などの儀礼を行ってきた祭主の家族構成、出身・居住村などの詳細が記述された記録簿で、かつてはこの施主帳をもとに、のちの世代の家族が同じ司祭のもとで儀礼を行う根拠となってきた（写真 1）。トランバケーシュワルの司

318　Ⅳ　イデオロギーの介入

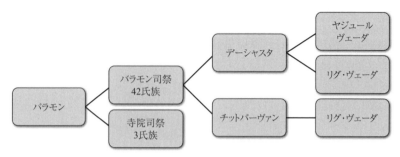

図1　在地バラモンの構成（筆者作成）

祭のなかには、マラーター王国の初代王であるシヴァージーの依頼で祖先祭祀を執り行った、王家の聖地導師の一族もいる。

　訪れる巡礼者が飛躍的に増大し、ナラヤン・ナーグ・バリなどの一過性の儀礼が中心となり、世代を超えた継続的な司祭―祭主関係を結びづらい今日では、施主帳は用いられることはほぼないが、当地における聖地導師としての正統性を主張するためには欠かせないものである。ただ、実際には師の家で住み込んでヴェーダ儀礼を学んだのち、在地の司祭の儀礼助手などをしながら働いていた外来のバラモンが、独立して儀礼を行うようになるということもあり、プローヒタ・サンガと新参の司祭たちとの間には、諍いが絶えない。在地の司祭の立場としては、儀礼執行はこの土地で継承されてきた彼らの特権であり、外来者の参入はこの特権を侵害する越権行為として厳しく取り締まるべきだとされる。

3　寺院管理の正当性をめぐる紛争

　在地のバラモン司祭は、祖先祭祀の執行を主な生業として独占的に担ってきたが、トランバケーシュワル寺院の運営にも一部関わっている。彼らは伝統的に寺院と特権的な結びつきを持ち、ある種持ちつ持たれつの関係を築いてきた。例えば、司祭にお金を払った祭主は、参拝者が列をなす正面入り口からではなく、関係者だけが往来できる裏門から直接本殿に入り、通常は認められていない本殿での儀礼の執行や、さらにその奥の地下にある聖室に降りたち、本尊のリンガに触れることも可能である[7]。しかし、寺院の管理権をめぐっては、じつは長い間、寺院管理者の一族と在地バラモンとは緊張関係にあった。

　そもそもの紛争の発端は、この寺院はマラーター王権との結びつきが強く、王権の庇護や介入のもとに発展してきたということにある。現在の寺院は1755年にマラーター王国の第三代宰相であるバラージー・バージー・ラーオ

（在1740～1761）の時代に再建されたものである。プーナ（現プネー）に本拠を置く宰相政権は、トランバケーシュワル寺院の運営に大きく介入し、管理責任者として自身と同じチットパーヴァン・バラモンのJ一族をプーナから派遣するとともに、寺院付き司祭としてこれまでのヤジュール・ヴェーダ派ではなく、リグ・ヴェーダ派を任命した。先述したように、在地のバラモン社会で多数を占めてきたのは、ヤジュール・ヴェーダ派である。この措置に対する在地の反発は大きく、ヤジュール・ヴェーダ派バラモンの一人は、寺院内で抗議自殺をし、宰相一族に対する呪いをかけたと伝えられている。寺院と在地社会が再調整した結果、朝、昼、夜の儀礼をそれぞれヤジュール・ヴェーダ派1氏族とリグ・ヴェーダ派2氏族の3氏族で分担することとなり、この体制は今日まで継承されている。

　マハーラーシュトラには、中世よりワタン体制[8]という共同体の職分制度が存在するが、管理者であるJ一族および寺院付き司祭の3氏族、さらには堂守にあたるグラウ・カーストのT一族が、歴代の王や宰相によって寺院付ワタン（職分）を与えられており、今日でもそれは慣習的に持続している。この寺院付ワタンの権利と譲渡をめぐっても、寺院と在地のバラモンは緊張関係にある。18世紀から200年以上世襲的に寺院の管理者をつとめてきたJ家の現当主は息子に恵まれなかった。そのため1980年代にいちど、寺院管理権をG氏という、同じチットパーヴァン・バラモンの現世放棄者に譲渡しようとしたが、G氏は、町の出身ではなく、在地のバラモン社会とは何ら関係を持っていないよそ者であった。そのような人物がトランバケーシュワル寺院の管理者となることに対して、在地のバラモン司祭は危機感を募らせ、J家にワタンを共同体に譲渡するか、あるいは少なくともこの町の関係者に譲渡するよう要請したが、交渉は決裂し、裁判沙汰となっている。

　その和解案として、J家は1995年に寺院を公的トラストの管轄とし、在地司祭をトラストの委員会メンバーから排除することを条件として、寺院管理権を放棄することを受け入れたが、司祭たちがトラストに介入できないことに対して在地から強い不満が聞かれ、和解が長引く要因となった。現在では、折衷案として、トラスト長は県判事とし、トランバケーシュワルの町役所の行政官、寺院付司祭、プローヒタ・サンガのメンバーに一枠ずつ割り当て、それ以外に2名の地元住民からなる6人でトラストは組織されている。J家の当主はただ「G氏は信頼できる人だったから、残念だった」というのみで、騒動については多くは語らず、もはや寺院管理からは完全に手を引いている（2013年8月聞

き取り)。また、堂守のＴ一族の持つワタンをめぐっても、同様に裁判沙汰となっている。だが、Ｔ家はもともとトランバケーシュワルに居住してきた在地の一員で、かつ、現在の堂守を務める当主が、トランバケーシュワルの地方政府に立候補し、議員を務めているといった世俗的な力を有していることもあり、現在は表立った争いは見られないようである。

　聖地に付随する慣習的な権益をめぐっては、近年、インドのみならず各地で紛争や裁判沙汰が生じている［外川 2012］。トランバケーシュワルでは、当地を代表する宗教資源をめぐって、18 世紀から現在に至るまで、外部の権力の介入や在地社会との取引があり、そこでは、王権により委託された独占的な管理者の正当性が、近年では無条件に承認されなくなっているということがある。現在では、寺院から得られる増大な権益を限られた世襲的一族が独占するのではなく、公益信託や共同管理という形で在地社会へ還元したり、より多数のアクターの参画を保証したりするような社会的要求が高まっているといえる。

4　ナラヤン・ナーグ・バリ儀礼の隆盛

　上述したようにトランバケーシュワルという聖地空間は複数の宗教資源が重なり合って成り立っているが、近年当地は一般的にナラヤン・ナーグ・バリ儀礼の「本場」として知られるようになっている。ナラヤン・ナーグ・バリ儀礼とはヒンドゥーの祖先供養儀礼の一つであり、不十分な祖先祭祀や、一族の成員による大蛇 (nāg) 殺しの罪などによって引き起こされる、家系の断絶、不妊、家族の不幸といった「家族の問題」を解決するものである。ナラヤン・ナーグ・バリ儀礼の内容は、端的に言えば人が亡くなったときに執り行なわれる 13 日間にわたる葬送儀礼を、擬似的に再現する死者供養 (shrādda) である。また、通常の祖先供養であれば、ガネーシャ祭が終了してダサラーが始まるまでの、暦でいうとシュラワン月からバドラパーダ月にかけて行われるが、トランバケーシュワルにおいてはいつでも同様の効果が得られると信じられており、ナラヤン・ナーグ・バリ儀礼も通年で行われている。

　この儀礼は、もともとは自殺者や不慮の死を遂げた先祖の供養儀礼であるナラヤンバリと、大蛇殺しの贖罪儀礼であるナーグバリという二つの異なる儀礼が複合したものだと考えられている。ナーグとは大蛇、バリとはもとは犠牲獣を神に捧げることを意味している。3 日間にわたるナラヤン・ナーグ・バリ儀礼では、ブラフマー、ヴィシュヌ、シヴァ、ヤマ、死霊 (preta) への 5 つの儀礼を行うが、ブラフマーへの儀礼というのは、今日ではきわめて珍しくなって

12　インド・ヒンドゥー聖地の複数化する宗教資源とその正当性　321

写真 2　祖先祭祀儀礼

おり、知識のある司祭も少ないため、それが他の土地でのナラヤン・ナーグ・
バリ儀礼の遂行を困難にしているという。

　儀礼の依頼者は、儀礼の執行依頼者や供犠祭主を意味する「ヤジュマン」
（yajamān）、または帰依者を意味する「バクタ」（bhakta）と呼ばれている。本儀
礼は、司祭への基本謝礼は 4000 ～ 5000 ルピーであるが、儀礼で用いる小さな
金製の大蛇像や、各自の誓願に応じたお礼を司祭に献納することが求められる
ため、実際にはもっと多くの費用が必要となる。

　ナラヤン・ナーグ・バリ儀礼は、バラモンの占星術師（jotishi）による原因の
探究から、トランバケーシュワルでの 3 日間にわたる儀礼や服喪まで、全般に
わたりきわめてヴェーダ・サンスクリット色の強いものであり、誰もが気軽に
行うことができるような性質のものではない。だが、1990 年代以降、本儀礼
は隆盛を示すようになっており、今日では、ほとんどの在地バラモンはこの儀
礼の遂行により主要な収入を得ている。1990 年代以前は、ナラヤン・ナーグ・
バリ儀礼は世間でもほとんど知られておらず、司祭によれば、「あっても年に
一度するかしないか程度であった」という。70 ～ 80 年代は在地バラモンとい
えども生活が苦しく、跡継ぎの男児を一人残して、あとの子どもは司祭業以外
の職に就かせるということが一般的だったが、現在では兄弟も残って家の仕事
に就いたほうが有利になるほど、収入が増加している。少ない家で月に 10 件、
多い家で 100 件ほどの依頼があり、トランバケーシュワル全体では月に 2 万～
25000 人（2012 年トランバケーシュワル自治体の推定）もの人が、ナラヤン・ナーグ・
バリ儀礼を目的として同地を訪れるようになっている。

　筆者がお世話になっている D 司祭が 2009 年 6 月～ 7 月に受け入れた 1 ヶ月
の祭主は 110 家族であった [9]。全ての祭主がナラヤン・ナーグ・バリ儀礼を依

322 IV　イデオロギーの介入

頼するわけではないが、1日で終了する通常の祖先祭祀儀礼を含めたとしても、D家の収入はムンバイやプネーの都市中間層と比べても遜色のない高収入だと推測された。筆者は2004年からトランバケーシュワルの調査をはじめ、D司祭とは10年以上の付き合いがあるが、最近は100年以上たつ家を全面改築したり、輸入車を購入したり、長男にMBA（経営学修士）の大学に通わせたり、海外旅行に行ったりと、羽振りが良いことが窺えた。それは他の司祭一族も同様である。

　儀礼の祭主たちは、主に州内の都市部に居住するホワイトカラーから小規模商店主などの広義の中間層が多い。一方で、マハーラーシュトラ州で人口的に多数を占める農耕カーストのクンビや、指定カースト、指定部族（ST）といった下位カーストの依頼者は、ほとんど見られない。巡礼者としてトランバケーシュワル寺院に参拝したり、クンブメーラーにやって来たりする巡礼者には、多様な階層、カーストの人びとが見受けられるため、かならずしもトランバケーシュワルという聖地に農村の人や下位カーストの人びとがやってこないわけではない。寺院のトラストによれば、ほとんどすべてのカースト、階層の人々が参拝にやって来るとのことであり、そこに属性による差異はない。だが、ことナラヤン・ナーグ・バリ儀礼の祭主となると、特定の社会階層が顕著となる。

　多くの人は、不妊、家庭内の不幸や諍い、さらには家族にまつわる心配事を解決するためにこの儀礼を行う。もっともよく知られているのは不妊および男児の出生に関する効能であり、実際に依頼者の三分の一ほどは不妊にまつわる問題だと司祭たちは述べる。だが、それ以外にも人々は実に多様な理由でやってくる。

　例えば、D司祭のもとでナラヤン・ナーグ・バリ儀礼を依頼したチットパーヴァン・バラモンの家族は、銀行員の夫と教師の妻、付き添いの親族の3人で当地を訪れていた。彼らは、外資系のIT企業に勤めるエンジニアの一人娘（29歳）の結婚にまつわる問題の解決を求めて、ナラヤン・ナーグ・バリ儀礼を行いに来ていた。両親は、良縁に恵まれすぐに結婚できるようにとの願いから、本儀礼を依頼したそうである。娘は海外出張もこなし、月収10万ルピーを超える経済的にも十分自立した女性であるが、両親にとっては、娘の結婚という最大の責任であり懸念事項に対処する際に、こうした祖先供養儀礼が選択されているのである。

　このように、本来であれば不妊（＝家系の断絶）といった、ヒンドゥーの家族にとって最も深刻な問題に対処するものだとされていたナラヤン・ナーグ・

バリ儀礼であるが、今日では、家族の成員にまつわるあらゆる「家庭内問題」の解決が期待されている。司祭たちもナラヤン・ナーグ・バリ儀礼の現世利益的な効果を強調し、実際にこの儀礼がいかに有効であるかを喧伝する。それによって、さらに多くの人々が効能を期待して当地を訪れるという循環ができあがっている。

4　儀礼の正当性をめぐる競合——イデオロギーの対立

1　合理主義運動と反迷信法

　主に都市の中間層の間で知られるようになり、隆盛を誇るナラヤン・ナーグ・バリ儀礼であるが、儀礼の正当性に疑いの目を向けられる事態も起こっている。社会に対して、司祭たちは、いまや生業の中心をなすこの儀礼の正当性を主張する必要に迫られているのである。

　そもそも事の発端は、マハーラーシュトラ州で 1990 年代から「迷信撲滅運動」が起こり、その結果として 2013 年 10 月に「マハーラーシュトラ州人間の供犠とその他の非人間的、邪術的実践、黒魔術の防止と撲滅法」(The Maharashtra Prevention and Eradication of Human Sacrifice and other Inhuman, Evil and Aghori Practices and Black Magic Act, 2013) という法が成立したことにある。この法律は、長年この運動に取り組んできた、合理主義を標榜する市民団体「マハーラーシュトラ迷信反対組織 (Maharashtra Andhashraddha Nirmoolan Samiti, 以下 MANS))」による長年の活動の成果である。MANS は 1989 年に、医師であり社会活動家であるナレンドラ・ダボルカルを創始者とし、プネーで設立された組織で、1. 人びとを間違った方向に導き搾取する有害な迷信と儀礼に反対し闘う、2. 科学的見方、懐疑主義、人間主義、批判的思考を教え広める、3. 宗教、伝統、慣習に対する構築的で批判的な分析を育てる、4. 進歩的な社会改革組織と提携し協働する、ということを設立の目的としている[10]。

　迷信を取り締まるという法律の制定は、州議会の多数派を占めてきた地域主義政党シヴ・セーナーや、ヒンドゥー主義団体の反対により不可能と思われていたが、2013 年 8 月に MANS の創立者であり象徴的存在であったダボルカルが自宅近くで暗殺されたことで状況が一転した。朝の散歩中に、バイクに乗った 2 人組に銃殺されたことで、計画的な暗殺だと見なされ、支援者たちによる抗議活動と、政府に解決を求める社会的な機運が高まった。この事件を受け、これまで留保されていた法案審議が一気に加速し、結果として上記の「マハー

324　Ⅳ　イデオロギーの介入

ラーシュトラ州人間の供犠とその他の非人間的、邪術的実践、黒魔術の防止と撲滅法」が、暗殺の2か月後という速さで州議会において承認され、法制化されたのである。

2　ヒンドゥー儀礼は文化か迷信か

　聖地で遂行される儀礼も、この法案制定に至る反迷信運動と無関係ではない。法案成立に先立つ数年前、マハーラーシュトラ州内で一週間のうちに呪術や黒魔術に関する事件が3件発生した。これを受け、テレビ番組で討論が行われたのだが、その際に法案反対派として、トランバケーシュワルの司祭が討論者として呼ばれることとなった。この節では、そこでの議論を追うことを通して、現代のヒンドゥー儀礼が置かれた文脈を検討する。

　テレビ番組はマラーティー語チャンネルであるZee24Taasの討論番組である。参加者は司会者のほか、MANSの創始者のひとりで著名な活動家のM氏、退職した警察官僚のS氏、そしてバラモン司祭のD氏の3名である。

　まず、司会者が「マハーラーシュトラ州はIT産業が有名で先進的な州として知られているにもかかわらず、先週立て続けに起こった事件は、信仰と迷信にまつわる議論を喚起させています。迷信とは何で、それをどのように理解すべきなのかは、マハーラーシュトラで常に問題となってきました」と問題提起をし、直近に起こった事件を紹介する[11]。

　司会者：信仰と迷信の違いをどのように理解すればよいのでしょう。

　D氏：両者の間には薄い線しかありません。しかし、これらの事件はヴェーダによる教え（*Vedic dharma*）の外部で起こっています。ヴェーダの教えは、決してこれらの行為を認めていません。信仰は、すべての人の人生の背後にある基本であり、もしこの信仰を破壊するようなことがあれば、すべてのシステムが崩壊するでしょう。迷信は合理的でなく、何ら理由のないものですが、信仰は知識によってあらゆる面において試されてきたものです。呪術的な行為は、われわれのダルマでは決して受け入れられていません。しかし、不幸にも（議論されている）法律は、信仰にも影響を与えてしまいます。多くの人がこれらのことを盲目的に従っているので、彼らには適切なガイダンスとカウンセリングが必要です。

　司会者：なるほど、しかし、あなた方（筆者注：宗教指導者や司祭たち）がこの法案に反対しておきながら、どうやってこれらの行為を防ぐことができるで

しょうか？

D氏：これらの人びとには、精神科の助けが必要です。多くは教育を受けていない人たちの間で起こっています。

司会者：我々は、ただ無教育の人だけがこれらの事件の被害者だとは言えません。多くの教育を受けた層も、こうしたババ（呪術者）を信じています。

S氏：両者ともに迷信の信仰者です。サチン・テンドゥルカルからアミターブ・バッチャンまで、カールサルパ・ヨーグの儀礼をやります。D司祭がいるのでトランバケーシュワルを例にとると…。教育の有無で分けることはできません。ある人は幽霊を信じ、ある人は占星術師を信じる（筆者注：D氏は占星術師でもある）。それだけの違いです。ヴェーダの内と外で信仰を分けることもできません。なぜなら、村では霊媒師も呪術師も司祭も同じステータスを持っているからです。犠牲者は彼らを信じ、迷信だとは思いません。彼らにとっては同じ信仰なのです。

D氏：信仰は人生の根本です。人間から野蛮さを取り除く基本となります。もし誰かがほかの人を傷つけたとしたら、それは異常、無秩序（*vikruti*）だということです。信仰は文化（*sanskrti*）を作ります。我々は異常を取り除かなければならないが、同時に文化を傷つけないように注意しなければなりません。法律を作ることはこの問題の解決にはつながりません。

（中略）

M氏：2005年に審議された法案は州下院を通過しましたが、反対により上院で保留されています。この法はダルマや信仰に反対するものではありません。

D氏：良いものであれば反対しませんよ。カールサルパ・ヨーグはこの法には関係ないのに、どうしてさっき言及したんです？人びとはカールサルパ・ヨーグのような儀礼を不必要に攻撃しています。我々は法律に反対しているのではありません、実際にその法律が適用される体制に反対しているのです。それは信仰を害する恐れがあります。

（中略）

S氏：インド刑法を適用するのに最大の問題は、こうした迷信による殺人の動機を証明することです。ムンバイのケースも、だれも殺すつもりだったとは認めないでしょう。弁護士はこの（憑依した）女性は子どもたちを殺すつもりはなかったと主張するでしょう。それならどうやって刑法302条を適用することができるというのでしょうか。

D氏：人々を教育し、文化的に豊かにすることで十分です。法律は破られ、

326　Ⅳ　イデオロギーの介入

人々はいずれにせよ抜け道を見つけるでしょう。現状で最も有効なのは、社会を文化的に豊かにし、強くすることです。これは全員の責任です。犯罪率は法への恐れからでは決して下がりません。

　M氏：我々はもちろん人々を教育する必要がありますし、すべての関係者、ボランティア、NGO、それからD司祭のような人たちが意識をもたらすために先頭に立つべきです。多大なる努力をする必要があるのです…。

　さて、ここではテレビ討論の一部を書き起こして紹介したが、議論はほとんど迷信撲滅運動の活動家であるM氏と宗教者であるD氏との応酬に終始している。合理主義者（インドの文脈では無神論者を意味することが多い）であるM氏が、ヴェーダによる（正統な）ヒンドゥーの信仰も呪術への信仰も、同じ信仰であることに変わりはないとし、暗にバラモン司祭をも呪術師や霊媒師といった、より程度の「低い」とみなされる民間の宗教者と同列に扱い批判しているのに対し、D氏はあくまでもヴェーダ・ダルマとそれ以外とを区別し、インドの伝統文化としてのヒンドゥー儀礼の価値を説いており、両者の議論はかみ合わず、平行線をたどっている。

　だが、ここで問題となるのは、聖地のバラモン司祭のように在地社会においては支配的集団を形成し、ヴェーダ（＝正統なヒンドゥー教）の専門家として特権的な地位を保持している彼らの権威と、彼らが執り行う「文化」としての諸儀礼が、「迷信（*andashraddha*）」として批判の対象となりえるということである。特に、何らかの問題を抱える人びとが、占星術により原因を探求し、それを儀礼の遂行によって取り除くという、ナラヤン・ナーグ・バリ儀礼のようなきわめて現世利益的な儀礼は、合理主義運動においては、非合理性という観点から、黒魔術や呪術と同じ「迷信」の範疇に入れられてしまう可能性を持つ[12]。聖地を作り上げる宗教資源である儀礼と宗教職能者としてのバラモン司祭は、いまやこうした社会運動や政治による法制化といった流れと、さらにはメディアとの関わりの中で、その正当性を社会に主張することが求められているのである。

5　おわりに

　本章では、西インド・マハーラーシュトラ州の聖地を事例として、当地の宗教資源をめぐる正当性の競合について論じてきた。ここでは、二つの競合につ

いて、まとめよう。まず、トランバケーシュワル寺院の管理とそのアクセスをめぐる競合は、いわば王権と在地社会という中世的な権力構造をめぐる覇権争いや権力関係の転換という出来事であった。それに対して、近年の反迷信をめぐる社会運動とその法制化においては、まったく異なる外部のアクターとヒンドゥー儀礼のイデオロギーをめぐる競合関係が見られた。そこには、中世的な権力構造があるわけではなく、メディアを通した近代／伝統、合理性／迷信といったイデオロギーの応酬が繰り広げられている。聖地のバラモン司祭が、メディアの討論番組に登場し、司会者を含む参加者から、批判を浴びながら自らの立ち位置とその行為の正当性を主張するということは、これまでには考えられない現象である。それだけ、ナラヤン・ナーグ・バリ儀礼をはじめとする当地の儀礼が、多くの人びと、中でも特に都市中間層を引き付けており、メディアとしても無視しえないほどになっていることの証左でもある。

　だが、皮肉なことにこうしたメディアを通した合理主義運動からのバッシングが、逆説的にこの儀礼に対する世間の注目を集める結果をもたらしており、反迷信運動で取り上げられれば取り上げられるほど、儀礼の祭主が増加している、と在地のバラモン司祭は見なしている。実際に、トランバケーシュワルにやって来る人たちにどうやってこの儀礼について知ったのか、と聞くと、占星術師や知人からの紹介だけでなく、テレビや新聞、インターネットなどのメディアを通して知ったと答える祭主も多く、メディアの影響は無視しえない。そこには、各地の占星術師から聖地のバラモン司祭へといった、これまでの伝統的な宗教職能者によって担われたネットワークを通してやって来る祭主だけでなく、メディアを介した情報をもとに、司祭と一対一の関係性を築く現代的な依頼者という姿が浮かび上がってくる。

　その多くが都市中間層であるナラヤン・ナーグ・バリ儀礼の依頼者は、数多くある選択肢の中から、自分たちの持つ文化的背景と親和性が高く、かつ、ヒンドゥーの祖先祭祀という、より受け入れられやすい儀礼を選択している。一方、司祭たちにとっても、社会に向かって儀礼の効能を喧伝し、自らをほかの「迷信的な」宗教実践や宗教者とは異なるという差異を主張する際に、トランバケーシュワルという聖地がもつ複数の宗教資源の組み合わせ——12の輝けるシヴァ神像の寺院を有する、クンバメーラーの舞台であるトランバケーシュワルで数百年にわたって祖先祭祀を取り扱う聖地導師——はより有利に働くだろう。だが、それが無条件に社会的承認を得られるかどうかは、いまや必ずしも自明視できるものではない。マハーラーシュトラ州のヒンドゥー聖地は、外部のアクター

328　Ⅳ　イデオロギーの介入

の介入を含めたさまざまなパワーバランスのうえで成り立っており、いかに正
当性を獲得できるかが、ますます重要となっているのである。

注
1)　ここでは、正当性をマーク・サッチマンによる「規範、価値、信念、定義という社会
　　的に構築されたシステムにおいて、ある行為が望ましく適切だとされる一般化された認
　　識や仮定」[Suchman 1995 : 574] という定義を踏まえ、集合的に受容または支持される
　　ことによって成り立つ妥当性と捉える。
2)　当地域の中核都市であるナーシク市から 35 キロと近いこともあり、近年では宗教
　　産業とかかわりの薄い一般住民の移住も郊外で増加し、2001 年から 2011 年の 10 年で
　　22.97% の人口増加がみられる [GOI 2011]。
3)　輝ける 12 のシヴァ神像とは、インド全土に 12 ある、自生したと信じられているリン
　　ガ＝シヴァ神像を指す。トランバケーシュワルのほか、グジャラート州のソームナート、
　　ヒマーチャル・プラデーシュ州のケダルナート、ウッタル・プラデーシュ州、ワーラー
　　ナシーのヴィシュワナート、タミル・ナードゥ州のラメーシュワルなどがあり、その空
　　間は各地に配置されたシヴァ神像によって守護されたインド世界と重なり合う。
4)　1674 年にシヴァージー・ボンスレーによってデカン地方に成立されたヒンドゥー王権
　　であるマラーター王国の全実権は、1749 年に第三代世襲宰相であるバーラージー・バー
　　ジー・ラーオに移譲されており、プネーを本拠地とした宰相政権が実質的な支配者とし
　　て君臨した。
5)　トランバケーシュワルに設立されたもっとも古い教団は、1156 年に建てられた Panch
　　Dashnam Juna Akhara である。クンブメーラーや祭礼時以外のアカーラーには、管理者や
　　数人のサードゥがいるのみで閑散としており、普段は地元住民とのかかわりは薄いが、
　　若い男性らは、酒やバング（ドラッグ）をやりたいときに教団へ行くと言う（2011 年 2
　　月 18 日聞き取り）。
6)　パリーは、北インドにおいてはさらに葬送儀礼のみに特化したバラモン集団
　　(mahābrahmin) は、死者と関わることから他のどのバラモンとも通婚できない、不吉な
　　存在だと見なされると報告している [Parry 1980]。だが、本論の調査地である西インド
　　のマハーラーシュトラ州では、マハーバラモンに相当する専門化されたバラモン集団は
　　見られない。
7)　聖室に入ることが出来るのは男性のみで、司祭も祭主も早朝に沐浴をしたのち、上半
　　身は裸で、下半身には下着もつけず絹の衣のみを着用したものしか許されない。
8)　ワタンは、「世襲的家職、家産」であり、共同体における何らかの職に従事する対価
　　としての取り分を享受する世襲的権利のことを指す。他者に売買、譲渡することが可能
　　である [小谷 1989]。
9)　詳しくは松尾 [2011] を参照のこと。

10) 現在、プネーに本部を置き、州内外に 130 支部を有する。本組織は、迷信の撲滅だけでなく、カーストの撤廃や異宗教間の婚姻なども推進している。

11) それぞれの事件は以下のとおりである。①ムンバイ近郊で、超常的な力が憑依した女性が幼児 2 人の身体の上を踏みつけて踊り、2 人が死亡。両親、祖父、母方オジ・オバが逮捕された。②プネー県の村で、父と息子が村人によって妖術をかけた疑いにより妖術師狩りにあい、殺害された。4 人が逮捕。③ゴンディヤで、呪術師の男性が妖術の疑いにより村人に襲われ、硫酸をかけられた。

12) なお、法制化から 2 年弱の間に、同法により摘発されたのは 150 件で、そのうち 60 ～ 70％が「ゴッドマン」と呼ばれる呪術者による女性への性的ハラスメントであるとされる。特に子どもに恵まれない女性に対して、「聖なる力」の授与と称して宗教者が性的暴行を働くケースが顕著である［The Indian Express 2015/08/15］。

引用文献

Indian Express 2015/08/15 "60% of cases under Anti-Black Magic Act are those of 'godmen' sexually exploiting women"（http://indianexpress.com/article/cities/mumbai/police-may-book-radhe-maa-under-black-magic-act/ 2017 年 2 月 15 日閲覧）

Indian Express 2015/08/29 "Nashik Kumbh Mela: First 'shahi snan' today, administration prepares to host 1 crore devotees"（http://indianexpress.com/article/cities/mumbai/nashik-kumbh-mela-first-shahi-snan-today-administration-prepares-to-host-1-crore-devotees/ 2017 年 2 月 15 日閲覧）

Bhardwaj, Surinder
    1973   Hindu Places of Pilgrimage in India: *A Study in Cultural Geography,* Berkeley: University of California Press.

Feldhaus, Anne
    2003   *Connected Places: Religion, Pilgrimage, and Geographical Imagination in India,* New York: Palgrave Macmillan.

Fuller, C.J.
    1984   *Servants of the Goddess: The Priests of a South Indian Temple,* Cambridge: Cambridge Univ. Press.
    1992   The Camphor Flame: Popular Hinduism and Society in India, Princeton, New Jersey: Princeton University Press.

Gesler, Wilbert M. and Margaret Pierce
    2000   "Hindu Varanasi", *The Geographical Review* 90 (2): 222-237.

Government of India (GOI)
    2011   Census of India, Ministry of Home Affairs.

Jacobsen, Knut A.

330　Ⅳ　イデオロギーの介入

2013　*Pilgrimage in the Hindu Tradition: Salvific space,* Oxon: Routledge.

Parry, Jonathan

1980　"Ghosts, greed, and sin: the occupational identity of the Benares funeral priests," *Man* (NS) 15: 88-111.

1995　*Death in Banaras,* London: Cambridge University Press.

Sinha, Amita

2006　"Cultural Landscape of Pavagadh: The Abode of Mother Goddess Kalika", *Journal of Cultural Geography* 23 (2): 89-103.

Suchman, Mark

1995　'Managing Legitimacy: Strategic and Institutional Approaches' *The Academy of Management Review,* 20 (3): 571-610.

Veer, Peter van der

1988　*Gods on Earth: The Management of Religious Experience and Identity in a North Indian Pilgrimage Centre,* London: The Athlone Press.

2001(1989)　"The concept of the ideal Brahman as an Indological Construct", In Sontheimer and Kulke (ed.) *Hinduism Reconsidered,* pp.153-172, New Delhi: Manohar.

岡本亮輔

2012　『聖地と祈りの宗教社会学——巡礼ツーリズムが生み出す共同性』春風社。

小谷汪之

1989　『インドの中世社会』岩波書店。

2005　『罪の文化——インド史の底流』東京大学出版会。

外川昌彦

2012　「バングラデシュにおける聖者廟と観光開発——世界遺産としてのカーン・ジャハン・アリ廟」山中弘編『宗教とツーリズム——聖なるものの変容と持続』、pp. 215-235、世界思想社。

松尾瑞穂

2011　「現代インドにおける都市中間層と葬送儀礼の変化——ナラヤン・ナーグ・バリ儀礼を事例として」『年報人類学研究』1: 85-107 頁。

山中　弘

2012　「「宗教とツーリズム」研究に向けて」山中編『宗教とツーリズム——聖なるものの変容と持続』、pp. 3-30、世界思想社。

あとがき

杉本良男

　本書は、杉本が代表者をつとめた国立民族学博物館共同研究「聖地の政治経済学——ユーラシア地域大国における比較研究」（2013 ～ 16 年度）、および北海道大学スラブ・ユーラシア研究センター共同研究（プロジェクト型）「ユーラシア地域大国における聖地の比較研究」（2016 年度）の研究成果である。これら二つのプロジェクトはたがいに緊密に連関していた。民博の共同研究は当初中国研究者 4 名、インド研究者 3 名、ロシア研究者 4 名で出発したが、その後若干名を補充した。専門は人類学、文学研究、地域研究、社会学など多岐にわたっていたが、いずれのメンバーも十分な現地調査経験を持っており、「いまそこ」にある社会現象に関する歴史的、総合的研究という意味では人類学的研究に包括されるものと位置づけた。

　本研究は、発想の根拠を北大スラブ研究センター（2014 年 4 月よりスラブ・ユーラシア研究センター）の、科学研究費新学術領域研究「ユーラシア地域大国の比較研究」（代表者田端伸一郎 2008 年 10 月～ 2013 年 3 月）にもとめることができる。杉本はその第 6 班「地域大国の文化的求心力と遠心力」（代表者望月哲男）のメンバーであった。とくに本共同研究の核には、新学術研究プロジェクトの一貫として行われた若手研究者グループ（高橋、小林、前島）による、シンポジウム、『季刊民族学』誌での特集企画、あるいは山中弘氏（筑波大学）による共同研究の成果刊行への寄稿、などの活動があり、その後 2012 年 12 月に杉本をふくめた 7 名の研究者が集まって試行的な研究会を開催した。2013 年度からはさらに杉本を代表者とする国立民族学博物館共同研究プロジェクトとして実施された。

　杉本はすでに南山大学、国立民族学博物館においてさまざまな共同研究を組織してきたが、本共同研究は、その萌芽を形成した高橋を初めとして、若手研究者が積極的に関与し、リードしてきたことで特筆される。とりわけ、当初はほぼ 9 分通りの出席率であった上に、議論が自己展開していったことで最終的に大きな成果が上げられたものと自負している。また、中心メンバーにスラブ研関係者が多く含まれることもあって、札幌あるいは仙台での館外開催を積極

的に行った。それによって、当地の研究者との交流が図られるとともに、各機関との協力関係をも強化することができた。輓近の悪化する一方の研究環境の中で、さまざまな機関が協力関係を築いて研究の一層の進展を図ることは極めて重要だと考えている。

北大の新学術領域研究の代表者である田畑は、ユーラシア地域大国の特徴を「政治的自立性，後発成長性，半周縁性」に求めていた。この研究は西欧（欧米）社会へのオルタナティヴの探求を目途とした各地域の比較研究によって「中軸国（先進国）認識とならぶ新たな基軸としての経済・政治モデルの構築」が果たされたものと高く評価され顕彰された。本書の因って立つところもこれと基本的に共通しているが、とくに西欧近代の圧倒的な影響を受けながら、みずからの根拠をつくりかえてきたこれらの地域について、イデオロギー批判の視点に立った研究を実施することで高次の融合をはかり、あらたな可能性を拓こうとする意図もあった。それが実現したかどうかは後々の判断に委ねなければならないが、とりわけ若手研究者が自発的，積極的に進めてきた本プロジェクトの趣旨が、なんらかのかたちで今後に生かされることになれば、代表者としては望外の喜びである。本プロジェクトへの参加の如何を問わず、若手研究者によるさらなる研究の進展を切に願っている。

研究会は以下のように開催された。あらためて研究員各位それに事務担当者各位に深甚の謝意を示しておきたい。なお、本論集の編集作業の大幅な遅延を招いたことを執筆者各位に深甚のお詫びを申し上げる。本書は国立民族学博物館の外部出版制度を利用して実現した。だが、外部出版の制度は、創設以来弥縫策を繰り返し、混乱も生じているように思われる。共同研究の成果をひろく公開することが求められる現在、その成果刊行についていまいちど検討する必要があることをあえて指摘しておきたい。

〈2013 年度〉
2013 年 12 月 7 日（土）14：00 ～ 19：00（国立民族学博物館）
　　杉本良男「ユーラシア地域大国における聖地の研究にむけて」
　　全員「今後の研究計画について」
2014 年 3 月 8 日（土）13：30 ～ 19：00（国立民族学博物館）
　　河合洋尚「客家『聖地』のポリティクス――同時代世界における華人ネットワークと宗教景観の創造」

小林宏至「客家の物語へ接合するための『聖地』寧化石壁」

〈2014 年度〉
2014 年 6 月 14 日（土）13：30 ～ 19：00（国立民族学博物館室）
　　　高橋沙奈美「奇跡の起こる場所――ロシアにおける聖人崇拝の伝統とそ
　　　　の現代的諸相に関する予備的考察」
　　　後藤正憲「ものから場所へ――ロシア・チュヴァシの在来信仰をめぐる
　　　　政治学」
2014 年 10 月 4 日（土）13：30 ～ 19：00（国立民族学博物館）
　　　松尾瑞穂「インド・ヒンドゥー聖地の「宗教産業」と在地社会に関する
　　　　予備的考察」
　　　前島訓子「インドにおける「仏教聖地」構築の諸相」
2015 年 1 月 31 日（土）14：00 ～ 19：00（北海道大学スラブ・ユーラシア研究セ
　　　ンター）
　　　望月哲男「ロシア文化聖地のタイポロジーの試み」
　　　韓敏「近代中国の聖地作り――指導者ゆかりの場所を事例に」

〈2015 年度〉
2015 年 4 月 11 日（土）14：00 ～ 19：00（国立民族学博物館）
　　　杉本良男「廃墟の聖地化――南インド・タミルナードゥにおける宗教空
　　　　間の再編」
　　　全員「中間考察――聖／聖性・場所／空間・巡礼／観光」
2015 年 6 月 13 日（土）13：00 ～ 18：30（東北大学川内南キャンパス文学部棟）
　　　川口幸大「中華民族の聖地と我々の聖地――黄帝・炎帝陵から村開祖の
　　　　墓まで」
　　　八木祐子「聖地ヴァーラーナシーについて」
　　　柳沢究「ヴァーラーナシー（インド）における融合寺院に関する研究」
　　　全員「討論」
2015 年 11 月 29 日（日）13：30 ～ 18：30（国立民族学博物館）
　　　井上岳彦「「仏教リバイバル」について考える――ポスト社会主義カル
　　　　ムィキアの事象から」
　　　井田克征「聖地と物語――現代インドにおけるマハーヌバーヴ派の事例
　　　　から」

2016 年 2 月 29 日（日）14：00 ～ 18：00（国立民族学博物館）

全員「これまでの研究の総括と、成果刊行にむけた今後の研究計画について」

〈2016 年度〉

2016 年 6 月 26 日（日）13：30 ～ 18：30（国立民族学博物館）

櫻間瑛「創られるロシアのイスラーム聖地——ボルガル遺跡の復興とタタルスタン共和国」

杉本良男「聖人化されるガンディー」

2017 年 2 月 18 日（土）13：30 ～ 18：00（国立民族学博物館）

松尾瑞穂「ヒンドゥー聖地の資源——祖先祭祀の隆盛と在地社会の変容」

前島訓子「インド『仏教聖地』のヒンドゥー社会」

後藤正憲「聖なるものはどこにある ?」

全員「討論——聖地の政治経済学」

平成 28 年度プロジェクト型共同研究

「ユーラシア地域大国における聖地の比較研究」研究会（北大スラブ研）

2016 年 7 月 28 日（木）15:00-18:00（北海道大学スラブ・ユーラシア研究センター）

河合洋尚「聖地言説と信仰実践——中国梅県の呂帝廟をめ ぐる「聖地」の複数性」

小林宏至「神様の里帰り——客家地域における閩南文化」

井田克征「聖地研究における語りの重層性について」

2017 年 1 月 22 日（日）13:30-18:00（東北大学川内南キャンパス文学部棟）

高橋沙奈美「王の複数の遺体——宗教的資源としてのニコライ二世の不朽体」

櫻間瑛「民族の歴史と正しい宗教を求めて——ボルガル遺跡 とタタールの現在」

望月哲男「正教徒の聖地巡礼の一事例——修道士パルフェーニーの聖山アトス経験」

川口幸大「中華聖地にみる現代中国の宗教と政治——「 民族始祖」炎帝・黄帝をめぐって」

2017 年 3 月 29 日（水）13:30-18:00（北海道大学スラブ・ユーラシア研究センター）

シンポジウム「総括――ユーラシア地域大国における聖地の比較研究」
　　　杉本良男「趣旨説明」
　　第一部「地域から比較へ」
　　　　高橋沙奈美「ロシアから」
　　　　前島訓子「インドから」
　　　　小林宏至「中国から」
　　第二部「聖地論の視座」
　　　河合洋尚「場所と空間」
　　　井田克征「物語と歴史」
　　　川口幸大「地域と国家」
　　総合討論

索　引

＊検索の便のため、カタカナ語彙の一部に、本文中の主な属性を〈 〉で補足した。

ア

アーシュラム〈修業場〉　102

アームラーヴァティー〈県〉　96, 98, 102, 103, 106, 108-110

アイデンティティ　26, 41, 56, 57, 63, 79, 87, 103, 117, 128, 140, 217, 221, 226, 227, 249, 256, 264, 295

アゲーエフ、ピョートル　15, 28-47

アショーカ王　168, 170, 233

アストラハン州　194, 200-202, 263

アトス〈山〉　15, 16, 25-35, 37-49, 117, 137, 138, 139, 334

アヨーディヤ〈聖地〉　87, 167, 231, 313, 314

アルセーニー〈長老〉　29-31, 36-45, 48

愛国主義　78, 116, 152, 153, 154, 157, 158, 161, 162, 164, 298, 300

イエローツーリズム〈黄色旅游〉　160

イコノスタス〈聖像画で覆われた壁〉 122, 124, 126, 127

イコン　34, 48, 104, 110, 121, 124

イスラーム
　あるべき――　18, 265, 266, 277, 279-283

イデオロギー　11-14, 17, 18, 19, 123, 136, 139, 150, 152, 222, 224, 228, 231, 264, 292, 300, 323, 327, 332
　――化　11

イマーム〈宗教指導者〉　265, 268, 275, 277, 279

イエロニム〈師〉　26, 29, 42-44, 46

異教　279

遺骨　219, 220, 226

遺跡　16, 18, 121, 140, 167-180, 263, 264, 266,

267, 269-275, 281, 282, 285, 334

市場　153, 162, 163, 215, 258, 259

祈り　20, 27, 33, 38, 41, 47-49, 71, 101, 107, 123, 130, 141, 149, 165, 178, 275, 283, 292, 330

隠修所　25, 29, 36-38, 41, 43

ウィナーヤカ〈神〉　240, 246, 247, 252, 257, 258

ウクライナ　25, 26, 28, 30, 35, 36, 42, 47, 116

植島啓司　163, 165

エージェンシー　83, 160, 164

エスニックグループ　52-54, 56-58, 61, 62, 70, 78, 79, 81

エリアーデ、M　11, 12, 20

エリスタ〈市〉　193-199, 202-204, 209, 210

エルサレム　15, 30, 31, 45, 46, 167, 170

炎帝　18, 291-294, 296, 297, 300, 306, 308, 309, 333, 334

縁起　15, 89, 91, 110

オーター〈石壇〉　97, 99-101, 104-108

オイラト〈人〉　189, 190, 191, 197

オスマン帝国　25, 26, 30, 35, 274, 281

オットー、ルドルフ　11

王権　76, 233, 234, 237, 270, 314, 315, 317, 318, 320, 327, 328

カ

カースト　97, 98, 103, 107, 108, 233, 235, 242, 248, 250, 251, 254, 315, 316, 319, 322, 329

カーヴェーリ〈河〉　232, 233, 235, 236, 238, 242, 243, 245-247

カザン〈市〉　200, 264, 267-270, 281, 286

カスピ海　189, 200, 210, 266, 286

カトリック　13, 129, 147, 197
カルムィク〈人〉　17, 187-210
カレリア〈共和国〉　120-124, 126, 129, 132, 133, 135, 137, 138, 140, 141
ガンガー（ガンジス）　88, 108, 147, 168, 232, 245, 311, 314, 317
ガンディー　231, 334
華僑　17, 54, 56-58, 85, 155, 216-218, 225, 226, 298
改革開放　51, 52, 58, 69, 77, 82, 152, 157, 215, 216, 296
開発　18, 51, 54, 83, 84, 153, 159, 160, 164, 165, 175-177, 179, 182, 263-266, 270, 271, 276, 279, 281-283, 285, 292, 305, 330
外部性　17, 226, 227, 232, 248, 255
革命聖地　51, 52, 78, 79, 83, 116, 150, 164, 213
活仏　195
観光
　――化　12, 15, 16, 17, 51, 154, 163, 174, 255, 256, 312
　――開発　54, 153, 165, 271, 330
　――客　12, 13, 118, 122, 125, 128, 129, 153, 159-161, 165, 167, 168, 172-177, 180, 181, 201, 233, 238, 255, 257, 271, 283
　――地化　132, 168, 173, 174, 175, 291, 306
　――客　12, 13, 118, 122, 125, 128, 129, 153, 159, 160, 161, 165, 167, 168, 172-177, 180, 181, 201, 233, 238, 255, 257, 271, 283
漢民族　53, 229, 295
キエフ　26, 37, 119, 130
　――・ルーシ　26, 119
キジ〈島〉　16, 117, 120, 121, 122, 123, 124, 126, 127, 128, 132, 135, 138, 139, 140
キリスト（イエス）　31, 33, 39, 41, 48, 49, 141
キリスト教　12-14, 20, 25, 32, 40, 107, 116, 123, 129, 141, 167, 182, 187, 219, 251, 264, 274, 277, 281, 283, 286, 293
祈祷　138, 141, 292
奇跡（奇蹟）　13, 20, 45, 46, 55, 61, 62, 91, 92, 94, 96, 97, 99-101, 106, 125, 127, 134,

135, 255, 275, 283, 285, 333
起源神話　89, 236, 238, 240, 241, 312
帰依　89, 93, 94, 97, 103, 105, 108, 187, 247, 321
記憶　15, 16, 45, 51-53, 55, 61, 62, 73-75, 78-80, 83-85, 108, 115, 117, 118, 124, 126, 139, 146, 163, 165, 187, 200, 208, 215, 220, 221, 225-227, 264
記録　15, 45-47, 52, 61, 62, 78, 81, 85, 152, 153, 158, 163, 170, 191, 253, 266, 268, 275, 293, 297, 317
儀礼　14, 65, 74, 80, 82, 83, 85, 96, 97, 103, 162, 171, 175, 176, 178, 192, 245, 246, 250, 251, 253, 255, 277, 278, 309, 312-328, 330
救済　91, 93, 94, 104, 105, 106, 109, 247
共産党　51, 52, 77-80, 83, 126, 147, 150-153, 155, 157, 158, 160, 164, 165, 213, 215, 222, 292, 296, 303
教団　15, 20, 87, 92-108, 115, 140, 171, 187, 188, 190-193, 196-199, 204-207, 209, 250, 280, 315, 328
玉皇大帝　219, 223
クラン（氏族）　54, 56-58, 60-62, 86, 158, 304, 308, 317, 319
グリーンツーリズム（緑色旅游）　160, 161, 163
クリシュナ神　94, 96, 98, 108, 245
クルアーン　273, 274, 280
グローバル化　19, 167, 180, 181, 257
クンバコーナム〈市〉　17, 232, 235-248, 252, 253-258
クンブメーラー〈祭〉　245, 314, 315, 322, 328
供犠　252, 321, 323, 324
供養　48, 97, 205, 219, 238, 246, 251-254, 314, 316, 320, 322
空間　11, 12, 15, 16, 19, 20, 45-47, 72, 73, 75, 87, 99, 119, 146, 150, 156, 159, 168, 175-178, 180, 181, 199, 218, 221, 228, 264, 265, 266, 272, 273, 276, 281-284, 292, 312, 313, 316, 320, 328, 333, 335
ケガレ　311, 316

索引　339

化身・権化　93-97, 99-102, 104-109, 170, 191, 196, 241, 242, 263
景観　16, 25, 52, 57, 75, 115-119, 121, 126, 129, 130, 134, 135, 139, 145, 176, 229, 236, 248, 255, 264, 288, 311, 312, 314, 332
経済
　——活動　51, 176, 177, 180, 181
　——発展　15, 17, 98, 103, 164, 216, 231, 257, 308
現世
　——放棄者　316, 319
　——利益　323, 326
原理主義　11, 103, 283
コーカサス　18, 189, 200, 263, 266, 280, 285, 286
ゴーダーヴァリー〈川〉　314, 315
コミュナリズム　103
ゴルバチョフ、ミハイル　137
コンスタンチノープル総主教（→総主教）　25
古儀式派　28-31, 34, 36, 42, 47, 119, 202
五岳信仰　149
五行　149
孔子　148
広州　150, 151, 164, 219, 229, 288, 291, 301, 304
交易　232, 266, 267, 273
洪水　231, 237, 243-247, 255, 257-259
皇帝　148, 149, 155, 174, 190, 191, 200, 211, 291, 294, 299, 304
高度情報化　19, 257
黄帝　18, 291-300, 306, 308, 309, 333, 334
　——故里　291, 297-300, 308
　——陵　291-294, 297-300, 308
合理主義　148, 323, 326, 327
国勢調査　232, 233, 235, 248, 249
国民党　150, 151, 155, 296

サ

サウラーシュトラ　235, 236, 237, 242, 243, 256
サンクトペテルブルグ　115, 129, 131,

199, 200, 207, 209, 210
サンスクリット語　88-90, 96, 107
再呪術化　12
再聖地化　16, 17, 258
祭祀　18, 54, 56, 61, 62, 69, 71, 74, 76, 81, 85, 148, 149, 219, 229, 254, 292, 293, 296, 301-304, 307-309, 314, 316-318, 320, 322, 327, 334
シヴァ神　90, 96, 178, 238, 240, 242-244, 247, 311, 313, 327, 328
シベリア　17, 29, 30, 38, 44, 45, 120, 187, 188, 190, 191, 193, 198, 204, 209, 263, 269, 285
シャマン　190, 200
氏族（→クラン）　56, 57, 58, 60, 86, 158, 317, 319
司祭　29, 36, 37, 41, 46, 48, 128, 148, 312-319, 321-328
『史記』　149, 221, 226, 227, 285, 294, 299, 300, 309, 310
市場経済　153, 162, 163, 215
祠堂　52, 54, 58, 60, 304-307
資源　17, 18, 52, 140, 159, 160, 162-164, 191, 264, 305, 311-313, 316, 320, 326, 327, 334
寺院　17, 52, 89, 96, 97, 99, 101, 102, 104, 105, 109, 110, 115, 116, 140, 170-175, 178, 180, 190, 192, 194-201, 203, 205-210, 218, 223, 231, 233-257, 286, 312-320, 322, 327, 333
社会学　11-13, 15, 17-20, 53, 73, 80, 165, 183, 330, 331
社会主義　14-16, 19, 51, 52, 74, 79, 115, 117, 118, 123, 126, 139, 140, 147, 150, 153, 155-157, 162, 166, 192, 194, 198, 204, 213, 217, 222, 224, 226, 228, 265, 289, 296, 333
釈迦　197-199, 205, 209, 210
儒教　16, 147, 148, 292, 296, 301
宗教
　——学　11, 13, 15, 17-19, 163, 278
　——建造物　115, 116, 140
　——産業　313, 328, 333

340

──施設　14, 45, 52, 115, 213-215, 217, 220-225, 232, 234, 239, 249, 250, 257, 264, 316

──指導者　83, 188, 265, 324

──資源　18, 311-313, 316, 320, 326, 327

──伝統　11

──復興　136, 193, 201, 264, 265, 277

修道院　25-48, 116, 117, 119, 123, 125, 129-133, 135-139, 141, 267, 285

修道士　15, 25-30, 32, 33, 35-43, 45, 46, 48, 117, 129-131, 135-138, 334

集合的記憶　73-75, 84, 85, 117

出家　96, 97, 99-104, 108, 161

巡礼者　12, 13, 88, 92, 99, 100, 119, 129-131, 156, 167, 168, 172-177, 200, 312-316, 318, 322

消費　11-13, 15, 51, 117, 118, 128, 161, 232, 246, 257-259, 292

──宗教　11

韶山　85, 154-163, 165, 166

辛亥革命　150, 151, 295

信仰圏　63, 67, 70, 73, 74, 82

神智協会　253

神秘　19, 51-53, 55, 59, 61, 62, 70, 71, 74-81, 83, 129, 265, 279

──体験　53, 55, 62, 74, 75, 79, 81, 83

真正性（authenticity）　12, 17, 18, 159, 188, 224, 225, 270, 271, 285, 312

清朝　151, 155, 188, 190, 191, 214, 295

スーフィー　93, 265, 268, 280

スターリン　116, 192, 193, 289

スピリチュアリティ　13

スピリチュアル　51, 70, 75

スラブ（スラヴ）　11, 13, 47, 118, 122, 146, 211, 212, 267, 272, 273, 289, 331, 333, 334

スリランカ　170, 173, 182, 232-234, 251, 253

翠亨村　150-153, 162, 163, 164, 165

世界遺産　52, 117, 120, 146, 164, 168, 172, 176, 178, 180, 181, 233, 236, 264, 266, 269-272, 274, 279, 282, 285, 286, 289, 312, 330

世俗　12, 13, 15, 19, 20, 26, 33, 36, 44, 46, 47, 95-97, 106, 115-117, 124, 125, 130, 134, 138-140, 164, 177, 284, 320

──化　12, 13, 26, 47, 164

正当性　17, 18, 83, 150, 157, 159, 162, 181, 280, 311-313, 318, 320, 323, 326-328

正統性　12, 17, 28, 77, 106, 225-227, 254, 313, 318

生神女（→聖母）　25, 33, 35, 36, 38-40, 44, 264

政治経済　11, 13, 17, 19, 28, 137-139, 165, 173, 214, 226-228, 234, 264, 293, 331, 334

清明節　158, 219, 291, 292, 301, 303, 304, 306-308

聖遺物　281

聖山アトス　15, 25, 27-31, 33-35, 39, 40, 43-46, 49, 117, 334

聖者崇敬　138, 265, 288

聖職者　28, 47, 116, 123, 127, 138, 148, 220, 273, 285

聖人　129, 148, 195, 268, 315, 333, 334

聖性　11-14, 16, 19, 25, 28, 46, 51, 55, 62, 63, 79, 87, 90, 91, 106, 117, 124, 136, 148, 156, 163, 214, 220, 226-228, 255, 281, 304, 306, 309, 311, 312, 333

──の定義　11

聖地

──化　16-18, 85, 147, 150, 151, 154, 162-165, 231, 232, 251, 258, 292, 293, 296, 333

──導師　313, 316-318, 327

──の現代的意義　11

──の政治経済学　11, 214, 228, 293, 331, 334

──復興　17, 170

──をめぐる　11, 13, 18, 87, 214, 225, 227, 313, 316

聖典　26, 94-96, 98, 100-102, 108, 109, 182, 316

聖堂　20, 33, 35, 115, 116, 128, 129, 132, 140, 147, 148, 200, 206, 264, 285

聖なる空間　11, 15, 20, 45-47

聖パイーシー・ヴェリチコフスキー　26,

索引　341

32, 37

聖パンテレイモン修道院　25-28, 39-44, 46, 47

聖母（→生神女）　13, 25, 35, 40, 148, 228

占星術　321, 325-327

ソ連（ソヴィエト）　17, 18, 27, 115-119, 121, 124, 126, 127, 131-134, 136, 138-141, 146, 147, 150, 187-189, 192-195, 198, 200, 201, 209, 211, 212, 263-266, 269, 270, 274, 277, 282, 285, 288, 289

── 崩壊　193, 198, 201, 211, 263-266, 277, 285

ソロフキ〈修道院〉　133, 134

祖先　18, 52, 53, 56-62, 64, 72, 76, 78, 80, 81, 85, 147, 189, 219, 226, 263, 291-298, 301-309, 314, 316-318, 320, 322, 327, 334

── 祭祀　18, 56, 61, 62, 76, 81, 219, 292, 293, 296, 301-304, 308, 309, 314, 316-318, 320, 322, 327, 334

祖地　56, 57, 61, 74

宗親会　58, 298, 304

宗族　17, 85, 213, 214, 219, 220, 225, 226, 228, 302-305, 307, 309

僧院　16, 27, 96, 97, 99, 100, 102, 104, 108, 109, 170, 174, 175, 179, 210, 241

僧侶　171, 172, 174, 180, 190-200, 203-205, 207-209

総主教（→コンスタンチノープル総主教）　25, 32, 38, 45, 48, 128, 137, 138

即身仏　251, 252, 255, 315

族譜　53, 54, 56, 58-60, 62, 85, 86, 158, 165, 303-305

孫文　16, 147, 150-153, 162-164, 295

タ

タタール　25, 119, 263-265, 266, 269-273, 275-277, 281-286, 334

タタルスタン　18, 263-266, 270-272, 276-279, 281, 282, 285, 289, 334

ダッタートレーヤ神　94, 96, 108, 110

タミル　93, 231, 232, 235-240, 242, 243, 253, 256, 259

タミルナードゥ　17, 231-234, 241, 249, 251, 252, 254, 256, 257, 333

ダライラマ　194-199, 203-207

ダラムサラ　207

大菩薩寺　87

チェンナイ　231, 235, 237, 248

チベット　17, 155, 171, 187-191, 194-198, 203, 204, 209, 295

── 仏教　17, 155, 187-190, 195, 197, 198

チョーラ〈王国〉　232, 233, 236-241, 247, 248

中華

── 聖地　18, 291, 293, 297, 334

── 文明　291

── 民国　16, 147, 150, 151, 153, 162, 295, 296

── 民族　18, 164, 291-293, 295-297, 299, 308, 333

中間層　52, 103, 322, 323, 327, 330

中原　53, 54, 56, 58, 81, 82, 291, 292

ツーリズム　12, 16, 20, 21, 117, 118, 122, 128, 132-135, 137-139, 152, 153, 157, 160-166, 330

ティールタ〈聖地〉　15, 91, 92, 106, 107, 311, 314

テュルク（チュルク）　18, 119, 188, 189, 263, 266, 272, 284

テーマパーク　57, 78, 159, 161, 305, 306

デュルケーム、エミール　11

テロ　16, 167, 168, 177-179, 181, 182, 188, 195-200, 205, 209, 246, 283

転生　190, 191, 195, 196, 206

伝統宗教　11, 187, 188

伝播　162, 165, 190, 229

トゥヴァ〈人〉　188, 189, 192, 193206-208

トランバケーシュワル〈聖地〉　18, 311, 313-322, 324, 325, 327, 328

ドラーヴィダ　234

トルコ　15, 27, 30, 34, 35, 45, 263, 277

東方教会　31

東方正教会　25

同郷　53, 54

道教　17, 52, 65, 149, 213, 214, 216-220, 223, 225, 226, 228, 229

　——聖地　17, 213, 218, 225, 226, 229

道士　15, 25-30, 32, 33, 35-43, 45, 46, 48, 65, 117, 129, 130, 131, 135-138, 218, 219, 225, 334

ナ

ナーヤカ〈太守〉　234, 236, 240-242, 252

ナショナリズム　20, 56, 116, 119, 124, 146, 162, 253, 294, 295

ナラヤン・ナーグ・バリ〈儀礼〉　314, 316, 318, 320-323, 326, 327, 330

ナロード（民衆）　115, 120, 122, 123, 125, 126, 135, 139

ネルー　171, 172

寧化石壁　51, 54, 56-58, 61, 62, 74, 77-79, 81, 333

ノラ、ピエール　52, 78, 79, 85

ハ

パーリー語　182

バクティ〈帰依〉　93, 97, 107

ハッジ（メッカ巡礼）　268

パルフェーニー〈修道士〉　15, 25, 28-31, 42, 43, 45, 46, 48

場所性　12, 167, 183, 227

梅州　17, 63, 213, 214, 216-221, 223, 225-229

墓　52, 58-60, 62, 78, 83, 128, 138, 147, 150, 158, 178, 219, 229, 251-253, 268, 279, 291, 292, 297-304, 307, 309, 315, 333

博物館　11, 16, 115, 116, 118, 120-124, 126, 128, 129, 132-141, 146, 152, 153, 164, 166, 206, 234, 258, 266, 269, 271, 273, 274, 276, 282, 283, 331-334

　——化　16, 118, 126, 139

客家（ハッカ）　15, 51-54, 56-65, 67, 74, 76-79, 81-86, 214, 217, 220, 227-229, 332-334

　——華僑　54, 56, 57

　——中原起源説　53, 54

浜本満　72, 75, 85

ピータ〈聖地〉　15, 91, 92, 104, 106

ピョートル大帝　26, 115, 119, 267

ヒンドゥー

　——教徒　89, 96, 97, 104, 170, 311

　——至上主義　231

秘蹟　306

病気治療　220, 224

廟　17, 51, 52, 54, 57, 63-65, 67-70, 73-82, 147, 148, 150, 213-229, 267, 268, 275, 283, 315, 330, 334

フィンランド　121, 127, 130, 131, 133

『フィロカリア』　26

プーチン　27, 138, 207, 263

ブッダ　147, 168, 170, 211

ブッダガヤ（ボード・ガヤー、ボーダガヤ）　16, 147, 167-183

プネー〈県〉　319, 322, 323, 328, 329

ブラフマー　237, 238, 240, 242-245, 247, 256, 320

　——寺院　237, 242, 243, 256

プラーナ〈古潭〉　89, 243

ブラーマン　233, 235, 243, 246, 251, 254, 255

ブリヤート　187-194, 206-209

フリードマン、モーリス　61, 75, 85

ブルガル人　266, 267, 269, 272, 276, 284

プロテスタント　13, 116, 12-、318, 319

不可触民　174

風水　59, 60-62, 75, 83, 85, 217, 228, 229

仏教

　——化　16, 168, 169, 171, 173-175, 177, 178, 180

　——聖地　16, 17, 167-171, 177, 178, 180, 182, 183, 187, 188, 191, 198, 199, 208, 333, 334

　——復興　170, 187, 188, 193-199, 205, 206, 209

仏塔　196, 203-206, 209

福建省　15, 51-54, 56, 58, 63, 76, 78, 81, 83-86

索引　343

文化遺産　16, 115-118, 121, 123, 126, 128, 133, 134, 139, 146, 163, 164, 183, 201, 270, 298, 300

文化大革命　154, 156, 157, 215, 222, 228

文化財　54, 116, 123-126, 132, 133, 146, 153, 155, 164, 212, 271, 289

文化的景観　52, 312

文物保護単位　52, 54, 58, 63, 74, 77, 80, 155

ペレストロイカ　18, 132, 136, 193, 269

ポスト・ソヴィエト　115-117, 138, 139, 288

ポスト・モダン　11

ポスト冷戦　12, 16

ポリティクス　11, 18, 85, 146, 154, 165, 227, 309, 313, 332

ボルガル〈遺跡〉　18, 263-276, 278-285, 334

保生大帝　15, 51, 53, 54, 63-65, 67-83

菩薩　87, 149, 190, 191, 220

墓地風水　59, 60, 62

マ

マスジッド〈モスク〉　231

マット〈僧団〉　245, 248, 250, 253, 254

マハント〈僧院長〉　100, 102, 106, 109, 170, 171, 174, 175, 178-181

マハーヌバーブ教団　15

「マハーバーラタ」　89, 231

マハーマハン〈祭〉　237, 239, 240, 244-246, 257

マハーラーシュトラ州　15, 18, 87, 92, 96, 98, 311, 313, 322-324, 326-328

マラーター〈王国〉　233, 234, 236, 242, 314, 315, 317, 318, 328

マラーティー語　88, 96, 98, 107, 234, 235, 324

マルクス　14, 123, 136, 150, 156, 157, 158

ミナレット〈尖塔〉　268, 270, 274, 275, 278, 279, 281

土産物　83, 173, 176, 177, 179, 297, 298, 300, 305, 308

民間信仰　15, 52, 53, 59, 74, 76, 80, 82, 84, 107, 149, 218

ムスリム　199, 200, 212, 263, 264, 266-270, 272-275, 277, 279-282, 284-286

ムハンマド　268, 278, 280, 281

ムフティー〈高位聖職者〉　269, 276, 277, 279, 280, 282, 285

無神論　122-124, 135, 136, 140, 187-189, 191, 193, 198, 265, 269, 277, 326
　――政策　265

迷信　222, 323-327, 329

モスク　178, 201, 206, 231, 264, 265, 267, 268, 274-276, 278, 279, 281

モスクワ　18, 26, 29, 37, 120, 121, 125-127, 130, 194, 199, 201, 206-208, 210, 263, 267, 269, 278

モディ〈首相〉　16, 181, 182

モルダヴィア　15, 28, 30, 33, 34, 36, 37, 42, 43, 45, 48

モンゴル　18, 25, 119, 188-192, 194, 196, 197, 267, 269, 272, 285

毛沢東　16, 83, 85, 147, 150, 154-163, 165, 166, 292

沐浴　88, 89, 238, 243, 245, 246, 314, 315, 328
　――場　88, 89, 245, 314

物語　12, 14, 15, 28, 30, 41-43, 45, 47, 52, 56, 57, 60, 61, 64, 70, 75, 81, 87, 91, 92, 106, 159, 163, 195, 199, 200, 202-204, 206, 208, 239, 243, 244, 333, 335
　――性　12, 14, 15

ヤ

ヤルパナサーミ〈聖者〉　251, 252, 253, 254, 255, 256

山中弘　12, 13, 21, 164, 166, 312, 330, 331

ユーラシア地域大国　11, 14, 146, 331, 332, 334, 335

ユガ期　94, 108, 243, 244

ユネスコ（UNESCO）　163, 167, 168, 201, 264, 270, 287

ヨーガ（ヨガ）　94, 252, 200

344

ラ

ラーマーヤナ　231, 315
リンガ　178, 234, 239, 240, 244, 252, 313,
　318, 328
李氏　51, 54, 58-62, 74, 77-79, 81, 86
呂帝廟　17, 213-229, 334
ルーシ　26, 47, 116, 119, 136, 269
レーニン　123, 136, 147, 150, 156, 157
レッドツーリズム（紅色旅游）　152, 153,
　157, 160-164
霊験　15, 92, 105, 213, 221, 222, 223, 314
霊的神父　36-39
霊力　71, 102, 221, 225
歴史性　11, 12, 14, 15
ロシア
　——革命　27, 120, 192, 194, 195, 263

　——修道院　25, 26, 28, 30, 42, 46
　——正教　30, 44, 47, 49, 115-119, 130,
　137, 187, 197, 264, 266, 267, 269, 273,
　274, 280, 281, 284, 286
　——・トルコ戦争　27

ワーラーナシー〈聖地〉　88, 108, 311,
　313, 314, 328
ヴァラーム〈修道院〉　16, 117, 129-139,
　141
ヴィシュヌ神　96, 107, 241, 242
ヴェーダ　88, 89, 96, 242-244, 246, 316-
　319, 321, 324-326
ヴォルガ河　188-190, 200, 203, 263, 266,
　267, 269, 270, 272, 273, 275, 280, 282,
　284, 285, 289

345

写真図表一覧

地図　本書で取り扱う聖地　　8

第2章
写真1　寧化石壁の客家祖地内に新たに創られた「葛藤村」　　57
写真2　福建省上杭県に位置する「李氏大宗祠」の外観　　59
写真3　李火徳の生涯を絵解きのように展示してある壁　　60
写真4　L村の集会所の壁に張り出された祖先祭祀の役割分担一覧表　　62
図1　客家社会における複数の聖地と調査地L村一帯の〈聖地〉　　55
図2　分水嶺の街と保生大帝の貸出が行われる範囲　　65
表1　農暦10月3日から農暦10月6日までに行われた保生大帝大祭の記録　　66
表2　保生大帝が貸し出される日程と村落　　70

第3章
写真1　五つの化身　　93
写真2　ラージマート寺院のオーター群　　100
図1　聖地と語り　　92

第4章
写真1　教会の丸屋根を形作るヤマナラシの木片について説明するキジ学芸員のヴィオ
ラ・グーシナ　　125
写真2　現在もヴァラームの森に残る落書き　　133

第5章
写真1　中山市翠亨村にある孫文故居　　152
写真2　中山市翠亨村にある孫文故居の内部　　152
写真3　中秋節の際に翠亨村で行われた親子伝統菓子づくりのイベント　　154
写真4　翠亨村にある水田　　154
写真5　日本社会党の活動家たちが1966年に韶山毛沢東居故を訪問　　157
写真6　韶山「毛家飯店」の内部　　159
写真7　韶山市の大型野外劇場で上演されている『中国出了個毛沢東』　　161

第6章
写真1　蓮池で行われているヒンドゥー教の太陽神を祀るプージャ　　176
写真2　再建されたヒンドゥー寺院　　179
写真3　再建されたイスラーム教の墓地入口ゲート　　179
地図1　インドにおける「仏教聖地」の分布　　169
地図2　各国仏教寺院の立地　　172

第7章
写真1 「イスラーム風」に再建されるホショート寺　202
写真2 8つの仏塔に囲まれる前の聖なる孤木の様子　205
写真3 モスクワの仏教寺院建設予定地で写真撮影する様子　208

第8章
写真1 新呂帝廟の看板と外観　216
写真2 バンコクの呂帝廟と大峰祖師廟　217
写真3 旧呂帝廟の外観と内部にあるホンモノの呂帝像　223
図1 清朝末期・嘉応州の地理　215
図2 新呂帝廟の空間配置　218
図3 旧市街の地図　221
図4 旧呂帝廟における神々の配置　224
表1 新旧の呂帝廟をめぐる「聖性」の比較　226

第9章
図1 ティルップランビヤム村落概念図　247
図2 ティルップランビヤムのヒンドゥー寺院　249
表1 ティルップランビヤム村の世帯概要　248

第10章
写真1 並立する大ミナレットと旧教会建物　274
写真2 サハーバの記念碑　276
写真3 大ミナレット脇の石柱　278

第11章
写真1 黄帝の像と「中華聖地」の文字　298
写真2 黄帝の墓　299
写真3 炎帝像を拝む人々　300
写真4 一家での祖先祭祀の様子　303
写真5 線香を上げる人でごった返す祖先の墓前　305
地図1 「聖地」の配置図　293
図1 『江蘇』の口絵に載せられた黄帝の肖像画　295
図2 人々と系譜の関係の理念図　307

第12章
写真1 施主帳を調べるリグ・ヴェーダ派バラモン司祭　317
写真2 祖先祭祀儀礼　321
図1 在地バラモンの構成　318

347

【執筆者紹介】 掲載順 ＊は編者

杉本　良男（すぎもと・よしお）＊
1950 年生まれ。
博士（社会人類学）（東京都立大学）。
国立民族学博物館名誉教授。専門は社会人類学、南アジア研究。
現在は、インド農村社会の構造変動、ポピュラー・カルチャーとナショナリズム、神智協
会と南アジア・ナショナリズム、などについて調査研究を行っている。主要業績に『イン
ド映画への招待状』（青土社、2002）、『スリランカで運命論者になる──仏教とカースト
制が生きる島』（臨川書店フィールドワーク選書 14、2015)、『ガンディー──秘教思想が
生んだ聖人』（平凡社新書、2018）など。

松尾瑞穂（まつお・みずほ）＊
2007 年総合研究大学院大学文化科学研究科博士後期課程単位取得退学。博士（文学)。
専攻は文化人類学、ジェンダー医療人類学。
現在、国立民族学博物館超域フィールド科学研究部准教授。
主著書として、『ジェンダーとリプロダクションの人類学──インド農村社会の不妊を生
きる女性たち』（昭和堂、2013 年、単著)、『インドにおける代理出産の文化論──出産の
商品化のゆくえ』（風響社、2013 年、単著)、『宗教とジェンダーのポリティクス──フェ
ミニスト人類学のまなざし』（昭和堂、2016 年、共著)、*Cities in South Asia* (Routledge、
2015、共著) など。

望月哲男（もちづき・てつお）
1951 年生まれ。
1982 年　東京大学大学院人文科学研究科博士課程単位取得退学。文学修士。
専攻は文学、ロシア文学。
現在、中央学院大学現代教養学部教授（北海道大学名誉教授）
主著書として、『創像都市ペテルブルグ：歴史・科学・文化』（編著）（北海道大学出版会、
2007)、『「アンナ・カレーニナ」を読む』（ナウカ出版、2012)、『ユーラシア地域大国の文
化表象』（編著）（ミネルヴァ書房、2014 年)、『ロシア語対訳　名場面でたどる「罪と罰」』
(NHK 出版、2018 年)、論文として、「ロシアの空間イメージによせて」松里公孝編『講座
ユーラシア学 3　ユーラシア──帝国の大陸』(講談社、2008)、「恥とイデア──『未成年』
の世界」『現代思想──ドストエフスキー』(2010 年 4 月臨時増刊)、「境界を越える写真」
岩下明裕他（編）『境界研究　特別号』（北海道大学、2014 年）など。

小林宏至（こばやし・ひろし）
1981 年生まれ。
2013 年首都大学東京大学大学院人文科学研究科博士課程単位取得満期退学。博士（社会人
類学学)。
専攻は社会人類学、中国漢族研究、客家社会研究。
現在、山口大学人文学部准教授。

論文として、「テクストとしての族譜——客家社会における記録メディアとしての族譜とそのリテラシー」(『社会人類学年報』37 号、2011 年)、「僑郷からの災因論——二一世紀における「古典的」な風水事例より」(『僑郷——華僑のふるさとをめぐる表象と実像』行路社、2016 年)、「孤高の「酒」ホッピー——あるいはホッピーの文化人類学」(『ホッピー文化論』ハーベスト社、2016 年)、「客家地域における閩南文化——分水嶺を越境する神様の「里帰り」」(『やまぐち地域社会研究』14 号、2017 年)など。

井田克征（いだ・かつゆき）
1973 年生まれ。
2005 年金沢大学大学院社会環境科学研究科国際環境社会学専攻博士課程修了。博士（文学）。
専攻はインド思想、ヒンドゥー教史。
現在は人間文化研究機構総合人間文化研究推進センター研究員／龍谷大学南アジア研究センター研究員。
著書として『世界を動かす聖者たち』(平凡社新書、2014 年)、『ヒンドゥータントリズムにおける儀礼と解釈——シュリーヴィディヤー派の日常供養』(昭和堂、2012 年)。共編著として Historical Development of the Bhakti Movement in India: Theory & Practice (Manohar Publishers, 2011) がある。

高橋沙奈美（たかはし・さなみ）
1979 年生まれ。
2011 年北海道大学大学院文学研究科博士課程学位取得（学術博士）。
専門は宗教社会学、ロシア地域研究。
現在、北海道大学スラブ・ユーラシアセンター助教。
主著として『ソヴィエト・ロシアの聖なる景観——社会主義体制下の宗教文化財、ツーリズム、ナショナリズム』(北海道大学出版会、2018 年)、『ロシアの歴史を知るための 50 章』(明石書店、2016 年、共著) など。論文として、「レニングラードの福者クセーニヤ——社会主義体制下の聖人崇敬」(『宗教研究』第 91 巻、2017 年)、「ボリシェヴィキの対ロシア正教会政策とその帰結——国教関係、教会外交、「生きた宗教」」(『ロシア史研究』第 101 号、2018 年) など。

韓敏（かん・びん）
1960 年生まれ。
1993 年東京大学大学院総合文化研究科博士課程単位取得退学。博士（人類学）。
専攻は文化人類学、中国を含む東アジア研究。
現在、国立民族学博物館超域フィールド科学研究部教授。
単著として、『大地の民に学ぶ——激動する故郷、中国』(臨川書店、2015)、『回応革命与改革——皖北李村的社会変遷与延続』(江蘇人民出版社、2007)、Social Change and Continuity in a Village in Northern Anhui, China: A Response to Revolution and Reform (National Museum of Ethnology, 2001)。主編著として『人類学視野下的歴史、文化与博物館——当代日本和中国人類学者的理論実践』(共編、国立民族学博物館、2018)、Family, Ethnicity and State in Chinese Culture Under the Impact of Globalization. (共編、Bridge21 Publications 、2017)、『中

国社会における文化変容の諸相——グローカル化の視点から』（風響社、2015）、『近代社会における指導者崇拝の諸相』（国立民族学博物館、2015）など。

前島訓子（まえじま・のりこ）
1980 年生まれ
2012 年名古屋大学大学院環境学研究科博士後期課程単位取得退学。博士（社会学）
専攻は社会学、南アジア地域研究
現在、愛知淑徳大学他非常勤講師
主著書 『遺跡から「聖地」へ——グローバル化を生きる仏教聖地』（法藏館，2018 年）、論文として「仏教最大の聖地ブッダガヤの世界遺産と地域社会——問われる「世界遺産」の行方」（『文化資源学研究』、第 20 号、2018 年）など。

井上岳彦（いのうえ・たけひこ）
1979 年生まれ。
2013 年北海道大学大学院文学研究科博士後期課程単位修得退学。博士（学術）。
専攻は歴史学、カルムィク史、ロシア仏教文化研究。
現在、大阪教育大学教育学部特任講師。
論文として、「ダムボ・ウリヤノフ『ブッダの予言』とロシア仏教皇帝像」（『スラヴ研究』63 号、2016 年）など。

河合洋尚（かわい　ひろなお）
1977 年、神奈川県生まれ。
2009 年、東京都立大学大学院社会科学研究科博士課程修了（社会人類学博士）。
専攻は社会人類学、景観人類学、漢族研究
現在、国立民族学博物館グローバル現象研究部・総合研究大学院大学文化科学研究科准教授。
主著書として、『景観人類学の課題——中国広州における都市景観の表象と再生』（風響社、2013 年）、『日本客家研究的視角与方法——百年的軌跡』（社会科学文献出版社、2013 年、編著）、『全球化背景下客家文化景観的創造——環南中国海的個案』（暨南大学出版社、2015 年、共編著）、『景観人類学——身体・政治・マテリアリティ』（時潮社、2016 年、編著）、*Family, Ethnicity and State in Chinese Culture under the Impact of Globalization*（Bridge21 Publications、2017 年、共編著）、『フィールドワーク——中国という現場、人類学という実践』（風響社、2017 年、共編著）など。

櫻間　瑛（さくらま・あきら）
1982 年生まれ。
2013 年北海道大学大学院文学研究科博士後期課程修了。博士（学術）。
専攻は民族学、旧ソ連・ロシア地域研究。
現在、一般財団法人勤務。
主著書として、『現代ロシアにおける民族の再生——ポスト・ソ連社会としてのタタルスタン共和国における「クリャシェン」のエスニシティと宗教＝文化活動』（三元社、2018 年）、『タタールスタンファンブック——ロシア最大のテュルク系ムスリム少数民族とその民族

共和国』（パブリブ、2017 年、共著）。論文として、「東方宣教活動の現在——沿ヴォルガ地域における正教会の活動と民族文化」（『ロシア史研究』100 号、2017 年）、「現代ロシアにおける民族運動のなかの「民族文化」表象とその限界——クリャシェン（受洗タタール）の「民族的祭り」を事例に」（『地域研究』16 巻 1 号、2015 年）など。

川口　幸大（かわぐち　ゆきひろ）
1975 年、大阪府生まれ。
2007 年、東北大学大学院文学研究科博士課程修了（文学博士）。
専攻は文化人類学、東アジアの親族・宗教・移動・食文化。
現在、東北大学大学院文学研究科准教授。
主著書として、『東南中国における伝統のポリティクス——珠江デルタ村落社会の死者儀礼・神祇祭祀・宗族組織』（風響社、2013 年）、『ようこそ文化人類学へ——異文化をフィールドワークする君たちに』（昭和堂、2017 年）。『東アジアで学ぶ文化人類学』（昭和堂、2017 年、共編著）。『〈宗族〉と中国社会——その変貌と人類学的研究の現在』（風響社、2016 年、共編著）『僑郷——華僑のふるさとをめぐる表象と実像』（行路社、2016 年、共編著）など。

聖地のポリティクス　ユーラシア地域大国の比較から

2019 年 3 月 10 日　印刷
2019 年 3 月 20 日　発行

編　者　杉 本 良 男
　　　　松 尾 瑞 穂

発行者　石 井　雅
発行所　株式会社　風響社

東京都北区田端 4-14-9（〒 114-0014）
TEL 03(3828)9249　振替 00110-0-553554
印刷　モリモト印刷
編集サポート：穴水晃子・三上晃

Printed in Japan 2019 ©　　　　　　ISBN978- 4-89489-262-0 C3039